소년법

─ 조문해설서 ─

오영근 외 15인

박영사

머리말

소년법은 반사회성이 있는 소년에 대한 처우를 규정하고 있는 법률로서 범죄소년뿐만 아니라 촉법소년과 우범소년에 대한 사건의 처리 절차와 방법, 그리고 다양한 처분과 형사처벌에 관한 특칙 등을 내용으로 하고 있다.

일반 성인범죄자에게 적용되는 형법과 달리 소년법은 소년의 인격의 미성숙과 변화가능성이라는 특성을 감안한 보호주의 이념에 기반하고 있다. 소년법 제1조는 "… 소년이 건전하게 성장하도록 돕는 것을 목적으로 한다"고 규정하고, 범죄소년뿐 아니라 반사회성을 이유로 촉법소년과 우범소년까지 그 적용대상으로 함으로써 이를 분명히 하고 있다.

보호주의는 소년에 대한 제재의 목적이 응보나 일반예방이 아니라 오로지 특별예방을 지향하는 것을 의미한다. 이는 국친주의 관점으로서, 보호처분은 물론이고 형사처분을 할 때에도 국가가 부모와 같은 권한과 의무를 가지는 것을 의미한다. 물론 이는 적법절차 원리와 함께 작동되어야 한다.

보호주의를 기본이념으로 한 우리 소년법은 1958년 제정된 이래 여러 차례의 개정을 거치며 60년이 넘는 역사를 갖고 있다. 그러나 최근 소년범죄가 자주 사회적 이슈로 등장하면서 소년의 연령 하향조정 요구 등 소년에 대한 처벌 강화 논의가 소년법 개정 논의의 기조를 이루다시피 하고 있다. 이는 소년사법의 보호주의 기본이념에 의문을 던지는 또 다른 관점의 출현을 보여주는 것으로 볼 수도 있다.

이 책은 이와 같이 60여 년의 역사를 쌓아오면서 꾸준히 새로운 도전에 직면해온 소년법에 대한 해설서이다. 소년법의 목적 규정(제1조)을 시작으로 총 80개 조문에 대하여 지난 60여 년 축적된 이론적 논의와 판례, 실무적 관점 등을 반영하여 각 조문별로 해설하였다.

이 책의 출판 계기와 동력으로는 다음 두 가지가 작용하였다. 첫째로 오영근 교수의 정년을 기념하고자 의기투합한 여러 후학들의 열망이 결정적 계기가

되었다. 오영근 교수가 형법 및 소년법 연구영역에서 이룬 업적과 공헌을 기리
고자 하는 간절한 마음이 이 해설서로 모아진 것이다. 오영근 교수의 제자들을
비롯하여 소년법에 조예가 깊은 동료 교수들이 함께 하였으며, 오영근 교수도
직접 집필에 참여하였다.

　둘째로 국내에서 아직까지 소년법 조문해설서가 출판된 적이 없다는 안타
까운 현실에 대한 자각과 인식의 공유도 역시 이 해설서의 탄생을 재촉하는 동
력이 되었다. 소년법 규정을 둘러싼 지난 60여 년의 논의 상황을 소년법의 각
조문을 기준으로 검토하여 정리함으로써 발전적 논의의 토대로 삼아야 한다는
연구자와 실무가들의 문제의식과 인식이 이 해설서로 결실을 맺은 것이다.

　오영근 교수를 비롯하여 총 16인이 집필에 참여하였다. 독자들의 이해를 돕
기 위하여 각 조문에 대한 서술은 해당 조문의 취지와 해석, 이 두 가지 요소로
통일하였다. 향후 지속적으로 해설서의 개정작업이 이루어져 소년법에 대한 논
의와 개정에도 크게 기여하길 바라는 소망도 함께 담아 본다.

　끝으로 이 책의 출판을 흔쾌히 수락해 주신 박영사 안종만 회장님, 조성호
이사님, 장규식 과장님, 이승현 과장님 그리고 관계직원 모두께 깊은 감사를 드
린다.

2021년 6월
저자들을 대표하여 이 천 현

차   례

제 3 절   보호처분

제 3 장의2   비행 예방

제 4 장 벌   칙

조문별 필자

조문	저자	조문	저자
개관	이천현	제32조의2~제38조	성우제
제1조~제2조	오영근	제39조~제42조	정정원
제3조~제8조	박찬걸	제43조~제47조	박찬걸
제9조~제12조	이유진	제48조~제52조	최병각
제13조~제16조	김민규	제53조~제55조	이상한
제17조~제18조	이재진	제56조~제58조	주용기
제19조~제25조의3	이정주	제59조~제67조	김 혁
제26조~제31조	황만성	제67조의2	원혜욱
제32조	이승현	제68조~제71조	이천현

개   관

<세 목 차>

Ⅰ. 소년법의 의의

1. 소년법의 개념

가. 실질적 의미의 소년법과 형식적 의미의 소년법

반사회성이 있는 소년에 대한 보호처분 또는 형사처벌에 관한 사법적 처우를 행하기 위하여 규정된 법률이 실질적 의미의 소년법이다. 소년법을 비롯하여 보호소년 등의 처우에 관한 법률, 보호관찰 등에 관한 법률, 아동복지법, 청소년보호법 등 소년과 관련한 모든 법규정은 모두 실질적 의미의 소년법에 속한다.[1]

이에 대해 1958년 법률 제489호로 제정된 '소년법'이라는 명칭의 법률을 소년법전 또는 형식적 의미의 소년법이라 한다. 형식적 의미의 소년법에는 소년보호사건 및 형사사건의 대상과 처리절차 등 반사회성 있는 소년의 처우에 관한

---

1) 이춘화, 소년조사제도론, 한국학술정보, 2007, 22면; 한국소년법학회, 소년법, 세창출판사, 2006, 27~28면.

내용이 규정되어 있으며, 총칙(제1조~제2조), 보호사건(제3조~제47조), 형사사건(제48조~제67조), 비행예방(제67조의2) 및 벌칙(제68조~제71조) 등 총 5개 장으로 구성되어 있다.

나. 광의의 소년법과 협의의 소년법

광의의 소년법은 소년 보호를 위하여 규정된 모든 법체계를 말한다. 이는 실질적 의미의 소년법이라 할 수 있다. 협의의 소년법은 소년의 보호처분 또는 형사처분에 관한 내용을 규정한 법률을 말한다. 이는 형식적 의미의 소년법이라 할 수 있다.

2. 소년법의 체계적 지위

법체계상으로 보면 소년법은 공법, 형사사법, 형사특별법, 실체법 및 절차법에 속한다.

소년법은 국가와 소년과의 관계를 규율하는 법으로서 공법에 속한다. 소년법은 반사회성이 있는 소년에 대한 보호처분 및 형사처분을 규정하고 있다는 점에서 형사사법에 속하고, 소년에 대하여 성인과 다른 특별한 처분을 한다는 점에서 일반형법에 대한 형사특별법이다.

소년법은 기본적으로 소년에 대한 형벌 규성요건을 규정한 것이 아니라 소년에 대한 보호처분 및 형사처분의 내용과 절차를 규정하고 있는 특별절차법이다.

II. 소년법의 연혁

1. 소년법 제정 이전

우리나라는 1945년 일제강점기에서 벗어난 이후에도 군정법령 제21호 「이전 법령 등의 효력에 관한 건」(1945.11.2. 제정, 1945.11.3. 시행)에 의해 1942년에 제정된 「조선소년령」(조선총독부제령 제6호, 1942.3.23. 제정, 1942.3.25. 시행)의 효력이 1958년 소년법이 제정되기까지 유지되었다.

2. 소년법의 제정

대한민국 정부 수립(1948년 8월 15일) 직후인 1949년 4월 8일에 해방 후의 경제적 혼란과 빈곤으로 인하여 소년범죄가 급증함에 따라 소년범에 대한 특별한 보호를 위하여 「소년법안」(제안자: 정부)이 국회에 제출되었으나 통과되지 못하고 임기만료(제헌의회: 1948~1950) 폐기되었다. 정부는 6·25 전쟁이 끝난 이후인 1955년 7월 6일과 1957년 6월 17일에도 「소년법안」을 국회에 제출하였으나 회기불계속으로 각각 폐기되었다.

정부는 다시 1958년 6월 23일에 「소년법안」을 국회에 제출하였고, 국회 법제사법위원회는 정부안에 대한 자구수정과 체제정리를 하여 정부안을 폐기하고 「소년법안(대안)」(법제사법위원장)을 제안하였다(제안일자: 1958.6.23.). 이 대안은 1958년 7월 12일 국회 본회의에서 의결되어 동년 7월 24일에 공포·시행되었다(법률 제489호).

3. 소년법 개정

「소년법」은 1958년 제정·시행된 이후 현재까지 총 9차례의 개정이 이루어졌다(타법개정에 의한 개정 제외).

1963년 제1차 개정(법률 제1376호, 1963.7.31. 개정, 1963.10.1. 시행)에서는 ① 소년보호사건의 관할법원을 가정법원소년부 또는 지방법원소년부로 하였고(제3조 제2항), ② 소년부의 보호사건대상자인 우범소년의 범위를 구체화 하였으며(제4조 제1항 제3호), ③ 보호사건의 대상이 되는 소년을 발견한 보호자나 학교장 사회복리시설의 장은 소년부에 직접 통고할 수 있도록 하였고(제4조 제3항), ④ 보호처분의 종류에 보호관찰처분을 추가하고, 보호관찰처분은 병원 기타 요양소에의 위탁처분등의 경우 이를 병과할 수 있도록 하였다(제30조 제1항). 그 밖에 ⑤ 벌칙규정이 신설되었다. 구체적으로, 성인인 자가 고의로 연령을 허위진술하여 보호처분 또는 소년형사처분을 받은 때에는 1년 이하의 징역에 처하고(제62조 신설), 소년보호사건과 관계있는 기관은 그 사건내용에 관하여 재판 또는 수사상 필요한 경우 이외의 여하한 조회에도 응하여서는 안 되고 이를 위반한 자는 1년 이하의 징역 또는 6만원 이하의 벌금에 처하며(제63조 신설), 소년부 판사의 소환에 불응한 자는 1만원 이하의 과태료에 처하도록 하였다(제64조 신설).

1977년 제2차 개정(법률 제3047호, 1977.12.31. 개정·시행)에서는 ① 소년감별소가 신설됨에 따라 사건을 조사·심리하는 법원소년부로 하여금 소년감별소의 감별결과와 의견을 참작하도록 하였고(제11조), ② 판사가 사건의 조사·심리에 필요할 때에는 소년을 소년감별소에 위탁할 수 있도록 하였으며(제17조), ③ 소년부는 타 법원으로부터 송치받은 사건을 조사 또는 심리한 결과 본인이 20세 이상임이 판명된 때에는 결정으로써 송치한 법원에 사건을 다시 이송하도록 하였고(제46조의2 신설), ④ 종래에는 20세 미만의 자에 대하여는 환형처분을 받지 못하도록 하였으나, 18세 이상의 소년에 대하여는 성년과 같이 환형처분을 할 수 있도록 하였고(제55조), ⑤ 보호처분 전에 위탁처분이 있었을 때에는 위탁기간을 미결구금일수에 산입하도록 하였다(제54조의2).

　　1988년 제3차 개정(법률 제4057호, 1988.12.31. 전부개정, 1989.7.1. 시행)은 전면개정으로서, 비행소년에 대한 효율적 교화를 위하여 보호처분을 다양화하고, 보호관찰제도를 활성화하며, 소년심판절차에 진술거부권의 고지등 적법절차를 강화하였다. 즉 ① 조사를 받는 소년에 대하여 범죄사실에 관한 진술거부권을 인정하였고(제10조), ② 보호처분중 보호자 감호위탁처분·감화원 송치처분을 폐지하고, 보호관찰을 보호관찰관에 의한 단기보호관찰과 보호관찰의 2종류로 세분하며, 보호관찰기간중 16세 이상 소년에 대하여는 사회봉사명령 또는 수강명령을 할 수 있도록 하였으며(제32조, 제33조), ③ 보호처분 중 소년원송치를 단기소년원송치와 장기소년원송치로 구분하고, 단기소년원송치는 6월을 초과할 수 없도록 하였고(제32조, 제33조), ④ 사형·무기형 금지연령을 16세 미만에서 18세 미만으로 상향조정하였으며(제59조), ⑤ 형사사건 외에 보호사건으로 조사·심리중인 소년에 대하여도 보도금지하도록 하였다(제68조).

　　2007년 제4차 개정(법률 제8439호, 2007.5.17. 개정, 2008.1.1. 시행)에서는 종래「소년심판규칙」에서 규정하고 있었던 소년보호사건 기록·증거물의 열람·등사규정을 법률로 상향입법하였다(제30조의2 신설).

　　2007년 제5차 개정(법률 제8722호, 2007.12.21. 개정, 2008.6.22. 시행)에서는 ① 이 법의 적용 연령(20세 미만 → 19세 미만) 및 촉법소년(12~13세 → 10세~13세)·우범소년(12~19세 → 10~18세)의 연령을 인하하였고(제2조 및 제4조 제1항), ② 소년 보호사건에 국선보조인제도 도입하였으며(제17조의2 신설), ③ 소년보호사건의 경우 판사가 소년에게 피해자와의 화해를 권고할 수 있고, 화해가 되었을 경우 보호처분의 결정에 이를 고려하도록 하는 회복적 사법을 도입하였고(제25조의3 신설), ④ 보호관찰에만 병합하도록 되어 있는 사회봉사명령과 수강명령을 독립된 보호처분으로 하여 활용을 확대하였고, 1개월 이내 소년원 송치 처분을 신설하였으며, 인성교육 위주의 대안교육, 청소년단체 상담·교육, 외출제한명령, 보호자 교육 명령제도 등을 도입하였고, 사회봉사명령·수강명령시간 및 단기보호관찰기간을 각각 연장하며, 장기 소년원송치처분의 수용 상한 기간을 명문화하였다(제32조, 제32조의2 신설, 제33조). 또한, ⑤ 검사의 처분결정 전 사전 조사제도(제49조의2 신설) 및 조건부 기소유예제도를 도입하였으며(제49조의3), ⑥ 비행 예방정책 기본 규정을 신설하였다(제67조의2 신설).[2]

　　2014년 제6차 개정(법률 제12192호, 2014.1.7. 개정·시행)에서는 금고형을 삭제하여 형사처벌 중 자유형은 징역형으로 통일하였다(제68조 제2항).

　　2014년 제7차 개정(법률 제12890호, 2014.12.30. 개정, 2015.7.1. 시행)에서는 보호자 특별교육명령 이행률을 높여 입법목적을 더욱 효과적으로 달성할 수 있도록 보호자 특별교육명령 불이행 시 과태료 금액을 100만원에서 300만원으로 상향하였다(제71조).

　　2015년 제8차 개정(법률 제13524호, 2015.12.1. 개정·시행)에서는 소년원 송치처분의 경우에도 원판결에 따른 송치기간이 항고에 따른 송치기간에 산입될 수 있도록 법적 근거를 마련하였다(제45조 제3항 신설).

　　2018년 제9차 개정(법률 제15757호, 2018.9.18. 개정·시행)에서는 소년이었을 때 범한 죄에 의하여 ― 종래 형을 선고받은 경우에는 그 집행이 종료되거나 면제되는 경우 이외에 ― 형의 집행유예나 선고유예를 받은 경우에도 자격에 관한 법령을 적용할 때 형의 선고를 받지 아니한 것으로 규정하였으며(제67조 제1항), 형의 선고유예가 실효되거나 형의 집행유예가 실효·취소된 경우에는 그때에 형을 선고받은 것으로 보도록 규정하였다(제67조 제2항). 이것은 소년이었을 때 범한 죄에 의하여 형을 선고받은 경우에는 그 집행이 종료되거나 면제되면 자격에 관한 법령을 적용할 때 장래에 대하여 형의 선고를 받지 아니한 것으로 특례를 규정하고 있는 반면, 형의 집행유예를 선고받은 경우에는 이와 같은 특례를 규정하지 아니하고 있는 「소년법」 제67조는 헌법상 평등원칙에 위배된다는 헌법재판소의 헌법불합치결정(헌법재판소 2018.1.25. 선고 2017헌가7 결정) 취지를 반영한 것이다.

---

[2] 이에 관한 상세한 연구는 오영근, "개정 소년법의 과제와 전망", 형사정책연구 제19권 제2호, 한국형사정책연구원, 2008, 5면 이하 참조.

6   개   관

〈표 1〉 소년법 개정 연혁

구분(개정)	주요 개정 내용
제정 (1958.7.24. 제정)	총 3장(총칙, 보호사건, 형사사건) 61개 조문
제1차 개정 (1963.7.31. 개정)	• 소년보호사건의 관할법원: 가정법원소년부 또는 지방법원소년부 • 우범소년의 범위를 구체화 • 보호처분의 종류에 보호관찰처분 추가 - 병원 기타 요양소에의 위탁처분등의 경우 보호관찰처분 병과 가능 • 벌칙규정 신설 - 연령 허위진술 처벌규정 - 조회 응답 금지 위반 처벌규정 - 소년부 판사 소환불응에 대한 제재규정(과태료)
제2차 개정 (1977.12.31. 개정)	• 소년감별소 신설 - 법원소년부의 소년감별소의 감별결과와 의견을 참작 - 소년의 소년감별소 위탁 제도 • 20세 이상인 자의 송치한 법원에 재이송 • 환형처분 대상 범위 확대(20세 이상→18세 이상) • 보호처분전의 위탁처분 기간의 미구금일수 산입
제3차 개정 (1988.12.31. 전면개정)	• 조사를 받는 소년에 대한 진술거부권 인정 • 보호처분의 종류 다양화·내실화 - 보호처분중 보호자 감호위탁처분·감화원 송치처분을 폐지하고, 보호관찰을 보호관찰관에 의한 단기보호관찰과 보호관찰의 2종류로 세분화 - 보호관찰기간중 사회봉사명령 또는 수강명령 가능 - 보호처분중 소년원송치를 단기소년원송치(6월 이내)와 소년원송치로 구분 • 사형·무기형 금지연령 상향조정(16세 미만→18세 미만) • 조사·심리중인 형사사건외에 보호사건에 대하여도 보도금지
제4차 개정 (2007.5.17. 개정)	• 「소년심판규칙」에 규정되고 있었던 소년보호사건 기록·증거물의 열람·등사규정을 법률로 상향입법
제5차 개정 (2007.12.21. 개정)	• 법의 적용 연령 및 촉법소년·우범소년의 연령 인하 - 이 법의 적용 연령을 현행 20세 미만에서 19세 미만으로 인하 - 촉법소년 및 우범소년의 연령을 현행 12세 이상에서 10세 이상으로 인하 • 소년 보호사건에 국선보조인제도 도입 • 회복적 사법(화해 권고) 도입 • 보호처분의 다양화와 내실화 및 보호처분의 기간 조정 - 사회봉사명령 및 수강명령을 독립된 보호처분으로 함

	− 1개월 이내 소년원 송치 처분 신설 − 인성교육 위주의 대안교육, 청소년단체 상담·교육, 외출제한명령, 보호자 교육 명령제도 등 도입 − 사회봉사명령·수강명령시간 및 단기보호관찰기간 연장 − 장기 소년원송치처분의 수용 상한 기간 명문화(2년) • 검사의 처분결정 전 사전 조사제도 도입 • 조건부 기소유예제도 도입 • 비행 예방정책 기본 규정 신설
제6차 개정 (2014.1.7. 개정)	• 금고형을 삭제하여 형사처벌 중 자유형은 징역형으로 통일
제7차 개정 (2014.12.30. 개정)	• 보호자 특별교육명령 불이행 제재(과태료) 인상(100만원 → 300만원)
제8차 개정 (2015.12.1. 개정)	• 소년원 송치 처분의 경우에도 원판결에 따른 송치기간을 항고에 따른 송치기간에 산입
제9차 개정 (2018.9.18. 개정)	• 소년이었을 때 범한 죄에 의하여 형을 선고받은 경우에는 그 집행이 종료되거나 면제되는 경우 이외에 형의 집행유예나 선고유예를 받은 경우에도 자격에 관한 법령을 적용할 때 형의 선고를 받지 아니한 것으로 함

※ 타법개정에 의한 개정 제외

Ⅲ. 소년사건 처리절차

1. 특   성

가. 이원주의

　　우리나라는 소년보호사건과 소년형사사건의 취급에 있어서 이원주의를 취하고 있다. 즉 소년 보호사건은 가정법원소년부 또는 지방법원소년부(이하 '소년부'라 함)에 속하고(소년법 제3조 제2항), 소년 형사사건은 일반 형사법원에서 관할하고 있다.

　　소년부(소년법원)는 제1심 법원으로 가정법원 또는 소년부를 두고, 가정법원이 설치되어 있지 않은 곳은 지방법원 가정지원 또는 지방법원 소년부를 두고 있다(법원조직법 제3조). 소년 보호사건의 심리와 처분 결정은 소년부 단독판사가 한다(소년법 제3조 제3항).

　　현재(2021년 3월) 소년보호사건 관할 법원으로서 가정법원을 두고 있는 곳은 서울가정법원(5개 소년부), 인천가정법원(3개 소년부), 대전가정법원(3개 소년부),

대구가정법원(1개 소년부), 부산가정법원(2개 소년부), 울산가정법원(1개 소년부), 광주가정법원(2개 소년부), 수원가정법원(2개 소년부) 등 8곳이다.[3]

나. 검사선의주의

우리나라 소년법은 소년사범에 대하여도 성인범에서와 마찬가지로 검사선의주의를 채택하고 있다. 따라서 검사는 비행소년에 대하여 불기소 또는 선도조건부 기소유예를 하여 수사절차를 종료할 수 있고, 아니면 보호사건으로 처리할 것인지 또는 형사사건으로 처리할 것인지를 일차적으로 결정함으로써 소년에 대한 실질적 권한을 행사하게 된다(제49조 제1항, 제49조의3).

이와 반대되는 개념으로는 경찰이 소년범죄 모두를 가정법원 소년부로 송치하면, 가정법원 소년부에서 소년에 대한 처리절차를 선택하는 제도인 법원선의주의가 있다. 우리 소년법은 촉법·우범소년의 경찰서장에 의한 소년부 송치(제3조 제2항), 촉법·우범·범죄소년의 보호자·학교·사회복리시설의 장에 의한 관할 소년부 통고(제3조 제3항) 등을 규정하고 있어 법원 선의권을 일부 인정하고 있다.

다. 비공개주의

소년심판은 소년의 장래를 위하여 공개하지 않는다(헌법재판소 2012.7.26. 선고 2011헌마232 결정). 즉, 심리는 공개하지 않으며(제24조 제2항), 소년사건에 대하여 소년을 특정할 수 있는 사실 등의 보도는 금지된다(제68조).

라. 협 력 성

소년부는 그 직무에 관하여 모든 행정기관, 학교, 병원, 그 밖의 공사단체 등 사회전반의 원조와 협력을 필요로 한다(제28조).[4]

마. 과 학 성

소년심판에 있어서는 형사소송절차보다 절차의 형식성, 증거의 엄격성이 완화되고 의학, 심리학, 교육학, 사회학이나 그 밖의 전문적인 지식의 활용이 요구된다(헌법재판소 2012.7.26. 선고 2011헌마232 결정). 따라서 소년부의 조사는 소년과 보호자 또는 참고인의 품행, 경력, 가정 상황, 그 밖의 환경 등을 밝히도록 노력하여야 하고(제9조), 조사 또는 심리를 할 때에 정신건강의학과의사·심리학자·

---

3) https://www.scourt.go.kr/judiciary/organization/chart/index.html 참조.
4) 한국소년법학회, 각주 1)의 책, 80면.

사회사업가·교육자나 그 밖의 전문가의 진단, 소년 분류심사원의 분류심사 결과
와 의견, 보호관찰소의 조사결과와 의견 등을 고려하도록 하고 있다(제12조).[5]

2. 소년보호사건 처리절차

가. 소년부 송치

촉법소년(10~13세)과 우범소년(10~18세)에 해당하는 소년이 있을 때에는 경
찰서장은 직접 관할 소년부에 송치하여야 한다(제4조 제2항).

한편 범죄소년(14~18세), 촉법소년(10~13세) 또는 우범소년(10~18세)을 발견
한 보호자 또는 학교·사회복지시설·보호관찰소(보호관찰지소를 포함)의 장은 이
를 관할 소년부에 통고할 수 있다(제4조 제3항).

나. 소년부의 검찰청으로의 송치(송검)

소년부는 조사 또는 심리한 결과 ① 금고 이상의 형에 해당하는 범죄 사실
이 발견된 경우 그 동기와 죄질이 형사처분을 할 필요가 있다고 인정한 경우 또
는 ② 사건의 본인이 19세 이상인 것으로 밝혀진 경우에는 결정으로써 사건을
관할 지방법원에 대응한 검찰청 검사에게 송치하여야 한다(제7조 제1항·제2항).

다. 조   사

소년부 판사는 조사관에게 사건 본인, 보호자 또는 참고인의 심문이나 그
밖에 필요한 사항을 조사하도록 명할 수 있다(제11조).

라. 심리 불개시 결정 또는 심리 개시 결정

(1) 심리 불개시 결정

소년부 판사는 송치서와 조사관의 조사보고에 따라 사건의 심리를 개시(開
始)할 수 없거나 개시할 필요가 없다고 인정하면 심리를 개시하지 아니한다는
결정을 하여야 한다(제19조 제1항). 사안이 가볍다는 이유로 심리를 개시하지 아
니한다는 결정을 할 때에는 소년에게 훈계하거나 보호자에게 소년을 엄격히 관
리하거나 교육하도록 고지할 수 있다(제19조 제2항).

(2) 심리개시 결정

소년부 판사는 송치서와 조사관의 조사보고에 따라 사건을 심리할 필요가

---

5) 한국소년법학회, 각주 1)의 책, 80면.

있다고 인정하면 심리 개시 결정을 하여야 하고(제20조 제1항), 이 경우 심리 기일을 지정하고 본인과 보호자를 소환하여야 한다(제21조 제1항).

마. 불처분 결정 또는 보호처분

(1) 불처분 결정

소년부 판사는 심리 결과 보호처분을 할 수 없거나 할 필요가 없다고 인정하면 그 취지의 결정을 하여야 한다(제29조 제1항). 사안이 가볍다는 이유로 불처분 결정을 할 때에는 소년에게 훈계하거나 보호자에게 소년을 엄격히 관리하거나 교육하도록 고지할 수 있다(제19조 제2항, 제29조 제2항).

(2) 보호처분

소년부 판사는 심리 결과 보호처분을 할 필요가 있다고 인정하면 결정으로써 ① 보호자 또는 보호자를 대신하여 소년을 보호할 수 있는 자에게 감호 위탁, ② 수강명령, ③ 사회봉사명령, ④ 보호관찰관의 단기(短期) 보호관찰, ⑤ 보호관찰관의 장기(長期) 보호관찰, ⑥ 「아동복지법」에 따른 아동복지시설이나 그 밖의 소년보호시설에 감호 위탁, ⑦ 병원, 요양소 또는 「보호소년 등의 처우에 관한 법률」에 따른 의료재활소년원에 위탁, ⑧ 1개월 이내의 소년원 송치, ⑨ 단기 소년원 송치, ⑩ 장기 소년원 송치의 어느 하나에 해당하는 처분을 하여야 한다(제32조 제1항).

제4호 또는 제5호의 처분을 할 때에 「보호소년 등의 처우에 관한 법률」에 따른 대안교육 또는 소년의 상담·선도·교화와 관련된 단체나 시설에서의 상담·교육을 받을 것을 동시에 명할 수 있고(제32조의2 제1항), 가정상황 등을 고려하여 필요하다고 판단되면 보호자에게 소년원·소년분류심사원 또는 보호관찰소 등에서 실시하는 소년의 보호를 위한 특별교육을 받을 것을 명할 수 있다(제32조의2 제3항).

바. 항고·재항고

보호처분의 결정 등에 대하여 법령위반, 중대한 사실오인, 현저한 처분 부당이 있는 경우 사건 본인·보호자·보조인 또는 그 법정대리인은 관할 가정법원 또는 지방법원 본원 합의부에 항고할 수 있고(제43조), 항고를 기각하는 결정에 대하여는 그 결정이 법령에 위반되는 경우 대법원에 재항고를 할 수 있다(제47조).

3. 소년 형사사건 처리절차

가. 검사의 송치

검사는 범죄소년에 대한 피의사건을 수사한 결과 보호처분에 해당하는 사유가 있다고 인정한 경우에는 사건을 관할 소년부에 송치하여야 한다(제49조 제1항).

소년부는 위에 따라 송치된 사건을 조사 또는 심리한 결과 그 동기와 죄질이 금고 이상의 형사처분을 할 필요가 있다고 인정할 때에는 결정으로써 해당 검찰청 검사에게 송치할 수 있다(제49조 제2항).

나. 선도조건부 기소유예

검사는 피의자에 대하여 ① 범죄예방자원봉사위원의 선도, ② 소년의 선도·교육과 관련된 단체·시설에서의 상담·교육·활동 등 선도(善導) 등을 받게 하고, 피의사건에 대한 공소를 제기하지 아니할 수 있다(제49조의3).

다. 법원의 송치

법원은 소년에 대한 피고사건을 심리한 결과 보호처분에 해당할 사유가 있다고 인정하면 결정으로써 사건을 관할 소년부에 송치하여야 한다(제50조).

라. 조사 및 심리(심판)

법원은 소년에 대한 형사사건에 관하여 필요한 사항을 조사하도록 조사관에게 위촉할 수 있다(제56조).

소년에 대한 형사사건의 심리는 다른 피의사건과 관련된 경우에도 심리에 지장이 없으면 그 절차를 분리하여야 한다(제57조).

마. 형사처분

죄를 범할 당시 18세 미만인 소년에 대하여 사형 또는 무기형(無期刑)으로 처할 경우에는 15년의 유기징역으로 하고(제59조), 소년이 법정형으로 장기 2년 이상의 유기형(有期刑)에 해당하는 죄를 범한 경우에는 그 형의 범위에서 장기(10년 이내)와 단기(5년 이내)를 정하여 선고한다(제60조).

징역 또는 금고를 선고받은 소년에 대하여는 특별히 설치된 교도소 또는 일반 교도소 안에 특별히 분리된 장소에서 그 형을 집행하고, 소년이 형의 집행 중에 23세가 되면 일반 교도소에서 집행할 수 있다(제63조).

〈그림 1〉 소년사건 처리절차

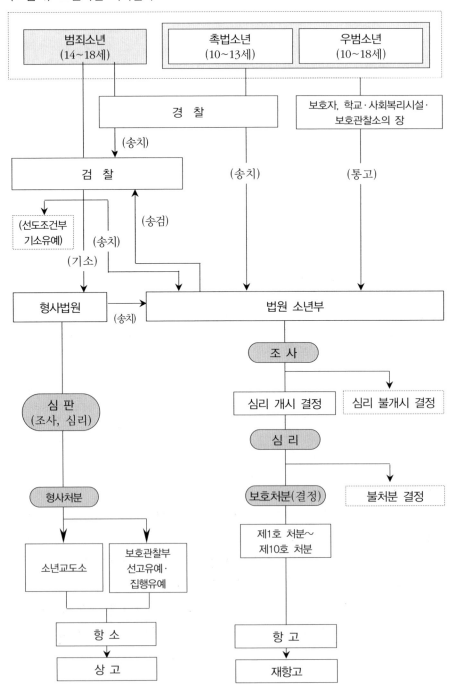

제1장 총 칙

제1조(목적)

　이 법은 반사회성(反社會性)이 있는 소년의 환경 조정과 품행 교정(矯正)을 위한 보호처분 등의 필요한 조치를 하고, 형사처분에 관한 특별조치를 함으로써 소년이 건전하게 성장하도록 돕는 것을 목적으로 한다.

<세 목 차>

Ⅰ. 취　　지

　　소년법 제1조의 제목은 목적이지만, 제1조에서는 목적뿐만 아니라 이 법의 적용 대상과 수단 또는 방법에 대해서도 언급하고 있다. 우선 이 법의 적용 대상은 반사회성이 있는 소년인데, 그 구체적인 내용은 제2조와 제4조에서 규정하고 있다. 그리고 그 방법 내지 수단은 보호처분 등의 필요한 조치를 하는 것과 형사처분에 관한 특별조치를 하는 것으로 규정하고 있다. 보호처분 등의 필요한 조치와 형사처분에 관한 특별조치 역시 소년법에 구체적으로 규정되어 있다.

　　소년법 제1조에 규정되어 있는 목적은 소년을 건전하게 성장하도록 돕는 것이다. 여기에서 소년은 해석상 반사회성이 '있는' 소년임이 분명하다. 반사회성이 '없는' 소년이 건전하게 성장하도록 돕는 것은 청소년기본법, 청소년보호법 등을 비롯한 각종 청소년 관련 법규들의 목적이라고 할 수 있다.

　　'반사회성이 있는 소년을 건전하게 성장하도록 돕는 것'을 줄여서 '소년의 건전육성' 혹은 '건전육성'이라고 표현할 수 있다. 따라서 이하에서 사용하는 '건전육성'이란 용어는 바로 '반사회성 있는 소년을 건전하게 성장하도록 돕는 것'

이라는 의미이다.

반사회성이 있는 소년에 대한 대책은 여러 가지가 있을 수 있다. 반사회성이 있는 소년에게 어떠한 혜택을 주는 것을 가장 먼저 생각하는 사람이나 사회는 별로 없다. 반사회성이 있는 소년에 대하여 가장 먼저 생각할 수 있는 대책은 형벌 등 불이익을 주는 것이다.

형벌은 고통을 내용으로 한다. 형벌의 목적에 대해 응보, 일반예방, 특별예방이 제시되고 있다. 동서고금을 막론하고 어느 국가에서나 형벌을 과할 때 이세 가지 목표를 모두 염두에 두었지만, 시대에 따라 또 국가에 따라 이 중 무엇을 더 강조하느냐가 다를 뿐이라고 할 수 있다. 일반적으로 말한다면 안정되고 통합된 사회일수록 응보나 일반예방보다는 특별예방을 강조하고, 혼란하고 분열된 사회일수록 응보나 일반예방을 강조한다고 할 수 있다.

그런데 응보나 일반예방은 형벌의 속성이나 기능이라고 할 수는 있어도 형벌의 목적이라고 하기는 곤란하다. 응보 역시 비록 이성적으로 자제되고 비례성을 갖지만 복수는 복수이고, 복수는 허무한 것이다. 적극적 일반예방이건 소극적 일반예방이건 일반예방의 목적에 대해서도 그 목적 달성을 위한 노력이 직접 범죄인을 향한 것이 아니라 일반인을 향한 것이므로 범죄인을 수단으로 본다는 비판이 가능할 것이다. 그렇다면 형벌의 목적으로서 정당화될 수 있는 것은 특별예방 뿐이라고 할 수 있다.[1] 즉, 범죄인에게 고통으로서의 형벌을 과한다고 하더라도 응보나 일반예방은 필요악으로서 형벌의 속성이나 기능에 불과하고 그것이 목적이 될 수는 없다. 따라서 형벌의 목적이 될 수 있는 것은 범죄인의 개선, 교육을 통한 사회복귀를 의미하는 특별예방 뿐이라고 할 수 있다.

이와 같이 성인범죄인에 대한 형벌의 목적으로 특별예방이 강조된다면, 반사회성 있는 소년에 대한 대책을 규정한 소년법의 목적도 응보나 일반예방이 아니라 특별예방이 되어야 한다. 게다가 소년법이 범죄소년만을 대상으로 하지 않고, 반사회성 있는 소년까지도 대상으로 하고 있으므로 응보나 일반예방은 원칙적으로 소년법의 목적이 될 수 없고 소년법에서는 특별예방의 목적이 더욱 강조되어야 한다.

이것은 우리와 달리 범죄행위를 한 14세~21세 미만의 소년에 대해 적용되

---

1) 오영근, 형법총론[제5판], 박영사, 2019, 499~500면.

는 독일의 소년법원법(Jugendgerichtgesetz)과 비교해도 잘 알 수 있다. 동법 제2조
제1항은 "소년형법의 적용은 무엇보다 소년의 재범방지를 목적으로 해야 하고,
이러한 목적을 달성하기 위해서 실체법적이나 절차법적으로 부모의 교육권을 존
중하면서 교육사상을 강조해야 한다"[2]고 규정하고 있다.

　　범죄소년뿐만 아니라 촉법소년, 우범소년도 함께 규정하고 있고, 제1조에서
건전육성이라고 명시적으로 규정하고 있는 우리의 소년법에서는 응보나 일반예
방은 소년법의 목적이 될 수 없다. 따라서 오늘날과 같은 소년범죄에 대해 응보
나 일반예방의 관점에서 제시되는 강경대응 정책은 소년법의 정신에 정면으로
반하는 것이라고 할 수 있다.[3]

II. 해　　석

1. 건전육성의 원리 : 국친주의

가. 국친주의의 개념

　　반사회성 있는 소년의 건전육성의 일차적 책임은 부모 등 보호자에게 있다
고 할 수 있겠지만, 이것은 소년법 이전의 문제이고, 소년법은 반사회성 있는 소
년을 건전육성할 일차적 책임주체가 국가라는 점을 분명히 하고 있다. 소년의
부모 등 법률상 감호교육의무 있는 자나 현재 감호하는 자(제2조)는 다른 법률에
서는 일차적 교육 주체가 될 수 있지만, 소년법상으로는 국가의 건전육성을 위
한 활동에 대한 협조자로서의 지위를 지니고 있다고 할 수 있다. 소년의 건전육
성을 위해 부모나 보호자의 역할은 결정적으로 중요하지만, 적어도 반사회성 있
는 소년에 대해서는 국가가 일차적 책임을 지고 필요한 경우 최대한 부모나 보
호자의 협조를 얻어 소년의 건전육성을 위한 활동을 하여야 한다는 것이다.

---

2) §2 Ziel des Jugendstrafrechts. (1) Die Anwendung des Jugendstrafrechts soll vor allem
　erneuten Straftaten eines Jugendlichen oder Heranwachsenden entgegenwirken. Um dieses Ziel
　zu erreichen, sind die Rechtsfolgen und unter Beachtung des elterlichen Erziehungsrechts auch
　das Verfahren vorrangig am Erziehungsgedanken auszurichten.

3) 이러한 의미에서 최근 형사책임 연령의 인하를 비롯한 소년범의 처벌강화를 위한 시도들은
　소년법의 정신에 반할 뿐만 아니라 미국을 제외한 문화국가들의 전반적 소년정책 경향에 배
　치되는 시대착오적인 것이라고 평가해 마땅하다. 2016.11.10.부터 2019.4.1.까지 국회에 계류
　중인 소년법 일부개정법률안(문선주·김윤정·서용성, 소년 형사사법절차의 개선에 관한 연
　구, 사법정책연구원, 2019, 37~39면 참조) 중 대부분은 소년범에 대한 처벌강화를 내용을 한
　것이다.

이와 같이 국가가 일차적 책임주체이므로 국가가 형사사법기관이나 단순한 행정기관 혹은 복지기관과 같은 입장이 아니라 부모와 같은 입장에서 소년을 건전육성해야 할 의무와 권한이 있다는 것이 국친주의(paternalism[4])이다. 우리나라의 제정 소년법은 국친주의에 입각한 미국의 표준소년법을 모방한 일본의 신소년법을 참조하였다고 한다.[5] 그러나 이러한 연혁과 상관없이 오늘날 국친주의가 소년사법의 기본원칙이 되어야 한다는 점에 대해서는 별다른 이견이 없다고 할 수 있다. 이것은 보호처분은 물론이고 형사처분을 할 때에도 국가는 부모와 같은 의무와 권한을 가진다는 것을 의미한다.

국친주의는 후견주의라고도 한다. 국친주의는 인간의 모든 개인적, 공적 생활영역에서 문제된다. 수영을 하려는 사람에게 구명조끼를 입도록 강제하거나 자전거운전자에게 헬멧 착용을 강제하는 것 등을 예로 들 수 있다. 국친주의란 국가가 어떤 사람의 의사에 반하여 그에 대해 일정한 행위를 하는 것이다. 국친주의는 법영역에서도 공법뿐만 아니라 민법 등 모든 법영역에서도 문제된다. 국친주의에 따라 국가가 개입할 수 있는 정도와 한계에 대해서도 다양한 논의가 있지만[6], 국친주의의 정당성은 국가의 행위가 그 사람의 이익을 증진하거나 손해를 감소시킨다는 데에 있다. 그러나 국가가 그 사람의 의사에 반하여서 일정한 행위를 한다거나 그의 의사에 반하는 행위를 강제함으로써 그의 자유를 제한한다는 문제가 있다. 이 때문에 성인형법에서는 국친주의보다는 해악의 원칙(harm principle)[7]을 우선시해야 한다는 주장이 강하다. 그러나 소년사법에서는 국친주의가 우선시된다는 데에 별 이견이 없다.

국친주의 원리는 소년법 전반에 스며들어 있다.[8] 예를 들어 소년법이 촉법

---

4) 오늘날 아버지라는 의미가 포함되는 paternalism 용어 대신에 어머니라는 의미가 포함된 maternalism, 부모라는 의미가 포함된 parentalism이라는 용어도 사용된다고 한다(오세혁, "법적 후견주의―개념분석적 고찰―", 법철학연구 제12권 제1호, 한국법철학회, 2009, 158면 각주 14). 국친주의에서 '親'은 '어버이', 즉 부모를 의미하므로 처음부터 의도한 것은 아니겠지만 국친주의라는 용어는 parentalism과 가장 가깝다고 할 수 있다.

5) 정희철, "독일 소년형법의 교육사상의 의미와 내용", 법학연구 제17집 제4호, 인하대학교 법학연구소, 2014, 320~321면; 원혜욱, "한국 소년법의 역사적 발전과정 및 현행법의 문제점과 개선방안", 강원법학 제29권, 강원대학교 비교법학연구소, 2009, 177면 등 참조.

6) 다양한 분야에서의 국친주의에 대한 자세한 소개로, Paternalism, Stanford Encyclopedia of Philosophy, 2020(https://plato.stanford.edu/entries/paternalism/).

7) 해악의 원칙이란 어떤 사람의 행위가 다른 사람에게 해악(harm)을 끼칠 때에만 국가가 그의 행위에 개입할 수 있다는 원리이다. 대표적으로 해악의 원칙에 대한 밀(J. S. Mill)의 입장을 소개한 것으로 3.6 The Harm Principle(https://plato.stanford.edu/entries/mill-moral-political/#HarPri).

8) 영미에서 국친사상의 발전 역사를 소개한 것으로, 한국소년법학회, 소년법, 세창출판사,

소년 및 우범소년도 보호처분의 대상으로 하고 있고, 범죄소년에 대한 보호처분 절차에서도 형사절차에서와 다른 원리들이 적용되는 것 등도 국친주의가 반영된 것이다. 우범소년은 범죄를 저지른 소년이 아니므로 이들에 대한 보호처분에서 는 응보나 일반예방이 아닌 철저한 교육적 원리가 적용되어야 한다. 그리고 이 들에 대한 보호처분과 그 절차에서 보호란 그야말로 부모의 보호와 같은 보호를 의미한다. 범죄소년에 대한 보호처분 절차에서는 형사절차에서와 같은 당사자주 의, 공개재판주의, 증거능력이나 증명력에 대한 엄격한 제한 등이 요구되지 않는 데, 이것은 국친주의의 원리에서 비롯된 것이라고 할 수 있다. 국가가 소년과 대 립하는 입장이 아니라 부모와 같은 보호자이므로 국가가 위와 같은 인권보장을 위한 원칙들을 준수하지 않더라도 그 동기가 순수하고, 결과도 결국은 소년에게 이익이 된다는 것을 전제하기 때문이다.

나. 국친주의와 적법절차

국가가 부모처럼 소년을 건전육성해야 할 의무와 권한이 있다는 국친주의 는 한편으로는 국가의 의무를 부모의 의무의 수준으로 확대하는 의미가 있지만, 다른 한편으로는 국가의 권한 역시 부모의 권한의 수준으로 확대하는 의미가 있 다. 문제는 국친주의는 어디까지나 규범적 원리이고 현실적으로 국가가 부모는 아니기 때문에 일반적으로 부모가 자녀에게 갖는 애정만큼 국가가 소년에게 애 정을 갖고 있지는 않다는 것이다. 따라서 국가가 부모와 같은 애정 어린 의무를 이행하지 않으면서 부모의 권한을 행사하게 되면 소년의 권리나 이익이 침해될 수 있다.

대표적으로 '사랑의 매'와 같은 논리를 들 수 있다. '사랑의 매'가 정당화되 는 것은 매로 인해 자녀가 받는 고통보다 자녀가 장차 받게 될 이익이 더 크고 그 매가 증오가 아니라 사랑에서 유래하는 것이라고 전제하기 때문이다. 그러나 부모에게도 '사랑의 매'라는 것은 거의 불가능한 것이다. 부모가 자녀를 매질하 는 거의 모든 경우에서는 자기 성질을 이기지 못하기 때문이다. 부모가 격한 감 정에서 벗어나 이성을 회복했을 경우에는 매보다는 다른 방법을 찾을 것이기 때 문이다. 그런데 현실에서는 국가가 소년에 대해 일반적인 부모만큼의 애정도 가 질 수는 없다. 따라서 국가가 소년에게 고통을 내용으로 하는 처분을 할 경우

2006, 39~45면.

그 동기의 순수성이나 처분의 적절성 등이 담보된다고 할 수 없다.

이 때문에 국친주의에 대한 견제원리로서 적법절차 원리가 등장하게 된다. 적법절차 원리는 형사처분절차에서는 물론이고, 보호처분절차에서도 구현되어야 한다. 즉, 소년에게 이익이 되는 처분을 할 경우라면 몰라도 소년에게 불이익한 처분을 할 경우에는 일정 범위의 적법절차 원리를 준수하라는 것이다. 쉽게 말한다면 부모가 자녀의 교육을 위해 부모 이외의 사람들에게는 허용되지 않는 고통의 부과를 할 수 있다고 하더라도 그 내용과 절차에 한계를 둘 필요가 있다. 보호처분의 실체적, 절차적 내용이 소년에게 혜택을 부과하는 것이라면 적법절차를 크게 강조할 필요는 없을 것이다. 그러나 현행 소년법상의 보호처분은 그 실체적, 절차적인 측면에서 거의 대부분 상당한 혹은 심각한 자유의 제한이나 고통을 소년에게 부과하고 있기 때문이다. 이 때문에 소년법은 보호절차에서도 소년의 권리나 이익을 보호하기 위한 여러 가지 조치를 규정하고 있다.[9]

국가가 현실적으로 부모와 같을 수는 없다는 점을 고려한다면, 적어도 촉법소년이나 우범소년에 대한 보호처분은 자유의 제한이나 박탈 등이 아니라 일정한 혜택을 제공할 수도 있는 방향으로의 전환이 필요하다. 2007년 개정 소년법이 촉법소년의 하한 연령을 10세로 인하한 것도 보호처분이 형사제재로서의 성격을 축소하고 좀 더 복지적, 교육적 성격의 처분으로 전환할 것을 요구하는 취지였다.[10]

2. 건전육성의 대상 소년

가. 보호처분의 대상소년

소년법은 소년의 건전육성을 위한 보호처분과 형사처분을 규정하고 있는데, 건전육성의 대상은 반사회성이 있는 소년이다.

먼저 소년법 제1조가 환경 조정과 품행 교정을 위한 보호처분이라고 규정하고 있으므로, 보호처분의 대상이 되는 반사회성이 있는 소년은 반사회성이 있

---

9) 소년보호절차에서의 적법절차를 구현한 제도를 소개한 것으로서, 최영승, "소년보호사건에 있어서 적법절차의 구현", 소년보호연구 제24호, 한국소년정책학회, 2014, 332면 이하; 소년사법절차에서 적법절차의 구현에 관한 외국의 동향을 소개한 것으로서 조기영, "소년사법과 적법절차의 원칙", 소년보호연구 제23호, 한국소년정책학회, 2013, 220~224면.
10) 오영근, "개정 소년법의 과제와 전망", 형사정책연구 제19권 제2호, 한국형사정책연구원, 2008, 20~21면.

는 환경과 품행(성품 및 행위)이라는 요건을 갖춰야 한다. 이것을 요보호성(要保護性)이라고 할 수 있다. 요보호성 판단은 무엇보다 과학에 기초한 것이어야 한다. 소년법 제9조는 이러한 취지를 규정한 것이라고 할 수 있다.

첫째, 반사회성이 있는 소년이라고 인정하기 위한 객관적 요소로서 소년이 범죄행위, 촉법행위, 우범행위 등을 하여야 한다. 범죄나 비행을 할 우려가 있는 성격이나 환경을 지니고 있다고 하더라도 소년이 위와 같은 행위들을 하지 않은 경우 보호처분의 대상이 될 수 없음은 분명하다. 이러한 소년의 건전육성은 소년법이 아니라 교육이나 복지 관련 법의 영역에서 이루어져야 한다.

둘째, 인적 요소로서 반사회적 성품이 있어야 한다. 성품이란 성격, 성질 등과 유사한 용어이지만 이들 용어보다는 조금 더 객관적인 요소, 즉 외적 행위로 표현되는 요소를 지닌 것이라고 할 수 있다. 즉 반사회적 성품이 있는지를 판단할 때에 전혀 행위를 고려하지 않거나, 소수의 행위만을 기초로 판단해서는 안 된다는 것을 의미한다. 따라서 한두 개의 형벌법령 저촉행위나 우범행위를 하였다는 것만을 이유로 성급하게 반사회적 성품이 있다고 판단해서는 안 된다. 소년은 성인에 비해 사리분별력이 떨어지므로 소년이 소수의 문제 행위를 하였다고 하더라도 성급하게 소년에게 반사회적 성품이 있다고 판단해서는 안 되고, 인내심을 가지고 소년의 행동이나 성격 등을 과학적으로 분석해야 한다는 것이다.

셋째, 환경적 요소이다. 문언상 범죄소년이나 촉법소년은 범죄나 비행을 유발할 수 있는 환경에 있을 것을 요하지 않지만 우범소년의 경우 환경적 요건(제4조 제1항 제3호)도 필요하다. 즉, 우범행위를 한 소년이라고 하더라도 범죄나 비행을 유발할 환경에 있지 않은 소년은 반사회성이 있는 소년이라고 할 수 없기 때문에 보호처분의 대상이 될 수 없다. 국가보다 소년을 더 잘 보호할 수 있는 능력이 있는 부모나 보호자가 있는 소년에 대해 국가가 굳이 보호처분을 할 필요는 없을 것이기 때문이다. 이러한 소년을 건전육성하기 위해 어떠한 국가의 조치가 필요하다면 그것 역시 소년법의 영역이 아닌 교육이나 복지 관련법의 영역에서 이루어져야 한다.

환경적 요건이 범죄소년이나 촉법소년에게도 필요한지 문제된다. 형벌법령에 저촉되는 행위를 하였다는 것 그 자체가 부모가 소년을 정상적으로 보호·감독·교육할 수 있는 능력이 없다는 것이므로 범죄소년이나 촉법소년이 이미 범죄나 비행 환경에 놓여있다고 할 수도 있을 것이다. 그러나 촉법소년은 10세에서 13세의 소년으로서 우범행위와 형벌법령에 저촉되는 행위의 차이를 구별할 수 있는 능력이 없다고 할 수 있다. 따라서 이들이 우범행위를 하였느냐 아니면 형벌법령에 저촉되는 행위를 하였느냐는 그렇게 중요한 문제라고 할 수는 없으므로 적어도 촉법소년의 경우에는 환경적 요건도 필요하다고 해야 한다.

2007년 개정소년법이 촉법소년의 연령을 10세로 하향 조정한 것은 보호사건의 대상을 확장한다는 데에 중점이 있는 것이 아니다. 앞에서 본 것과 같이 당시의 개정취지는 범죄나 비행소년이 성인범죄인으로 나아가는 것을 방지하기 위해 10세 때부터 국가의 적극적 보호와 관심이 필요하고, 보호처분이 현재와 같이 사법적 처분으로서의 성격에서 교육적·복지적 처분으로의 전환이 필요하다는 데에 중점이 있다.[11] 보호처분이 현재와 같이 형사제재로서의 사법적 성격을 지니고 있는 한 촉법소년에 대한 보호처분은 보충성을 가져야 하므로 촉법소년의 경우에도 환경적 요건이 필요하다고 해야 할 것이다.

범죄소년의 반사회성을 평가할 때에도 환경적 요소를 고려해야 하는지 논란이 있을 수 있지만, 소년이 범죄행위를 하였다는 것 그 자체가 소년이 현재 처해있는 환경 속에서도 국가의 도움이 필요하다는 것을 의미한다고 할 수도 있다. 그런데 비록 소년이 범죄행위를 하였다고 하더라도 그에게 국가의 도움이 필요하지 않거나 국가의 개입이 오히려 역효과를 초래하는 경우도 있을 것이다. 따라서 범죄소년의 반사회성을 평가할 때에도 우범소년이나 촉법소년에서만큼은 아니더라도 환경적 요인은 고려되어야 한다. 따라서 범죄소년에게 범죄적 성품이 있다고 하더라도 환경 조정만으로도 그 품행을 교정할 수 있다고 판단될 경우에는 범죄소년에 대한 직접적 처분보다는 환경조정 처분에 그쳐야 할 것이다. 현행 보호처분 중에는 환경을 효과적으로 조정할 수 있는 보호처분이 거의 없는데, 이 경우에는 부득이 소년에 대한 직접적 보호처분을 할 수밖에 없을 것이다.

따라서 입법론적으로는 효과적으로 환경 조정을 할 수 있는 처분들을 도입하고, 그것을 활성화할 수 있는 방안을 모색할 필요가 있다.

---

11) 소년법의 개정이유에서도 "최근 청소년 인구의 감소에 따라 소년사건 수가 감소하고 있음에도 불구하고 소년범의 재범률은 높은 수준을 유지하고 있고, 범죄가 흉포화되고 있어 처벌 위주에서 교화·선도 중심으로 소년사법체계를 개선하는" 것이라고 하고 있다.

나. 형사처분의 대상 소년

형사처분의 대상 소년은 범죄소년 즉 죄를 범한 14세 이상 19세 미만의 소년이다. 범죄소년도 보호처분의 대상의 될 수 있으므로 형사처분의 대상이 되는 소년은 보호처분에 의한 환경 조정이나 품행 교정이 불가능한 소년에 국한되어야 한다. 이것은 소년이 무거운 범죄를 저질렀다고 하여 무조건 형사처분을 해서는 안 된다는 것을 의미한다. 현실적으로는 무거운 범죄를 저지른 소년에 대해 보호처분을 하기는 어려울 것이다. 그러나 소년법은 범죄소년에 대해 보호처분을 할 것인지 아니면 형사처분을 할 것인지 결정할 때에 소년의 환경과 그 조정가능성, 품행 및 그 교정가능성을 기준으로 하여야 한다고 규정하고 있다. 이것은 소년이 저지른 범죄의 경중을 기준으로만 결정해서는 안 된다는 것을 의미한다.

무거운 범죄를 저지른 소년에 대해 보호처분을 하고, 가벼운 범죄를 저지른 소년에 대해 형사처분을 하거나 공동정범 중 일부에 대해서는 보호처분, 다른 일부에 대서는 형사처분을 하는 것은 법원이나 수사기관 모두에게 부담스러운 일이 아닐 수 없다. 이 때문에 소년사법에서 철저한 과학주의가 필요하다. 소년의 환경과 품행, 그리고 그에 대한 조정 및 교정 가능성에 대하여 과학적인 분석이 이루어지는 경우에는 법원이나 수사기관 등이 위와 같은 부담에서 어느 정도 해방될 수 있기 때문이다.

그러나 현재로서는 누구나 인정하는 과학적 근거를 제시하기가 어렵고, 설사 그러한 근거를 제시하더라도 무거운 범죄를 저지른 소년에 대해 보호처분을 하는 것에 대해서까지 응보적 사고를 가진 일반 국민들을 납득시키기는 어려울 것이다. 상황이 이럴수록 소년의 건전육성이라고 하는 소년법의 목적을 강조해야 할 것이다. 소년법이 범죄소년에 대한 형사처분의 특칙을 규정하고 있지만, 그 취지가 단순히 소년의 형벌을 감경하는 데에만 있는 것은 아니기 때문이다. 사형이나 무기징역은 응보나 일반예방의 수단은 될 수 있어도 그 자체로 수형자의 개선, 교육을 포기하는 것이므로, 소년에 대해서는 전혀 정당성을 갖지 못하는 형벌이다. 그리고 사형, 무기형을 완화할 때에 성인의 경우 징역, 금고형의 상한이 50년(형법 제55조 제1항 제1호, 제2호)인 데에 비해 소년의 경우 그 상한은 15년(소년법 제59조)이라는 것도 소년에 대한 형벌의 목적이 응보나 일반예방이

아니라 소년의 개선, 교육, 건전육성을 통한 원활한 사회복귀라는 것을 분명히
한 것이라고 할 수 있다.

　　이러한 점들을 고려할 때 형사처분의 대상 소년은 형사처분을 통해서만 환
경을 조정하고 품행을 교정할 수 있는 소년에 국한되어야 하고(형사처분의 최후수
단성, 보충성), 그 이외의 소년에 대해서는 보호처분을 활용해야 할 것이다.

3. 건전육성의 방법

　　소년법은 반사회성이 있는 소년의 건전육성을 목적으로 하는데, 그 목적을
달성하기 위해서는 환경 조정과 품행 교정의 방법을 사용해야 한다. 따라서 단
순히 고통의 부과나 격리 등의 방법을 사용해서는 안 된다.

가. 환경 조정

　　소년법은 반사회성이 있는 소년의 건전육성을 위해 보호처분과 형사처분의
특칙을 규정하고 있다.

　　보호처분은 소년의 환경 조정과 품행 교정을 위한 것이다. 이것은 범죄나
비행이 소년의 환경과 소질의 산물이라는 것을 전제로 한 것이다. 따라서 소년
의 환경을 조정하고 그들의 품행을 교정하는 것은 범죄나 비행을 예방하기 위한
두 가지 중요한 축이라고 할 수 있다. 이에 따라 소년법 제32조는 10개의 보호
처분을 규정하고 있다.

　　가정, 친구, 학교 등 소년의 환경이 범죄와 비행에 영향을 미친다는 것은 거
의 모든 범죄사회학이론의 결론이라고 할 수 있다. 친구나 학교 등과 같은 가정
이외의 환경의 조정은 일차적으로 부모가 담당해야 할 일이다. 그러나 부모나
가정 자체가 문제 환경인 때에는 부모의 역할을 기대하기 어렵고, 이때에는 적
극적인 국친주의적 대책이 필요하다. 그런데 보호처분 중에는 품행 교정을 위한
것이라고 할 수 있는 것은 많아도 환경 조정을 위한 처분은 별로 없다. 특히 가
정환경에 문제가 있는 경우 가정환경을 조정할 수 있는 처분은 없다고 해도 과
언이 아니다.

　　제1호의 보호자위탁처분은 부모나 가정환경이 변화지 않는 한 소년을 이전
과 동일한 환경으로 돌려보내는 것을 의미한다. 제1호의 부모를 대신할 보호자
에의 감호위탁처분은 부모나 보호자의 적극적인 협조가 있는 경우에는 실효성

이 있을 수도 있을 것이다. 그러나 장기적 감호위탁을 기대하기 어렵고, 문제가정의 경우 부모가 긍정적인 방향으로 협조하는 것을 기대하기 어렵다는 문제점이 있다.

　반면에 부모나 가정에 문제가 없는 경우 보호절차는 심리불개시결정(제19조)이나 불처분결정(제29조) 등을 적극적으로 또한 신속하게 활용할 필요가 있다. 피해자의 이의가 있는 경우 법원이 심리불개시결정이나 불처분결정을 하기 곤란할 수도 있지만[12], 국친주의의 관점에서는 마치 부모가 자녀를 감싸 안아 자녀를 위험으로부터 지켜내듯이 법원의 소년의 보호를 위해 일정 범위의 피해자 혹은 여론의 비난이나 비판을 감수해야 할 필요가 있다.[13]

　제6호의 아동복지시설이나 그 밖의 소년보호시설에의 감호위탁처분, 제7호의 병원, 요양소 또는 의료재활소년원에의 위탁처분 등도 일시적인 환경 조정은 가능하겠지만, 장기적인 환경 조정 처분이라고 보기 어렵다.

　제8호에서 제10호까지의 소년원 송치처분이 소년의 환경을 가장 결정적으로 조정하는 기능은 할 수 있을 것이다. 그러나 이러한 형태의 환경 조정은 소년법 제1조가 규정하고 있는 환경 조정에 포함된다고 할 수 없다. 만약 소년원이 자유박탈을 수반하지 않는 시설이라면 소년원 송치처분은 가장 효과적인 환경 조정 수단이 될 수도 있을 것이다. 소년법에서의 국친주의는 소년에 대한 대책이 단순하고 자유박탈적인 방법에서 과학적 분석을 기초로 하여 자유를 최소한으로 제한하는 방향으로 나아갈 것을 요구하고 있다고 할 수 있다.

나. 품행 교정

　품행이란 성품과 행동을 의미한다. 사람의 품행을 교정하는 가장 좋은 방법은 본받을 만한 사람들을 자주 접하게 해주는 것이다. 예를 들어 어떤 사람이 유능한 피아니스트가 되기를 원한다면 무작정 그 사람에게 피아노를 치라고 명령하고 피아노를 치지 않을 때 벌을 주는 방법보다는 그 사람이 피아노를 잘 치

---

12) 심리불개시결정 및 불처분결정 중간단계로 사건을 신속하게 종결하는 방안으로 심리중단 혹은 심리종결결정을 도입하는 것도 생각해볼 수 있다. 심리가 개시된 후 더 이상 심리를 할 필요가 없다고 판단될 경우 불처분결정을 신속하게 하면 같은 효과가 있겠지만, 보호처분 절차의 진행 자체가 소년에게 적대적인 환경이 될 수 있기 때문이다.

13) 보호절차에서 법원이 중립적 판단자의 입장을 고수함에 따라 국친으로서의 임무를 다하지 못하고 소년을 보호절차라는 적대적 환경에 방치하는 문제점을 지적한 것으로서, 윤동호, "촉법소년의 과실치상과 학교폭력: 법치(法治)인가, 인치(人治)인가", 형사법연구 제30권 제3호, 한국형사법학회, 2018, 31~62면.

는 사람들과 접하도록 하여 자연스럽게 피아노를 배우고 싶다는 마음을 갖도록
해주는 방법이 훨씬 효과적이다.

　　반사회성 있는 소년의 품행교정을 위해서는 소년원송치와 같은 시설내처우
보다는 보호관찰, 사회봉사명령, 수강명령 등과 같은 사회내처우를 적극 활용해
야 한다. 보호처분이 형사제재의 일종으로 파악되는 한, 보호처분을 통해 소년에
게 좋은 환경과 훌륭한 사람들을 접할 수 있는 기회를 제공하기는 매우 어렵다.
사회내처우에 비해 형사제제의 성격이 훨씬 강한 시설내처우에 처해질 경우 소
년은 더 열악한 환경에 놓여지고 비행이나 범죄소년들과 접할 기회가 많아져 비
행과 범죄를 학습할 가능성이 높아진다. 소년원의 수용비율을 낮추고 전문화된
직원들을 배치하면 이러한 문제가 어느 정도 해결될 수 있기는 하지만, 이것은
당분간 실현가능성이 높지 않다. 또한 이것이 실현된다고 하더라도 소년들이 직
원들보다는 24시간 같이 생활하는 범죄나 비행소년들로부터 영향을 받을 가능성
이 훨씬 크다.

　　따라서 소년의 품행 교정을 위해서는 다른 비행소년들을 직접 그리고 오랜
시간 동안 접해야 하는 시설내처우보다는 사회내처우를 적극적으로 활용해야
한다.

4. 형사처분의 특칙

　　소년법 제3장은 범죄소년의 형사사건에 대한 실체법적 및 절차법적 특칙을
규정하고 있다. 이 규정들을 해석함에 있어서도 소년에 대한 형사처분들이 응보
나 일반예방을 목적으로 할 수 없고, 특별예방을 목적으로 하는 것이라는 점을
분명히 해야 한다. 따라서 일반예방은 어떠한 경우에도 소년에 대한 형벌의 목
적이 될 수 없고, 응보도 특별예방이나 건전육성이라는 목적을 위한 수단으로서
고통의 부과라는 교육적 의미의 고통부과로서는 허용될 수 있어도 응보 그 자체
가 소년에 대한 형벌의 목적이 될 수는 없다.

　　그리고 이러한 관점은 소년법 제3장의 규정을 해석하는 데에도 반영되어야
함은 물론이다. 예를 들어 형사사건에 대한 법원의 소년부송치(제50조)는 말할
것도 없고, 검사의 소년부송치(제49조 제1항)[14] 역시 소년의 건전육성이라는 관

---

14) 제49조(검사의 송치) ① 검사는 소년에 대한 피의사건을 수사한 결과 보호처분에 해당하는
　　사유가 있다고 인정한 경우에는 사건을 관할 소년부에 송치하여야 한다.

점에서 파악해야 한다. 즉, 제49조 제1항은 검사가 단순히 보호사건과 형사사건 중 어느 것으로 처리할 것인지를 결정한다는 의미가 아니라, 우선적으로 보호사건으로 처리하고 형사처분은 최후수단으로 보충적으로만 활용하라는 의미가 강하게 담겨있는 규정이라고 해석해야 한다. 이 경우 소년사건을 처리하는 검사도 국가기관이기 때문에 국친으로서의 의무를 다해야 하는 것은 법원과 마찬가지이다.

　앞에서 본 것과 같이 사형 및 무기형의 완화(제59조) 역시 단순히 형벌을 완화한다는 소극적 의미만 있는 것이 아니라, 범죄소년의 개선, 교육을 통한 건전육성과 사회복귀를 강조한 것이라고 할 수 있다. 사형과 무기형은 응보나 일반예방을 목적으로 하고, 특별예방이라면 격리 내지 무력화(incapacitation)를 위한 것이다. 이것들은 모두 소년의 개선, 교육을 통한 사회복귀나 소년의 건전육성이라는 목적을 부정하는 것이므로 소년에 대한 형벌에서는 정당화될 수 없다. 이 규정은 교도소 내에서도 성인수형자에 비해 소년수형자에 대해서는 특별히 교정, 교화를 통한 건전육성 및 사회복귀를 강조해야 한다는 것이다. "징역 또는 금고를 선고받은 소년에 대하여는 특별히 설치된 교도소 또는 일반 교도소 안에 특별히 분리된 장소에서 그 형을 집행한다"(제63조 본문)고 규정하고 있는 것도 단순히 공간적인 분리만을 규정한 것이 아니라 환경과 운영이 교육적이어야 한다는 것을 요구하는 것이라고 할 수 있다.

　부정기형(제60조 제1항)은 그 자체 이른바 '의료 모델'(medical model)[15]에 기초하여 개선, 교육과 사회복귀를 목적으로 하지만, 위에서 본 것과 같이 제63조는 부정기형의 집행에서도 교도소의 환경과 운영이 소년의 건전육성과 사회복귀를 위한 것이어야 한다는 것을 요구하는 것이다.

　소년감경(제60조 제2항)에서도 소년의 특성은 단순히 범행 당시의 사물변별능력이나 의사결정능력의 부족 등을 의미하기 보다는 장래의 소년의 개선, 교육과 사회복귀 가능성 등을 의미한다고 보아야 할 것이다. 왜냐하면 범행 당시의

---

15) 의료모델이란 범죄를 질병, 범죄인을 환자로 파악하는 사고방식이다. 의사는 환자를 벌(punishemnt)하지 않고 치료(treatment)하여 건강하게 사회생활을 할 수 있도록(rehabilitation) 한다. 치료를 위해서는 환자의 개별적 특정을 파악해야 하고(individualizatioin), 치료 기간도 사람마다 다를 수 있다(indeteriminate). 이러한 사고를 형사사법에 도입할 경우 치료(treatment)는 처우, 재활(rehabilitation)은 사회복귀가 되고, 환자의 특성에 따른 치료는 처우의 개별화(individualization of treatment), 유동적인 치료기간은 부정기형(indeterminate sentence)이 된다.

소년의 특성은 작량감경 등을 통해 반영될 수 있음에도 불구하고, 소년감경 규
정을 둔 것은 미래의 변화가능성을 특별히 고려하라는 의미라고 할 수 있기 때
문이다.

제2조(소년 및 보호자)
　이 법에서 "소년"이란 19세 미만인 자를 말하며, "보호자"란 법률상 감호교육(監護敎育)을 할 의무가 있는 자 또는 현재 감호하는 자를 말한다.

〈세 목 차〉

Ⅰ. 취　　지

　　근대 이전의 형벌제도에서 성인과 소년을 구분하지 않고 동일하게 처벌하였다. 근대에 들어 소년의 처벌은 성인과는 달라야 한다는 사고와 제도가 출현하였는데, 이것은 여러 가지 요인이 있지만, 가장 중요한 것은 소년이 성인과는 다른 특성을 가지고 있다는 것을 인정하였다는 것이다.[1] 오늘날 소년이 성인과 다른 특성을 가지고 있다는 것은 사실적인 측면에서도 인정되지만, ― 설사 구체적인 상황에서는 그렇지 않은 경우가 많다고 하더라도 ― 일반론으로서는 당연히 받아들여야 하는 것으로 여겨지게 되었다. 그리고 소년이 성인과 다른 특성을 갖는 한 형사사법제도에서 소년의 특성을 고려해야 한다는 것도 당연한 것으로 여겨졌다.

　　위와 같이 소년사법을 형성하게 된 소년의 특성에는 다음과 같은 것들이 있다. 청소년기는 부모에게 전적으로 의존해서 생활하는 아동기와 부모로부터 독립하여 생활하는 성인기의 중간기이다. 소년법의 적용대상이 되는 10세에서 18

---

[1] 예를 들어 미국의 경우 19세기 말까지 형사법원이 성인과 소년범을 모두 재판하였다. 16세기 영국에서 시작되었던 교육개혁 운동은 소년은 성인에 비해 도덕적, 인지적 능력이 덜 발달하였다는 점에서 성인과 다르다는 것을 강조하였다. 이러한 사고에 영향을 받아 19세기 중반에 이르러 미국에서 다양한 소년사법제도를 개혁하는 움직임이 나타났고, 이러한 운동들은 1899년 소년법원을 탄생시켰다. 소년법원은 국친사상에 입각하여 소년의 사회복귀와 보호를 위한 감독(protective supervision)을 강조하였다. 즉 소년법원은 소년들이 담당 판사들로부터 개별적으로 관심을 받는 곳으로 여겨졌다. 이에 따라 법원의 심리는 비공식적이고, 판사들은 광범위한 재량을 가지고 개별 사건들을 다루었다(http://www.cjcj.org/education1/juvenile-justice-history.html).

세의 소년은 일반적으로 초등학교 3, 4학년에서 고등학교 3학년 또는 대학교 1학년의 시기로서 생애 그 어느 때보다 많은 변화를 겪게 되는 시기이다. 특히 중, 고등학교 시기는 '질풍, 노도(storm and stress)의 시기'라고 불릴 만큼 아동이나 성인에 비해 신체적, 정서적, 사회적 변화를 많이 겪는 시기이다.

Ⅱ. 해   석

1. 소   년

가. 소년의 개념

소년법 제2조는 소년을 '19세 미만의 자'라고 규정하고 있다. 소년법 제4조까지 함께 고려하면 소년법의 적용대상인 소년은 10세 이상 19세 미만의 소년이 된다. 제정 소년법은 적용대상을 12세 이상 20세 미만의 소년으로 규정하였으나, 2007년 개정 소년법에서 상한 연령을 '19세 미만', 하한 연령을 10세로 각각 낮췄다. 소년의 상한 연령을 낮춘 것은 청소년의 성숙 정도, 청소년보호법 등 다른 법률과의 통일성, 만 19세는 고등학교를 졸업하고 대학생이나 사회인이 되는 점 등을 고려한 것이다.[2] 소년법 적용대상의 하한 연령이 낮아진 것은 소년범 연령이 낮아질 뿐 아니라 범행 내용도 사회적으로 문제가 되는 경우가 적지 아니하여 촉법소년 및 우범소년의 하한 연령을 낮출 필요가 있다는 것이었다.[3]

이와 같이 소년법의 적용대상인 소년의 연령을 낮춘 것은 범죄나 비행소년에 대한 대책이 형사제재로서의 성격을 줄이고, 교육적·복지적 성격을 강화해야 한다는 요구가 함께 들어있는 것이라고 할 수 있다. 이것은 국가가 반사회성 있는 소년의 생활에 조기에 개입하여 그의 환경을 조정하고 품행을 교정하는 좀더

---

2) 소년 혹은 청소년 연령은 개별 법률에 따라 다르다. 예를 들어 청소년기본법의 적용대상은 9세 이상 24세 이하(제3조 제1호), 아동복지법의 적용대상은 18세 미만(제3조 제1호), 근로기준법상 특별한 보호 적용대상은 15세 이상 18세 미만(제64조, 제69조 등) 등이다. 청소년보호법의 적용대상인 청소년은 19세 미만이지만 18세라도 만 19세가 되는 해의 1월 1일을 맞이한 사람은 제외된다. 예를 들어 2019.10.1을 기준으로 할 때 2000.4.1. 생은 만 18세이지만 청소년보호법의 보호대상에서는 제외된다. 따라서 청소년보호법의 보호대상은 '연(年) 19세 미만'이라고도 한다.

3) 2007년 개정 소년법의 개정이유. 다만, 소년법을 개정해야 할 정도로 사회적으로 문제되는 소년들의 범행이 이전보다 증가하였는지는 검증되지 않았다. 그럼에도 불구하고 소년 연령을 전반적으로 낮춘 것은 일찍부터 국가가 적극적으로 소년의 건전육성에 나서야 한다는 것을 촉구하는 것이다.

교육적, 복지적 처분을 함으로써 그들을 건전육성하고 그들의 범죄나 비행을 예방하기 위한 것이라고 할 수 있다. 2007년 개정 소년법에 비행 예방의 장(제3장의2)이 신설된 것도 바로 이러한 취지라고 할 수 있다.

나. 소년의 특성

소년의 특성은 여러 가지 있겠지만 두 가지로 요약한다면 인격의 미성숙과 변화가능성이다. 즉, 소년기는 인격이 완전히 형성되지 않아 사물변별능력이나 의사결정능력이 성인만큼 성숙하지 않지만, 현재의 인격이 고정된 것이 아니므로 어떠한 영향을 받느냐에 따라 좋은 방향으로도 또 나쁜 방향으로도 인격이 변화할 가능성이 높다는 것이다. 소년의 인격의 미성숙과 변화가능성은 모두 사실적으로도 인정되지만, 설사 그렇지 않다고 하더라도 규범적으로도 인정되어야 한다. 모든 규범에서는 일정한 인간상을 전제로 하고 있는데, 소년법은 규범이므로 소년법이 전제하는 소년상은 바로 인격이 미성숙하고 변화가능성이 높은 존재이다.

이러한 소년의 특성이 소년법에 대해 가지는 의미는 첫째, 소년은 미성숙하므로 소년의 비행이나 범죄에 대해 응보나 일반예방의 목적으로 대처해서는 안 되고, 둘째, 소년의 인격은 변화가 가능하므로 범죄나 비행 소년에 대해서 환경조정이나 품행 교정 등 특별예방적 방법으로 대처해야 한다는 것 등이라고 할 수 있다.

2. 보 호 자

가. 보호자의 개념

소년법 제2조에 의하면 보호자란 '법률상 감호교육(監護教育)을 할 의무가 있는 자' 또는 '현재 감호하는 자'를 말한다.

법률상 감호교육에서 감호교육이란 '감독, 보호 및 교육'이 아니라 '감독, 보호 또는 교육'으로 해석하여 감독, 보호, 교육 중 어느 하나에 해당하는 의무가 있는 사람은 보호자에 속한다고 해야 할 것이다. '현재 감호하는 자'라고 하여 교육은 제외되어 있는데, 교육은 감독 또는 보호를 포함한다고 할 수 있다. 따라서 제2조는 법률상 감호교육을 할 의무있는 자 또는 현재 감호교육하는 자라고 용어를 통일하는 것이 바람직할 것이다.

법률상 감호교육을 할 의무가 있는 자의 대표적인 예로 소년의 부모등 친권자(민법 제909조, 제913조)나 미성년후견인(민법 제945조) 등을 들 수 있다. 소년법에는 보호자 이외에 학교·사회복리시설·보호관찰소(지소)(제4조 제3항), 소년을 보호할 수 있는 적당한 자 또는 시설, 병원이나 그 밖의 요양소, 소년분류심사원(제18조 제1항), 보호자를 대신하여 소년을 보호할 수 있는 자, 아동복지법에 따른 아동복지시설이나 그 밖의 소년보호시설, 병원, 요양소 또는 보호소년 등의 처우에 관한 법률에 따른 의료재활소년원, 소년원(제32조 제1항) 등이 언급되어 있다.

따라서 부모, 친권자, 미성년후견인등 이외에 소년이 재학하는 학교의 장이나 교사, 소년을 보호관찰하는 보호관찰소(지소)의 장이나 보호관찰관, 소년을 수용하고 있는 사회복리시설, 소년원, 소년분류심사원, 의료재활소년원, 병원, 요양소 등의 장이나 직원 역시 법률상 감호교육의 의무가 있거나 현재 감호하는 자로서 보호자에 속할 수 있다.

그러나 국친주의에 의하면 법원, 검찰, 경찰 등 소년사법에 관여하는 모든 국가기관(國)도 소년의 부모(親)로서의 역할을 해야 하므로 보호자라고 해야 할 것이다. 다만, 소년법이 개별 규정에서 국가 이외에 일정한 보호자들에게만 권한이나 의무를 부여하고 있는 경우에는 국가기관들의 보호자 역할은 보충적이 될 수도 있다.

나. 보호자의 지위

보호자는 소년을 감독, 보호, 교육하는 역할을 하지만, 법원이나 검찰 기타 국가기관과의 관계에서 어떠한 지위나 역할을 담당하는지 문제될 수 있다.

소년 형사사건에서는 보호자가 검사와 대립되는 입장에서 소년을 보호하는 지위에 있다고 할 수 있다. 다만, 소년 형사사건에도 국친주의가 적용되므로 국가기관인 검사는 소년에 대립되는 당사자만이 아니라 소년의 보호자로서의 역할도 수행해야 하므로 성인 형사사건에 비해 실질적 변호의무가 훨씬 강조될 것이다. 나아가 검사도 응보나 일반예방적 관점이 아니라 소년의 건전육성이라는 관점에서 직무를 수행해야 한다.

소년 보호사건에서 보호자의 역할은 좀더 다양하게 파악될 수 있다.

첫째, 보호자는 소년의 권익이 부당하게 침해되지 않도록 문자 그대로 보호하는 지위를 가진다. 동행영장에 보호자의 성명기재(제15조 제1호), 동행영장 집행에 대한 보호자에의 통지(제16조 제3항), 보조인 선임 및 피선임(제17조), 보조인 선정 신청(제17조의2 제2항), 심리불개시 또는 개시 결정에 대한 통지(제19조 제1항, 제20조 제2항), 심리기일 소환(제21조 제1항), 심리기일변경 청구(제22조), 심리기일 출석(제22조), 보호처분 변경에 대한 통지(제37조 제3항), 보호처분에 대한 항고(제43조) 등의 제도들은 소년이 부당한 권익침해를 당하지 않도록 소년을 보호하는 지위에서 인정되는 것이라고 할 수 있다.

둘째, 소년사법에서는 국친주의가 적용되므로 법원 등 국가기관도 소년에 대한 보호자로서의 역할을 수행해야 한다. 따라서 부모 등의 보호자는 법원 등 국가기관에 협력하는 지위도 가진다. 보호자에 대한 조사(제9조, 제11조), 조사 및 심리를 위한 보호자의 소환 및 동행영장 발부(제10조, 제13조, 제21조), 임시조치시 보호자에 대한 지시(제18조), 심리불개시 결정시 소년에 대한 관리·교육 고지(제19조), 보호자의 심리기일 출석(제23조 제2항), 보호자의 의견진술(제25조), 보호자에의 감호위탁(제32조 제1항 제1호) 등에 관한 규정은 보호자의 권한을 규정한 것이기도 하지만 보호자의 협력의무도 규정한 것이라고 할 수 있다.

예를 들어 소년법 제21조 제1항은 "소년부 판사는 심리 기일을 지정하고 본인과 보호자를 소환하여야 한다. 다만, 필요가 없다고 인정한 경우에는 보호자는 소환하지 아니할 수 있다"고 규정하고 있다. 만약 법원이 소년의 보호자로서의 역할을 수행하지 않는다면 보호자를 소환하지 않아도 된다는 단서 규정을 두어서는 안 된다. 따라서 이 단서의 규정은 법원이 보호자의 역할을 수행하므로 부모 등의 보호자의 협력이 필요할 때에만 소환하고, 보호자의 협조가 필요하지 않는 때에는 소환하지 않아도 된다는 의미라고 할 수 있다.

셋째, 부모등 보호자는 소년사법의 객체로서의 지위도 지닌다. 소년에 대한 임시조치시 보호자에 대한 지시(제18조 제4항), 보호자에 대한 감호위탁처분(제32조 제1항 제1호), 보호자에 대한 특별교육수강명령(제32조 제3항), 화해권고를 위한 보호자의 소환(제25조의3 제2항), 보호자의 비용지급의무(제41조 본문) 등은 보호자가 비행이나 범죄를 저지르지 않았음에도 불구하고 보호자에게 일정한 의무를 부과하는 것이기 때문이다. 보호자에 대한 조사, 조사나 심리기일에의 소환 등에 관한 규정들도 보호자의 권한이나 협력을 규정한 것이지만, 일정한 의무도 규정한 것이므로 보호자를 소년사법의 객체로서 보는 것이라고 할 수 있다.

제 2 장 보호사건

제 1 절 통 칙

> 제3조(관할 및 직능)
> ① 소년 보호사건의 관할은 소년의 행위지, 거주지 또는 현재지로 한다.
> ② 소년 보호사건은 가정법원소년부 또는 지방법원소년부[이하 "소년부"라 한다]에 속한다.
> ③ 소년 보호사건의 심리와 처분 결정은 소년부 단독판사가 한다.

Ⅰ. 취   지

제3조는 소년 보호사건의 관할 및 직능에 대하여 규정하고 있다. '관할'이란 각 법원에 대한 재판권의 분배, 즉 특정한 법원이 구체적인 사건을 재판할 수 있는 권한을 말한다. 구체적인 사건이 특정한 법원의 관할에 속하게 되면 그 법원은 해당 사건에 대한 심리와 재판의 권한을 가지게 된다. 법원조직법 제7조에서는 관할을 '심판권'으로 표현하고 있다. 관할은 심리의 편의와 사건의 효율적인 처리를 위해서 뿐만 아니라 사건 본인의 출석과 방어권 행사를 위해서도 그 결정이 매우 중요하다.[1] 이와 같은 관할의 종류에는 일반적으로 사물관할, 토지관할, 심급관할 등이 있는데, 제3조 제3항에서는 소년 보호사건의 심리와 처분 결정은 소년부 단독판사가 한다고 규정되어 있으므로 제1심 법원의 관할분배를

---

[1] 박찬걸, 형사소송법, 박영사, 2020, 55면.

의미하는 사물관할은 특별히 문제될 것이 없다.

Ⅱ. 해　　석

1. 소년 보호사건의 토지관할

가. 의　　의

'토지관할'이란 동등한 법원 상호간에 있어서 사건의 지역적 관계에 의한 관할의 분배를 말하는데, 이를 '재판적'(裁判籍)이라고도 한다. 소년 보호사건의 관할은 심리의 편의와 사건의 능률적 처리라는 절차적 요구뿐만 아니라 사건 본인의 출석과 방어권 행사의 편의라는 방어상의 이익도 충분히 고려하여 결정하여야 하고, 특히 자의적인 사건처리를 방지하기 위하여 법률에 규정된 추상적 기준에 따라 획일적으로 결정하여야 한다. 이에 따라 각급 법원의 설치와 관할구역에 관한 법률 제4조 제1호에서는 [별표 3]을 통하여 각 고등법원·지방법원과 그 지원의 관할구역을 대등한 입장에서 서로 겹치지 않게 구분하여 규정하고 있다.

나. 결정기준

소년 보호사건의 관할은 소년의 행위지, 거주지 또는 현재지로 한다(제3조 제1항). 그러나 각 기준 사이에는 우열이 없으므로 하나의 사건에 대하여 수개의 법원이 토지관할을 가질 수 있다. 관할구역은 사건뿐만 아니라 사법행정권의 지역적 행사범위를 나타내는 개념인 반면에 토지관할은 사건에 대한 재판권의 지역적 행사범위를 나타낸다는 점에서 구별된다.

(1) 행 위 지

'행위지'란 범죄소년의 경우에는 범죄사실의 전부 또는 일부가 발생한 장소를 말하고, 촉법소년의 경우에는 형벌법령에 저촉된 행위를 한 장소를 말하며, 우범소년의 경우에는 우범사유에 해당하는 행위가 이루어진 장소[2]를 각각 말한다. 형사소송법 제4조 제1항에서는 토지관할의 기준으로 '범죄지'를 설정하고 있지만, 소년보호사건에서는 범죄소년뿐만 아니라 촉법소년 및 우범소년도 그 대상으로 삼고 있기 때문에 '행위지'라는 용어를 사용하고 있다.

이와 같은 행위지에는 일반적으로 범죄 또는 비행에 대한 증거가 존재하고,

---

[2] 한국소년법학회, 소년법, 세창출판사, 2006, 86면.

심리의 능률과 신속에 도움이 된다는 점에서 토지관할의 기준으로 한 것이다. 행위지는 실행행위지와 결과발생지는 물론 중간지도 포함된다. 예비지와 음모지는 원칙적으로 행위지에 해당하지 않지만, 예비·음모를 처벌하는 규정이 있는 경우에는 예외적으로 행위지에 해당한다. 공모공동정범의 경우에는 공모지도 행위지에 해당한다. 간접정범의 경우에는 이용자가 이용행위를 한 장소뿐만 아니라 피이용자가 실행행위를 한 장소나 결과가 발생한 장소도 행위지에 해당하고, 교사범 및 방조범의 경우에는 교사나 방조를 한 장소뿐만 아니라 정범의 실행행위지와 결과발생지도 행위지에 해당한다. 한편 동일 소년에 대한 2개 이상의 보호사건 및 관련 보호사건은 될 수 있는 한 병합하여 심리하여야 한다(소년심판규칙 제25조 제2항).

(2) 거 주 지

거주지는 민법상 주소 및 거소를 의미한다. 여기서 '주소'(住所)란 생활의 근거가 되는 곳을 말하고(민법 제18조), '거소'(居所)란 사람이 다소 계속적으로 거주하는 곳을 말한다(민법 제19조). 주소와 거소는 사건접수시에 법원의 관할구역 내에 있으면 족하고, 사건접수 이후에 주소와 거소의 변동이 있더라도 토지관할에는 영향을 미치지 아니한다. 다만 사건접수 이후에 주소와 거소의 변동이 생겨 방어권에 지장을 초래할 우려가 있는 경우 보호사건을 송치받은 소년부는 보호의 적정을 기하기 위하여 필요하다고 인정하면 결정으로써 사건을 다른 관할 소년부에 이송할 수 있다(제6조 제1항).

(3) 현 재 지

'현재지'란 사건접수 당시 사건 본인이 현재한 장소를 말하는데, 임의에 의한 현재지뿐만 아니라 적법한 강제에 의한 현재지도 이에 해당한다.[3] 현재지인 이상 행위지 또는 주소지가 아니더라도 토지관할이 인정된다.[4] 현재지에 해당하는지의 여부는 사건접수시를 기준으로 판단하고, 사건접수 이후 사건 본인이 석방되거나 도주한 경우에도 토지관할에는 영향을 미치지 아니한다.

---

3) 대법원 2011.12.22. 선고 2011도12927 판결.
4) 대법원 1984.2.28. 선고 83도3333 판결.

2. 소년 보호사건의 심급관할

'심급관할'이란 상소관계에 있어서의 관할을 말한다. 즉 상소심 법원의 심판권을 의미한다. 보호처분의 결정, 부가처분 등의 결정, 보호처분·부가처분 변경결정 등이 해당 결정에 영향을 미칠 법령 위반이 있거나 중대한 사실 오인이 있는 경우 또는 처분이 현저히 부당한 경우 중의 어느 하나에 해당하면 사건 본인·보호자·보조인 또는 그 법정대리인은 관할 가정법원 또는 지방법원 본원 합의부에 항고할 수 있다(제43조 제1항). 그러므로 지방법원 단독판사의 결정에 대한 항고사건을 고등법원이 판단할 수는 없다.[5] 항고를 기각하는 결정에 대하여는 그 결정이 법령에 위반되는 경우에만 대법원에 재항고를 할 수 있다(제47조 제1항). 한편 항고 및 재항고를 제기할 수 있는 기간은 7일로 한다(제43조 제2항 및 제47조 제2항).

3. 직   능

가. 소년부의 전담사건

소년 보호사건은 가정법원소년부 또는 지방법원소년부에 속한다(제3조 제2항). 우리나라는 소년보호사건과 소년형사사건을 구분하여, 소년보호사건은 소년부에서 담당하고, 소년형사사건은 일반 법원의 재판부에서 담당하는 소위 '이원주의'를 채택하고 있다. 외국의 입법례와 달리 소년사건만을 전담하는 소년법원이 설치되어 있지 않은 상황에서, 소년보호사건은 가정법원소년부 또는 지방법원소년부가 담당하는 구조이다. 이와 같은 소년부는 법원조직법상의 개념은 아니고, 단지 소년보호사건을 전담하는 가정법원 또는 지방법원의 심판부를 의미한다. 2021년 현재 가정법원이 설치된 서울, 수원, 인천, 부산, 대구, 광주, 대전, 울산 등을 제외한 나머지 지역에서는 지방법원소년부가 소년보호사건을 담당하고 있다.

나. 소년부 판사의 구성 및 역할

소년 보호사건의 심리와 처분 결정은 소년부 단독판사가 한다(제3조 제3항). 소년보호사건에서 소년은 심리의 객체로 취급되며, 직권주의 및 비공개주의가

---

5) 대법원 1997.4.8. 선고 96도2789 판결.

원칙적으로 적용되므로 소년부 판사는 소년보호사건의 주재자로서의 역할을 수
행한다. 이에 소년보호사건의 공정한 진행을 위하여, 소년부 판사는 심리의 공평
을 해할 만한 상당한 사유가 있다고 인정하는 때에는 그 직무의 집행을 회피하
여야 한다(소년심판규칙 제26조 제1항). 하지만 소년법에는 소년 보호사건에서 법
원 직원의 제척·기피·회피에 관한 규정을 두고 있지 않다. 이에 따라 현행 소년
심판규칙에 규정된 소년부 판사, 법원사무관 등에 대한 회피제도를 법률에 상향
규정하고, 이와 동시에 제척제도를 도입함으로써 직권주의적인 소년보호사건에
서 상당한 재량으로 주도적인 역할을 수행하는 소년부 판사가 소년보호사건을
처리함에 있어 공정성을 확보할 필요성이 있다.[6]

---

6) 박찬걸, "제20대 국회에 제출된 소년법 개정법률안에 대한 검토 — 소년범의 인권 강화방안을
　중심으로 —", 소년보호연구 제33권 제1호, 한국소년정책학회, 2020, 219면.

제4조(보호의 대상과 송치 및 통고)
　① 다음 각 호의 어느 하나에 해당하는 소년은 소년부의 보호사건으로 심리한다.
　　1. 죄를 범한 소년
　　2. 형벌 법령에 저촉되는 행위를 한 10세 이상 14세 미만인 소년
　　3. 다음 각 목에 해당하는 사유가 있고 그의 성격이나 환경에 비추어 앞
　　　으로 형벌 법령에 저촉되는 행위를 할 우려가 있는 10세 이상인 소년
　　　가. 집단적으로 몰려다니며 주위 사람들에게 불안감을 조성하는 성벽이
　　　　있는 것
　　　나. 정당한 이유 없이 가출하는 것
　　　다. 술을 마시고 소란을 피우거나 유해환경에 접하는 성벽이 있는 것
　② 제1항 제2호 및 제3호에 해당하는 소년이 있을 때에는 경찰서장은 직접
　관할 소년부에 송치하여야 한다.
　③ 제1항 각 호의 어느 하나에 해당하는 소년을 발견한 보호자 또는 학교·
　사회복리시설·보호관찰소(보호관찰지소를 포함한다. 이하 같다)의 장은 이를
　관할 소년부에 통고할 수 있다.

〈세 목 차〉

Ⅰ. 취　　지

　　제4조는 보호의 대상으로서 비행소년의 3가지 유형을 정의한 다음 촉법소년 및 우범소년에 대한 경찰서장의 필요적 송치, 비행소년에 대한 보호자 등의 임의적 통고 등에 대하여 규정하고 있다. 소년법은 모든 소년을 그 대상으로 하는 것이 아니라, 반사회성이 있는 소년만을 대상으로 한다. 반사회성이 있는 소년이란 비행소년이라고 할 수 있는데, 이에는 범죄소년, 촉법소년, 우범소년 등이 있다. 또한 반사회성이 있는 소년들의 행위를 가리켜 소년비행(juvenile delinqunecy)이라고 한다. 이러한 소년비행은 다시 둘로 나누어지는데, 범죄소년

과 촉법소년이 행하는 범죄적 비행과 우범소년이 행하는 지위비행이 그것이다.

Ⅱ. 해 석

1. 보호의 대상

가. 범죄소년

(1) 의 의

범죄소년이란 죄를 범한 소년을 말한다(제4조 제1항 제1호). 형법 제9조에서는 14세 미만의 형사미성년자를 규정하고 있고, 소년법 제2조에서는 19세 미만인 자를 소년으로 각각 규정하고 있으므로, 소년법에서 말하는 범죄소년은 죄를 범한 14세 이상 19세 미만의 자를 의미한다. 여기서 말하는 죄는 형법상의 범죄뿐만 아니라 각종 형사특별법상의 범죄를 모두 포함한다.

범죄소년은 소년부의 보호사건으로 절차가 진행될 수도 있지만, 경우에 따라 일반 성인과 동일하게 형사사건으로 절차가 진행될 수도 있다. 이와 같이 범죄소년을 보호사건과 형사사건 가운데 어느 절차로 진행시킬 것인지 여부를 일차적으로 판단하는 주체는 검사이며, 이를 검사선의주의라고 한다. 이에 따라 검사는 소년에 대한 피의사건을 수사한 결과 보호처분에 해당하는 사유가 있다고 인정한 경우에는 사건을 관할 소년부에 송치하여야 하며(제49조 제1항), 소년부는 이에 따라 송치된 사건을 조사 또는 심리한 결과 그 동기와 죄질이 금고 이상의 형사처분을 할 필요가 있다고 인정할 때에는 결정으로써 해당 검찰청 검사에게 송치할 수 있으며(제49조 제2항), 이에 따라 송치한 사건은 다시 소년부에 송치할 수 없다(제49조 제3항).

(2) 범죄소년의 연령인하 논의

1) 연령인하 찬성 측의 논거

현행 형법상 형사미성년자 규정이 1953년 형법 제정 당시부터 규정됨에 따라 제정 소년법에서는 범죄소년의 하한연령을 14세로 설정하였다. 하지만 최근에는 경제 성장, 조기교육의 활성화, 방송·인터넷 등 매체의 발달 등으로 인하여 1953년 당시와는 비교할 수 없을 정도로 인간의 정신적·육체적 성장속도가 빨라졌고, 이에 따라 14세 미만자의 범죄도 1953년 당시에는 상상할 수도 없었던 집단 성폭행·방화·살인 등으로 날로 흉포화되었다는 지적과 동시에 형법상 형사미성년자 규정 및 소년법상 범죄소년 규정에 대한 재검토가 지속적으로 요구되고 있는 실정이다. 이를 반영하여 지난 제18대 국회에서부터 현재의 제21대 국회에 이르기까지 계속하여 범죄소년의 연령인하에 대한 개정안이 발의되고 있는 상황인데, 그 주요 논거를 살펴보면 다음과 같다.

　① 소년의 신체적·정신적 성장의 발달

　14세 미만이면 그 의사결정능력이나 사물변별능력이 성인과 비교할 때 현저히 부족하기 때문에 그 행위에 따른 책임을 지우는 것이 부당하다는 근거에서 형사책임을 부정하고 있는 것인데, 형법 제9조가 처음 규정된 1953년과 비교하여 현재의 상황에서는 경제적 발전과 생활의 풍요에 따른 신체적 성장뿐만 아니라 문화적 발달, 교육여건의 호전, 조기교육의 활성화, 매스미디어의 발달, 나아가 인터넷의 발달 등으로 정신적 성장이 매우 빨라진 점을 고려할 때 만 14세를 기준으로 그 미만을 벌하지 않는 것은 매우 불합리한 결과를 초래한다. 이와 같이 범죄소년 연령의 하향조정은 형사처벌의 영역을 확대함으로써 범죄를 예방하기 위한 단편적인 대책이라거나 여론 종식의 수단이 아니라 변화한 사회의 흐름에 맞추어 그 기준을 합리적으로 변경하기 위한 것이다.[1]

　② 소년범죄의 저연령화와 흉포화

　최근 소년범죄의 특징으로써 저연령화와 흉포화 등이 문제되고 있기 때문에 이에 대하여 적극적으로 대처할 필요성이 있다.[2] 특히 성범죄의 경우 가해자가 14세 미만인 경우가 급속히 늘어나고 있으며, 초등학교에서의 학교폭력 또한 사회문제로 대두되고 있는 상황과 형법상 책임능력이 행위와 시비선악을 변별하고 그 변별에 따라서 행동을 통제할 수 있는 능력이라는 점에서 통상 중학교 1~2학년까지의 소년에 해당하는 14세 미만이라는 책임연령은 이제는 현실적으로 높다고 하지 않을 수 없다.

---

1) 이혜미, "형사미성년자 연령 하향조정의 논의와 쟁점", 이슈와 논점 제372호, 국회입법조사처, 2012, 4면.

2) 김지선, "소년법 개정에 따른 소년보호정책 동향 연구", 경찰학논총 제4권 제1호, 원광대학교 경찰학연구소, 2009, 9면; 심재무, "한국 소년보호처분제도의 문제점과 그 개선방안", 비교형사법연구 제10권 제2호, 한국비교형사법학회, 2008, 591면.

2) 연령인하 반대 측의 논거

① 소년의 정신적 발달의 미흡

형법 제9조가 1953년 처음 규정될 때와 달리 현재의 상황은 경제적 발전과 생활의 풍족에 따른 신체적 성장 및 정신적 성장이 빨라져 만 14세 미만자의 경우에도 자신의 행위가 위법한 행위로 그 사회적인 책임을 지울 만큼 성장한 소년도 있을 수 있다. 그러나 일률적으로 만 14세 미만자를 형사적인 책임을 지울 만큼 충분히 성숙한 소년이라고 평가하기에는 아직 이르며, 소년에 따라 형사책임을 지울 수 있는 경우와 그렇지 못한 경우를 구분하여 처벌하는 것 또한 법적 안정성의 측면에서 매우 불합리하다. 그리고 인간의 이성적 발달정도에 비추어 만 14세 미만자의 책임능력을 인정하지 아니한 것은 합리적 평등이라고 할 것이다. 한걸음 양보하여 과거의 12세 또는 13세에 해당하는 소년과 비교하여 요즘의 소년이 신장이나 체중과 같은 육체적인 측면에서 발육상태가 좋아졌다고는 할 수 있겠지만, 정신적인 측면에서도 동일하게 성장하였는지 매우 의문스럽다. 책임능력이라는 것이 육체적인 측면보다는 정신적인 측면을 중요시한다는 점에서 핵가족화, 개인주의, 물질만능주의, 인터넷에서의 익명성 보장으로 인한 폐해의 급증 등으로 대변되는 요즘 시대의 소년들이 과거와 비교하여 정신적인 성숙도가 뛰어나다고 평가하기에는 큰 무리가 있기 때문에 범죄소년의 연령인하는 타당하지 않다.[3]

② 소년범죄의 저연령화 현상에 대한 이해

과거와 달리 14~15세에 해당하는 소년범죄자의 비율이 증가하였다는 통계자료를 바탕으로 소년범죄의 저연령화를 결론내리기도 하지만, 14~15세의 소년범죄자에 대하여는 현행 법률상으로도 충분히 형사책임을 부과할 수 있기 때문에, 범죄소년에 대한 연령인하의 논거로 사용하기에는 적절하지 못하다. 즉 소년범죄의 저연령화는 촉법소년이 아닌 하위연령 범죄소년에 해당하는 것이기 때문에 범죄소년에 대한 연령 인하의 논거로는 객관적 설득력이 없다.

③ 소년범죄의 흉포화 현상의 실체

범죄소년의 연령인하를 주장하는 입장에서는 공통적으로 최근의 소년범죄가 흉포화 추세를 보이고 있다고 하지만, 이러한 주장은 크게 설득력이 없는 것

---

[3] 박찬걸, "형법상 형사미성년자 연령 설정과 소년법상 소년보호처분제도와의 관계", 소년보호연구 제22호, 한국소년정책학회, 2013, 205~206면.

으로 판단된다. 소년범죄의 흉포화 경향이란 과거와 비교할 때 최근의 소년범죄
현상이 갈수록 흉악해지고 폭력적으로 변화되어 가고 있다는 점을 의미한다. 이
는 소년범죄의 유형 가운데 강력범죄에 해당하는 흉악범죄와 폭력범죄의 동향을
살펴보면 알 수 있는데, 법무부의 각종 통계자료에 비추어 볼 때 흉악범죄와 강
력범죄의 절대적인 수치 내지 성인범죄 대비 구성비율이 현저히 증가하고 있다
고 분석하기에는 다소 무리가 있다. 하지만 우리 사회에서 소년범죄의 흉포화
현상에 대한 우려의 목소리가 갈수록 높아지는 것은 소년범죄에 대한 인지의 유
무 및 해당 범죄의 불법성에 대한 인지의 정도가 과거와 비교할 때 상당히 증가
한 데에서 찾을 수 있겠다. 현대 사회에서 연일 거의 실시간으로 보도되는
CCTV와 스마트폰 속의 범죄 동영상 장면을 우리는 너무나도 쉽게 그리고 자주
접촉할 수밖에 없는 환경에 살고 있다. 불과 몇 십년 전인 1980년대 또는 1990년
대 당시의 소년범죄에 대한 우리 사회의 인식의 유무와 정도는 상당히 낮은 수
준임을 감안함과 동시에 당시의 강력범죄 발생건수가 현재의 경우와 비교할 때
훨씬 더 많았음을 감안하면 최근의 소년범죄에 대한 특징의 하나로서 흉포화 현
상을 일반화시키기에는 많은 무리가 있어 보인다.[4]

④ 낙인효과의 방지 필요성

범죄소년의 연령이 인하되면 촉법소년이나 우범소년의 범위가 줄어드는 반
면에 범죄소년의 범위가 확대되는데, 일반형사절차를 진행하면서 발생할 수 있
는 낙인효과에 대한 대책이 미흡한 실정에서 무작정 범죄소년의 범위를 확장하
는 것은 무리가 있다.[5] 또한 소년에 대한 형벌의 부과는 사회에 대한 반항심을
야기하고 소년이 지니고 있는 잘못된 행동을 고착화시킬 위험성이 상존한다. 왜
냐하면 일차적 일탈에 대한 지나친 대응은 오히려 이차적 일탈을 유발하고, 이
러한 일탈은 고착화될 것이기 때문이다. 즉 공식적인 사법대응은 오히려 더 큰
부작용을 불러일으킬 수 있는 것이다.

한편 촉법소년에 대해서는 얼마든지 소년법에 따른 보호처분이 가능하고,
특히 12세 이상의 소년에게는 수강명령이나 장기 소년원 송치까지도 가능하기
때문에, 이들에게 충분한 처벌이 이루어지지 않고 있다는 주장은 그 근거가 약

---

4) 박찬걸, "우리나라 소년범죄의 최근 동향에 대한 평가", 소년보호연구 제28권 제2호, 한국소
년정책학회, 2015, 93면.
5) 이정주, "형사책임 연령 인하 논의에 관한 형사정책적 검토", 소년보호연구 제21호, 한국소년
정책학회, 2013, 196면.

하다고 볼 수 있다.[6] 게다가 13세 정도의 소년에 대한 김천소년교도소 수용은 최대 22세(형의 집행 및 수용자의 처우에 관한 법률 제12조 제3항 참조)의 연령대까지 분포되어 있는 수형인과 함께 생활한다는 점에서 수용 기간 동안의 범죄성향 학습 등으로 인하여 소년의 건전한 성장과 사회적응에 치명적일 수 있기 때문에 소년에 대하여 성인과 같은 수준의 형사처벌을 하는 것은 타당하지 않다.[7] 즉 저연령 소년을 교도소에 수용하여 형사처벌을 할 경우에는 수용기간 동안 감염 효과가 발생할 수 있는 부작용이 우려될 뿐만 아니라 교육을 통한 교화의 기회를 원천적으로 박탈하는 것이므로, 교화와 사회복귀를 우선시 하는 소년법의 취지와도 부합하지 아니한다.[8]

⑤ 형벌집행의 불합리성

소년범에게 벌금형을 부과할 경우에 그 금액을 과연 납부할 수 있는 능력이 있는 소년이 존재할 것인가에 대해서는 회의적으로 보아야 하며, 오히려 법정대리인, 친족 등으로 하여금 벌금을 대납하게 강요하는 결과가 되어 헌법에서 금지하고 있는 연좌제의 현상까지 초래될 위험성이 있다. 소년은 고용의 기회가 매우 적을 뿐만 아니라 의무교육 과정의 재학생 신분을 유지하고 있는 경우가 많아 재력이 없는 상황이 일반적인 현상이며, 일정금액을 소유하고 있는 경우라고 할지라도 그 소득형성과정은 일반적인 성인과 달리 부모님의 용돈, 친지들의 증여 등을 저축하여 마련한 정도에 불과할 것이다. 이와 같이 경제적 자립이 부족한 소년범에 대한 벌금형의 선고는 법정대리인이 대납할 수밖에 없는 상황으로 귀결되기 때문에 소년에 대한 형벌이 법정대리인에게 전가되는 부작용을 수반하는 결과를 초래하는데, 이는 형벌의 일신전속적 성격에 정면으로 위배하게 된다.[9] 그러므로 소년사건에 있어서는 벌금을 징수하는 것보다는 보호처분이나 사회봉사를 적극 활용하는 방안이 타당하다.[10] 또한 벌금형이 아닌 징역형이나

---

6) 김성돈·강지명, 「형법」상 형사미성년자 연령 설정과 「소년법」상 보호처분과의 관계 ― 외국의 입법례를 중심으로 ―, 국회입법조사처 정책연구용역보고서, 2012, 77~78면.

7) 박찬걸, "제19대 국회에 제출된 소년법 개정법률안에 대한 검토", 소년보호연구 제29권 제2호, 한국소년정책학회, 2016, 154면.

8) 박찬걸, "제20대 국회에 제출된 소년법 개정법률안에 대한 검토 ― 제재강화에 대한 비판을 중심으로 ―", 형사정책 제32권 제2호, 한국형사정책학회, 2020, 156면.

9) 박찬걸, "소년범에 대한 형벌 부과의 문제점 및 개선방안", 비교형사법연구 제20권 제3호, 한국비교형사법학회, 2018, 223~224면.

10) 박찬걸, "소년형사사건의 심판에 있어서 특례조항에 대한 검토 ― 소년법 제56조 내지 제67조를 중심으로 ―", 소년보호연구 제18권, 한국소년정책학회, 2012, 140면.

금고형이 선고될 가능성도 있기는 하지만, 저연령 소년에 대하여는 실형보다는 집행유예가 선고될 가능성이 더 높다고 보아야 하며, 이와 같이 전과자로 만드는 것보다는 보호처분을 통하여 보다 교육적·복지적인 차원에서 접근하는 것이 보다 적절한 대응방안이다. 특히 14세 미만 소년의 범죄율이 전체 소년범의 0.1%에 불과한 상황에서 최근에는 이마저도 감소하는 추세에 있으므로, 형사미성년자 연령을 하향조정할 실익이 그렇게 크지 않다.[11]

　⑥ 2007년 소년법 개정시 비행소년의 연령 인하의 함축적 의미

　2007.12.21. 소년법을 개정하여 소년보호사건의 대상연령을 종래 12세에서 10세로 하향 조정하는 등의 입법적인 조치를 한 것은 소년비행이나 범죄에 대하여 국가의 개입을 저연령층으로 확대하겠다는 의도라고 평가할 수 있다. 하지만 이는 촉법소년이나 우범소년에 대한 보호처분의 대상연령 확대를 의미하는 것이지 범죄소년에 대한 형사처벌의 대상연령 확대를 의미하지는 않는다. 그 이유는 만 10세 또는 만 11세에 해당하는 자의 경우 형사처벌보다는 국친주의 사상에 입각하여 보호처분을 하는 것이 타당하기 때문이다. 또한 비행의 초기 단계에서 형사제재를 과하려 하기 보다는 비행의 초기 단계에서 교육적·복지적 처분을 함으로써 비행성의 고착화와 이로 인한 범죄소년 또는 성인범죄로의 전락을 미리 예방하고자 하는 것이다.[12]

나. 촉법소년

　촉법소년이란 형벌 법령에 저촉되는 행위를 한 10세 이상 14세 미만인 소년을 말한다(제4조 제1항 제2호). 촉법소년은 형사미성년자에 해당하므로 형사절차의 대상이 될 수 없고, 오로지 소년부의 보호사건으로만 절차가 진행될 수 있을 뿐이다.

다. 우범소년

(1) 의　　의

　우범소년이란 일정한 우범사유가 있고 그의 성격이나 환경에 비추어 앞으로 형벌 법령에 저촉되는 행위를 할 우려가 있는 10세 이상 19세 미만인 소년을

---

11) 홍성삼, "소년법 폐지론 문제점과 대안 연구", 한국경찰학회보 제22권 제2호, 한국경찰학회, 2020, 256면.
12) 오영근, "개정 소년법의 과제와 전망", 형사정책연구 제19권 제2호, 한국형사정책연구원, 2008, 20~21면.

말한다(제4조 제1항 제3호). 이러한 우범소년은 성인에 있어서는 큰 문제가 되지 않는 지위비행을 저지른 소년을 의미하는데, 실제로 형벌 법령에 저촉되는 행위를 행하지 않은 자에 대한 개입의 여부, 시기, 방법, 정도 등에 대하여 논란의 여지가 있을 수 있다. 이러한 논란은 소년법상 우범소년 규정의 모호성으로부터 귀결되는데, 소년법 제정 당시와 비교했을 때 점차 구체화하려고 하는 노력을 보이고는 있으나, 현행법에 의해서도 우범사유를 명확히 판단할 수 있을 정도에는 이르지 못하고 있다. 이는 범죄소년과 촉법소년의 개념이 상대적으로 명확한 것과 비교했을 때 그 적용대상의 판단에 있어서 심각한 문제점을 야기할 수 있는 것이다.

(2) 규정의 변천과정

1958.7.24. 제정 소년법에서부터 우범소년을 소년부의 보호사건으로 심판할 수 있도록 하였는데, 이에 의하면 우범소년이란 '가정의 환경 또는 본인의 성벽을 참작하여 죄를 범할 염려있는 12세 이상의 소년으로 경찰국장으로부터 송치된 자'를 의미하였다(제정 소년법 제4조 제3호).

1963.7.31. 개정에서 당시 국가재건최고회의에서는 우범사유를 구체적으로 열거하여 보다 객관적인 판단이 가능하도록 하였다. 즉 '다음에 열거하는 사유가 있고 그의 성격 또는 환경에 비추어 장래 형벌법령에 저촉되는 행위를 할 우려가 있는 12세 이상의 소년. 가. 보호자의 정당한 감독에 복종하지 않는 성벽이 있는 것, 나. 정당한 이유없이 가정에서 이탈하는 것, 다. 범죄성이 있는 자 또는 부도덕한 자와 교제하거나 자기 또는 타인의 덕성을 해롭게 하는 성벽이 있는 것'(구 소년법 제4조 제1항 제3호)이라고 한 것이다. 또한 우범소년에 해당하는 소년이 있을 때 경찰서장은 직접 관할 소년부에 송치하여야 하고(구 소년법 제4조 제2항), 우범소년에 해당하는 소년을 발견한 보호자 또는 학교와 사회복리시설의 장은 이를 관할소년부에 통고할 수 있다고 규정하여(구 소년법 제4조 제3항), 경찰서장의 경우에는 필요적 송치주의를, 보호자 또는 학교와 사회복리시설의 장의 경우에는 임의적 통고주의를 각각 명문의 규정으로 두었다.

이후 2007.12.21. 개정에서 우범소년 규정의 변화가 있었는데, 이에 의하면 우범소년이란 우범사유가 있고 그의 성격이나 환경에 비추어 앞으로 형벌 법령에 저촉되는 행위를 할 우려가 있는 10세 이상 19세 미만인 소년을 말한다(제4조

제1항 제3호). 여기서의 우범사유란 집단적으로 몰려다니며 주위 사람들에게 불
안감을 조성하는 성벽이 있는 것, 정당한 이유 없이 가출하는 것, 술을 마시고
소란을 피우거나 유해환경에 접하는 성벽이 있는 것 등이다. 또한 우범소년을
발견한 보호자 또는 학교·사회복리시설·보호관찰소(보호관찰지소를 포함한다)의
장은 이를 관할 소년부에 통고할 수 있다고 하여(제4조 제3항), 기존에 임의적 통
고를 할 수 있는 주체에 보호관찰소의 장을 추가하는 문구를 삽입하였다.

　　현행 소년법은 기존의 우범소년 규정을 존치하면서 다만 우범사유를 구체
화한 것이 특징인데[13], 첫째, 기존의 우범사유 중 '보호자의 정당한 감독에 복종
하지 않는 성벽이 있는 것'을 삭제하였다. 왜냐하면 보호자의 정당한 감독에 복
종하지 않는다면 그 기준으로서 보호자의 자질, 정당한 명령에서의 정당성에 대
한 판단기준, 복종하지 않는 성벽의 정도 등의 판단기준이 어느 정도 객관화되
어 있어야 했지만 그렇지 못하였기 때문이다. 둘째, 기존의 우범사유 중 '범죄성
이 있는 자 또는 부도덕한 자와 교제하거나 자기 또는 타인의 덕성을 해롭게 하
는 성벽이 있는 것'을 삭제하였다. 왜냐하면 범죄성의 의미, 범죄성을 가진 자의
기준, 부도덕한 자의 기준, 교제의 범위 등의 판단기준이 모호하였기 때문이다.
이와 같이 기존에 모호하게 규정되어 있던 우범사유를 보다 구체화하고 명확하
게 하였다는 점에서 2007.12.21. 개정의 의미를 찾을 수 있는데 반하여, 실제 우
범소년 규정의 적용문제에 있어서 해당 소년이 과연 우범소년에 해당하는지를
판단하기에는 아직까지 미흡한 점이 많다고 평가할 수 있다.

(3) 우범사유

　　우범소년은 범죄소년이나 촉법소년에 대하여 보충적인 관계에 있다고 할
수 있다. 즉 범죄행위 또는 촉법행위가 존재하는지 여부를 먼저 검토한 다음 범
죄소년이나 촉법소년의 범위를 적용할 수 없을 경우에 비로소 우범사유와 우범
성을 살펴 우범소년으로 인정할 수 있는 것이다.[14] 아래에서 설명되는 우범사유
는 우범소년을 판단함에 있어서 객관성을 보장하여 소년의 인권보장측면에 기여
하려고 하는 점을 고려할 때 예시적인 규정이 아니라 제한적인 열거규정이라고

---

13) 박찬걸, "우범소년 처리의 합리화 방안에 관한 연구", 소년보호연구 제16호, 한국소년정책학
　　회, 2011, 75~76면.
14) 최병각, 소년보호사건의 범위와 처리에 관한 연구, 서울대학교 법학박사학위논문, 1998,
　　95면.

해석해야 한다.[15] 그러나 우범사유는 대체로 규범적·추상적 요소를 많이 내포하고 있음으로 인하여 제한적인 열거규정의 취지를 반감시키는 경향이 있는데, 이에 대하여 자세히 살펴보면 다음과 같다.

1) 집단적으로 몰려다니며 주위 사람들에게 불안감을 조성하는 성벽이 있는 것

집단적이란 적어도 3인 이상의 집합체를 의미한다. 성인범과 달리 소년범의 특징으로서 집단화 경향을 반영한 것이라고 할 수 있는데, 집단적으로 몰려다니는 행위와 주위 사람들에게 불안감을 조성하는 행위 사이의 (상당)인과관계 판단이 쉽지 않은 문제로 부각된다. 먼저 집단적으로 몰려다니는 행위 자체를 비행성의 척도로 보는 것은 소년들의 일반적인 행위특성을 제대로 반영하지 못한 것이다. 대부분의 소년들은 학교생활이라는 공동체생활을 영위하고 있는 단계에 있기 때문에 필연적으로 집단적으로 몰려다닐 수밖에 없음에도 이러한 행위 자체를 비행성 판단의 기초로 삼는 것은 문제인 것이다. 그리고 주위 사람들에게 불안감을 조성하는 성벽의 발현이라는 결과가 나타나야 하는데, 불안감이라는 매우 추상적인 개념의 사용은 그 성립범위를 무한히 확대하는 해석이 도출될 수 있다는 점에서 불합리하다.

2) 정당한 이유 없이 가출하는 것

민법 제914조에 의하면 "자는 친권자의 지정한 장소에 거주하여야 한다."라고 하여 친권자의 거소지정권을 규정하고 있다. 여기서 19세 미만의 자가 친권자의 거소지정권 행사에 불응하는 경우를 별도의 우범사유로서 규정하고 있는데, 이는 해당 소년이 가출한 사실뿐만 아니라 정당한 이유가 없어야 한다는 요건을 동시에 충족해야 한다. 따라서 정당한 이유 없는 가출의 해당 여부를 판단하기 위해서는 소년의 행상만이 아니라 가정의 실태를 반드시 고려해야 한다. 판단 결과 정당한 이유가 있는 가출의 경우에는 우범사유에 해당하지 아니한다. 예를 들면 가정의 방임 내지 붕괴, 향학열 또는 구직을 위하여 가정을 이탈한 경우, 가정구성원으로부터의 학대 등 폭력이 있는 경우에는 정당한 이유가 있는 가출이라고 할 수 있고, 이러한 경우에 해당한다면 우범사유를 충족시키지 못하

---

15) 김 혁, "조기 개입을 통한 소년 비행의 예방―우범소년과 불량행위소년에 대한 대응방안을 중심으로―", 경찰학연구 제10권 제1호, 경찰대학, 2010, 107면.

는 것이다. 또한 정당한 이유 없이 가출하였다고 하더라도 그것만으로 형벌법령
에 저촉되는 행위를 할 위험성을 갖추었다고 할 수는 없다. 특이한 점은 다른
우범사유와는 달리 가출의 '성벽'을 요구하지 않기 때문에 단 1회성의 가출이라
고 하더라고 우범소년으로 처리될 가능성이 있다는 점이다.

　3) 술을 마시고 소란을 피우거나 유해환경에 접하는 성벽이 있는 것

　단순히 술을 마시는 것만으로는 우범사유에 해당하지 아니하고 술을 마신
행위와 소란을 피우는 행위 사이에 상당한 인과관계에 인정되어어만 한다. 술을
마시는 행위는 객관적으로 쉽게 판단할 수 있지만 소란을 피우는 행위가 과연
무엇을 의미하는가에 대해서는 추가적인 논의가 필요하다. 소란을 피운 경우를
판단할 때 고려될 수 있는 사항으로는 시간이 주간인지 또는 야간인지의 여부,
실제로 말한 시간의 장단(長短), 해당 소년의 행동을 제지하거나 이의를 제기한
다른 주민이 있었는지의 여부, 의사표현의 자유의 한계를 넘어 허용될 수 없는
행위라고 볼 수 있는지의 여부 등을 종합적으로 고려하여 개별적으로 판단하여
야 한다. 그리고 소년법에는 우범사유로서 유해환경에 대한 구체적인 정의규정
이 없기 때문에 다른 법률에서 유사한 개념을 차용하여 비교 · 검토해야 하는데,
일반적으로 우범사유로서 유해환경은 청소년보호법상 유해환경에 해당하는 것
이 포함된다고 볼 수 있다.

　한편 후단의 '성벽'이 전단의 '술을 마시고 소란을 피우는 것'을 수식하는지
여부가 문제될 수 있다. 만약 성벽이 수식을 한다고 하더라도 술을 마시고 소란
을 피우는 소년의 발견시 그 성벽을 추론해 내기란 여간 어려운 문제가 아니다.
이러한 수식이 가능하다고 보는 시각은 단 1회성에 불과한 술을 마시고 소란을
피우는 행위의 경우에는 성벽의 발현이라고 보여 지지 아니하는 한 우범소년으
로 처리하지 않겠다는 의미로 파악할 수 있다. 또한 전단의 '술을 마시고'가 후
단의 '유해환경에 접하는 성벽이 있는 것'을 수식하는지 여부가 문제될 수도 있
다. 이러한 수식이 문리해석으로 불가능한 것은 아니지만 목적론적 해석에 의할
때에는 불가능한 것으로 보인다. 왜냐하면 유해환경에 접하는 성벽이 있는 소년
이 반드시 술을 마시고 그러한 행위를 해야만 우범소년으로 판단할 것을 요구한
다고 보기는 어렵기 때문이다.

(4) 우 범 성

우범성이란 소년의 성격이나 환경에 비추어 앞으로 형벌 법령에 저촉되는 행위를 할 우려가 있는 상태를 말한다. 우범성은 범죄소년 또는 촉법소년이 될 단순한 가능성을 의미하는 것이 아니라 어느 정도 구체성을 가진 범죄의 개연성을 말한다. 하지만 소년의 장래의 행동을 정확하게 예측하는 것 자체가 불가능한 상태에서 이를 판단하는 것은 무리가 있다. 예를 들어 음주를 하거나 흡연을 하는 소년 대부분에 대하여 우범성을 인정하게 되면 우범소년으로 되는 비율이 상당히 높아질 것이다. 또한 우범성의 예측을 우범구성요건으로 요구하는 것은 수사기관이 소년의 성격이나 환경에 깊이 간섭하도록 하는 것이 되어 결과적으로 소년의 인권보장에 역행하는 문제가 발생될 위험성이 있다는 지적도 제기된다.[16]

(5) 우범사유와 우범성과의 관계

현재 우범소년을 판단함에 있어서 우범사유만으로 족하다는 견해는 찾아보기 힘들며, 우범소년으로 인정되기 위해서는 우범사유와 우범성이 동시에 충족되어야 한다는 견해가 주류를 이루고 있다. 하지만 우범사유와 우범성을 병렬적으로 놓여 있는 것으로 파악하는 것은 아니므로, 3가지의 우범사유 가운데 하나 또는 그 이상의 사유가 존재함과 동시에 소년의 성격이나 환경에 비추어 앞으로 형벌 법령에 저촉되는 행위를 할 우려가 있는 상태도 요구되어야 한다. 즉 우범사유는 우범소년을 판단함에 있어서 형식적 요건인 반면에 우범성은 그 실질적 요건이며, 개개의 우범사유를 검토함에 있어서 우범성을 고려하여 해석하여야 한다. 이에 의하면 우범성이 있는 우범사유만이 우범소년의 요건을 충족시킬 수 있다. 만약 우범성이 없는 우범사유가 존재하는 소년이 존재한다면 이 사실만으로는 보호처분을 정당화시키지 못한다.

(6) 우범소년 규정 존폐론
1) 우범소년 규정 폐지론의 논거

우범소년 규정 폐지론[17]에 의하면 우범성의 판단에 주관적·자의적 요소가 개입되어 인권침해의 소지가 있다는 점에서 죄형법정주의의 요청에 부합하지 않는다

---

16) 한국소년법학회, 소년법, 세창출판사, 2006, 101면.
17) 안경옥, "청소년범죄의 형사법적 대책과 검사의 역할―한국의 소년사건처리절차와 검사의 역할―", 경희법학 제42권 제2호, 경희대학교 법학연구소, 2007, 18~19면; 장중식, "소년범죄 처리와 소년법상의 문제점 및 개선방안", 교정연구 제41호, 한국교정학회, 2008, 156면.

고 하면서 일반적으로 다음의 논거를 제시하고 있다. 첫째, 우범성의 유무에 대한 판단과 예측이 곤란한 경우가 많아서 자의적인 처리가 될 가능성이 크다. 왜냐하면 우범성은 소년의 성격과 환경에 비추어 위험성이 예측될 것을 조건으로 하는데, 이러한 위험성 예측의 판단은 소년의 인격에 대한 판단을 포함하기 때문에 판단자의 주관이 개입될 여지가 많기 때문이다. 특히 죄를 범하지 않은 소년을 우범성만으로 예비범죄자로 간주하여 보호처분을 하는 것은 죄형법정주의에 반할 우려가 있으며, 이들을 잠재적 범죄자로 낙인찍어 사회에서 배제시키고 나아가 범죄행동에 노출될 가능성을 높일 수 있다. 이와 동시에 우범사유가 추상적이고 불명확하여 경찰서장의 자의적인 판단에 따라 소년부에 송치 여부를 결정할 우려가 있다.

둘째, 범죄실행을 전제로 하지 않은 우범소년이 보호절차를 거치거나 보호처분을 받게 되면 범죄소년과 동일한 낙인을 받게 되는 부작용이 있다. 일반적인 국민감정에 의하면 어떠한 행위로 인하여 공식적인 사법처리를 받은 자에 대해서 모두 전과자라는 인식을 은연 중에 가지고 있기 때문에 피처분자의 재사회화에 역행할 우려가 상당히 크다. 보호절차이든 형사절차이든 법원 단계로 간다는 것 자체를 일반 국민은 범죄자로서의 낙인을 찍게 되는 것이다. 또한 소년법에 의하면 소년이 보호처분을 받은 사실로 인하여 장래에 불이익한 영향을 미치지 않는다고 하지만, 대법원은 상습범 판단사유로서 종래의 보호처분도 포함하는 입장을 취하고 있는데, 이러한 사례도 보호처분에 대한 잘못된 인식의 결과로 보인다. 우범소년에 대하여 보호처분을 부과할 수 있도록 하고 있는 소년법의 궁극적인 취지는, 우범소년에 대하여 조기에 그의 성격과 환경을 조정해 줌으로 인하여 장래 형벌법령에 저촉되는 행위를 하지 않도록 하기 위함일 것이다. 하지만 이러한 조기의 개입이 오히려 실제 형벌법령에 저촉되는 행위를 하지 않은 자에게 형벌법령에 저촉된 행위를 한 것과 같은 착시효과를 유발하여 그의 성격과 환경에 악영향을 미칠 수 있음을 주의해야 한다.

셋째, 성인에게서 문제되지 않는 지위비행에 불과한 우범소년에 대하여 우범성이 있다는 이유만으로 소년보호처분을 과하는 것은 국친사상을 지나치게 강조한 결과이다. 소년이 형벌법령에 저촉되는 행위를 저지른 후에서야 비로소 국가가 간섭하여 조치를 취하는 것은 이미 때가 늦다는 생각은 위험하다.[18] 또한

18) 최종식, 소년법상 보호소년에 관한 연구 — 우리나라 소년보호처리제도와 그 개선방안을 중심으로 —, 강원대학교 법학박사학위논문, 1996, 113면.

우범소년 규정은 범죄사실을 부인하거나 범죄사실을 증명할 명백한 증거가 없는 소년사건을 손쉽게 처리할 수 있는 편법으로 악용할 우려를 완전히 배제하기 어렵다.[19]

넷째, 우범소년에 대하여는 형사제재의 성격을 가지고 있는 보호처분보다는 순수한 복지적 행정처분이 필요하다. 왜냐하면 우범소년의 처리에 대해서는 범죄소년 또는 촉법소년의 처리절차와 구분되어야 하기 때문이다. 후자의 경우와 동일하게 처리하는 태도는 지양되어야 한다. 또한 우범소년에 대한 보호처분의 문제와 소년보호이념은 상호 구별되어야 하는데, 소년의 건전한 육성과 교육이라는 소년보호의 이념은 복지행정을 통해서도 달성될 수 있기 때문이다.[20]

한편 '가출'이 대체적으로 '반사회적 행동'이라는 관점에 기반하고 있어 경찰의 단속 또는 언론보도를 통해 다루어지는 가출 청소년들이 비행청소년 내지 예비범죄자로 간주되고 있다. 하지만 가출이라는 행위에 초점을 맞추기보다 발생원인에 따른 예방적 접근이 보다 중요하다. 이에 국가인권위원회는 2017.1.24. '가출 청소년'을 소위 '우범소년'으로 규정하여 가출 자체를 잠재적 범죄로 낙인찍는 제4조 제1항 제3호 나목의 규정 삭제를 법무부 장관에게 권고한 바 있다.[21] 또한 유엔 아동권리위원회는 '청소년 사법에서의 아동의 권리(일반논평 24호, 2019)'에서 당사국에게 성인이 행하는 경우에는 범죄행위로 간주되지 않는 '지위행위'에 관한 법령 조항을 삭제할 것을 권고하였으며, 2019.10. 유엔 아동권리위원회 대한민국 제5, 6차 국가보고서에 대한 최종견해에서도 대한민국 정부에 우범소년 규정을 폐지할 것을 권고한 바 있다.

2) 우범소년 규정 존치론의 논거

우범소년 규정 존치론[22]에 의하면 우범소년도 반사회성이 있는 소년이기 때문에 소년을 건전하게 육성하기 위해 소년보호절차의 대상으로 삼아야 한다는 점, 보호주의의 이념에 따라 소년의 범죄나 비행을 예방하는 기능을 수행하기 위하여 범죄의 위험성이 높은 소년에 대하여 우범성에 근거한 보호처분을 해야

---

19) 장영민, "소년법상의 제 연령 기준에 관한 일 고찰", 법학논집 제9권 제2호, 이화여자대학교 법학연구소, 2005, 110면.
20) 이진국, "소년보호대상의 범위에 관한 형사정책적 검토", 형사정책연구 제17권 제1호, 한국형사정책연구원, 2006, 108면.
21) 국가인권위원회, "가정 밖 청소년 인권보호 정책 개선 권고", 2017.1.24.
22) 이에 대하여 보다 자세한 논의로는 박찬걸, 각주 13)의 논문, 92~96면 참조.

할 필요성이 있다는 점, 실제에 있어서 우범성의 판단에 신중을 기한다면 자의성이 문제되지 않는다는 점, 우범소년에 대하여 소년법에서 규율하지 않는다면 이들에 대한 법적 개입의 여지가 아예 없어진다는 점, 아동복지법과 소년법의 보호이념이 서로 달라 이들에 대한 복지적 개입만으로는 한계가 있다는 점, 가출이 비행 및 범죄에 영향을 주는 주요 요소라는 점에 비추어 가출에 대한 초기 개입이 필요하다는 점, 우범소년인지 여부를 판단할 때 우범사유 외에 '성격이나 환경에 비추어 앞으로 형벌 법령에 저촉되는 행위를 할 우려'라는 별도의 요건이 필요하므로 신중한 결정이 얼마든지 가능하다는 점, 우범소년을 보호의 대상으로 하더라도 보호처분이 다양화되고, 적극적인 비행예방의 정책이 수립된다면 이에 대한 개별적인 처우가 얼마든지 가능하다는 점, 일본·미국·영국 등의 경우에도 우범소년을 소년법원이나 가정법원이 관할하고 있다는 점 등이 주요 논거로 제시되고 있다.

2. 경찰서장의 송치

촉법소년 및 우범소년이 있을 때에 경찰서장은 직접 관할 소년부에 송치하여야 한다(제4조 제2항). 경찰서장은 촉법소년과 우범소년에 대해서는 소년보호사건으로 하여 관할 소년부에 송치하여야 한다(소년업무규칙 제21조 제2항). 이와 같이 경찰서장이 촉법소년 및 우범소년을 발견한 경우에는 재량의 여지없이 소년부에 송치해야 한다고 규정하고 있다.

이러한 경우 소년부 판사는 송치서와 조사관의 조사보고에 따라 사건의 심리를 개시할 수 없거나 개시할 필요가 없다고 인정하면 심리를 개시하지 아니한다는 결정을 하고(제19조, 소위 심리불개시결정), 심리 결과 보호처분을 할 수 없거나 할 필요가 없다고 인정하면 그 취지의 결정을 하는데(제29조, 소위 불처분결정), 이로 인하여 심리불개시결정 및 불처분결정의 지속적인 증가에 한 몫을 담당하고 있는 것으로 분석된다. 경찰서장의 송치시 이러한 문제점을 인식하고 송치에 있어서 보다 신중을 기해야 하겠는데, 특히 우범소년의 경우에는 가정 및 학교 등에 의한 비(非)사법적 해결방안을 모색할 필요성이 있다.[23]

---

23) 박찬걸, 각주 4)의 논문, 114면.

3. 보호자 등의 통고

학교생활 부적응 학생 등 비행으로 전이 가능성이 높은 잠재적 범죄소년에 대한 예방지도에 관한 문제는 가정이나 학교당국 등에만 맡길 것이 아니라 비행전문기관과의 연계시스템을 구축하여 체계적으로 다루어야 할 필요가 있다. 이에 따라 비행소년을 발견한 보호자 또는 학교·사회복리시설·보호관찰소의 장은 이를 관할 소년부에 통고할 수 있다(제4조 제3항). 이에 따른 통고는 서면 또는 구술로 할 수 있으며(소년심판규칙 제6조 제1항), 소년과 보호자의 성명, 생년월일, 직업, 주거, 등록기준지, 통고자의 성명, 통고하게 된 사유 및 소년의 처우에 관한 의견을 명시하여야 한다(소년심판규칙 제6조 제2항). 만약 구술의 통고가 있는 때에는 소년부 법원서기관, 법원사무관, 법원주사 또는 법원주사보는 이를 조서에 기재하고 서명날인하여야 한다(소년심판규칙 제6조 제3항).

제5조(송치서)

　소년 보호사건을 송치하는 경우에는 송치서에 사건 본인의 주거·성명·생년월일 및 행위의 개요와 가정 상황을 적고, 그 밖의 참고자료를 첨부하여야 한다.

〈세 목 차〉

Ⅰ. 취　　지

　제5조는 소년 보호사건을 송치하는 경우에 있어서 송치서의 작성방법에 대하여 규정하고 있다. 검사가 범죄소년에 대한 보호사건을 송치하는 경우에는 송치서에 범죄사실과 적용법조를 명시하여야 한다(소년심판규칙 제7조 제1항). 한편 소년법 제5조에 규정된 참고자료는 관계되는 서류와 증거물 전부를 말한다(소년심판규칙 제7조 제2항). 공범이 있거나 그 밖의 사유로 송치서에 참고자료를 첨부할 수 없는 경우에는 그 중 소년 보호사건과 관련되는 부분의 등본을 첨부하여야 한다(소년심판규칙 제7조 제3항).

　송치서의 내용으로는 사건 본인의 인적 사항뿐만 아니라 행위의 개요 및 가정 상황 등을 기재하도록 하고 있는데, 이를 위하여 경찰단계 조사과정에서의 전문가 참여제도가 운영되고 있으며, 이 과정에서 작성된 비행성예측자료표는 송치시 참고자료로 첨부되어 비행소년 처우 결정의 기초자료로 제공되고 있다. 또한 경찰관은 소년사건을 수사할 때에는 범죄의 원인 및 동기와 그 소년의 성격·태도·경력·교육정도·가정상황·교우관계와 그 밖의 환경 등을 상세히 조사하여 별지 소년환경조사서를 작성함으로서 재비행위험성을 심층적으로 평가하고 있다. 또한 검사는 소년 피의사건에 대하여 소년부 송치처분을 결정하기 위하여 필요하다고 인정하면 피의자의 주거지 또는 검찰청 소재지를 관할하는 보호관찰소의 장, 소년분류심사원장 또는 소년원장에게 피의자의 품행, 경력, 생활환경이나 그 밖에 필요한 사항에 관한 조사를 요구할 수 있다(제49조의2 제1항).

Ⅱ. 해   석

1. 경찰단계 조사과정에서의 전문가 참여

경찰관은 소년의 재비행 위험성 판단과 그에 맞는 선도 교육 등을 위하여 조사 과정에 전문가를 참여시킬 수 있다. 다만, 당해 소년 및 보호자가 동의하지 않을 경우에는 그러하지 아니한다(소년업무규칙 제23조).[1] 이를 위하여 경찰서장은 범죄심리사 등 청소년비행연구 및 선도활동에 학식과 경험이 풍부한 자로 전문가를 선정하고, 전문가가 조사 과정에 성실하게 참여할 수 있도록 지도·감독하여야 한다(소년업무규칙 제24조). 또한 참여 전문가는 소년사건을 조사하는 과정에 참여하여 해당 소년에 대한 비행성예측자료표를 작성하여 제출하여야 하고(소년업무규칙 제25조 제1항), 경찰관은 참여 전문가가 제출한 비행성예측자료표를 참고하여 선도프로그램 연계 등을 결정하고, 검찰·법원 송치시 첨부하여 비행소년 처우 결정의 기초자료로 제공하여야 한다(소년업무규칙 제25조 제2항). 이와 같이 2003년부터 경찰단계에서 이루어지고 있는 소년사건에 대한 전문가참여제도는 경미한 소년사범에 대한 훈방이나 즉결심판의 근거를 보장하는 차원에서 시행되고 있으며, 사랑의 교실 등 선도프로그램 연계시 재비행 예측결과 등을 반영한 맞춤형 선도프로그램을 진행하는 등 개별 소년범의 특성에 맞는 선도 및 교육을 통해 청소년 선도효과의 제고에 기여하고 있다. 경찰관은 소년조사과정에 참여한 전문가의 의견을 참고하여 선도의 방향을 결정하는데, 특히 비행성예측자료표에 나타난 내용을 중심으로 재비행의 가능성이 있는지 여부를 판단하게 된다. 이는 동 제도가 수행하는 다양한 역할 가운데 경찰단계에 있어서 일종의 다이버전의 역할을 수행하고 있는 것으로도 평가된다. 2003년 도입 초기의 전문가참여제도는 일부 경찰서에 한하여 실시되어 오다가 2016년부터는 당시 전국 252개 모든 경찰서로 확대·운영되었으며, 2019년 기준 범죄심리사 인력풀에는 약 500여 명의 인원이 확충되어 있다.

전문가참여제도의 운영실적은 2016년 이후 소폭의 상향이 있었지만 대체적으로 전체 소년범 인원 대비 약 10% 내외의 미미한 실정에 머무르고 있는데, 이

---

[1] 이하의 내용은 박찬걸, "소년조사제도의 문제점과 개선방안", 형사정책 제32권 제4호, 한국형사정책학회, 2021, 187~191면을 요약한 것임.

는 다음과 같은 점에서 그 이유를 찾을 수 있다. 첫째, 소년업무규칙 제23조 단서에 의하면, 당해 소년 및 보호자가 동의하지 않을 경우에는 동 제도를 활용할 수 없게 되어 있다. 즉 소년이나 보호자 가운데 어느 하나라도 이에 동의하지 않을 경우에는 원천적으로 전문가의 참여가 불가능한 구조인 것이다. 이는 2013. 3.25. 기존의 소년업무 처리규칙을 소년업무규칙으로 법명을 개정함과 동시에 신설된 조문으로서, 소년범의 인권을 보다 보장하기 위하여 도입한 것인데, 그 이전의 실무에서 소년 등의 동의를 요건으로 전문가의 참여가 실시되었던 관행을 반영한 조치로 평가된다.

둘째, 기존의 형사사법구조 아래에서는 사법경찰관이 독자적으로 사건을 종결할 수 없는 점에 기인하기도 한다. 즉 사법경찰관에게는 수사개시권이 인정되지만 수사종결권이 인정되지 않아 이른바 전건송치주의에 따라 사건을 검찰에 송치할 때 전문가참여제를 단순한 참고자료로만 활용하게 된다는 것이다. 그렇기 때문에 2021.1.1. 이후 검·경 수사권조정에 따라 소년사건에 있어서 사법경찰관에게 수사개시권 및 1차적 수사종결권이 인정되는 상황에서는 현재의 상황보다는 보다 적극적인 자료의 활용으로 변모될 가능성은 충분히 있다.

셋째, 전문가참여의 과정에서 작성되는 비행성예측자료표의 작성명의자인 범죄심리사 등은 공무원의 신분이 아니라 수사기관의 위촉에 따라 선임된 관련 분야 석사학위를 취득한 정도의 민간인 신분으로서, 이들에 의한 비행성예측자료표 작성의 주된 목적은 일반적으로 훈방조치의 법적 근거를 남겨두기 위한 것이 실무의 태도이다. 비행성예측자료표의 작성대상이 대체적으로 비행소년 가운데에서도 비교적 경미한 비행을 저지른 소년에 집중되어 있는 측면은 이를 반영한 것으로 분석된다. 이와 같이 경찰단계에서의 소년사건 조사시 참여하는 전문가는 주로 범죄심리사인 민간 인력인데, 이들로 하여금 소년의 주변환경, 가족사항, 병력이나 비행력 등과 같은 민감정보를 공유하게 하는 것은 정보유출의 우려가 있으며, 이러한 정보의 남용시 제재를 할 수 있는 방안이 담보되어 있지 않다. 특히 보호관찰관이나 법원조사관 등과 같은 공무원이 아닌 민간인에 의한 업무상 비밀누설행위에 대한 형사적 제재가 미비되어 있는 점은 이들의 참여를 적극적으로 활용하지 못하는 저해요인으로 작용한다.

넷째, 경찰 이후 단계에서의 소년조사제도의 법적 근거가 모두 법률에 규정되어 있는 것과 달리 경찰단계에서의 그것은 법률이 아닌 경찰청예규 및 경찰청

훈령의 형식을 취하고 있는 것이 특징이다. 하지만 소년에 대한 조사는 가능한 한 조기에 이루어지는 것이 훨씬 도움이 되므로, 전문가참여제의 효율적인 성과를 위해서는 법제화가 반드시 필요하며[2], 이를 기반으로 하여 이후 재범가능성의 정도에 따른 선도프로그램의 다양화 및 개별화가 정립되어야 한다.

다섯째, 전문가참여제의 활용시 전문가에게 지급해야 하는 관련 예산이 충분히 확보되어 있지 않다. 설사 관련 전문가를 활용하려고 할 경우에도 석사과정 수준의 민간연구원이 주로 참여를 하게 되고, 이마저도 인적 구성이 다양하지 않아 관할 경찰서에 따라 인력풀에 쉽게 접근하지 못하는 문제점이 있다.

2. 비행성예측자료표의 작성

참여 전문가는 소년사건을 조사하는 과정에 참여하여 해당 소년에 대한 비행성예측자료표를 작성하여 제출하여야 하는데, 이에 대한 자세한 내용은 소년업무규칙 별지 제2호 서식에 나타나 있다. 범죄심리사 및 범죄심리전문가가 그 작성의 주체가 되는 비행성예측자료표의 내용을 구체적으로 살펴보면, 비행사건에 대한 비행촉발요인(가족구조, 가족기능, 학교생활, 가출경험, 비행전력, 개인적 요인) 및 인성검사 등에 대한 개별적인 점수를 부여한 다음, 인성검사소견과 면담태도 등을 서술하여 종합적인 소견으로 재비행위험성을 총 3단계로 평가하게 된다.

3. 소년환경조사서의 작성

경찰관은 소년사건을 수사할 때에는 범죄의 원인 및 동기와 그 소년의 성격·태도·경력·교육정도·가정상황·교우관계와 그 밖의 환경 등을 상세히 조사하여 별지 제1호 서식의 소년환경조사서를 작성하여야 한다(소년업무규칙 제17조). 하지만 기존의 소년환경조사서의 양식은 2015.9.1. 개정된 범죄수사규칙에 의하여 도입된 것으로서, 이에 의하면 소년의 개인적인 인적 사항, 본건비행 사항, 비행경력, 재비행위험성 평가 등으로 구분하여 이를 조사한 경찰관이 직접 작성하는데, 특히 재비행위험성 평가항목에서는 가족의 구조(2), 가족의 기능적 역할(5), 학교생활(6), 가출경험(3), 비행전력 및 환경(10), 개인적 위험요인(17) 등

---

2) 박성수·김미선, "경찰단계에서의 소년범 위험성 평가에 의한 재범예측 연구: 소년사건 처리시 전문가참여제", 한국치안행정논집 제9권 제1호, 한국치안행정학회, 2012, 43면.

을 세분화하여 총 43개의 항목에 대한 점수를 비행척도로 평가하고 있었다. 또한 2015.9.1. 개정 전의 양식 및 2020.11.26. 개정되기 전의 소년업무규칙 별지 제1호 서식의 소년환경조사서에서는 재비행위험성 평가항목이 지나치게 극단적으로 설정되어 있어서 그 판단에 신뢰성을 충분히 담보하기 힘들었다.

　　물론 범죄수사규칙은 2015.9.1. 개정을 통하여, 그리고 소년업무규칙은 2020.11.26. 개정을 통하여 각각 소년환경조사서의 재비행위험성 평가항목에 대한 전면적인 수정을 한 바 있지만, 경찰단계에서 이루어진 비교적 최근까지의 재비행위험성 평가항목이 현실적인 상황을 제대로 반영하지 못한 부분에 대하여는 깊은 반성이 이루어져야 하겠다.

　　이와 같이 기존의 법령에 의하면 소년환경조사서의 양식은 범죄수사규칙과 소년업무규칙에서 공통적으로 사용하고 있었지만, 소년업무규칙에서는 부모상황, 보호자 관련, 가정불화·무관심, 학업중단 여부, 비행을 저질러 경찰서에 출입하는 가까운 친구, 가출 관련, 유해환경 노출 여부 등을 관련 환경으로 파악하고 있어 그 내용이 서로 상이하게 규정되어 있어, 업무의 효율성 및 통일성을 위해서라도 형식의 일원화가 요청되었다. 이러한 지적에 따라 2021.1.8. 개정된 범죄수사규칙에서는 동 규칙상의 소년환경조사 관련 내용을 모두 삭제하는 대신 소년업무규칙상의 소년환경조사서로 일원화하기에 이르렀다.

4. 검찰단계에서의 결정전조사

　　검사는 소년 피의사건에 대하여 소년부 송치 등의 처분을 결정하기 위하여 필요하다고 인정하면 피의자의 주거지 또는 검찰청 소재지를 관할하는 보호관찰소의 장, 소년분류심사원장 또는 소년원장에게 피의자의 품행, 경력, 생활환경이나 그 밖에 필요한 사항에 관한 조사를 요구할 수 있다(제49조의2 제1항). 또한 검사가 소년 피의사건을 처리하면서 보호관찰소(보호관찰지소를 포함한다)의 장, 소년분류심사원장, 소년원장 또는 청소년비행예방센터장에게 소년의 품행·경력·생활환경·요보호성 등에 관한 조사를 요구하여 그 결과를 토대로 소년의 교화·개선에 가장 적합한 처분을 결정하도록 하는 소년법상 검사의 결정전조사 업무의 세부 사항을 규정함을 목적으로 소년사건 검사의 결정전조사 처리 규정이 시행되고 있다.

> **제6조(이송)**
> ① 보호사건을 송치받은 소년부는 보호의 적정을 기하기 위하여 필요하다고 인정하면 결정으로써 사건을 다른 관할 소년부에 이송할 수 있다.
> ② 소년부는 사건이 그 관할에 속하지 아니한다고 인정하면 결정으로써 그 사건을 관할 소년부에 이송하여야 한다.

〈세 목 차〉

Ⅰ. 취   지

제6조는 보호사건의 이송에 대하여 규정하고 있다. '이송'이란 관할 소년부가 계속 중인 사건을 다른 관할권이 있는 소년부가 심판하도록 보호사건을 이전하는 것을 말한다. 이송은 결정의 형식으로 이루어지며, 이송결정을 한 때에는 해당 사건에 관한 기록과 증거물을 다른 관할 소년부에 송부하여야 한다. 이와 같은 이송은 일정한 요건에 해당되면 반드시 이송해야 하는 필요적 이송과 법원의 재량에 따라 이송하는 임의적 이송으로 구분된다.

Ⅱ. 해   석

1. 임의적 이송

가. 의   의

보호사건을 송치받은 소년부는 보호의 적정을 기하기 위하여 필요하다고 인정하면 결정으로써 사건을 다른 관할 소년부에 이송할 수 있다(제6조 제1항). 보호사건의 이송은 관할 소년부 상호간에 사건의 계속을 이전하는 것이라는 점에서 관할의 이전과는 구별된다. 예를 들면 관할 소년부가 사건 본인에 대하여 관할권은 있으나, 사건 본인이 그 관할구역 내에 현재하지 아니한 경우에 심리의 편의와 사건 본인의 이익을 위하여 사건 본인의 현재지를 관할하는 동급 소년부에 이송할 수 있음을 규정한 것이다. 여기서 이송을 할 것인지의 여부는 심리의 편의와 사건 본인의 이익을 위하여 관할 소년부의 재량에 의하여 결정된다.

나. 절　　차

소년부 판사가 결정을 할 때에는 결정서를 작성하고 서명날인하여야 한다. 다만 상당하다고 인정할 때에는 결정의 내용을 조서에 기재하게 하여 결정서의 작성에 갈음할 수 있고, 서명날인을 기명날인으로 갈음할 수 있다(소년심판규칙 제2조 제1항). 결정서에는 소년의 성명, 주민등록번호(기록상 주민등록번호를 알 수 없을 때에는 생년월일), 직업, 주거, 등록기준지 및 주문과 이유를 기재하여야 한다(소년심판규칙 제2조 제2항). 소년부는 소년법 제6조에 따른 결정을 하였을 때에는 지체 없이 그 사유를 사건 본인과 그 보호자에게 알려야 한다(제8조). 즉 결정은 소년법 및 소년심판규칙에 특별한 정함이 없는 경우에도 소년과 보호자에게 통지하여야 하며(소년심판규칙 제3조 제2항), 이에 따라 결정을 통지할 때에는 결정서등본의 송달 그 밖에 적당하다고 인정하는 방식으로 할 수 있다(소년심판규칙 제5조). 한편 이송결정이 확정되면 이송을 받은 소년부에 사건의 계속이 이전되며, 소년에 대한 절차적 부담을 가중시키지 않기 위해서 이송을 받은 소년부는 사정의 변경이 없는 한 재이송을 할 수는 없다고 보아야 한다.

2. 필요적 이송

소년부는 사건이 그 관할에 속하지 아니한다고 인정하면 결정으로써 그 사건을 관할 소년부에 이송하여야 한다(제6조 제2항). 일반적으로 사건에 대한 관할이 인정되지 않으면 형사소송법 제319조에 의하여 관할위반으로 절차를 종결하여야 하지만, 소년보호사건의 경우에는 소년보호의 필요성에 의하여 관할 소년부에 필요적으로 이송하도록 하고 있는 것이 특징이다. 해당 관할에 속하지 아니한 사건이 소년부에 송치되는 경우는 극히 이례적인 경우에 해당한다. 만약 이러한 경우 이송할 수 있는 관할 소년부가 복수에 해당하면 결정으로 적정한 관할을 선택해야 할 것이다.

제7조(형사처분 등을 위한 관할 검찰청으로의 송치)

① 소년부는 조사 또는 심리한 결과 금고 이상의 형에 해당하는 범죄 사실이 발견된 경우 그 동기와 죄질이 형사처분을 할 필요가 있다고 인정하면 결정으로써 사건을 관할 지방법원에 대응한 검찰청 검사에게 송치하여야 한다.

② 소년부는 조사 또는 심리한 결과 사건의 본인이 19세 이상인 것으로 밝혀진 경우에는 결정으로써 사건을 관할 지방법원에 대응하는 검찰청 검사에게 송치하여야 한다. 다만, 제51조에 따라 법원에 이송하여야 할 경우에는 그러하지 아니하다.

〈세 목 차〉

Ⅰ. 취　　지

제7조는 소년부의 조사 또는 심리 결과 형사처분을 할 필요가 있거나 사건의 본인이 19세 이상인 것으로 밝혀진 경우 결정으로써 사건을 관할 지방법원에 대응하는 검찰청 검사에게 송치하도록 규정하고 있다. 이를 실무에서는 '송검'(送檢)이라고 한다.

Ⅱ. 해　　석

1. 형사처분을 위한 관할 검찰청으로의 송치

가. 의　　의

소년부는 조사 또는 심리한 결과 금고 이상의 형에 해당하는 범죄 사실이 발견된 경우 그 동기와 죄질이 형사처분을 할 필요가 있다고 인정하면 결정으로써 사건을 관할 지방법원에 대응한 검찰청 검사에게 송치하여야 한다(제7조 제1항).

나. 요   건

우선 소년부에서의 조사 또는 심리한 결과 금고 이상의 형에 해당하는 범죄 사실이 발견되어야 하는데, 여기서 말하는 형은 법정형을 의미한다. 그러므로 금 고형보다 낮은 형벌인 벌금형 등에 해당하는 범죄 사실이 발견된 경우에는 송검 을 할 수 없다.

다음으로 동기와 죄질이 형사처분을 할 필요가 있다고 인정되어야 하는데, 이러한 요건은 검사선의주의를 보완하는 기능을 수행한다. 왜냐하면 검사는 소 년에 대한 피의사건을 수사한 결과 보호처분에 해당하는 사유가 있다고 인정한 경우에 관할 소년부에 송치하게 되는데(제49조 제1항), 이러한 검사의 선제적인 판단에도 불구하고 보호처분이 아니라 형사처분의 필요성이 있다고 소년부가 판 단하면 더 이상의 소년 보호사건으로의 진행을 할 수 없도록 조치를 취하는 것 이기 때문이다. 하지만 보호처분 우선주의가 지배하는 소년사건에 있어서 검사 의 소년부 송치 후 여죄나 공범관계 등이 사후적으로 발견되어 범죄사실이 추가 되는 예외적인 상황이 아닌 한 송검은 엄격하게 이루어져야 할 것이다. 또한 '형 사처분'을 위한 관할 검찰청으로의 송치를 규정하고 있으므로, 촉법소년이나 우 범소년은 관할 검찰청으로의 송치대상이 될 수 없다.

다. 절   차

검사에게 송치하는 결정을 할 때에는 범죄사실과 적용법조를 명시하여야 하며(소년심판규칙 제8조 제1항), 관계되는 서류와 증거물 전부를 검사에게 넘겨야 한다. 다만, 공범이 있거나 그 밖의 사유로 이를 넘길 수 없는 때에는 송치하는 사건과 관련되는 부분의 등본을 넘겨야 한다(소년심판규칙 제8조 제2항).

라. 효   과

소년부는 송치된 사건을 조사 또는 심리한 결과 그 동기와 죄질이 금고 이 상의 형사처분을 할 필요가 있다고 인정할 때에는 결정으로써 해당 검찰청 검사 에게 송치할 수 있으며, 이에 따라 송치한 사건은 다시 소년부에 송치할 수 없 다(제49조 제2항 및 동조 제3항). 이와 같이 소년부의 송검결정은 최종적인 것이므 로, 검사는 이에 대하여 불복할 수 없다. 그러므로 소년부가 송검결정을 한 사건 에 대하여 검사는 원칙적으로 공소를 제기하여야 한다.

2. 소년법 적용 미대상자를 위한 관할 검찰청으로의 송치

소년부는 조사 또는 심리한 결과 사건의 본인이 19세 이상인 것으로 밝혀진 경우에는 결정으로써 사건을 관할 지방법원에 대응하는 검찰청 검사에게 송치하여야 한다(제7조 제2항 본문). 이에 따라 사건을 검사에게 송치할 때에는 관계되는 서류와 증거물 전부를 검사에게 넘겨야 한다. 다만, 공범이 있거나 그 밖의 사유로 이를 넘길 수 없는 때에는 송치하는 사건과 관련되는 부분의 등본을 넘겨야 한다(소년심판규칙 제8조 제2항).

다만 법원은 소년에 대한 피고사건을 심리한 결과 보호처분에 해당할 사유가 있다고 인정하면 결정으로써 사건을 관할 소년부에 송치하여야 하고(제50조), 소년부는 이에 따라 송치받은 사건을 조사 또는 심리한 결과 사건의 본인이 19세 이상인 것으로 밝혀지면 결정으로써 송치한 법원에 사건을 다시 이송하여야 하는데(제51조), 이에 따라 법원에 재이송하여야 할 경우에는 사건을 관할 지방법원에 대응하는 검찰청 검사에게 송치하는 절차를 거치지 않아도 된다(제7조 제2항 단서).

제8조(통지)
　소년부는 제6조와 제7조에 따른 결정을 하였을 때에는 지체 없이 그 사유를
사건 본인과 그 보호자에게 알려야 한다.

〈세 목 차〉

Ⅰ. 취　　　지

　　제8조는 소년부가 제6조에 따른 이송결정 및 제7조에 따른 형사처분 등을
위한 관할 검찰청으로의 송치결정을 하였을 경우 지체 없이 그 사유를 사건 본
인과 그 보호자에게 알림으로서 사건의 진행상황에 대한 정보를 고지하도록 규
정하고 있다.

Ⅱ. 해　　　석

　　결정서에는 소년의 성명, 주민등록번호(기록상 주민등록번호를 알 수 없을 때에
는 생년월일, 이하 '주민등록번호 등'이라 한다.), 직업, 주거, 등록기준지 및 주문과
이유를 기재하여야 한다. 다만, 사건을 종국시키는 결정 또는 제6조, 제37조부터
제40조까지의 규정에 따른 결정을 제외한 결정의 결정서에는 소년의 성명, 주민
등록번호 등, 주거 및 주문 이외의 기재를 생략할 수 있다(소년심판규칙 제2조 제2
항). 하지만 소년법 제7조에 따른 결정을 하였을 때에도 그 사유를 의무적으로
통지하여야 하므로, 소년심판규칙 제2조 제2항 제2호에 소년법 제7조를 추가하
는 것이 타당하다. 특히 소년법 제7조 제1항에 있어서는 소년부의 조사 또는 심
리결과 금고 이상의 형에 해당하는 범죄 사실이 발견된 경우 그 동기와 죄질이
형사처분을 할 필요가 있다고 인정되어야 하므로, 사건 본인의 불리한 입장을
고려하여 소년부의 결정이유에 대한 통지의 필요성이 충분히 인정된다. 더욱이
이와 같은 결정은 소년법 및 소년심판규칙에 특별한 정함이 없는 경우에도 소년
과 보호자에게 통지하여야 한다(소년심판규칙 제3조 제2항).

제 2 절　조사와 심리

> 제9조(조사방침)
>
> 　조사는 의학·심리학·교육학·사회학이나 그 밖의 전문적인 지식을 활용하여 소년과 보호자 또는 참고인의 품행, 경력, 가정 상황, 그 밖의 환경 등을 밝히도록 노력하여야 한다.

〈세 목 차〉

Ⅰ. 취　　지

1. 법적 성격

　　소년법 제9조는 소년보호사건에서의 조사방침에 대해 규정하고 있다. 현행 소년법에서는 보호사건의 조사절차에 관해 제9조부터 제12조에 걸쳐 규정하고 있다.[1] 제9조의 '조사방침'에 이어 제10조는 '진술거부권의 고지', 제11조는 '조사명령', 제12조는 '전문가의 진단'이다. 소년법상의 조사절차에 관한 이러한 규정은 행형의 단계에서 가장 중요한 지배원리인 '처우의 개별화'에 이념적 기초를 두고 있다.

　　처우의 개별화는 환자를 치료하는 것처럼 범죄자 한 사람 한 사람이 서로 다른 개성을 가진 인격체이고 범죄의 원인도 다양하므로 범죄자에 대한 처우를 유효하게하기 위해서는 개개인 범죄자의 신체적, 정신적, 환경적 특성에 따라 가

---

[1] 이 책에서 제9조부터 제12조까지의 설명은 저자가 집필한 "한국소년법학회, 소년법, 세창출판사, 2006, 213~234면"을 기초로 작성되었다. 이후로 이 조문들은 문구 수정 정도의 개정만 이루어졌기 때문에 새롭게 도입된 제도나 새로운 참고문헌이 있는 부분만 수정·보완하였다.

장 적합한 처우를 해야 한다는 것이다.[2] 이러한 처우의 개별화가 이루어지기 위해서는 범죄자의 신체적, 정신적, 환경적 특성을 파악하는 조사가 우선 이루어져야 한다.

　형사사건과 구분되는 보호사건의 가장 큰 특징은 이러한 조사제도이다. 형사소송에서 공판에 해당되는 부분이 보호절차에서는 조사와 심리의 2단계로 분리되어 있다. 물론 소년에 대한 형사절차나 성인 범죄자에 대해서도 판결전조사를 실시하고 있지만 특히 소년에 대한 보호사건에서는 조사의 필요성이 더욱 강조되고 있는데[3], 그 이유는 다음과 같다.

　첫째, 현행 형사소송법이 당사자주의적 요소와 직권주의적 요소를 모두 포함하고 있는 소송구조[4]인데 반해, 소년법의 보호사건 심리는 국가가 후견인의 입장에서 소년을 보호한다는 소년법의 이념에 따라 검사가 개입하지 않고 법원이 직권으로 소송을 진행하는 직권주의 소송구조이다. 따라서 보호사건에서는 이해당사자라는 개념이 없기 때문에 심리에 필요한 자료를 법원 스스로 수집해야 하는 것이고, 당사자주의 소송구조에 비해 소년에 대한 조사절차가 반드시 필요하고 중요한 의미를 갖는 것이다.

　둘째, 소년법상의 보호처분을 결정하기 위해서는 비행사실 뿐만 아니라 소년에 대한 보호 필요성, 즉 '요보호성'을 밝혀야 한다. 요보호성이란 재비행가능성(소년의 성격과 환경을 볼 때 장래 다시 비행을 할 가능성)과 교정가능성(보호처분에 의하여 재비행가능성 제거), 보호상당성(보호처분에 의한 보호가 가장 유효적절한 수단)을 말한다.[5] 따라서 소년의 요보호성을 밝히기 위한 신체적, 정신적, 환경적 특성 파악이 가능한 전문가의 도움이 필요한 것이다. 이와 같이 요보호성을 밝혀야 하는 이유는 소년법상의 보호처분이 형벌이 아니라 보안처분적인 성격을 갖고 있기 때문이다. 일반적으로 장래에 범죄를 저지를 위험성이 있는 범죄인의 재범을 방지하고 이를 통해 사회 일반인의 안전을 확보하기 위한 형사제재인 보안처분은 책임주의에 입각한 형벌의 한계를 보완하거나 대체하는 기능을 한다.[6]

---

2) 조준현, "수형자의 분류와 인격조사", 행형의 과제와 실험, 법무부, 1989, 2면; 김병수, "가족 접견제도의 개별화", 형사정책연구 제23권 제2호, 한국형사정책연구원, 2012, 94면.
3) 한국소년법학회, 각주 1)의 책, 214면.
4) 이은모·김정환, 형사소송법[제7판], 박영사, 2019, 27~28면.
5) 백춘기, "소년 보호사건에 있어서의 비행사실", 가정법원사건의 제문제, 재판자료 제62집, 법원행정처, 1993, 849면.
6) 오영근, 형법총론[제5판], 박영사, 2019, 553면.

2. 외국의 입법례

우리나라 소년법 제9조와 가장 유사한 입법례는 일본 소년법 제9조이다. 조문의 제목도 "조사의 방침"으로 거의 유사하고, 조문은 "전조의 조사는, 될 수 있는 대로, 소년, 보호자 또는 관계인의 행상, 경력, 소질, 환경 등에 관해, 의학, 심리학, 교육학, 사회학, 그 밖의 전문적 지식, 특히 소년감별소의 감별 결과를 활용해, 그것을 행하도록 노력해야 한다."라고 규정하고 있다. 일본 소년법 제9조 조사의 방침에 관한 규정은 우리나라 소년법 제9조뿐 아니라 소년분류심사원의 분류심사 결과를 고려하도록 규정하고 있는 제12조의 내용이 함께 규정되어 있는 형식이다. 일본 소년법 제9조의 규정에서는 심판 전 사회조사에서의 과학주의를 밝히고 있다.[7]

Ⅱ. 해   석

1. 조사방법

조사방법은 전문적인 지식을 활용하는 것이다. 제9조에서 '조사는 의학·심리학·교육학·사회학 기타 전문적인 지식을 활용하여' 하도록 규정하고 있다. 이 조문에서 조사방침의 일환으로 열거하고 있는 의학·심리학·교육학·사회학은 인간행동에 관한 대표적인 학문분야이다. 이와 같이 학문분야를 열거하고 있다고 하여 조사를 위한 전문분야를 이들 학문만으로 제한하는 것으로 해석할 수는 없다. '기타 전문적인 지식'을 언급하고 있으므로 이들 학문과의 인접학문을 비롯해 인간행동에 관해 전문적으로 연구하는 학문분야라면 모두 포함된다고 보아야 할 것이다. 예를 들면, 사회복지학이라든가 가족학, 아동학, 간호학 등이 여기에 해당될 수 있을 것이다.[8]

2. 조사대상

조사 대상자는 '소년과 보호자 또는 참고인'이다. 소년과 보호자에 대해서는 제2조에서 설명하고 있기 때문에 여기에서는 참고인에 대해서만 설명한다. 참고

---

7) 關哲夫, 小年法の解說, 一僑出版, 2008, 36頁.
8) 한국소년법학회, 각주 1)의 책, 214~215면.

인은 피의자 아닌 제3자를 말한다. 이는 형사소송법상의 개념으로서 수사단계에서 검사 또는 사법경찰관은 수사에 필요한 때에는 피의자 아닌 자의 출석을 요구하여 진술을 들을 수 있다(형사소송법 제221조). 형사소송법에서는 법원 또는 법관에 대해 진술하는 제3자는 증인이라고 하고, 수사기관에 대해 진술하는 제3자는 참고인이라고 한다.[9]

보호사건에서의 조사절차는 법원에 의해 진행되기는 하지만 심리 전에 이루어지는 과정이기 때문에 조사의 대상이 되는 제3자를 증인이 아닌 참고인으로 칭하고 있다. 보호사건에서의 참고인은 그 성격에 있어서도 형사소송에서 수사기관에 대해 진술하는 제3자와 유사한 역할을 하게 된다. 참고인은 증인과는 달리 강제로 소환당하거나 신문당하지 않는다. 따라서 진술거부권을 고지할 필요가 없다.[10]

3. 조사내용

조사 내용은 품행, 경력, 가정 상황, 그 밖의 환경 등이다. 소년심판규칙에서는 다음 사항을 조사하도록 규정하고 있다(소년심판규칙 제11조 제1항).

① 비행사실, 그 동기와 비행 후의 정황 및 비행전력
② 소년과 보호자의 교육정도, 직업, 소년과 보호자의 관계, 소년의 교우관계 및 소년의 가정환경
③ 소년비행화의 경위 및 보호자의 소년에 대한 보호감독상황과 향후의 보호능력
④ 피해자에 대한 관계 및 재비행의 위험성과 정도
⑤ 소년의 심신상태
⑥ 그 밖에 심리와 처분을 함에 필요한 사항

이러한 조사 내용은 크게 보면 '자질과 환경'을 파악하기 위한 것이라고 볼 수 있다. 이는 소년이 어떤 성격을 가지고 있고, 어떤 상황에 처해있는지 알아보고자 하는 것으로써 궁극적으로는 '요보호성'의 유무를 구명하고자하는 것이 조사의 목적이다. 보호사건에서는 소년의 요보호성 유무를 파악하기 위해 당사자인 소년을 비롯하여 그의 보호자와 제3자에 대해서까지 그들의 자질과 환경을

---

9) 이은모·김정환, 각주 4)의 책, 225면.
10) 한국소년법학회, 각주 1)의 책, 215면.

구명하도록 하고 있다.[11]

4. 조사관련 규정의 정비

소년법 제9조에서는 "조사는 의학·심리학·교육학·사회학이나 그 밖의 전
문적인 지식을 활용하여 소년과 보호자 또는 참고인의 품행, 경력, 가정 상황과
그 밖의 환경 등을 밝히도록 노력하여야 한다"고 조사의 방침을 규정하고 있다.
이 규정은 소년법의 편제에서 제2장의 보호사건에 규정되어 있어 보호사건에서
의 조사에 적용되는 방침이지만, 그 내용은 제3장의 형사사건에 규정되어 있는
제56조 조사관 조사나 제49조의2 검사 결정전 조사에도 동일하게 적용되어야 할
사항이다. 또한 검사 결정전 조사에 관한 규정 중에도 제3항의 경우 조사취지
설명, 인권존중, 비밀 엄수 등에 관해 규정하고 있는데 이 역시 모든 조사에 공
통으로 해당되는 내용이다. 이와 같이 보호사건과 형사사건 모두에 적용될 수
있는 총론적 성격의 조문은 총칙에 배치할 필요가 있다.[12]

---

11) 한국소년법학회, 각주 1)의 책, 216면.
12) 이춘화, "소년법상 검사 결정전 조사제도에 관한 연구", 형사정책연구 제20권 제2호, 한국형
    사정책연구원, 2009, 77면.

제10조(진술거부권의 고지)

소년부 또는 조사관이 범죄 사실에 관하여 소년을 조사할 때에는 미리 소년
에게 불리한 진술을 거부할 수 있음을 알려야 한다.

〈세 목 차〉

Ⅰ. 취   지

소년법 제10조는 소년보호사건 조사절차에서의 진술거부권 고지에 대해 규
정하고 있다. 진술거부권이란 피고인 또는 피의자가 공판절차 또는 수사절차에
서 법원 또는 수사기관의 신문에 대하여 진술을 거부할 수 있는 권리를 말하며,
일반적으로 묵비권이라고도 한다. 헌법 제12조 제2항은 모든 국민에게 진술거
부권을 보장하고 있으므로 소년보호사건의 대상 소년도 진술거부권의 주체가
된다. 진술은 구두 진술에 한하지 않으므로 서면에 의한 진술서 작성도 거부할
수 있다.[1]

헌법은 형사상 자기에게 불리한 진술의 강요를 금지하고 있다. 그러나 형사
소송법 제244조의3(피의자)과 제283조의2(피고인)는 단순히 진술을 거부할 수 있
다고 규정하고 있을 뿐 불리한 진술로 제한하지 않고 있다. 이와 같이 형사소송
법에서 진술거부권의 진술 내용을 불리한 진술로 제한하지 않는 것은 피고인에
게 당사자로서의 지위를 인정하고 변호권을 보장하려는 취지이다. 반면에 소년
법에서의 진술거부권에서 불리한 진술에 대해서만 거부할 수 있도록 규정하고
있는 이유는 형사소송의 공판 구조가 당사자주의인데 반해 보호사건의 조사와
심리는 직권주의이기 때문이다.[2]

---

[1] 이은모·김정환, 형사소송법[제7판], 박영사, 2019, 89면.
[2] 한국소년법학회, 소년법, 세창출판사, 2006, 216~217면.

Ⅱ. 해   석

1. 진술거부권의 고지

소년이 진술거부권을 행사하기 위해서는 자신에게 그러한 권리가 있음을 알아야 한다. 그러므로 진술거부권의 고지는 진술거부권의 전제가 된다. 고지는 명시적으로 해야 한다. 조사 때마다 매번 고지할 필요는 없지만 조사가 상당한 기간 동안 중단되었다가 다시 개시되거나 조사자가 변경되었을 때는 다시 고지해야 한다. 진술거부권을 고지하지 않고 소년의 범죄사실을 조사한 경우에 소년의 진술에 대해서는 형사소송법 제309조의 임의성에 의심이 있는 자백에 해당하여 증거능력이 부정되는 것으로 보아야 할 것이다.[3]

2. 진술거부권의 효과

소년이 진술거부권을 행사했다는 이유로 형벌을 과할 수 없다는 것은 당연하다. 또한 진술거부권의 행사를 소년에게 불이익한 간접증거로 하거나 이를 근거로 유죄의 추정을 하는 것은 허용되지 않는다. 따라서 보호사건으로 진행되던 사건이 형사사건으로 이송되더라도 진술거부권을 행사했다는 것을 이유로 불이익한 형벌을 과할 수는 없다. 그러나 보호처분의 경우는 범죄사실의 여부에 따라 결정되는 것이 아니라 요보호성 여부가 중요한 판단기준이 되는 것이고, 소년법상의 진술거부권은 형사소송법과 달리 불리한 진술로 제한하고 있기 때문에 소년에게 적합한 보호처분을 결정함에 있어서는 진술거부권의 행사 여부를 고려할 수 있다고 해석해야 할 것이다.[4]

한편 소년법 제10조에서 소년부 또는 조사관이 소년을 조사할 때 미리 소년에게 불리한 진술을 거부할 수 있음을 고지하도록 규정하고 있는 것과 달리, 소년법 제49조의2 검사 결정전 조사에 관해서는 이를 명시하지 않고 있다. 헌법 제12조 제2항은 모든 국민에게 진술거부권을 보장하고 있으므로 검사 결정전 조사의 대상소년도 진술거부권의 주체가 되는 것은 물론이다. 다만 헌법은 형사상 자기에게 불리한 진술의 강요를 금지하고 있으나, 피의자의 진술거부권을 규정

---

3) 이은모·김정환, 각주 1)의 책, 92면.
4) 한국소년법학회, 각주 2)의 책, 217~218면.

한 형사소송법 제244조의3은 불리한 진술로 제한하지 않고 있다.

　　검사 결정전 조사의 경우 이에 대한 명문의 규정이 없으므로 형사소송법 제244조의3의 규정을 적용해야 하는지, 소년법 제10조의 규정을 적용해야 하는지 문제가 된다. 소년법 제48조에서는 소년에 대한 형사사건에 관하여는 이 법에 특별한 규정이 없으면 일반 형사사건의 예에 따른다는 규정을 두고 있으므로 검사 결정전 조사에 있어서는 형사소송법의 규정을 준용하는 것으로 해석해야 할 것이다.[5]

---

5) 이춘화, "소년법상 검사 결정전 조사제도에 관한 연구", 형사정책연구 제20권 제2호, 한국형사정책연구원, 2009, 78면.

제11조(조사명령)

① 소년부 판사는 조사관에게 사건 본인, 보호자 또는 참고인의 심문이나 그 밖에 필요한 사항을 조사하도록 명할 수 있다.

② 소년부는 제4조 제3항에 따라 통고된 소년을 심리할 필요가 있다고 인정하면 그 사건을 조사하여야 한다.

〈세 목 차〉

Ⅰ. 취   지

1. 법적 성격

소년법 제11조는 소년보호사건의 조사명령에 대해 규정하고 있다. 조사명령이란 소년부 판사가 법원의 조사관에게 소년보호사건의 본인인 소년이나 그의 보호자·참고인의 심문, 그 밖의 필요한 사항을 조사하도록 명하는 것을 말한다. 소년보호사건이 수리되면 소년부 판사는 배당 받은 사건에 대해 법적 조사를 해서 심리를 개시할 필요가 있다고 인정하면 소년의 요보호성 판단에 도움을 받을 수 있는 사회조사를 행하게 한다. 이 사회조사를 조사관에게 명하는 것을 조사명령이라고 한다. 소년법의 보호주의 이념과 처우의 개별화 이념에 비추어 본다면 모든 소년보호 사건에 대해 조사명령을 하는 것이 바람직하겠지만, 이 조문은 임의규정으로 소년부 판사의 재량에 맡기고 있다.[1]

법원 조사관에 의한 조사제도는 법무부 보호직 공무원인 소년분류심사원의 분류심사관에 의하여 행해지는 분류심사에 비해 인력이 부족하고, 2007년 소년법 개정으로 보호관찰소에서도 소년에 대한 조사를 실시하게 되면서 조사관에

---

1) 한국소년법학회, 소년법, 세창출판사, 2006, 218면.

의한 직접적인 조사라기보다는 소년보호사건의 조사가 진행될 수 있도록 소년부 판사를 보좌하는 역할이라고 보아야 할 것이다.

2. 외국의 입법례

우리나라 소년법 제11조와 가장 유사한 입법례는 일본 소년법 제8조 제2항이다. 조문의 제목은 "사건의 조사"이고, 제2항의 조문은 "가정재판소는, 가정재판소 조사관에게 명하여, 소년, 보호자 또는 참고인의 취조, 그 밖의 필요한 조사를 해야 한다."라고 규정하고 있다. '취조'는 우리 소년법 제11조의 '심문'에 해당한다. 일본 소년법 제8조 제2항의 규정에서는 심판 전 조사의 주된 담당자가 조사관이고 조사의 내용은 비행사실 존부에 관한 법적 조사와 요보호성 판단을 위한 사회조사라는 것을 밝히고 있다.[2]

한편 우리나라 소년법의 조사관과 유사한 입법례로는 일본의 조사관 외에도 독일의 소년법원보조인이 있다. 독일 소년법원법 제43조에서는 소년법원의 명령에 의하여 소년법원보조인이 예비절차에서 생활관계, 가족관계, 성장과정, 행상, 기타 심리적·정신적·성격적 특성의 판단에 영향을 미칠 수 있는 모든 사정을 조사하도록 규정하고 있다.[3]

Ⅱ. 해   석

1. 조사절차

소년부 판사로부터 조사명령을 받은 조사관은 사건 본인인 소년과 보호자 또는 참고인의 심문이나 그 밖에 필요한 사항을 조사한다. 조사명령에 의해 받은 사건기록에는 비행사실에 관련된 자료를 중심으로 소년과 보호자가 진술한 조서에 비행의 동기, 가족관계, 생활상태가 기술되어 있으므로 조사관은 이것을 우선 검토하게 된다. 재비행일 경우에는 이전 기록을 찾아 검토해 본다. 이렇게 하여 얻은 정보를 정리하여 소년법의 이념과 가정법원의 기능에 비추어 조사대상의 범위, 조사기간의 선택, 조사방법을 결정한 후 대상소년과 보호자 등을 소환해서 조사를 하는 것이다. 조사를 실시한 후에는 이를 조사보고서에 기록하여

---

2) 關哲夫, 小年法の解説, 一僑出版, 2008. 34~35頁.
3) 이춘화, 소년조사제도론, 한국학술정보, 2007, 138면.

판사에게 서면으로 보고하는 외에 직접 소년의 처우에 관해 의견을 진술할 수 있다(제30조 제2항).[4]

조사관은 조사결과에 대해 의견을 붙인 서면으로 보고해야 한다(소년심판규칙 제12조 제1항). 조사관은 조사보고의 전후를 통해 소년부판사에게 소년의 처우에 관한 의견을 진술할 수 있다(소년심판규칙 제12조 제2항).

2. 조사방법

조사방법에는 면접조사, 조회조사, 환경조사, 각종 검사, 기록조사 등이 있다. 조사관은 필요한 경우에 공무소나 공사단체에 조회하여 필요한 사항의 조사, 보고 또는 필요한 사건기록이나 서류의 송부를 요구할 수 있다. 조사관은 조사를 위해 소년, 보호자, 참고인 기타 필요한 사람의 출석을 요구하거나, 방문하여 면접, 관찰 또는 심리검사 등을 할 수 있다. 이 경우의 출석요구는 출석요구서의 송달 기타 적당한 방법으로 할 수 있다(소년심판규칙 제11조 제2항, 제3항).

가. 면접조사

조사관의 면접은 가정법원이라는 강력한 권한을 배경으로 공적인 관계에서 비행소년이나 보호자 등과 언어를 매개로 하여 상호 교섭 과정을 통해 필요한 정보와 자료를 수집하는 가장 중요한 방법이다. 조사관은 관찰, 경청, 질문의 과정을 통해 소년 등의 인격이해에 대한 자료를 수집한다.[5]

나. 조회조사

면접에 의한 자료의 수집에는 한계가 있다. 그래서 면접조사와 같이 활용하는 조회조사가 중요한 역할을 하고 있다. 조회조사는 "조사관은 필요한 경우에 공무소나 공사단체에 조회하여 필요한 사항의 조사, 보고 또는 필요한 사건기록이나 서류의 송부를 요구할 수 있다"라고 규정한 소년심판규칙 제12조 제2항에 근거를 두고 있다. 우편에 의한 서면조회는 기간의 제약 때문에 자주 사용하기 어렵고 보통 전화조회나 보호자에게 각종 증명서 등의 자료를 가져오라고 지시하는 경우가 많은데, 주로 학교, 직장 및 병원에 대한 조회가 대부분을 차지한다.[6]

---

4) 법원행정처, 법원실무제요 소년, 2014, 175면.
5) 법원행정처, 각주 4)의 책, 170~171면.
6) 법원행정처, 각주 4)의 책, 173면.

다. 기   타

기타 조사방법으로 소년이 처해있는 환경을 정확하게 파악하기 위해 현장
조사를 실시하는 한편 소년이 처한 환경 중에서도 가장 영향력이 큰 환경인 부
모를 변화시키기 위해 부모상담과 부모교육을 실시하고 있다. 또한 과학적이고
전문적인 조사를 위해 심리검사 등의 전문 조사기법도 활용하고 있다.[7]

3. 통고 소년에 대한 조사

소년법 제11조 제2항에서는 소년부에 송치된 소년 외에 보호자 또는 학교와
사회복리시설의 장이 통고한 소년에 대해서는 심리할 필요가 있다고 인정한 때
에는 그 사건을 조사하여야 한다고 규정하고 있다. 동조 제1항에서는 '조사를 명
할 수 있다'고 규정한 반면, 제2항에서는 '심리에 필요가 있다고 인정한 때에는
그 사건을 조사하여야 한다'고 규정하고 있다. 따라서 소년부에 송치된 소년에
대한 조사는 선택적으로 이루어질 수 있으나, 통고 소년에 대해서는 심리의 필
요성이 인정되기만 하면 전건조사주의를 취하고 있음을 알 수 있다. 이와 같이
통고 소년의 심리에 있어서만 전건조사주의를 취하고 있는 것은 이들이 보호자
등에 의해 직접 소년부로 통고됨으로써 경찰 또는 검찰 단계에서의 수사과정을
전혀 거치지 않았기 때문이다. 따라서 법원은 심리를 하기 위해 스스로 조사하
여 소년에 대한 판단 자료를 수집해야 하는 것이다.[8]

4. 소년조사관
가. 의   의

소년법 제11조에서는 소년보호사건에서의 조사관 조사에 관해 규정하고 있
으므로 이를 담당하고 있는 '소년조사관'에 관해서는 좀더 상세히 살펴볼 필요가
있다. 대법원과 각급 법원에는 법관의 명을 받아 법률 또는 대법원규칙으로 정
하는 사건에 관한 심판에 필요한 자료를 수집·조사하고, 그 밖에 필요한 업무를
담당하는 조사관을 둘 수 있다(법원조직법 제54조의3 제1항, 제2항). 이러한 조사관
에는 가사조사관, 가정보호조사관, 아동보호조사관, 법원조사관, 소년조사관이
있는데, 이 중 소년조사관은 소년법에 따른 조사업무를 수행한다.[9]

---

7) 법원행정처, 각주 4)의 책, 170면.
8) 한국소년법학회, 각주 1)의 책, 225면.
9) 법원행정처, 사법연감, 2020, 179면.

소년보호사건을 적정하게 처리하여 소년에 대한 사회복귀가 원활하게 이루어지기 위해서는 소년의 인간관계상 제문제점 및 인간행동상의 문제점을 과학적으로 해명하고 소년에게 필요한 지도와 원조를 해줄 수 있어야 한다. 소년부를 구성하는 판사를 보좌함으로써 이러한 기능을 맡는 전문직을 조사관이라 하고, 구체적으로는 인간과학의 제 과학, 즉 심리학, 사회학, 교육학, 사회사업학, 정신의학 등의 지식과 경험이 있는 자들로서 구성된 조사관으로 하여금 소년법원의 이념을 실현토록 한 것이 소년조사관 제도이다.[10]

나. 현 황

서울가정법원은 창설기에 그 전문성을 구현하기 위해 조사관으로 심리학, 교육학, 사회사업학, 정신의학의 전문가들을 각 1명씩 두었으나 그 직급이 현 직급으로 2급에서 4급에 보해져 법관 및 일반사무직과 화합을 이루지 못하여 모두 사직 또는 퇴직한 후 일반직 사무관이 순환보직에 의해 조사관업무를 담당하게 되었다. 그 후 조사관 업무를 보조하는 조사관보(8급)로 심리학, 법률학 전공자 수명을 1967년도에 특별채용하고 1972년 심리학, 사회사업학, 정신의학 등 전문과목이 중요한 비중을 차지하는 조사관보(7급) 공개경쟁시험을 치르기 시작했다.[11]

그 후 소년에 대한 조사는 주로 소년분류심사원의 조사결과를 활용함으로써 조사관제도는 유명무실한 제도로 운영되어 오다가 2001년 7월부터 상담 관련 전공 석사학위 소지자를 계약직으로 채용하였으며, 2004년부터는 조사직 6급으로 특별채용하여 소년조사를 전담하게 되었다.[12]

사법연감에 의하면, 법원의 조사관 총인원은 273명이다(2019년 12월 31일 집계). 이중 가사조사관은 160명, 가정보호조사관 85명, 아동보호조사관 75명, 법원조사관 63명인데, 소년조사관은 가장 적은 60명이다. 그 나마도 다른 조사관 업무와 겸임하고 있는 법원도 적지 않다. 소년조사관은 대법원과 고등법원에는 배치되어 있지 않고, 서울가정법원과 지방법원에만 배치되어 있다. 그 중 서울가정법원이 9명으로 가장 많고, 지방법원과 지원에 1명부터 5명까지 배치되어 있다. 소년조사관이 전혀 배치되어 있지 않은 지방법원도 있으며, 대부분의 지원에는

---

10) 한국소년법학회, 각주 1)의 책, 221면.
11) 박태영, "조사업무의 실태와 개선방안", 청소년범죄연구 제3집, 법무부, 1985, 206면.
12) 한국소년법학회, 각주 1)의 책, 221면.

배치되어 있지 않다.[13]

다. 담당업무

소년법 및 소년심판규칙에는 조사관의 업무에 관해 소년보호사건의 심리에 필요한 조사를 주된 직무로 하고 그밖에 여러 가지 직무들을 수행하도록 다음과 같이 규정하고 있다.

① 진술거부권의 고지(소년법 제10조)

② 보호사건의 대상소년에 대한 조사(소년법 제11조)

③ 동행영장의 집행(소년법 제16조)

④ 공무소 등에 조회 및 서류 등 송부요구(소년심판규칙 제11조 제2항)

⑤ 소년보호자 등에 대한 출석요구(소년심판규칙 제11조 제3항)

⑥ 조사결과의 보고(소년법 제19조, 소년심판규칙 제12조)

⑦ 심리기일 출석 및 의견진술(소년법 제23조 제2항, 제25조 제1항, 소년심판규칙 제23조)

⑧ 조사기록의 서명·날인(소년법 제30조 제2항)

⑨ 형사사건의 대상소년에 대한 조사(소년법 제56조)

---

13) 법원행정처, 각주 9)의 책, 180면.

제12조(전문가의 진단)
  소년부는 조사 또는 심리를 할 때에 정신건강의학과의사·심리학자·사회사
업가·교육자나 그 밖의 전문가의 진단, 소년 분류심사원의 분류심사 결과와
의견, 보호관찰소의 조사결과와 의견 등을 고려하여야 한다.

〈세 목 차〉

Ⅰ. 취   지

1. 법적 성격

소년법 제12조는 소년보호사건 조사·심리 절차에서 전문가나 전문 조사기
관의 의견을 고려하도록 규정하고 있다. 소년법에서 이러한 규정을 두고 있는
이유는 '처우의 개별화'라는 명분으로 행해지기 쉬운 법원의 자의전단 위험성 때
문이다. 이를 방지하고 진정한 처우의 개별화가 이루어지려면 재판절차의 과학
화가 필요하다. 하지만 법관이 치료적 처우방법의 선택결정에 관해 과학적 방법
을 적용할 수 있을 만큼 전문적인 지식과 능력을 가지고 있기는 현실적으로 어
렵다. 그렇기 때문에 보조수단으로서 전문가의 진단이나 조사기관으로부터 소년
의 인격과 환경에 대해 과학적인 조사를 수행하도록 하고, 그 결과와 의견을 근
거로 처우의 방향을 결정하도록 하려는 취지인 것이다.[1]

전문적이고 과학적인 조사 방법으로는 전문가의 진단, 소년분류심사원의 분
류심사 결과와 의견, 보호관찰소의 조사결과와 의견 등 세 가지가 있다. 소년사
건의 판사에게는 전문가 진단보다는 소년분류심사원의 분류심사나 보호관찰소

---

[1] 이상철, 판결전조사제도에 관한 연구, 한국형사정책연구원, 1994, 18~19면.

의 조사가 상대적으로 선호되고 있다. 이러한 점을 보완하여 전문가 진단의 일환으로 소년분류심사원에 상담조사를 의뢰할 수 있도록 보호소년 등의 처우에 관한 법률을 개정한 바 있다.

2. 외국의 입법례

우리나라 소년법 제12조에서 규정하고 있는 전문가의 진단 및 소년분류심사원의 분류심사와 가장 유사한 입법례는 일본 소년법 제9조이다. 이 조문에서는 "전조의 조사는, 될 수 있는 대로, 소년, 보호자 또는 관계인의 행상, 경력, 소질, 환경 등에 관해, 의학, 심리학, 교육학, 사회학, 그 밖의 전문적 지식, 특히 소년감별소의 감별 결과를 활용해, 그것을 행하도록 노력해야 한다."라고 규정하고 있다. 전문가의 진단이라는 표현을 쓰고 있지는 않지만, 전문적 지식을 활용하도록 규정하고 있고, 특히 소년감별소의 감별 결과를 활용하도록 하고 있다. 일본의 소년감별소는 우리나라의 소년분류심사원과 유사한 업무를 수행하고 있는 기관이다.[2]

한편 우리나라 소년법 제12조에서 규정하고 있는 보호관찰소의 조사와 가장 유사한 입법례는 미국 표준소년법원법 제6조에서 규정하고 있는 법원이 부과한 보호관찰관의 권한과 의무이다. 이 조문에서는 보호관찰관이 "조사 및 보고자료 작성, 권고사항을 작성하여 이를 소년법원에 제출한다."라고 규정하고 있다.[3]

Ⅱ. 해　석

1. 전문가 진단 및 상담조사

소년부는 조사 또는 심리를 함에 있어 정신건강의학과 의사·심리학자·사회사업가·교육자 기타 전문가의 진단을 참작해야 한다. 이러한 전문가 진단은 조사방침으로서 의학·심리학·교육학·사회학 기타 전문적인 지식을 활용하도록 한 것과 맥을 같이 하고 있으나 실무에서는 거의 활용되지 않고 있다. 판사에 따라서 대학교수나 대학부설의 심리연구소에 조사를 의뢰하는 경우가 매우 드물

---

2) 關哲夫, 小年法の解說, 一僑出版, 2008. 36頁.
3) 이춘화, 소년조사제도론, 한국학술정보, 2007, 118면.

게 있었지만⁴⁾, 현실적으로 거의 이루어지고 있지 않기 때문에 전문가 진단의 일
환으로써 '상담조사' 제도를 실시하게 되었다.

상담조사는 2003년 7월에 도입된 제도인데, 2004년 보호소년 등의 처우에
관한 법률(구 소년원법) 개정을 통해 소년분류심사원의 새로운 임무로서 법제화
되었다.⁵⁾ 보호소년 등의 처우에 관한 법률 제3조 제2항 제3호에서는 소년분류심
사원에서 소년법 제12조에 따른 전문가 진단의 일환으로 법원소년부가 상담조사
를 의뢰한 소년의 상담과 조사를 담당하도록 규정하고 있다. 그러나 소년분류심
사원은 서울소년분류심사원과 대행 소년원이 있을 뿐이기 때문에 주로 수용분류
심사를 담당하고 있다.

상담조사는 전국에 18개소가 설치되어 있는 청소년비행예방센터(대외명칭 청
소년꿈키움센터)에서 주로 담당하고 있다. 청소년비행예방센터는 비행 예방정책
에 관해 규정하고 있는 제67조의2에 근거해 설립된 기관이지만, 센터에 관해 직
접 언급하고 있는 근거규정은 없다. 향후 법 개정을 통해 소년보호시설로써 보
호소년 등의 처우에 관한 법률에 근거규정을 마련할 필요가 있다.

보호소년 등의 처우에 관한 법률 시행령 제52조 제2항에서는 상담조사를 할
때, 소년의 진로지도 및 품행 개선을 위한 교육을 실시할 수 있고, 이 경우 상담
조사 기간의 출석일수를 재적학교의 출석일수로 인정할 수 있도록 보호소년 등
의 처우에 관한 법률 시행령 제85조를 준용하고 있다.

2. 소년분류심사원의 분류심사

가. 의   의

소년법 제12조에 의하면 소년부는 조사 또는 심리를 함에 있어 소년분류심
사원의 분류심사 결과와 의견을 고려해야 한다. 소년분류심사제도는 1995년 1월
5일 구 소년원법이 개정되기 전까지는 '분류심사'라는 용어가 아니라 일본 소년
법과 같이 '감별'이라는 용어를 사용하였는데, 어감이 좋지 않다는 여론을 반영
하여 용어를 수정하였다.⁶⁾

보호소년 등의 처우에 관한 법률 제24조 제1항에 따르면, 분류심사는 위탁

---

　　4) 한국소년법학회, 소년법, 세창출판사, 2006, 225~226면.
　　5) 이춘화, "한국의 소년분류심사제도에 관한 연구", 소년보호연구 제13호, 한국소년정책학회,
　　　2009, 98면.
　　6) 한국소년법학회, 각주 4)의 책, 226면.

또는 유치, 의뢰된 소년의 신체, 성격, 소질, 환경, 학력 및 경력 등에 대한 조사를 통하여 비행 또는 범죄의 원인을 규명하여 심사대상인 소년의 처우에 관하여 최선의 지침을 제시함을 목적으로 한다. 동조 제2항에서는 분류심사를 할 때에는 심리학·교육학·사회학·사회복지학·범죄학·의학 등의 전문적인 지식과 기술에 근거하여 보호소년등의 신체적·심리적·환경적 측면 등을 조사·판정하여야 한다. 보호소년 등의 처우에 관한 법률 제25조에 의하면 소년분류심사원에 분류심사관을 두도록 규정하고 있는데, 분류심사관은 심리학·교육학·사회학·사회복지학·범죄학·의학 등의 학문적 소양과 전문지식을 갖추어야 한다.

나. 분류심사의 종류

소년분류심사원에서 이루어지고 있는 분류심사의 종류는 다음과 같이 나누어 볼 수 있다. 먼저 분류심사가 어떻게 의뢰되었는지에 따른 구분으로 보호소년 등의 처우에 관한 법률 제3조 제2항에서 규정하고 있는 소년분류심사원의 임무에 따른 구분이다.

① 위탁소년 분류심사 : 제18조에 따른 임시조치의 일환으로 수용된 소년을 대상으로 하는 분류심사이다.

② 유치소년 분류심사 : 보호관찰 등에 관한 법률 제49조에 의해 보호처분 변경이 신청된 소년으로서 보호관찰 등에 관한 법률 제42조에 의해 소년분류심사원에 유치의 일환으로 수용된 소년을 대상으로 하는 분류심사이다.

③ 상담조사 : 제12조에 따른 전문가 진단의 일환으로 법원소년부가 상담조사를 의뢰한 소년의 상담과 조사이다. 이 제도가 주로 청소년비행예방센터에서 실시되고 있다는 점은 전술하였다.

④ 검사 결정전 조사 : 제49조의2에 따라 소년 피의사건에 대하여 검사가 조사를 의뢰한 소년의 품행 및 환경 등의 조사이다. 이 제도는 주로 보호관찰소에서 조사가 이루어지고 있는데, 그에 관해서는 제49조의2에 관한 설명에서 후술한다.

⑤ 기타 분류심사 : 제1호부터 제4호까지의 규정에 해당되지 아니하는 소년으로서 소년원장이나 보호관찰소장이 의뢰한 소년의 분류심사이다. 실제로 거의 이루어지지 않고 있다.

보호소년 등의 처우에 관한 법률에서는 소년분류심사원의 임무로써 이상과

같은 다섯 가지를 열거하고 있으나, 소년법 제12조에서 규정하고 있는 소년분류
심사원의 분류심사는 이 중에서 첫 번째 '위탁소년 분류심사'를 말하는 것이다.

다음은 분류심사의 실시방법에 따른 구분이다.

① 일반분류심사 : 비행 원인 또는 문제가 비교적 단순한 소년을 대상으로
의학적 진단, 신상조사, 환경조사, 면접, 자기기록, 행동관찰 등을 주로 실시하는
분류심사이다.

② 특수분류심사 : 비행원인이 중대하고 문제가 심각한 소년 및 상습비행,
저지능자, 성격·행동이상, 신체기능 이상자, 마약 또는 유해화학물질 남용자, 그
밖에 일반분류심사 결과 문제 또는 비행원인이 중대하고 복잡한 소년에 대하여
개별검사, 정신의학적 진단, 현지조사 등을 추가하여 실시하는 분류심사이다.[7]

다. 분류심사의 영역

분류심사의 영역에 관해서는 보호소년 등의 처우에 관한 법률 시행령 제51
조에서 규정하고 있다. 보호소년 등의 처우에 관한 법률 제2조 제2항 제1호의
위탁소년 및 제2호의 유치소년에게 분류심사를 할 때는 다음 각 호의 사항을 종
합·분석하여야 한다. 이러한 분류심사를 할 때에는 각종 기록 및 상담 결과, 관
계인과의 면접, 그 밖의 객관적인 자료를 토대로 하여야 한다.

① 신상관계: 소년의 인적사항, 학력, 지니고 있는 문제, 비행의 개요, 비행
   이력, 보호자 및 가족상황, 그 밖에 참고인 등에 대한 자료
② 신체적 측면: 소년의 건강상태, 신체특징, 결함 여부 및 병력 등의 진단
③ 심리적 측면: 소년의 지능을 중심으로 한 능력, 성격의 특징, 신경증·정
   신병 등 정신기능의 장애 여부, 적응 및 욕구, 자기개선 의지 등의 측정
④ 환경적 측면: 출생 이후 현재까지 소년의 가정·학교·사회생활 등의 조사
⑤ 행동특징: 수용생활 및 검사·면접할 때 등 소년이 처한 환경 조건에 따
   라 반응하는 특이사항 및 경향의 관찰
⑥ 그 밖의 참고사항

라. 분류심사의 방법[8]

소년분류심사원에서 실시하는 분류심사의 방법은 다음과 같다. 이 중에서

---

7) 서울소년분류심사원, 2020교육계획, 2020, 44면.
8) 서울소년분류심사원, 각주 7)의 책, 44면.

지능적성검사와 특수인성검사(SPI‒Ⅲ), 직업흥미검사는 분류심사 대상 전원에게 실시하고 있다.[9]

　① 지능검사 : 진로적성 탐색검사(지능), 웩슬러 지능검사. K‒ABC

　② 적성검사 : 진로적성 탐색검사(적성), 일반기구 적성검사, 직업흥미검사

　③ 성격검사 : MMPI‒2/A, 특수인성검사(SPI‒Ⅲ). 특수인성검사‒R, MBTI, Rorschach, TAT, HTP, PAI, 성격강점검사 등

　④ 신경심리검사 : BNA, K‒MAS

　⑤ 정신과 전문의의 정신의학적 진단

마. 분류심사관의 전문성 관리

분류심사관은 분류심사관 자격인증을 받은 사람, 분류심사업무를 목적으로 특별히 채용된 사람, 보호소년 등의 처우에 관한 법률 제24조 제2항에 규정된 분야의 학사 학위 이상 소지자로 소년원, 소년분류심사원, 보호관찰소 또는 이와 유사한 시설에서 3년 이상 근무한 사람을 보임하고, 연1회 법무부에서 주관하는 분류심사관 워크숍 및 컨퍼런스에 참여해야 한다. 또한 반기별 1회 자체 분류심사 케이스 컨퍼런스를 실시하고, 분류심사관 학습동아리도 운영하고 있으며, 연2회 법무부 소년보호과에서 분류심사관 평가도 실시하고 있다. 분류심사관은 분류심사 결과를 보고서로 작성하여 법원에 제출할 뿐 아니라, 본인이 진단한 소년사건의 심리과정에 직접 참여하여 의견을 진술할 수 있다.[10]

3. 보호관찰소의 조사

소년법 제12조에서는 전문가의 진단, 소년분류심사원의 분류심사 결과와 의견 외에 보호관찰소의 조사결과와 의견도 고려하도록 규정하고 있다. 이를 근거로 보호관찰 등에 관한 법률 제19조의2에서는 '결정전조사'에 관한 근거규정을 두고 있다. 법원은 제12조에 따라 소년 보호사건에 대한 조사 또는 심리를 위하여 필요하다고 인정하면 그 법원의 소재지 또는 소년의 주거지를 관할하는 보호관찰소의 장에게 소년의 품행, 경력, 가정상황, 그 밖의 환경 등 필요한 사항에 관한 조사를 의뢰할 수 있다(제1항). 제1항의 의뢰를 받은 보호관찰소의 장은 지체 없이 조사하여 서면으로 법원에 통보하여야 하며, 조사를 위하여 필요한 경

---

　9) 서울소년분류심사원, 각주 7)의 책, 44~45면.
　10) 서울소년분류심사원, 각주 7)의 책, 46~47면.

우에는 소년 또는 관계인을 소환하여 심문하거나 소속 보호관찰관으로 하여금 필요한 사항을 조사하게 할 수 있다(제2항).

보호관찰소에서는 보호관찰과 사회봉사명령, 수강명령, 치료명령, 성충동약물치료, 전자감독 등의 집행과 함께 조사가 중요한 임무 중의 하나이다. 보호관찰소에서 담당하고 있는 소년범죄 및 소년이 피해자인 범죄에 대한 조사업무는 다음과 같다.[11]

① 검사 결정전조사 : 수사단계에서 의뢰되는 조사로 소년법 제49조의2에 근거한 소년에 대한 조사와 '아동학대범죄의 처벌 등에 관한 특례법' 제25조에 근거한 아동학대 행위자에 대한 조사가 있다.

② 법원 결정전조사 : 재판단계에서 의뢰되는 조사로 소년법 제12조에 근거한 소년보호사건에 대한 조사와 가정폭력범죄의 처벌 등에 관한 특례법 제21조에 근거한 가정폭력 행위자에 대한 조사, 성매매알선 등 행위의 처벌에 관한 법률 제17조에 근거한 성매매 보호처분 대상자에 대한 조사, 아동학대범죄의 처벌 등에 관한 특례법 제56조에 근거한 아동학대 행위자에 대한 조사가 있다.

③ 판결전조사 : 재판단계에서 의뢰되는 조사로 보호관찰 등에 관한 법률 제19조에 근거한 보호관찰, 사회봉사 또는 수강 명령이 필요한 소년형사사건에 대한 조사이다.

④ 환경조사 : 교정단계에서 의뢰되는 조사로 보호관찰 등에 관한 법률 제26조에 근거한 소년수형자 및 소년원생의 환경에 대한 조사이다.

⑤ 청구전조사 : 전자장치 부착 전 단계에서 검사가 의뢰하는 조사로 전자장치 부착 등에 관한 법률 제5조에 근거한 특정 범죄자에 대한 조사이다.

이상과 같이 보호관찰소에서는 소년에 대한 여러 가지 조사가 이루어지고 있지만, 소년법 제12조에 근거한 조사는 실무에서 거의 이루어지고 있지 않다. 왜냐하면 법원과 검찰 간에 업무 조정이 이루어졌기 때문이다.

현재 소년에 대한 조사가 이루어지고 있는 전문기관에는 소년분류심사원과 청소년비행예방센터, 보호관찰소가 있는데, 이들 기관에 대해 법원과 검찰 모두 조사 의뢰가 가능하다. 법원은 제12조를 근거로 조사 의뢰를 할 수 있고, 검찰은

---

11) 류혜연·정용찬·이수정, "소년조사제도의 현황과 재범 예방에 관한 고찰", 소년보호연구 제33권 제2호, 한국소년정책학회, 2020, 108~109면을 참고하여 재구성하였음.

소년법 제49조의2를 근거로 조사 의뢰를 할 수 있다. 2007년 소년법 개정으로 제49조의2가 신설되어 검사 결정전 조사제도가 도입되면서 처음에는 법원과 검찰의 조사 의뢰가 3개 조사기관에 혼재되기도 했으나, 현재는 실무에서 조정이 이루어져 검사결정전조사는 보호관찰소로 일원화되었고, 법원의 조사명령은 소년분류심사원과 청소년비행예방센터에 주로 의뢰하고 있다.

4. 쟁점사항

가. 표준화된 재범위험성 평가도구의 개발

소년보호사건에서 이루어지고 있는 조사의 중요성은 앞에서도 강조한 바와 같이 소년의 요보호성 파악에 있고, 요보호성이라는 것은 결국 재범위험성으로 귀결될 수밖에 없다. 이러한 재범위험성을 진단하는데 있어 제12조에서 조사기관으로 규정하고 있는 소년분류심사원은 시설내 처우를 담당하고 있는 기관이고, 보호관찰소는 사회내 처우를 담당하는 기관이기 때문에 각 기관에 따라 상이한 진단결과를 나타낼 수 있다.[12]

이러한 문제와 관련하여 영국의 소년범죄대책팀에서 사용하는 위험평가도구(risk assessment tool)에서 시사점을 찾을 수 있다. 영국에서는 1998년 '범죄 및 질서위반법'이 제정되어 가능한 조기에 효과적인 개입을 통해 비행소년의 재비행을 방지하고자 위험평가도구를 개발해 사용하고 있다. 이 도구를 사용한 위험평가는 소년범죄대책팀에 의해 이루어지는데, 이 팀은 경찰, 보호관찰소, 위생, 교육, 약물·알콜남용 등의 다기관·다직종으로 구성된 조직이고 지방자치단체가 설치·운영의 책임을 지고 있다. 소년범죄대책팀은 경찰과 소년법원, 사회내처우, 시설내처우 등 소년사법의 전 과정에 개입해 소년을 조사해 처우의견을 제시하는데, 이때 위험평가도구가 중요한 지표가 된다.[13]

우리나라에서도 조사 담당기관에 따른 상이한 진단결과의 문제를 방지하기 위해서는 비행소년의 요보호성을 판단하기 위한 표준화된 재범위험성 평가도구가 개발되어야 한다. 현재 우리나라 소년사건에서 사용되고 있는 대표적인 재범위험성 평가도구는 2016년에 만들어진 JDRAI－S(Juvenile Delinquency Risk Assessment

---

12) 이춘화, "소년법상 검사 결정전 조사제도에 관한 연구", 형사정책연구 제20권 제2호, 한국형사정책연구원, 2009, 81~82면.
13) 高橋哲, "英國における非行少年に對するリスクアセスメントツールの活用狀況", 罪と罰, 第46卷 1號, 2008, 47~50頁.

Inventory−Static)와 JDRAI−D(Juvenile Delinquency Risk Assessment Inventory−Dynamic) 가 있다. S는 정적 위험요인을 평가하는 도구이고, D는 역동적 위험요인을 평가 하는 도구이다. 소년의 재범위험성을 평가하기 위해서는 이 두 가지 평가도구가 함께 사용되어야 하는데, 현재는 어떤 검사도구가 조사관들에 의해 사용되고 있 는지 확인조차 쉽지 않은 실정이다.[14]

나. 소년사건 조사제도 협의체 구성

소년사건 조사제도 협의체 구성은 표준화된 재범위험성 평가도구를 개발하 기 위한 전제조건이 될 수 있다. 현행법상 소년사건에서는 무려 12개의 조사제 도가 법제화되어 있다. 먼저 수사단계에서는 경찰의 환경조사와 검사결정전조사 가 있다. 다음으로 재판단계에서는 소년 보호사건의 경우 조사관조사, 정신건강 의학과 의사·심리학자·사회사업가·교육자나 그 밖의 전문가 진단 및 소년분류 심사원의 분류심사, 보호관찰소의 결정전조사, 상담조사가 있다. 소년 형사사건 의 경우에는 조사관조사, 판결전조사가 있다. 마지막으로 교정단계에서는 소년 원장·보호관찰소장이 의뢰한 소년분류심사, 소년수형자 및 소년원생에 대한 환 경조사, 소년수형자에 대한 분류심사가 있다. 이러한 소년사건 조사제도의 의뢰 주체 및 조사주체, 근거법률을 정리하면 다음 표와 같다.

이들 조사는 다양한 명칭으로 불리고 있으나 조사대상자가 소년이라는 공 통점을 가지고 있을 뿐 아니라 조사내용에 있어서도 해당 범죄 및 범죄경력, 가 정·학교 등의 생활환경, 교우관계, 보호자의 보호능력, 신체·정신 건강상태 등 으로 대동소이하다. 따라서 소년에 대한 조사의 중복이나 절차의 지연, 행정력의 낭비를 최소화하기 위해서는 조사양식의 통일과 타 기관의 조사결과에 대한 활 용의지가 필요하다. 이를 위해 소년사건에서의 조사와 관련된 모든 기관이 참여 하는 협의체를 구성하여 기본적인 조사항목을 통일하고 조사절차 간소화를 위해 노력해야 할 것이다.[15]

---

14) 류혜연·정용찬·이수정, 각주 11)의 논문, 113, 128면.
15) 이춘화, 각주 12)의 논문, 82~83면.

〈표 1〉 소년사건에서의 조사제도

단계	명칭	의뢰주체	조사주체	근거법률
수사	환경조사	경찰	경찰	범죄수사규칙 제192조
	검사결정전조사	검사	보호관찰소 소년분류심사원	소년법 제49조의2
재판 (보호)	조사관조사	판사	소년조사관	소년법 제11조
	전문가진단	판사	전문가*	소년법 제12조
	분류심사	판사	소년분류심사원	소년법 제12조
	결정전조사	판사	보호관찰소	소년법 제12조
	상담조사	판사	청소년비행예방센터	보호소년법** 제3조
재판 (형사)	조사관 조사	판사	소년조사관	소년법 제56조
	판결전조사	판사	보호관찰소	보호관찰법*** 제19조
교정	분류심사	소년원장 보호관찰소장	소년분류심사원	보호소년법 제3조
	환경조사	소년교도소장 소년원장	보호관찰소	보호관찰법 제26조
	분류심사	소년교도소장	소년교도소	형집행법**** 제59조

* 정신건강의학과 의사·심리학자·사회사업가·교육자나 그 밖의 전문가
** 보호소년 등의 처우에 관한 법률
*** 보호관찰 등에 관한 법률
**** 형의 집행 및 수용자의 처우에 관한 법률

> 제13조(소환 및 동행영장)
> ① 소년부 판사는 사건의 조사 또는 심리에 필요하다고 인정하면 기일을 지정하여 사건 본인이나 보호자 또는 참고인을 소환할 수 있다.
> ② 사건 본인이나 보호자가 정당한 이유 없이 소환에 응하지 아니하면 소년부 판사는 동행영장을 발부할 수 있다.

<세 목 차>

Ⅰ. 취   지

　　소년법 제13조 제1항은 사건의 조사나 심리에 필요하다고 판단되는 경우, 소년부 판사가 '사건 본인이나 보호자 또는 참고인'을 소환할 수 있도록 하고 규정하고 있다. 또한 사건 본인이나 보호자가 정당한 이유 없이 소환에 불응하는 경우에는 동조 제2항에 따라 동행영장을 발부하여 이들의 참여를 강제할 수 있도록 하고 있다.

　　소년보호사건은 성인에 대한 일반적 형사소송절차와는 달리 공판 대신 조사와 심리의 2단계 구조를 취하고 있는데, 이는 사건당사자인 소년의 신체적·정신적·환경적 특성을 조사하여 이를 기반으로 가장 적합한 처우를 결정할 필요가 있기 때문이다.[1] 또한 소년과 그 보호자는 물론이고 참고인을 심리절차에 참석시켜 직접 진술하도록 함으로써, 소년부 판사가 이를 기반으로 사안의 실체를 파악하고 정확한 심증을 바탕으로 적정한 보호처분을 결정할 수 있게 하여 '소년의 건전한 육성'이라는 소년심판제도의 목적을 달성하기 위한 것이기도 하다.[2] 요컨대, 본조의 취지는 소년보호사건의 특성을 고려하여 적정한 조사와 심리를 위해 관계인을 출석시키기 위한 것이라 할 수 있다.[3]

---

[1] 한국소년법학회, 소년법, 세창출판사, 2006, 213~214면.
[2] 한국소년법학회, 각주 1)의 책, 235면.
[3] 법원행정처, 법원실무제요 소년, 2014, 149면.

II. 해   석

1. 소   환

(1) 소환의 대상

소환의 대상은 '사건 본인', '보호자', 그리고 '참고인'이다(제13조 제1항). 다만 제21조 제1항은 "소년부 판사는 심리기일을 지정하고 본인과 보호자를 소환하여야 한다"고 규정하고 있고, 소년심판규칙 제24조 제1항에서는 "소년이 심리 기일에 출석하지 아니한 때에는 심리를 할 수 없다"고 규정하고 있어서, 사건 본인은 원칙적으로 심리절차에 반드시 출석하여야 하므로, 소년은 필요적 소환 대상이 된다.[4]

한편 소년법상의 소환 대상에는 보호자와 참고인이 포함되어 있다. 일반적인 형사절차에서는 형사소송법에 따라 법관이 피고인(형사소송법 제68조), 증인(형사소송법 제150조의2), 또는 대표자나 대리인(형사소송법 제267조)을 소환할 수 있도록 규정하고 있는데, 소년법은 사건 본인이 미성년자로서 법적인 보호대상이기 때문에, 직접적인 사건관계인이 아닌 '보호자'도 소환할 수 있도록 규정하고 있는 것이다. 보호자의 소환과 관련하여, 예컨대 법률상의 보호자와 사실상의 보호자가 병존하는 경우와 같이 다수의 보호자가 존재하는 경우에는 모든 보호자를 소환해야 하는지 여부가 문제될 수 있는데, 제43조에서 보호자, 보조인 또는 법정대리인이 항고권자로 규정되어 있음을 고려할 때, 원칙적으로 모든 보호자를 소환하는 것이 바람직하고, 경우에 따라 보호자에게 출석이 어려운 사정이 있는 경우에만 개별적으로 이를 고려하는 것이 바람직하다는 견해가 있다.[5] 더 나아가 수사기관이 아닌 소년부 판사가 '참고인'을 소환하여 직접 조사할 수 있다는 점도 소년보호절차의 특색이라 할 수 있다. 다만 참고인도 보호자나 조사관과 마찬가지로 임의적 소환의 대상이다.[6]

(2) 소환의 방법

소환은 소년심판규칙 제14조 제1항에 따라 소환장 송달을 통해 이루어진다.

---

4) 한국소년법학회, 각주 1)의 책, 241면.
5) 법원행정처, 각주 3)의 책, 153면.
6) 한국소년법학회, 각주 1)의 책, 241면.

소환장에는 "소년의 성명, 생년월일과 소환되는 사람의 성명, 소년 보호사건에 관하여 소환하는 뜻, 출석할 일시와 장소, 소년이나 보호자가 정당한 이유 없이 소환해 응하지 아니할 때에는 동행영장을 발부할 수 있다는 뜻"이 기재되어야 한다(소년심판규칙 제14조 제2항). 한편 송달은 민사소송법 및 형사소송법 제76조 제2항 내지 제5항을 준용하도록 하고 있다(소년심판규칙 제14조 제3항). 다만 단서에 따라 민사소송법상의 우편송달이나 공시송달에 관한 규정은 준용되지 않는데, 이는 소년 사건으로 소환되었다는 사실에 대한 비밀을 유지하여 소년의 인격과 권리를 보호하기 위한 것이다.[7]

(3) 제   재

소환에 정당한 이유 없이 응하지 않은 사건 본인 또는 보호자는 후술하게 될 동행영장에 따라 동행을 강제하는 것이 가능하다. 특히 소년이 동행영장에 의해 동행된 경우에는 제18조 제1항에 따른 임시조치가 이루어지게 된다.[8]

정당한 이유 없이 소환에 불응한 자에 대해서는 제71조 제1호에 따라 3백만 원 이하의 과태료를 부과할 수 있도록 하여 소환 요구의 규범력을 확보하고자 하였다.

2. 동행영장

제13조 제2항은 정당한 이유 없이 소환에 응하지 않은 사건 본인이나 보호자가 조사나 심리절차에 출석하도록 동행을 강제하기 위한 동행영장을 규정하고 있다. '동행'이라는 표현을 쓰고 있으나, 경찰관 직무집행법 제3조 제2항에 따라 영장 없이 당사자의 동의를 바탕으로 이루어지는 이른바 '임의동행'의 의미보다는 형사소송법 제69조(구속의 정의) 또는 제152조(소환불응과 구인)상의 '구인'에 가까운 개념, 즉 일정한 장소로 당사자를 인치하는 강제처분에 가깝다.[9]

동행영장에 기재되어야 하는 내용은 제15조에, 동행영장의 집행방식은 제16조에 규정되어 있다.

---

7) 법원행정처, 각주 3)의 책, 150면.
8) 한국소년법학회, 각주 1)의 책, 207면.
9) 법원행정처, 각주 3)의 책, 153~154면.

제14조(긴급동행영장)

　소년부 판사는 사건 본인을 보호하기 위하여 긴급조치가 필요하다고 인정하
면 제13조 제1항에 따른 소환 없이 동행영장을 발부할 수 있다.

〈세 목 차〉

Ⅰ. 취　　　지

　　사건 본인을 보호하기 위하여 긴급한 조치가 필요한 경우 소년부 판사는 제
13조에 따른 소환절차를 진행하지 않고도 제14조에 따라 긴급동행영장을 발부하
여 소년의 신병을 확보할 수 있다. 여기에서 '동행'이라는 표현은 형사소송법 제
69조상의 구인에 해당하는 개념인 바, 비록 그것이 소년의 보호를 목적으로 취
해지는 조치임에도 불구하고, 소년에 대한 인권침해를 예방하고, 절차적 적법성
을 확보하기 위하여 소년부 판사가 영장을 통해서 조치를 취하도록 한 것이다.[1]

Ⅱ. 해　　　석

1. 긴급조치가 필요한 경우

　　"긴급조치가 필요하다고 인정"된 경우란, 사건 본인을 '보호하기 위해' 반드
시 신병을 확보할 필요가 있는 경우를 말한다. 여기에는 소년에 대해서 조사나
심리를 하여야 할 필요가 있는 경우뿐만 아니라 사실상의 보호 필요성이 인정되
는 경우, 예컨대 가출이나 도주 등으로 소재불명이 될 위험이 있는 경우, 가족
등으로부터의 학대 우려가 있는 경우, 주변 상황에 비추어 소년의 비행성이 악
화하거나 비행을 범할 우려가 있는 경우, 자해할 우려 등 소년이 정신적·심리적
으로 불안정하여 보호 및 감시의 필요성이 있는 경우, 보호관찰 및 임시퇴원 중
재비행의 우려가 있는 경우 등이 포함된다고 해석되고 있다.[2]

---

[1] 법원행정처, 법원실무제요 소년, 2014, 158~159면.
[2] 법원행정처, 각주 1)의 책, 159면.

2. 긴급동행영장의 기재사항

긴급동행영장에는 제15조에 규정되어 있는 '동행영장'의 일반적 기재사항 외에도 소년심판규칙 제16조 제1항에 따라 "소년을 보호하기 위하여 긴급조치가 필요한 이유"를 구체적으로 기재하여야 한다.

제15조(동행영장의 방식)
  동행영장에는 다음 각 호의 사항을 적고 소년부 판사가 서명날인하여야 한다.
    1. 소년이나 보호자의 성명
    2. 나이
    3. 주거
    4. 행위의 개요
    5. 인치(引致)하거나 수용할 장소
    6. 유효기간 및 그 기간이 지나면 집행에 착수하지 못하며 영장을 반환하
       여야 한다는 취지
    7. 발부연월일

〈세 목 차〉

Ⅰ. 취   지

　본조는 동행영장의 기재사항을 법률로 명확히 하여, 절차의 적법성을 확보
하기 위한 규정이다.

Ⅱ. 해   석

　동행영장에는 기본적으로 동행명령을 받은 자의 성명, 나이, 주소, 동행명령
의 근거가 된 행위의 내용, 인치하거나 수용할 장소, 동행영장의 유효기간 및 유
효기간 도과 후에는 영장을 반환하여야 한다는 내용, 발부일자가 기재되어야 하
며, 영장을 발부한 소년부판사가 서명·날인하여야 한다. 본조의 기재사항은 제
13조 제2항에 따른 일반적인 '동행영장'의 발부에 필요한 사항이며, 제14조에 따
른 '긴급동행영장'의 경우에는 여기에 더해 '긴급한 조치가 필요한 이유'를 구체
적으로 기재하여야 한다(소년심판규칙 제16조 제1항).
　동행영장의 유효기간에 대해서는 법령에 별도의 규정이 없으나, 우송에 소요
되는 시간 등을 고려하여 일반적으로 20일 내지 30일 정도를 유효기간으로 정하

고 있으며, 실무상으로는 영장에 유효기간의 말일을 특정하여 기재하고 있다.[1]

---

1) 법원행정처, 법원실무제요 소년, 2014, 154면.

제16조(동행영장의 집행)
 ① 동행영장은 조사관이 집행한다.
 ② 소년부 판사는 소년부 법원서기관·법원사무관·법원주사·법원주사보나 보호관찰관 또는 사법경찰관리에게 동행영장을 집행하게 할 수 있다.
 ③ 동행영장을 집행하면 지체 없이 보호자나 보조인에게 알려야 한다.

〈세 목 차〉

Ⅰ. 취   지

 본조는 동행영장의 집행 방법을 규정하여 절차적 적법성을 확보하고, 소년의 인권을 보호하기 위한 규정이다.

Ⅱ. 해   설

1. 집행담당자

 동행영장의 집행지휘는 소년부 판사가 한다(소년심판규칙 제17조 제1항). 소년보호사건은 검사의 관여 없이 이루어지기 때문이다.[1] 소년부 판사가 동행영장을 집행담당자에게 교부하면 집행지휘가 이루어진다(소년심판규칙 제17조 제2항). 여기에서 집행담당자는 원칙적으로 조사관이 되지만(제16조 제1항), 소년부 판사가 법원서기관·법원사무관·법원주사·법원주사보 또는 보호관찰관이나 사법경찰관리에게 집행하도록 할 수도 있다(제16조 제2항).

 조사관을 집행담당자로 한 것은 조사관이 소년보호절차의 전문가로서 충분한 소양을 가지고 있기 때문으로 보이나, 동행영장의 집행에 강제력이 필요한 경우가 많으므로 조사관보다는 사법경찰관이 집행을 담당하는 것이 바람직하다는 견해가 있으며, 실무상으로도 사법경찰관이나 보호관찰관이 동행영장을 집행

---

 1) 법원행정처, 법원실무제요 소년, 2014, 156면.

하는 경우가 많다고 한다.[2] 이에 대해 사법경찰관리의 경우에는 소년보호사건에 대한 전문성이나 인식이 부족하거나 업무가 과중한 경우가 많아 동행영장의 집행률이 높지 않다는 문제가 있기 때문에, 소년의 신병확보가 반드시 필요한 중요사건의 경우에는 대체로 보호관찰관에게 동행영장을 집행하도록 하는 것이 실무적 관행이지만, 보호관찰관의 업무와 인력 상황을 고려하면 이 역시도 쉽지 않은 일이라는 지적이 있다.[3]

2. 집행의 방법

동행영장을 집행하는 경우 집행담당자는 피동행자에게 영장을 제시하고 영장에 지정된 장소로 신속하게 동행하여야 한다(소년심판규칙 제18조 제1항). 동행영장을 소지하지 않았지만 급속을 요하는 경우, 즉 소년을 긴급하게 보호해야 할 필요가 있거나 도주의 염려가 있는 경우에는 소년심판규칙 제18조 제2항에 따라 피동행자에게 비행사실과 동행영장 발부 사실을 고지하고 동행영장을 집행할 수 있는데, 이를 '긴급집행'이라 한다.[4] 집행담당자는 동행영장을 집행한 경우에는 집행일시와 장소를, 집행하지 못한 경우에는 그 사유를 기재하여 기명날인하고 이를 소년부 판사에게 제출하여야 하며(소년심판규칙 제18조 제3항), 피동행자의 동행이 이루어진 경우 소년부 판사는 법원사무관 등에게 동행일시를 영장에 기재하도록 하여야 한다(소년심판규칙 제18조 제4항).

한편 동행영장을 집행한 때에는 제16조 제3항에 따라 이러한 사실을 지체 없이 그 보호자나 보조인에게 통지하도록 하여야 한다.

---

2) 법원행정처, 각주 1)의 책, 156면.
3) 차경환, "소년보호재판의 개선방안", 사법 제10호, 사법발전재단, 2009, 109면.
4) 법원행정처, 각주 1)의 책, 157면.

제17조(보조인 선임)

① 사건 본인이나 보호자는 소년부 판사의 허가를 받아 보조인을 선임할 수 있다.

② 보호자나 변호사를 보조인으로 선임하는 경우에는 제1항의 허가를 받지 아니하여도 된다.

③ 보조인을 선임함에 있어서는 보조인과 연명날인한 서면을 제출하여야 한다. 이 경우 변호사가 아닌 사람을 보조인으로 선임할 경우에는 위 서면에 소년과 보조인과의 관계를 기재하여야 한다.

④ 소년부 판사는 보조인이 심리절차를 고의로 지연시키는 등 심리진행을 방해하거나 소년의 이익에 반하는 행위를 할 우려가 있다고 판단하는 경우에는 보조인 선임의 허가를 취소할 수 있다.

⑤ 보조인의 선임은 심급마다 하여야 한다.

⑥ 「형사소송법」 중 변호인의 권리의무에 관한 규정은 소년 보호사건의 성질에 위배되지 아니하는 한 보조인에 대하여 준용한다.

〈세 목 차〉

I. 취　　지

1. 의　　의

소년 본인 또는 보호자는 소년부 판사의 허가를 얻어 보조인을 선임할 수 있다(제17조 제1항). 소년보호절차는 소년심사분류원에 위탁(제18조), 보호처분에 따른 소년원송치(제32조) 등 신병을 제한하는 내용을 담고 있어, 소년의 정당한 이익을 보호하고, 적정한 처우 등을 위하여 소년에 대한 조력자로서 보조인 제

도를 마련하고 있다. 소년보호절차에서 보조인은 법원의 협력자의 역할과 소년
의 후견인 및 옹호자의 역할을 수행해야 한다.[1] 보조인은 보호절차가 갖는 행정
적·복지적 성격과 사법적 성격의 양면성을 갖는다.[2]

그러나 소년에게 보호처분이라는 강제력이 동원되고, 그로 인하여 소년의
자유권이 제한 또는 박탈되는 것은 명백하다고 할 수 있으므로, 소년사건이 형
사적 제재의 성격을 갖는다는 것은 부인할 수 없다.[3] 따라서 보조인의 실질적이
고도 가장 중요한 기능은 절차상으로 보호소년의 이익을 변호하는 역할이라 할
것이다.[4] 보조인은 절차 내에 있는 소년의 권리와 이익을 위해 조력해야 한다.

2. 연   혁

우리나라에서 소년에 대한 특별절차의 근대적 기원은 일제 강점기인 1942
년 제정된 「조선소년령」에서 찾을 수 있는데, 조선소년령은 지금의 보조인에 해
당하는 부첨인(附添人) 제도를 두고 있었다. 그러나 부첨인은 소년의 적극적인
권리 옹호에 중점을 둔 제도가 아니라, 소년을 보호의 객체로 상정하고 소년심
판소의 협력에 중점을 둔 제도였다.[5] 1958년에 소년법이 제정되면서, 부첨인 제
도는 폐지되고, 보조인제도가 규정되었다. 2007.12.21. 제5차 개정 소년법 개정
과정에서는 소년의 인권보장 강화가 큰 테마의 하나로 다루어진 결과[6], 소년보
호사건에서도 국선보조인제도를 도입하기에 이르렀다(제17조의2).

Ⅱ. 해   석

1. 보조인의 선임

보조인의 자격에는 제한이 없으나, 보조인이 그 직책을 수행하는 데에는 법
에 관한 지식에 더하여 소년의 보호 및 교육에 관한 전문적 지식이 요구된다.

---

1) 한국소년법학회, 소년법, 세창출판사, 2006, 151면.
2) 대법원 1994.11.5. 선고 94트10 결정.
3) 김 혁, "소년의 법률조력을 받을 권리와 보조인 제도의 재조명", 형사법연구 제32권 제1호,
   한국형사법학회, 2020, 143면.
4) 대법원 1994.11.5. 선고 94트10 결정.
5) 김 혁, 각주 3)의 논문, 148면.
6) 오영근, "개정 소년법의 과제와 전망", 형사정책연구 제19권 제2호, 한국형사정책연구원,
   2008, 7면 이하.

이에 의사, 학교의 교사, 청소년전문상담기관의 교사나 상담전문가 등도 보조인으로 선임될 수 있다. 다만 이 경우 보조인 선임에는 법원의 허가를 받아야 한다(제17조 제1항). 이는 보조인으로서 직책을 수행할 수 있는 적격이 있는지 여부를 법원이 판단하도록 한 것이다. 보호자나 변호사를 보조인으로 선임하는 경우에는 소년부 판사의 허가를 받지 아니하여도 된다(제17조 제2항).

선임권자는 소년과 보호자이다(제17조 제1항). 보조인 선임의 시기는 소년부에 의한 사건의 접수 후에는 언제든지 가능하다. 보조인을 선임할 때에는 소년과 함께 보조인이 연명날인한 서면을 제출하여야 하고, 이 경우 변호사가 아닌 사람을 보조인으로 선임할 경우에는 위 서면에 소년과 보조인과의 관계를 기재하여야 한다(제17조 제3항). 선임의 효력은 병합된 사건을 포함한 사건 전부에 미친다고 할 것이고(형사소송규칙 제13조), 선임은 당해 심급에 한하여 효력을 갖는다(제17조 제5항).

2. 보조인의 선임취소, 해임 및 사임

소년부 판사는 보조인이 심리절차를 고의로 지연시키는 등 심리진행을 방해하거나 소년의 이익에 반하는 행위를 할 우려가 있다고 판단하는 경우에는 보조인 선임의 허가를 취소할 수 있다(제17조 제4항).

선임권자인 소년 또는 보호자는 보조인을 해임도 할 수 있다고 할 것이나, 보호자가 선임한 보조인을 소년이 해임할 수는 없다고 해석된다.[7]

보조인은 스스로 사임할 수 있다.

3. 보조인의 지위

가. 접수사실 고지

소년부 판사는 소년보호사건을 접수한 때에는 서면으로 소년 및 보호자 또는 보조인 중 적당하다고 인정되는 사람에게 비행사실 등을 고지하여야 하며(소년심판규칙 제9조), 임시조치 결정이 내려진 경우 또는 임시조치에 대한 취소나 변경 결정이 내려진 경우에도 소년 및 보호자 또는 보조인 중 적당하다고 인정되는 사람에게 통지해야 한다(소년심판규칙 제20조).

---

7) 법원행정처, 법원실무제요 소년, 2014, 85면.

나. 심리개시결정 고지

소년법원은 심리할 필요가 있다고 인정하면 심리개시결정을 하게 되는데, 이때 심리개시사유의 요지와 보조인을 선임할 수 있다는 취지를 알려야 한다(제 20조 제2항).

다. 심리기일 출석권 및 심리기일변경청구권

보조인이 선정된 경우에는 소년법원은 보조인에게 심리기일을 알려야 하고 (제21조 제2항), 보조인은 심리기일에 출석할 권한을 가진다(제23조 제2항). 국선보 조인이 선정되어 있음에도, 보조인이 심리 기일에 출석하지 아니한 때에는 심리 를 할 수 없다(소년심판규칙 제24조). 보조인에 대한 심리기일의 통지를 하지 아니 하여 보조인이 출석하지 아니한 채 심리를 종결하고 보호처분의 결정을 하였다 면 그러한 절차상의 위법은 보조인의 고유의 권리를 부당하게 제한하는 것이 되 므로, 그 보호처분결정은 취소되어야 마땅하다.[8] 이때 보호소년이나 그 보호인 이 심리기일에 이의를 제기하지 아니하였다 하더라도 그 하자가 치유된다고 할 수 없다. 이는 소년보호사건의 보조인도 형사소송의 변호인과 마찬가지로 보호 소년이 가지는 권리를 행사하는 외에 독자적인 입장에서 보호소년의 이익을 옹 호하는 고유의 권리를 갖기 때문이다.

심리기일을 변경해야 할 사정이 있는 경우, 보조인은 심리기일을 변경할 것 을 청구할 수 있고(제22조 전문), 소년부 판사는 기일을 변경하는 경우에는 이를 보조인에게 알려야 한다(제22조 후문).

라. 의견진술권

보조인은 심리에 관하여 의견을 진술할 수 있으며(제25조), 보조인이 진술한 내용은 심리조서에 기재된다(소년심판규칙 제28조 제2항). 보조인은 심리기일에 앞 서 의견서나 필요자료를 제출할 수 있고, 심리기일에도 출석하여 자료를 제출하 고 의견을 진술할 수 있다. 당일 결정이 내려질 것에 대비하여 의견서나 자료는 심리기일 전에 제출하는 것이 좋다.

마. 기록열람·등사권

소년보호사건의 기록과 증거물은 소년부 판사의 허가를 받은 경우에만 열

---

8) 대법원 1994.11.5. 선고 94트10 결정.

람하거나 등사할 수 있으나, 다만 보조인이 심리 개시 결정 후에 소년보호사건의 기록과 증거물을 열람하는 경우에는 소년부 판사의 허가를 받지 아니하여도 된다(제30조의2). 보조인이 열람할 수 있는 기록에는 사건기록뿐만 아니라, 소년 조사기록도 포함된다. 심리개시 결정 전에는 소년이 진술하거나 제출한 증거물 및 피해자 고소장에 한하여 기록열람이 허용되는 경우가 일반적이므로, 보조인은 제한된 증거물로 소년을 보호, 지원해야 한다.

바. 형사소송법상 변호인의 권리의무

그밖에 보조인에게는, 동행영장의 집행을 통지받을 권리(제16조 제3항), 항고권(제43조 제1항) 등이 인정된다. 그리고 형사소송법 중 변호인의 권리의무에 관한 규정은 소년보호사건의 성질에 위배되지 아니하는 한 보조인에 대하여도 준용된다(제17조 제6항). 따라서 보조인은 증인신문, 감정, 검증 등 절차에서 변호인과 마찬가지의 권리를 가지며, 소년에 대한 접견교통권(형사소송법 제34조)도 인정된다. 다만 증거조사청구권에 대해서는 소년보호절차의 직권주의적 성격으로 인하여 직접 적용하기 어렵다고 본다.[9]

4. 관련문제

가. 소년부 송치가 이루어진 경우, 변호인 선임의 효력

검사나 법원이 사건을 관할 소년부에 송치한 경우, 기존에 선임되어 있던 변호사에 대한 선임의 효력은 어떻게 되는지 문제된다. 형사재판의 경우에는 수사단계에서 선임된 변호인이 1심에 이르도록 그 효력이 미치도록 함으로써 방어권 행사에 공백이 발생하지 않도록 규정하고 있는데 반해(형사소송법 제32조 제2항), 소년법의 경우에는 명문의 규정을 두고 있지 않다.

이 문제와 관련하여 변호사는 소년부 판사의 허가 없이도 보조인이 될 수 있고, 형사법원에서 소년법원으로의 송치는 사건의 동일성이 유지되고 있고 심급을 달리하는 것이 아니며, 소년에 대한 조력자로서의 역할은 현실적이고 실질적으로 요구되고 있는 점 등에 비추어 볼 때, 소년법원에도 보조인으로서의 지위가 인정된다고 보는 견해가 있으나[10], 실무에서는 변호인이 소년부에 별도로

---

9) 법원행정처, 각주 7)의 책, 87면.
10) 최병각, "변호인의 조력을 받을 권리와 소년사법", 소년법연구 창간호, 한국소년법학회, 2002, 533면 참조.

보조인선임계를 제출하도록 하고 있다.[11] 이는 형사법원과 소년법원이 그 절차와 관할이 상이하고, 변호인이 당연히 보조인으로 되는 것이 아니며, 선정절차의 명확성을 기하기 위함으로 풀이된다. 이에 만약 보조인 선임신고서를 제출하지 않은 경우에는 소년부 판사는 변호인에게 보조인으로 활동할 의사가 있는지 여부를 확인하여 선임계의 제출을 촉구할 수 있다.

한편 위와 같은 소년부 송치 사건이 다시 검찰청에 송치되거나 형사법원으로 이송된 경우에는 소년부 송치 이전에 있었던 변호인 선임의 효력이 다시 부활되어, 별도로 선임계를 제출할 필요가 없다고 보는 것이 일반적이다.

나. 분류심사결과통지서 접수통지

소년이 소년분류심사원에 위탁되어 있는 때에는 소년분류심사원에서 분류심사결과통지서를 작성하여 소년부 판사에게 제출하게 되는데, 분류심사결과통지서가 심리기일에 지나치게 임박하여 가정법원에 송부되는 경우, 그 사실을 보조인에게 통지하지 않기 때문에, 보조인이 관련 자료를 확인하지 못한 채 심리에 임하는 경우가 적지 않게 발생하여 문제가 있다는 지적이 있다.[12]

---

11) 법원행정처, 각주 7)의 책, 86면.
12) 김 혁, 각주 3)의 논문, 159면.

제17조의2(국선보조인)

① 소년이 소년분류심사원에 위탁된 경우 보조인이 없을 때에는 법원은 변호사 등 적정한 자를 보조인으로 선정하여야 한다.

② 소년이 소년분류심사원에 위탁되지 아니하였을 때에도 다음의 경우 법원은 직권에 의하거나 소년 또는 보호자의 신청에 따라 보조인을 선정할 수 있다.

　1. 소년에게 신체적·정신적 장애가 의심되는 경우

　2. 빈곤이나 그 밖의 사유로 보조인을 선임할 수 없는 경우

　3. 그 밖에 소년부 판사가 보조인이 필요하다고 인정하는 경우

③ 제1항과 제2항에 따라 선정된 보조인에게 지급하는 비용에 대하여는 「형사소송비용 등에 관한 법률」을 준용한다.

〈세 목 차〉

Ⅰ. 취　지

소년보호절차에는 소년부 판사가 후견적 입장에서 관여하고 있고, 보조인을 선임할 수 있도록 제도가 마련되어 있기는 하나(제17조), 소년법원의 심리와 적정을 보장하여 소년심판에 대한 신뢰를 확보하고, 소년의 권익 및 적법절차를 보장하기 위해서라도 국선보조인제도를 도입해야 한다는 목소리가 오래전부터 계속되어 왔다.[1] 이에 2007.12.21. 제5차 개정 소년법은 국선보조인 제도를 명문으로 규정하였다.

---

[1] 오영근·최병각, 소년사건처리절차의 개선방안에 관한 연구, 한국형사정책연구원, 1995, 69~70면.

Ⅱ. 해   석

1. 국선보조인 선정사유

가. 소년분류심사원에 위탁된 경우

소년부 판사의 임시조치로 소년분류심사원에 위탁된 경우에는 소년에게 보조인이 없을 때, 법원은 변호사 등 적정한 자를 보조인으로 선정하여야 한다(제17조의2 제1항). 소년분류심사원에 위탁된다고 하는 것은 조사와 교육의 목적이라고는 하나, 시설 내에 갇혀서 생활해야 하고 엄격한 관리와 감독을 받아야 하는 것이어서 일반 형사소송절차의 구속의 경우와 같이 볼 수 있고, 심리 전의 위탁 기간은 미결구금과 동일하게 이해할 수 있다(제61조 참조). 따라서 소년분류심사원에 위탁된 경우에는 절차와 시설 내에서의 소년에 대한 적정한 보호를 위해 보조인의 선임이 절실한 경우라고 할 것이므로, 소년법은 소년에게 보조인이 선임되어 있지 않은 경우에는 직권으로 보조인을 선정하도록 의무화한 것이다.

다만 형사소송절차에서는 피고인이 미성년자인 때에는 불구속 상태인 경우에도 직권으로 국선변호인을 선정토록 하고 있는 것과는 차이가 있다.

나. 소년분류심사원에 위탁되지 않은 경우

소년분류심사원에 위탁되지 않은 경우에는 일정한 경우에 소년부 판사의 직권으로 또는 소년이나 보호자의 신청에 따라 보조인을 선정할 수 있도록 소년법은 규정하였다. 국선보조인을 선정할 수 있는 사유로는 ① 소년에게 신체적·정신적 장애가 의심되는 경우, ② 빈곤이나 그 밖의 사유로 보조인을 선임할 수 없는 경우, ③ 그 밖에 소년부 판사가 보조인이 필요하다고 인정하는 경우를 규정하고 있다(제17조의2 제2항).

2. 국선보조인의 자격

국선보조인으로 선정될 수 있는 자에 대해서는 소년심판규칙에서 규정을 두고 있다(소년심판규칙 제19조의2 제1항). 즉 국선보조인은 변호사, 공익법무관 또는 법원의 관할구역 안에서 수습중인 사법연수생 가운데에서 선정하거나(1호), 또는 정신과의사·심리학자·사회사업가·교육자 등 법원이 적정하다고 인정하는 사람에서 선정토록 하고 있다(2호). 그러나 1호의 사법연수생 규정은 사법연수원이 폐지되고 법학전문대학원 제도가 시행되고 있는 만큼 현실에 맞게 개정될 필요가 있다.

　　형사소송절차에서 변호인은 완성된 인격체를 대상으로 법률적인 보호와 지원을 중점으로 하는데 반해, 소년보호절차에서 보조인은 법률적 보호·지원 외에도 아직 성숙하지 못한 소년들을 대상으로 이들의 열악한 가정환경이나 소외된 사회환경 하에서의 교육과 개선을 염두에 두어야 한다. 이것이 법률전문가 이외에 소년 관련 전문가들을 국선보조인으로 선정할 수 있도록 규정한 취지라고 할 수 있다.[2]

3. 고　　지

　　소년부 판사는 소년 보호사건을 접수한 때에는 소년 및 보호자 또는 보조인 중 적당하다고 인정되는 사람에게 소년의 비행사실과 더불어, 보조인 또는 국선보조인 선임에 대한 고지를 하여야 한다. 즉 소년이 소년분류심사원에 위탁된 경우에 소년 또는 보호자가 스스로 보조인을 선임하지 아니할 때에는 법원이 국선보조인을 선정하게 된다는 취지를 고지하여야 하고, 일정한 사유가 있는 때(제17조의2 제2항 각 호의 어느 하나에 해당하는 때)에는 법원에 대하여 국선보조인의 선정을 신청할 수 있다는 취지를 고지하여야 한다(소년심판규칙 제9조). 고지는 서면으로 하여야 한다.

4. 선정취소 등

　　법원은, 사선보조인이 선임되거나, 국선보조인이 보조인 요건의 자격을 상실한 때, 국선보조인의 사임을 법원이 허가한 때에는 국선보조인의 선정을 취소하여야 하고(형사소송규칙 제18조 제1항), 국선보조인이 그 직무를 성실하게 수행하지 아니하는 때, 그밖에 국선변호인의 선정결정을 취소할 상당한 이유가 있는 때 또는 선정된 국선보조인이 기일에 출석하지 아니하는 때에는 국선보조인의 선정을 취소할 수 있다(형사소송규칙 제18조 제2항 및 제19조 제2항). 국선보조인은 질병 또는 장기여행으로 인하여 국선보조인의 직무를 수행하기 곤란할 때, 또는

---

[2] 황지태·김지영·원혜욱·김지연, 소년 국선보조인제도의 운영현황과 개선방안에 대한 연구, 한국형사정책연구원, 2016, 9면.

그밖에 국선보조인으로서의 직무를 수행하는 것이 어렵다고 인정할 만한 상당한 사유가 있을 경우에는 소년부 판사의 허가를 얻어 사임할 수 있다. 법원은 보조인의 사임을 허가한 후에는 반드시 국선변호인 선정을 취소하고 다른 국선보조인을 신규로 선정하여야 한다.[3]

5. 국선보조인의 보수

국선보조인에게 지급되는 보수, 일당 등은 국선변호인 규정을 준용하여(소년심판규칙 제19조의2 제3항), 대법원규칙으로 정하는 범위에서 법원이 정하도록 되어 있는데(형사소송비용 등에 관한 법률 제8조 제1항), 매년 예산의 범위 안에서 대법관회의에서 정하며 그 보수는 심급별로 지급한다(형사소송비용 등에 관한 규칙 제6조 제1항). 보수는 사안의 난이, 국선변호인이 수행한 직무의 내용, 사건처리에 소요된 시간 등을 참작하여 범위 내에서 당해 소년부 판사가 이를 증액할 수 있다(형사소송비용 등에 관한 규칙 제6조 제2항).

6. 국선보조인의 역할

국선보조인은 소년보호사건에서 보조인의 역할과 동일하다. 보호절차가 갖는 행정적·복지적 성격과 사법적 성격의 양면성을 갖는다. 이에 보조인은 소년의 변호인으로서 소년의 권익을 옹호하고 보호하는 지위를 가짐과 동시에 소년법원의 협력자로서 역할하게 된다. 그러나 국선보조인에게 있어서도 가장 중요한 역할은 소년의 이익을 변호하는 것이 되어야 한다.

나아가 국선보조인은 소년에 대한 교육적 역할을 수행해야 하며, 이를 위해 교육 능력을 갖추는 등의 전문화가 요구된다.

7. 관련문제

가. 국선보조인 선정의 의무화

소년법에서는 소년분류심사원에 위탁된 경우와 그렇지 않은 경우를 구분하여, 전자의 경우에는 필요적으로 국선보조인을 선정토록 하고 있고, 후자의 경우에는 필요한 경우 국선보조인을 선정할 수 있도록 정하고 있는데, 이렇게 되는

---

3) 법원행정처, 법원실무제요 소년, 2014, 90면.

경우 소년분류심사원에 위탁되지 않는 소년의 경우에 상대적으로 권리보호에 미흡하다는 비판이 있다.

　대부분의 사람들은 소년보호사건의 특수성을 이해하지 못하는 경우가 많다. 이에 소년분류심사원에 위탁된 경우뿐만 아니라, 그렇지 않은 경우에도 절차에 대한 오해나 무지로 인하여 적절한 준비나 대응을 제대로 하지 못하거나 그로 인한 절차상 불이익을 받는 경우가 초래될 수 있다. 또 시설에의 가위탁 여부만으로 국선보조인 선임 여부를 정하는 것은 형평성에도 문제가 있다. 소년의 경우에는 시설 위탁 여부를 떠나서 국선보조인을 선정토록 하는 것이 바람직하다고 본다.

나. 국선보조인의 전문화

　국선보조인의 경우에는 법률지원 업무 외에 소년에 대한 교육적 기능이 강조되고 있어, 소년에 대한 관심과 교육에 대한 전문성이 함께 요망된다. 그러나 현재 우리나라에서는 보조인들에 대한 전문성을 제고하거나 이를 관리할 시스템이 마련되어 있지 않다. 이에 국선보조인의 전문성을 높이기 위한 방안들이 논의되고 있다. 그 일환으로 미국의 국가소년변호인센터(National Juvenile Defender Center; NJDC)와 같은 전문기관 제도의 도입이 주장되고 있기도 하다.[4]

다. 전국 법원의 상이한 운용

　전국 소년 법원의 운용은 전국적으로 통일되어 있지 않고, 각 법원의 지역적 특색과 관행에 따라 실무상 그 운용을 달리하고 있다. 전국적으로 시설을 달리하고 있고, 지역적인 특수성을 반영할 수밖에 없는 경우들도 감안되어야 할 것이기에 각 법원의 개별적인 운용 방식이 오히려 도움이 된다는 입장도 있다. 그러나 처분의 기준이나 소년에 대한 처우 등은 전국적으로 통일된 지침과 기준이 적용될 수 있도록 틀을 마련해나가는 것이 형평성 및 적법절차원리 등에 비추어 타당하다고 본다.

라. 국선보조인제도 운용상의 어려움

　국선보조인 제도를 운용함에 있어 현실적인 문제는, 국선보조인에 대한 보수수준이 적고 시간이 부족하며, 운영이 체계화되지 않았다는 점이 지적되고 있

---

4) 황지태·김지영·원혜욱·김지연, 각주 2)의 보고서, 57면.

다.[5] 국선보조인으로 실제 활동한 전문가들은 사건 이후에도 대상 소년들과 소통을 하는 경우가 많았고, 소년들의 고민에 대하여 함께 공감해주고 있었으며, 보람도 크다는 긍정적인 반응을 보였다. 반면, 현행 사법시스템의 구조적 문제, 법원의 감독권한이 강한데 반해 보조인의 역할과 권한이 지나치게 약하다는 점, 법원의 예산지원 부족 등 국선보조인으로 활동하는데 어려움을 초래하는 문제점들도 있다. 이러한 문제점들에 대해서는 향후 제도적인 보완이 요망된다.

---

5) 황지태·김지영·원혜욱·김지연, 각주 2)의 보고서, 166면.

제18조(임시조치)

① 소년부 판사는 사건을 조사 또는 심리하는 데에 필요하다고 인정하면 소년의 감호에 관하여 결정으로써 다음 각 호의 어느 하나에 해당하는 조치를 할 수 있다.

　1. 보호자, 소년을 보호할 수 있는 적당한 자 또는 시설에 위탁

　2. 병원이나 그 밖의 요양소에 위탁

　3. 소년분류심사원에 위탁

② 동행된 소년 또는 제52조 제1항에 따라 인도된 소년에 대하여는 도착한 때로부터 24시간 이내에 제1항의 조치를 하여야 한다.

③ 제1항 제1호 및 제2호의 위탁기간은 3개월을, 제1항 제3호의 위탁기간은 1개월을 초과하지 못한다. 다만, 특별히 계속 조치할 필요가 있을 때에는 한 번에 한하여 결정으로써 연장할 수 있다.

④ 제1항 제1호 및 제2호의 조치를 할 때에는 보호자 또는 위탁받은 자에게 소년의 감호에 관한 필요 사항을 지시할 수 있다.

⑤ 소년부 판사는 제1항의 결정을 하였을 때에는 소년부 법원서기관·법원사무관·법원주사·법원주사보, 소년분류심사원 소속 공무원, 교도소 또는 구치소 소속 공무원, 보호관찰관 또는 사법경찰관리에게 그 결정을 집행하게 할 수 있다.

⑥ 제1항의 조치는 언제든지 결정으로써 취소하거나 변경할 수 있다.

〈세 목 차〉

I. 취   지

　　임시조치는 보호소년에 대한 조사 및 심리를 위하여 소년부 판사가 결정으로서 임시로 보호소년의 신병을 정하는 조치를 말한다. 임시조치의 목적은 심리절차의 진행과 소년의 보호라는 양면적 성격을 가진다.[1]

　　소년부 판사는 사건이 송치되면, 즉시 소년에 대한 신병을 정하게 된다. 조사 또는 심리하는 데에 필요하다고 인정하면, 소년부 판사는 소년의 감호에 관한 결정으로써 임시조치를 할 수 있는데(제18조 제1항), 보호자, 소년을 보호할 수 있는 적당한 자 또는 시설에 위탁하거나(제1호), 병원이나 그밖의 요양소에 위탁하거나(제2호), 또는 소년분류심사원에 위탁하게 할 수 있다(제3호). 이는 소년에 대한 보호, 감독 주체를 결정하는 동시에, 소년에 대하여 조사하고 관찰하며 분류하는 역할을 수행하기 위한 조치라고 볼 수 있다. 소년분류심사원에 위탁하는 경우에는 보호처분(제32조)으로서의 위탁과 구별하여 소위 임시위탁 또는 가위탁이라고도 한다. 임시위탁은 형사절차에서의 구금과는 달리 신병확보보다는 소년의 보호와 소년의 성행, 경력, 가정환경, 보호자의 보호능력과 의지, 재비행가능성 등의 조사에 주목적이 있다.[2] 그러나 소년에게 있어 임시위탁은 사실상 미결구금의 의미를 담고 있으므로, 소년에게 주는 역기능적인 측면에 대한 세심한 고려가 필요하다.[3]

　　임시조치는 그밖에 소년법 제37조 제1항에 따라 보호처분 또는 부가처분을 변경함에 있어 필요하다고 인정하는 때(소년심판규칙 제39조 제3항), 항고법원이 원결정을 취소하는 결정을 함에 따라 항고법원으로부터 사건을 환송 또는 이송받은 경우에도 이루어질 수 있다(소년심판규칙 제50조).

---

1) 한국소년법학회, 소년법, 2006, 세창출판사, 203~204면.
2) 법원행정처, 법원실무제요 소년, 2014, 138면.
3) 김지선, 소년미결구금제도에 관한 연구, 한국형사정책연구원, 2003, 23면.

Ⅱ. 해   석

1. 임시조치가 필요한 경우

임시조치를 정하는 기준에 대해서는 법에 규정되어 있는 바가 없다. 즉 소년법은 소년부 판사가 사건을 조사 또는 심리하는 데에 필요하다고 인정하는 바에 따라 임시조치를 할 수 있도록 규정하고 있어, 일반 형사법원에서의 구속기준보다 넓은 재량을 인정하고 있다. 이에 실제 전국의 소년법원들은 해당 법원의 전통과 관행에 근거한 요건을 따로 마련하여 운용하고 있고, 그러다보니 각소년법원에 따라 서로 다른 기준이 적용되고 있는 실정이다.[4] 그러나 신병을 억류하는 처분에 대한 기준이 다른 것은 형평성에 대한 문제가 제기될 수 있고, 그 구체적 기준이 없다는 것 자체가 인권침해소지가 있다는 비판이 제기되고 있다.[5] 이러한 문제점을 보완하기 위해서는 임시조치를 정하는 객관적 기준이 마련될 필요가 있다고 본다.

실무에서는 ① 소년 사건에 해당할 것(심리조건), ② 소년이 범행을 하였다고 의심할 만한 상당한 이유가 있을 것(상당성), ③ 심리가 개시될 것이 충분히 예견가능할 것(개연성), ④ 소년의 신병을 확보할 필요가 있거나 소년에 대한 전문가 진단을 위하여 신병확보가 필요할 것(필요성), ⑤ 소년에 대한 긴급한 보호가 필요할 것(긴급성) 등을 그 요건으로 보고 있다.[6] 한편 소년혁신위원회 2020.11.20. 제4차 권고에서는 임시조치가 소년의 신체 자유를 제한하거나 박탈하는 형태를 띠고 있으므로 임시조치가 엄격하고 명확한 기준에 의하여 적용되어야한다고 지적하고, 그 기준을 마련할 것을 권고하였는데, 이때 임시조치의 요건으로 다음의 사항을 고려할 수 있다고 권고하였다.[7]

- 범죄를 범하였다고 의심할 만한 상당한 이유가 있을 것
- 조사나 심리에 참여하지 않을 위험이 있거나 종국처분이 내려지기 전에 재범이 우려된다는 명백하고 설득력 있는 증거가 있을 것

---

4) 한국소년법학회, 각주 1)의 책, 198면.
5) 김지선, 각주 3)의 보고서, 86면 이하 참조.
6) 법원행정처, 각주 2)의 책, 139~140면.
7) 법무부, 『처분 결정 전 임시조치 제도 개선』 권고 ─ 소년보호혁신위원회 제4차 권고 발표 ─, 2020.11.20. 보도자료 참조.

- 우범소년은 임시조치의 적용 대상에서 제외함
- 제18조 제1항 제3호 소년분류심사원 위탁은 만 14세 이상 범죄소년에만 적용함

한편 소년법에서는 전문가진단을 위하여 필요한 경우에도 임시조치를 할 수 있도록 규정하고 있다(소년심판규칙 제13조).

2. 결정서 작성

소년부 판사가 임시조치 결정을 할 때에는 결정서를 작성하고 서명날인하여야 하고(소년심판규칙 제2조 제1항 본문), 이를 기명날인으로 갈음할 수 없다(소년심판규칙 제2조 제1항 제1호). 다만 상당하다고 인정할 때에는 결정의 내용을 조서에 기재하게 하여 결정서의 작성에 갈음할 수 있다(소년심판규칙 제2조 제1항 단서). 임시조치 결정서에는 소년의 성명, 주민등록번호, 직업, 주거, 등록기준지 및 주문과 이유를 기재하여야 하는데, 직업이나 등록기준지 및 이유는 생략할 수 있다(소년심판규칙 제2조 제2항).

3. 소년의 신병 및 구속영장의 효력

검사나 법원 판사로부터 소년부 송치결정이 있는 경우에는 소년을 구금하고 있는 시설의 장은 검사의 이송 지휘를 받은 때로부터 법원 소년부가 있는 시·군에서는 24시간 이내에, 그 밖의 시·군에서는 48시간 이내에 소년을 소년부에 인도하여야 한다(제52조 제1항). 이는 구금되어 있는 소년에 대한 절차를 신속하게 진행하도록 시간의 제한을 규정한 것이다. 따라서 이때 소년부에 인도되는 것은 소년에게 내려진 구속영장 효력 기간 내에서 이루어져야 한다(제52조 제2항).

동행된 소년 또는 소년부 송치에 따라 소년부에 인도된 소년에 대하여는 도착한 때로부터 24시간 이내에 임시조치를 하여야 하며(제18조 제2항), 이때 소년에 대한 임시조치의 결정 역시 구속영장 효력기간 내에 이루어져야 한다(제52조 제2항). 소년부 판사가 임시조치 결정을 한 때에 구속영장의 효력은 상실한다(제52조 제1항 후단). 종전에는 소년이 구속되어 있는 상태에서 소년부에 송치된 경우, 구속영장의 효력과 관련하여 해석상 논란이 있었으나, 이를 1988.12.31. 제3차 소년법 개정 당시 입법으로 해결한 것이다.

4. 수탁자와 수탁기관

가. 보호자(1호)

보호자란 법률상 감호교육을 할 의무가 있는 자(법률상 보호자) 또는 현재 감호하는 자(사실상 보호자)를 말한다(제2조). 일반적으로 부모, 친권자 또는 후견인 등이 될 것이며, 법률상 친족관계를 요하는 것이 아니므로 생모, 파양후의 부모까지도 포함될 것이다. 나아가 실제로 소년을 감호하에 두고 있는 자라면 사실상 부양하는 자, 고용주 등도 이에 속할 수 있다.

보호자에게 감호를 위탁하는 처분은 사실상 보호소년을 종래의 환경에 그대로 돌려놓는 것이지만, 법원의 결정에 따라 보호소년의 감호를 위탁하는 것으로서 보호자에 대하여 교육, 감독 및 주의의무를 환기시키는 의미가 있고, 보호자에 대해서도 특별교육명령을 함께 함으로써 보호자 스스로를 교육시키는 기능을 한다. 소년부 판사는 보호자에게 소년에 관한 보고서나 의견서를 제출하도록 요구할 수 있고, 소년의 감호에 관한 지시를 할 수도 있다(제18조 제4항).

나. 소년을 보호할 수 있는 적당한 자 또는 시설(1호)

소년에게 보호자가 없거나 보호자가 있더라도 그 보호자가 소년을 충분히 감호하기 어려운 경우 등에는 보호자를 대신하여 소년을 보호할 수 있는 사람이나 시설에 위탁할 수 있다.

이를 위해 위탁보호위원을 위촉하고, 위탁받는 기관을 지정하도록 규정이 마련되어 있다. 즉 법원장은 정신과 의사, 심리학자, 사회사업가, 청소년회복지원시설의 종사자 중 시설장의 자격기준을 충족하는 사람 또는 학식과 덕망이 있는 사람 중에서 위탁보호위원을 위촉하고(소년심판규칙 제33조 제1항), 아동복지시설 그 밖의 소년보호시설, 병원, 요양소, 보호소년 등의 처우에 관한 법률상의 소년의료보호시설 등의 위탁받는 기관을 지정하여야 한다(소년심판규칙 제34조 제1항). 이 경우에 법원장은 위탁보호위원이 소년의 보호에 적당하지 아니하거나 그 밖의 사유로 그 직무를 적절히 수행하기 어렵다고 인정하는 때에는 그 위촉을 해제할 수 있고(소년심판규칙 제33조 제2항), 지정된 위탁받는 기관이 소년의 보호나 보호자 특별교육에 충분한 시설을 가지고 있는가의 여부와 그 운영실태를 조사, 보고하도록 하고 이에 부적당하다고 인정되는 경우에는 그 지정을 취소할 수 있다(소년심판규칙 제34조 제6항).

다. 병원이나 그 밖의 요양소(2호)

소년법상 가위탁기관으로는 병원이나 그밖의 요양소 규정이 마련되어 있다. 이는 소년이 신체적, 의학적으로 문제가 있거나 마찬가지 이유로 요양소와 같은 특별한 장소에 위탁되어야 할 필요성이 있는 경우를 염두에 둔 규정이라고 할 수 있다. 그러나 실제로 실무에서 활용되는 사례는 거의 없어[8], 이에 대한 보완이 요구된다.

라. 소년분류심사원(3호)

소년분류심사원에서는 위탁소년에 대한 수용과 분류심사 업무를 수행한다(보호소년 등의 처우에 관한 법률 제3조).

분류심사는 위탁소년의 신체, 성격, 소질, 환경, 학력 및 경력 등에 대한 조사를 통하여 비행 또는 범죄의 원인을 규명하여 심사대상인 소년의 처우에 관하여 최선의 지침을 제시함을 목적으로 하며(보호소년 등의 처우에 관한 법률 제24조 제1항), 분류심사를 할 때에는 심리학·교육학·사회학·사회복지학·범죄학·의학 등의 전문적인 지식과 기술에 근거하여 위탁소년의 신체적·심리적·환경적 측면 등을 조사·판정하여야 한다(보호소년 등의 처우에 관한 법률 제24조 제2항). 소년분류심사원장은 분류심사 또는 조사 결과와 의견 등을 각각 법원소년부 또는 검사에게 통지하여야 한다(보호소년 등의 처우에 관한 법률 제27조 제1항). 소년분류심사원이 설치되지 아니한 지역에서는 소년분류심사원이 설치될 때까지 소년분류심사원의 임무는 소년원이 수행하고, 위탁소년은 소년원의 구획된 장소에 수용한다(보호소년 등의 처우에 관한 법률 제52조).

소년을 심사하고 분류하는 것은 소년에 대한 개선과 교육의 목적을 위함이다. 그럼에도 불구하고 소년분류심사원에서 이루어지는 위탁소년의 수용은 필요에 따라 강제력을 사용하여 소년의 신병을 소년분류심사원 내에 억류하여 행하여지고 있다.[9] 따라서 소년에 대한 강제력은 개선과 교육의 목적을 위해 최소한으로 행사되어야 하고, 소년의 인권이 침해되지 않도록 시설내 처우에 만전을 기해야 한다.

---

8) 한국소년법학회, 각주 1)의 책, 200면.
9) 한영선·현지현·이영면, 소년법강의, 솔과학, 2020, 275면.

5. 위탁기간

가. 1호와 2호

임시조치 결정을 하는 경우, 보호자나 소년을 보호할 수 있는 적당한 자(또는 시설)에게 맡기는 경우(1호) 또는 병원이나 요양소에 위탁하는 경우(2호)에는 3개월 내 기간으로 위탁하여야 한다(제18조 제3항 본문). 소년부 판사는 1호 또는 2호 임시조치를 내리는 경우에는, 보호자 또는 위탁받은 자에게 소년의 감호에 관한 필요 사항을 지시할 수 있다(제18조 제4항).

나. 3호

소년분류심사원에 위탁하는 경우(3호)에는 1개월 내 기간으로 위탁하여야 한다(제18조 제3항 본문). 소년에 대한 강제력 행사를 최소한으로 하기 위하여 보호자 등에게 위탁한 경우와는 차등을 둔 것으로 볼 수 있다.

다. 위탁기간 연장결정

위탁조치는 수탁기관에 따라 엄격히 기간의 제한이 있으나, 다만 특별히 계속 조치할 필요가 있을 때에는 한 번에 한하여 결정으로써 연장할 수 있다(제18조 제3항 단서). 소년부 판사가 위탁기간 연장결정을 할 때에는 결정서를 작성하고 서명날인하여야 하고(소년심판규칙 제2조 제1항 본문), 이때 결정서 작성은 임시조치 결정시 요령과 동일하다(소년심판규칙 제2조 제2항).

6. 통　　지

소년부 판사가 임시조치 결정을 하는 경우에 그 결정은 소년 및 보호자 또는 보조인 중 적당하다고 인정되는 사람과 위탁받은 자에게 각 통지하여야 한다(소년심판규칙 제20조). 위탁기간을 연장하는 결정을 하는 경우에도, 그 결정은 소년 및 위탁받은 자에게 각 통지하여야 한다(소년심판규칙 제20조).

임시조치의 결정에 따라 위탁된 소년에 대해서는 소년부 판사가 결정하는 내용에 대하여 통지해 주어야 한다. 즉 기일변경(제22조), 이송(제6조, 제51조), 검찰청으로 송치(제7조, 제49조 제2항), 심리불개시(제19조), 불처분(제29조), 보호처분(제32조 제1항)에 따른 결정을 한 경우에는 위탁받은 자에게 그 결정을 통지하여야 한다(소년심판규칙 제4조 제1항).

7. 집　　행

소년부 판사가 임시조치 결정을 하였을 때에는 소년부 법원서기관·법원사무관·법원주사·법원주사보, 소년분류심사원 소속 공무원, 교도소 또는 구치소 소속 공무원, 보호관찰관 또는 사법경찰관리에게 그 결정을 집행하게 하며(제18조 제5항), 이때 그 집행지휘는 결정서의 등본을 그 집행담당자에게 교부함으로써 한다(소년심판규칙 제21조). 소년부 판사의 집행지휘에 따라 법원사무관 등이 소년의 신병을 수탁자 또는 수탁기관에 인계함으로써 집행하게 된다. 신병을 넘겨줄 때 실무에서는 신병인수서를 받는다.

8. 취소, 변경

임시조치는 언제든지 소년부 판사의 결정으로써 취소하거나 변경할 수 있다(제18조 제6항). 이는 소년부 판사의 직권으로 이루어지며, 보호자나 보조인의 신청은 직권발동을 촉구하는 의미를 갖는데 불과하다. 따라서 보호자나 보조인의 신청이 받아들여지지 않은 경우에, 소년부 판사가 불허가결정문을 작성할 필요가 없고,[10] 따로 불복절차가 마련되어 있지도 않다.

일반적으로는 소년의 신병을 더 이상 확보할 필요성이 없게 된 경우, 소년분류심사원에 위탁한 것을 취소하고 보호자에 대한 위탁으로 변경하는 경우가 많다.

소년부 판사가 임시조치에 대한 취소, 변경 결정을 할 때에는 결정서를 작성하고 서명날인하여야 하고(소년심판규칙 제2조 제1항 본문), 이때 결정서 작성은 임시조치 결정시 요령과 동일하다(소년심판규칙 제2조 제2항).

임시조치를 결정할 때와 마찬가지로, 전문가의 진단을 위하여 필요한 경우에도 임시조치를 변경할 수 있다(소년심판규칙 제13조).

임시조치의 취소 또는 변경 결정이 이루어진 경우에는 소년 및 보호자 또는 보조인 중 적당하다고 인정되는 사람에게 통지하여야 한다(소년심판규칙 제20조).

---

10) 법원행정처, 각주 2)의 책, 146면.

9. 관련문제

가. 심문절차

형사소송절차에서는 피의자를 구속하기에 앞서 영장을 발부하는 판사가 피의자를 심문하도록 규정하고 있다(형사소송법 제201조의2). 반면 소년법의 경우, 임시조치를 행함에 있어서 소년에 대한 소년부 판사의 심문 절차가 규정되어 있지 않다. 실무에서는 적정절차원칙에 따라 소년을 심문하고 신병에 대한 결정을 하는 것이 일반적이기는 하나[11], 심문절차 없이 소년분류심사원에 위탁하는 경우도 있어, 소년에 대한 절차 보호에 공백을 줄이기 위해서 임시조치 전 심문에 대한 규정이 필요할 것으로 본다. 구속기소되어 소년부에 송치된 소년의 경우에도 구속의 요건과 임시조치의 요건은 상이하므로, 소년을 심문한 후, 임시조치를 결정하는 것이 바람직하다고 본다.

나. 피해자 보호 등

현행 소년법은 피해자 보호와 관련한 규정을 마련하는데 매우 미흡하였다. 이에 소년혁신위원회에서는 소년사법이 피해자 회복을 지향점으로 하고 있음을 천명하고 소년 피해자 보호를 위한 대안을 마련할 것을 권고 내용으로 담았다. 한편 법무·검찰개혁위원회는 제17차 권고에서 소년법 제18조의 임시조치에 피해자 접근금지 및 보호관찰을 신설하고 임시조치를 수사단계에서도 적용하도록 소년법 개정을 권고하였다. 이에 따라 권고된 새로운 임시조치에는 ① 피해자의 주거, 학교 등에의 접근금지, ② 피해자에 대한 전기통신을 이용한 접근금지, ③ 보호관찰(외출제한, 상담 및 교육, 피해회복을 위한 노력 등 병과)이 포함되었다.[12] 임시조치와 관련해서도 소년뿐만 아니라 피해자를 또 다른 기준점으로 삼아야 하고, 나아가 피해자 보호를 위한 제도적 보완이 요망된다.

다. 처분 결정 전 임시조치 제도 개선 권고

소년혁신위원회 2020.11.20. 제4차 권고에서는 '처분 결정 전 임시조치 제도 개선 권고'를 내용으로 담았다.[13] 여기에는 임시조치 처분기준의 명확화, 소년전

---

11) 법원행정처, 각주 2)의 책, 141~142면.
12) 법무부, 『소년범죄 처리절차 개선 및 소년피해자 지원 강화』 권고 — 법무·검찰 개혁위원회 제17차 권고 발표 —, 2020.4.27. 보도자료 참조.
13) 법무부, 각주 7)의 보도자료 참조.

담 미결구금시설 도입, 임시조치 처분에 대한 이의제기 절차 마련, 소년범죄로
인한 피해자 보호조치 도입 권고가 포함되었다. 권고 내용 중 임시조치 처분기
준과 관련해서는 이미 앞에서 살펴본 바와 같다. 한편 보호처분에 대해서는 항
고권이 인정되고 있는데 반해, 임시조치 처분에 대해서는 이를 다툴 수 있는
이의제기 절차가 마련되어 있지 않아, 종래 문제점으로 지적되어 왔는바, 이에
임시조치 처분에 대해서도 이의제기 절차를 마련할 것을 권고내용에 담은 것이
다.

라. 소년분류심사원 시설 및 전문인력 확충

현재 전국에 소년분류심사원이 설치된 곳은 서울 1곳뿐이다. 그밖의 지역
은, 전국에 설치되어 있는 6개 소년원 시설에서 소년을 위탁받는 임시조치 업무
를 대행하고 있다. 그러나 소년원 시설에서는, 소년을 보호하고, 조사를 대행할
수 있는 위탁기관으로서의 전문적 역할을 기대하기 어렵고[14], 과밀수용문제로
인하여 보호소년들에 대한 실효적인 위탁업무수행에 어려움이 있다. 아울러 임
시조치 위탁업무를 수행하기 위한 전문인력 충원 문제도 여전히 남아있는 숙제
라고 할 것이다.[15]

---

14) 이승현·박성훈, 소년분류심사원의 역할강화방안, 한국형사정책연구원, 2015, 20면.
15) 이승현·박성훈, 각주 14)의 논문, 23면.

제19조(심리 불개시의 결정)
① 소년부 판사는 송치서와 조사관의 조사보고에 따라 사건의 심리를 개시(開始)할 수 없거나 개시할 필요가 없다고 인정하면 심리를 개시하지 아니한다는 결정을 하여야 한다. 이 결정은 사건 본인과 보호자에게 알려야 한다.
② 사안이 가볍다는 이유로 심리를 개시하지 아니한다는 결정을 할 때에는 소년에게 훈계하거나 보호자에게 소년을 엄격히 관리하거나 교육하도록 고지할 수 있다.
③ 제1항의 결정이 있을 때에는 제18조의 임시조치는 취소된 것으로 본다.
④ 소년부 판사는 소재가 분명하지 아니하다는 이유로 심리를 개시하지 아니한다는 결정을 받은 소년의 소재가 밝혀진 경우에는 그 결정을 취소하여야 한다.

〈세 목 차〉

Ⅰ. 취　　　지

소년부 판사는 조사와 심리단계에서 여러 가지 결정을 내릴 수 있다. 이러한 결정은 종국 전의 재판의 원칙적 형식이며, 절차에 관한 재판은 원칙적으로 결정에 의한다.[1] 심리절차를 종결시키는지 여부에 따라 중간결정, 종국결정으로 나뉜다. 심리불개시결정은 소년부 판사가 소년심판 조건이 결여되었거나 심리의 진행이 불가능한 경우 이루어지는 결정으로 심리개시 이전에 조사단계에서 사건을 종결시키는 종국결정에 해당한다. 심리불개시결정은 처분이 내려지지 않는다는 점에서 불처분결정과 동일하다. 다만, 심리불개시결정은 심리개시전, 불처분결정은 심리개시 후 이루어지는 것으로 결정이 이루어지는 시점의 차이가 있다.

심리불개시결정을 통해 사법절차가 진행되기 이전에 전환처우함으로써 소년 개인의 낙인효과를 줄일 수 있도록 하고, 소년부판사나 조사관 등에 대해서

---

1) 이은모·김정환, 형사소송법[제7판], 박영사, 2019, 729면.

는 경미한 사건을 미리 제외함으로써 보다 긴급한 보호나 면밀한 보호가 필요한 사건에 집중할 수 있도록 한다.[2]

소년사법은 검사선의제를 취함에 따라 통고되어 소년법원으로 바로 송치되는 사건을 제외한 대부분의 소년사건에 대하여 1차적으로 검사가 판단을 한다. 따라서 검사는 보호처분가능성이 높은 비행소년만을 소년법원에 송치하고 있기 때문에 실질적으로 소년법원에서의 심리불개시결정의 비율은 높지 않다.[3]

Ⅱ. 해   석

1. 심리불개시 결정의 요건

심리불개시결정은 심리를 개시할 수 없어 형식적요건의 흠결이 있거나 개시할 필요가 없어 실질적 요건이 흠결된 경우 이루어진다. 심리의 조건이 존재하지 않거나, 비행사실이 없는 경우, 조사와 심리가 사실상 불가능한 경우가 형식적 요건이 없는 경우에 해당한다. 심리조건, 비행사실이 존재하고 조사심리도 가능하나 사안이 극히 경미하거나, 별건에 의한 보호처분으로 충분하거나, 보호적 조치로 충분한 경우는 심리개시의 필요성이 없어 실질적 요건 결여로 심리불개시결정을 한다.

가. 형식적 심리불개시 결정

(1) 심리조건의 부존재

소년법원은 소년의 비행사실과 요보호성을 조사, 심리하여 종국결정을 내리는데 이를 위해 필요한 조건들을 심판조건이라고 한다. 심판조건은 소년심판이 발생, 유지, 존속되기 위한 기본조건으로 심판조건의 부존재는 심리개시 이전에는 심리불개시의 사유가 되고 이후에는 불처분결정의 사유가 된다.[4]

심리를 위해서는 i) 소년보호사건에 대한 재판권이 있을 것, ii) 소년보호사건에 대한 관할권이 있을 것, iii) 송치·통고 등의 절차에 중대한 위법이 없을 것, iv) 동일 사건이 다른 소년법원에 계속되어 있지 않을 것, v) 당해 사건에 관하여 기판력이나 일사부재리효가 미치지 않을 것, vi) 10세 이상 19세 미만의 생

---

2) 법원행정처, 법원실무제요 소년, 2014, 296면.
3) 한국소년법학회, 소년법, 세창출판사, 2006, 264면.
4) 한국소년법학회, 각주 3)의 책, 237면.

존한 소년일 것 등의 조건이 필요하다.[5]

　따라서 소년이 사망했거나 10세 미만인 경우에는 심리불개시결정을 해야 한다. 심리개시 후에 10세 미만임이 드러난 경우에는 심리개시결정을 취소하고 심리불개시 결정을 하여야 한다(소년심판규칙 제42조 제1항). 또한 보호처분이 내려진 이후에 10세 미만임이 드러난 경우에는 범죄소년과 촉법소년은 행위당시를 기준으로, 우범소년은 처분당시를 기준으로 하여 보호처분을 취소하고 심리불개시 결정을 해야 한다(소년심판규칙 제42조 제2항).

　다른 법원으로 이송하거나, 검사송치를 해야 하는 경우는 심리불개시결정의 대상이 아니다. 보호의 적정을 기하기 위함이거나(제6조 제1항), 송치받은 법원에 관할권이 없는 경우 다른 소년법원으로 이송하고(제6조 제2항), 소년이 19세 이상이고 해당 사건이 범죄사건인 경우에는 검사송치(제7조 제2항)가 이루어지므로 심리불개시결정의 대상이 아니다.

(2) 비행사실의 부존재

　송치서나 조사관의 조사에 따른 사실이 비행에 해당하지 않거나 비행사실이 증명되지 않는 경우에는 심리불개시결정을 한다.

(3) 조사 심리의 사실상 불가능

　대상 소년이 심신상실이거나 소재 불명 등의 이유로 조사나 심리가 불가능한 경우이다. 심리절차 진행을 위해서는 대상 소년이 자신에 대해 이루어진 절차의 의미를 이해할 수 있는 심리능력을 갖추고 있어야 한다.[6] 그러나 심신상실 등의 이유로 대상 소년에게 심리능력이 없는 경우에는 심리불개시결정을 한다.

　형사소송법에서는 피고인이 사물의 변별 또는 의사 결정을 할 수 있는 능력이 없는 상태에 있는 때이거나 질병으로 인하여 출정할 수 없는 때에 법원이 결정으로 공판절차를 정지해야 한다는 규정을 두고 있다(형사소송법 제306조 제1항, 제2항). 이와 달리 소년심판에서는 심리를 진행할 수 없는 경우 심리절차를 정지시켜야 한다는 제도가 명문화되어 있지는 않고 사건처리의 편의를 도모하기 위하여 심리불개시 결정을 한다.[7]

---

5) 법원행정처, 각주 2)의 책, 297면.
6) 법원행정처, 각주 2)의 책, 299면.
7) 최병각, 소년보호사건의 범위와 처리에 관한 연구, 서울대학교 법학박사학위논문, 1998, 199면 재인용.

또한 소년이 장기간 소재불명이거나, 장기간 해외거주 중이거나, 장기간 질병으로 치료를 받고 있는 경우에는 소년의 출석이 사실상 불가능하므로 심리절차 진행에 어려움이 있다. 단 소재불명을 이유로 심리불개시결정을 받은 소년의 소재가 밝혀진 경우에는 그 결정을 취소하여야 한다(제19조 제4항).

나. 실질적 심리불개시결정

실질적 심리불개시결정은 심리를 개시할 필요가 없는 경우로 형식적인 조건의 흠결은 없지만 비행사실과 요보호성에 근거한 실체적 판단에 따라 사건을 종결시키는 것을 말한다. 즉, 심리조건, 비행사실이 존재하고 조사심리도 가능하지만 소년에게 보호처분을 해야 할 정도의 요보호성을 인정할 수 없어 심리를 개시할 필요성이 없는 경우이다.

(1) 별건에 의한 보호처분 등으로 충분한 경우

다른 사건으로 이미 보호처분이나 형사처분이 진행된 경우이다. 소년원 수용중이거나 보호관찰을 받고 있는 등의 경우는 실무상 별건보호중인 사건으로 심리불개시의 대상이 된다.[8]

(2) 사안이 극히 경미한 경우

비행사실이 경미하여 국가가 개입하여 보호할 필요성이 없는 경우이다. i) 소년의 비행성 교정에 있어 가정이나 학교, 경찰의 조치로도 충분하고, ii) 사법절차 진행이 오히려 교정에 방해가 될 수 있으며, iii) 사법절차진행에 필요한 자원을 보호필요성이 높은 소년에게 집중하는 것이 효율적이므로 사안이 경미한 경우에는 심리불개시 결정을 내린다. 다만 소년의 비행에는 겉으로 드러나는 비행사실 이외에도 다양한 환경적인 문제가 있을 수 있기 때문에 사안의 경미성에 대한 판단은 다각도의 면밀한 조사를 바탕으로 해야 할 것이다. 검사선의주의를 채택하고 있는 현 제도 하에서 범죄소년에 대한 경미한 사건은 검찰단계에서 대부분 불기소처리 되고 있다. 따라서 소년법원에서 사안의 경미성을 이유로 심리가 불개시되는 경우는 예외적인 경우에 해당한다.[9]

(3) 보호적 조치로 충분한 경우

소년법원의 조사나 심리단계에서 소년의 건전육성을 위해 이루어지는 다양

---

8) 법원행정처, 각주 2)의 책, 300면.
9) 한국소년법학회, 각주 3)의 책, 266면.

한 원조활동들을 보호적 조치라고 한다. 보호적 조치는 소년에 대한 낙인효과를 예방하고, 사회규범을 배우도록 하고 소년과 보호자에게 문제를 자각할 수 있도록 하여 효과적으로 선도하는 것을 목적으로 한다. 이러한 보호조치에는 소년에 대한 훈계나 보호자에게 엄격한 관리, 교육에 대한 고지(제19조 제2항), 청소년참여법정, 화해권고제도가 있다. 청소년참여법정프로그램을 진행하는 경우 대상소년이 청소년참여인들이 선정한 과제이행을 성실히 이행하면 보호필요성이 없다고 보아 심리불개시결정을 하고, 화해권고가 필요한 사건에서 화해가 이행된 경우 소년의 반성의 정도, 사안의 경중, 보호자의 보호능력 등을 고려하여 심리불개시결정을 한다.[10]

그러나 보호적 조치가 이루어졌으나 제대로 이행이 되지 않은 경우 제재할 수 있는 방법에 대한 규정은 없다. 따라서 소년이 훈계에 따르지 않거나 보호자가 엄격한 관리와 교육을 하지 않을 때 심리불개시결정을 취소할 수 있도록 소년법에 명문으로 규정할 필요가 있다.[11]

2. 심리불개시결정의 효력

심리불개시결정은 종국결정으로서 소년부판사가 심리불개시 결정을 하면 해당 사건은 종결된다. 다만 비행사실이 경미한 경우에는 훈계를 하거나 보호자에게 소년에 대한 교육, 관리를 하도록 고지하는 보호적 조치를 할 수 있다(제19조 제2항). 심리불개시 결정이 있는 경우에 임시조치는 취소된다.

소년법 제53조에서는 보호처분결정에 대하여 심리가 결정된 사건에 대한 일사부재리효를 명문으로 규정하고 있다. 제53조에서는 '심리가 결정된 사건'에 적용되기 때문에 비행사실의 부존재와 비행사실이 극히 경미하거나 보호적조치로 충분하여 이루어진 심리불개시결정에 대하여도 일사부재리효를 인정할 것인가가 문제된다.

일사부재리효에 대하여 긍정하는 견해는 비행사실이 없거나 실질적 심리불개시 요건에 해당하는 경우의 심리불개시결정은 사건의 내용에 관한 판단이기에 일사부재리효를 인정해야 하며, 동일사건에 대하여 다시 재판이나 소년심판을 받게 될 위험을 배제하고 소년의 사법제도에 대한 신뢰감과 소년보호를 위해 기

---

10) 법원행정처, 각주 2)의 책, 301면.
11) 최병각, 각주 7)의 논문, 201면.

판력을 인정해야 한다고 한다.[12] 또한 소재불명을 이유로 심리불개시결정을 하
였으나 소재가 밝혀진 경우 결정을 취소할 수 있다는 제19조 제4항은 심리불개
시결정에 대하여 일사부재리효과를 인정하나 형식적 요건 결여인 경우 예외적으
로 부정하고 있는 것이라고 해석한다.

　　이에 반하여 부정하는 견해는 심리불개시결정은 심리를 거치지 않았으므로
형사재판과 같은 기판력 발생하지 않고[13], 비행사실부존재로 인한 심리불개시결
정이 형사재판에서와 같은 무죄판결이라고 볼 수는 없으며[14], 소년심판은 대심
적 구조가 아니고 실체에 대한 확정의 정도가 형사소송만 못하기 때문에[15] 일사
부재리효를 인정할 수 없다고 한다. 또한 제19조 제4항은 부분적이지만 일사부
재리효를 명문으로 부정하는 것이고, 심리불개시는 단지 심리를 개시하지 않겠
다는 결정일 뿐이고 제53조는 심리를 거쳐 결정된 사건에 한하여 사실의 동일성
범위내에서 일사부재리효력이 미치는 것이며[16], 심리불개시에 대한 일사부재리
효력을 인정한다는 명문의 규정이 없다고 한다.[17]

　　요컨대, 심리불개시결정에 대한 일사부재리 인정여부는 i) 비행사실 부존재,
보호적 조치로 충분한지 경미한지에 대한 법원의 판단을 실체적 판단으로 볼 수
있는가, ii) 심리를 거쳐 결정된 사건에 대한 일사부재리효를 명문으로 규정한
제53조의 해석, iii) 제19조 제4항에 대한 해석을 어떻게 할 것인가에 따라 달라
진다고 하겠다.

---

12) 한국소년법학회, 각주 3)의 책, 268면.
13) 최병각, 각주 7)의 논문, 219면.
14) 최병각, 각주 7)의 논문, 219면.
15) 법원행정처, 각주 2)의 책, 304면.
16) 최종식, "소년법상 보호처분의 본질에 관한 고찰", 소년보호연구 제3호, 한국소년보호학회,
    2001, 238~239면.
17) 법원행정처, 각주 2)의 책, 304면.

제20조(심리 개시의 결정)

　① 소년부 판사는 송치서와 조사관의 조사보고에 따라 사건을 심리할 필요
가 있다고 인정하면 심리 개시 결정을 하여야 한다.
　② 제1항의 결정은 사건 본인과 보호자에게 알려야 한다. 이 경우 심리 개시
사유의 요지와 보조인을 선임할 수 있다는 취지를 아울러 알려야 한다.

〈세 목 차〉

Ⅰ. 취　　지

　　소년부 판사는 소년심판을 위한 심판조건에 문제가 없음을 전제로 송치서,
통고서, 조사관의 조사보고서에 따라 심리할 필요가 있는 경우에 심리개시 결정
을 한다. 송치서, 통고서, 조사보고서를 기초하여 심리개시를 결정해야 하지만
실무적으로는 신건 검토 결과 사건을 심리할 필요가 없음이 명백하지 않으면 일
단 심리개시결정을 하여 심리가 지연되는 것을 막고 공소시효의 진행을 정지시
킨다.[1] 심리개시결정 이후에 조사관에 조사보고서에 따라 사건을 심리할 필요가
없다고 판단되는 경우에는 심리가 개시되기 전까지 심리개시결정을 취소할 수
있다(소년심판규칙 제22조).

Ⅱ. 해　　석

1. 심리개시결정의 요건

　　심리개시를 위해서는 앞서 살펴본 심리불개시 요건에 해당하지 않고 사건
을 심리할 필요가 있어야 한다. 즉, 심리능력, 심리조건, 비행사실의 존재, 보호
필요성이 인정될 개연성이 있어야 한다.[2] 심리능력, 심리조건과 같은 형식적인

---

1) 법원행정처, 법원실무제요 소년, 2014, 201~202면.
2) 법원행정처, 각주 1)의 책, 202면.

요건과는 다르게 비행사실의 존재, 보호필요성 판단에 있어서는 몇 가지 문제가 발생한다.

첫째, 보호필요성의 판단시점을 어떻게 볼 것인가이다. 심리가 이루어져도 별건으로 보호처분을 받았거나 사건이 경미하고 소년이 반성하여 재범위험성이 없는 경우에는 보호필요성이 없어 불처분결정을 한다. 그러나 이러한 불처분 결정이 예상되는 사안일지라도 심리개시결정시를 기준으로 보호필요성이 인정될 개연성이 있다면 심리개시를 할 수 있다.[3]

둘째, 비행사실의 존부를 확인할 목적으로 심리개시를 할 수 있는가이다. 소년이 자신이 비행사실을 부인하여 보호필요성 판단이 어려워 문제가 되는 경우인데 심리절차는 비행사실을 기초로 요보호성을 판단하는 절차로 비행사실확인을 목적으로 심리개시결정을 할 수는 없다고 본다.[4]

2. 심리개시결정의 방식

소년부 판사가 심리개시를 결정하면 결정의 내용을 본인과 보호자에게 알려야 한다. 심리개시결정에 대한 내용은 심리개시결정등본을 첨부한 통지서를 대상자에게 송부하여 전달한다. 또한 심리개시 사유의 요지와 보조인을 선임할 수 있다는 취지를 아울러 알려야 한다(제20조 제2항).

3. 심리개시결정의 효과

가. 공소시효의 정지

소년부 판사의 심리 결과 소년의 연령이나 형사처분의 필요성을 이유로 검사에게 송치해야 하는 경우, 검사는 공소제기가 필요하게 된다. 따라서 이 사건이 소년부에 계속되어 있는 기간 동안 공소시효의 진행을 정지할 필요가 있다. 소년법 제54조에서는 심리개시결정이 있었던 때부터 사건에 대한 보호처분 결정이 확정될 때까지 공소시효가 정지된다고 규정하고 있다.

나. 그 밖의 효과

소년부판사는 심리개시결정으로 심리기일을 정하고, 본인과 보호자를 소환하여야 한다. 보조인이 선임된 경우에는 보조인에게 심리기일을 알려야 한다(제

---

3) 법원행정처, 각주 1)의 책, 202면.
4) 같은 견해로 한국소년법학회, 소년법, 세창출판사, 2006, 239면.

21조). 또한 심리개시결정으로 보조인은 판사의 허가 없이 사건의 기록과 증거물을 열람할 수 있다(제30조의2).

4. 심리개시결정의 취소

소년부 판사의 보호처분결정이나 부가처분 결정에 대해서는 항고가 가능하지만 심리개시결정에 대해서는 항고할 수 없다. 그러나 개시결정 후 실제 심리가 개시되기 전까지는 심리개시결정을 취소할 수 있다(소년심판규칙 제22조). 이러한 심리개시취소결정도 소년과 보호자에게 통지하여야 한다(소년심판규칙 제3조 제2항). 심리개시취소결정은 종국결정이 아니므로 심리불개시결정과 불처분결정과는 달리 사건에 대한 조사와 임시조치가 가능하며, 이러한 심리개시취소결정은 소급되지 않는다.[5]

---

5) 한국소년법학회, 각주 4)의 책, 240~241면.

제21조(심리 기일의 지정)
  ① 소년부 판사는 심리 기일을 지정하고 본인과 보호자를 소환하여야 한다. 다만, 필요가 없다고 인정한 경우에는 보호자는 소환하지 아니할 수 있다.
  ② 보조인이 선정된 경우에는 보조인에게 심리 기일을 알려야 한다.

〈세 목 차〉

Ⅰ. 취   지

심리개시결정이 되면 심리를 위한 여러 준비과정이 시작된다. 심리를 위한 진행을 질서 있게 하고 원활하게 하기 위한 법원의 합목적적인 활동을 형사재판에서는 소송지휘라고 하는데[1], 법에서는 이러한 소송지휘를 재판장에게 맡기고 있다(형사소송법 제279조). 소송지휘권은 법률에 의해 부여되는 권한이 아니라 법원의 고유한 권한이기 때문에 법률이나 규칙에서 정한 처분에 한하지 않고, 법원은 사건의 내용이나 심리의 진행상황에 따라 필요한 조치를 취할 수 있다.[2] 심리기일의 지정과 변경은 재판장의 소송지휘권의 중요한 내용 중 하나이다.

Ⅱ. 해   석

1. 심리기일의 지정

소년부 판사가 심리개시결정을 하면 심리기일과 심리 장소를 지정하고 소환 대상에게 출석을 통지하는 등 심판정을 구성하여 심리를 준비한다.[3]

심리기일이 지정되면 심리기일 이전에 소년 또는 보호자는 심리에 대한 준비를 해야 하기 때문에 기일 전에 송달보고서가 돌아올 수 있을 정도의 충분한 시간을 주어야 한다. 형사재판에서의 공판기일은 소환장 송달 후 5일 이상의 유

---

1) 이은모·김정환, 형사소송법[제7판], 박영사, 2019, 478~479면.
2) 이은모·김정환, 각주 1)의 책, 479면.
3) 한영선·현지현·이영면, 소년법강의, 솔과학, 2020, 219면.

예기간을 두도록 하고 있다(형사소송법 제269조 제1항). 소년분류심사원에 위탁된 소년의 경우 위탁기간은 1개월을 초과하지 못하고 특별히 계속 조치할 필요가 있는 경우 한번만 연장할 수 있으므로 심리기일은 신속하게 지정되어야 한다.[4]

2. 소년재판의 참여대상과 통지

심리기일이 지정된 후 소년부 판사는 심리에 참여할 대상을 소환하여야 한다. 소환의 대상은 필요적 소환대상과 임의적 소환대상으로 구분할 수 있다. 필요적 소환대상에는 소년, 임의적 소환대상에는 보호자, 참고인, 조사관 혹은 소년분류심사원, 보호관찰소 공무원 등이 있다.

우선 소년보호사건의 직접심리의 원칙, 교육주의 요청에 따라 사건본인은 반드시 출석시켜야 한다.[5] 또한 심리기일에는 보호자를 소환하여야 한다(제21조 제1항). 보호자 소환의 목적은 보호자의 지위 성격을 반영하여 소년의 권리보호 외에 보호필요성에 관한 정보제공, 보호처분에 대한 협력의사를 확인하기 위함이므로[6] 소년부판사가 소환필요성을 인정하지 않은 경우 소환하지 않을 수 있다. 이외에 소년부 판사가 필요하다고 인정하는 경우 참고인(제13조 제1항), 의견진술을 필요로 하는 조사관, 소년분류심사원이나 보호관찰소 공무원 등을 소환할 수 있다(소년심판규칙 제23조). 보조인은 필요적 소환대상은 아니지만 보조인이 선정된 경우에는 보조인에게 심리 기일을 알려야 한다(제21조 제2항). 심리기일이 변경된 경우에도 본인, 보호자 또는 보조인에게 통지하여야 한다(제22조). 보조인에 대한 심리기일 통지는 소년의 권리보호관점에서 필요한 것으로 이를 흠결하면 위법으로 항고의 사유가 된다.[7]

---

4) 법원행정처, 법원실무제요 소년, 2014, 210면.
5) 법원행정처, 각주 4)의 책, 222면.
6) 법원행정처, 각주 4)의 책, 223면.
7) 법원행정처, 각주 4)의 책, 223면.

제22조(기일 변경)

　소년부 판사는 직권에 의하거나 사건 본인, 보호자 또는 보조인의 청구에 의
하여 심리 기일을 변경할 수 있다. 기일을 변경한 경우에는 이를 사건 본인,
보호자 또는 보조인에게 알려야 한다.

〈세 목 차〉

I. 취   지

　　소년부판사가 지정한 심리기일에 대하여 판사의 직권이나 본인 등의 청구
에 의하여 심리기일을 변경할 수 있다. 즉, 소년법원이나 당사자의 사정에 따라
변경될 수 있도록 규정하고 있는 것이다. 형사재판에서는 공판기일 변경신청에
공판기일의 변경을 필요로 하는 사유와 그 사유가 계속되리라고 예상되는 기간
을 명시하여야 하고 진단서, 기타의 자료로 이를 소명하도록 하고 있다(형사소송
규칙 제125조).

II. 해   석

　　소년부 판사는 기일을 지정한 후에도 본인, 보호자 또는 보조인의 청구가
있으면 심리 기일을 변경할 수 있고, 기일을 변경한 경우에는 본인, 보호자 또는
보조인에게 알려야 한다(제22조). 대상자에게 기일을 통지하는 것은 출석권과 진
술권과 관련되는 문제로 심리기일에 심리시간이 지연된 것에 대하여 심리기일
변경으로 볼 것인가가 문제될 수 있다. 판례는 동일한 심리기일에 심리개시 시
간을 지연한 것은 기일을 변경한 것이 아니므로 미리 통지하지 않았어도 대상자
의 출석권과 의견진술권을 박탈한 것은 아니라고 하였다.[1]

---

1) 대법원 1976.4.28.자 75모81 결정.

제23조(심리의 개시)
　① 심리 기일에는 소년부 판사와 서기가 참석하여야 한다.
　② 조사관, 보호자 및 보조인은 심리 기일에 출석할 수 있다.

〈세 목 차〉

Ⅰ. 취　　　　지　　　　　　　　　　　Ⅱ. 해　　　석

Ⅰ. 취　　　지

　　소년부판사가 심리기일을 지정하면 지정된 기일에 소년부판사는 소환과 출석 요구의 방법으로 심판에 여러 주체가 참여하도록 한다. 법원 측에서는 소년부 판사, 서기, 조사관, 소년 측에서는 소년과 소년의 권리를 보호해줄 대상자인 보호자 및 보조인, 그리고 의견진술이 필요한 경우 관계자 등이 심판에 참여한다. 이러한 심판의 여러 참여자는 꼭 참여해야 할 대상과 필요한 경우 참여하도록 하는 대상으로 나눌 수 있다.

Ⅱ. 해　　　석

　　소환대상을 필요적 대상과 임의적 대상으로 나눈 것과 유사하게 심판의 참여자도 필수참여자와 임의참여자로 나눌 수 있다. 필수참여자가 참여하지 않은 경우에는 심리를 진행할 수 없기 때문에 이에 대한 구분은 심리진행에 있어 중요한 의미를 가진다.[1] 소년부 판사, 서기, 소년은 필수참여자이고, 조사관, 보호자 및 보조인 등은 임의참여자로 볼 수 있다. 형사재판에서 변호인이나 소년심판에서 보조인은 소송의 주체가 아니므로 원칙적으로는 그의 출석이 심리진행에 필수적인 것은 아니다.[2] 그러나 소년심판의 경우 대상 소년이 분류심사원에 임시조치되어 있거나 국선보조인이 지정되어 있는 사건에서의 보조인은 필수참여자로 규정하고 있다(소년심판규칙 제24조).

---

1) 한영선·현지현·이영면, 소년법강의, 솔과학, 2020, 219면.
2) 이은모·김정환, 형사소송법[제7판], 박영사, 2019, 476면.

소년사건에 있어 원활한 심리진행을 위해, 그리고 심리가 끝난 후의 소년의 건전육성을 위한 교육적인 역할을 위해 조사관, 보호자, 보조인은 중요한 역할을 한다. 먼저 조사관은 심리개시 이전에 조사과정을 거치면서 소년과 미리 신뢰관계가 형성되어 있기 때문에 심리과정에서 소년과 보호자에게 안도감을 줄 수 있고, 그에 따라 직질한 진술을 하게 할 수 있으며, 심리과정에서 소년과 보호자의 태도를 검토하여 적절한 처우의견을 진술할 수 있다.[3] 또한 보호자는 소년의 주 권리보호자이면서, 법원의 교육적 작용의 대상이며, 처분 후의 과정에도 소년에게 중요한 교육의 역할 수행할 수 있는 대상이다.[4] 보조인의 경우도 심판이 진행되는 과정에서 전문적으로 적극적인 소년의 권리보호를 할 수 있다.

소년심판은 형사재판과는 다르게 소년부 판사의 재량이 많이 작용하는 영역이다. 이 과정에서 소년의 권리보호가 충분히 이루어질 수 있도록 이를 위한 조사관, 보호자, 보조인이 최대한 출석할 수 있도록 제도적, 입법적인 뒷받침이 필요할 것으로 본다.

---

3) 법원행정처, 법원실무제요 소년, 2014, 225면.
4) 법원행정처, 각주 3)의 책, 227~228면.

> 제24조(심리의 방식)
> ① 심리는 친절하고 온화하게 하여야 한다.
> ② 심리는 공개하지 아니한다. 다만, 소년부 판사는 적당하다고 인정하는 자에게 참석을 허가할 수 있다.

〈세 목 차〉

Ⅰ. 취　　　지

모든 소년보호절차는 소년의 건전육성을 목적으로 해야 하기 때문에 소년사건에 대한 심리과정도 소년의 개별적인 상황에 따라 유연하게 대처할 수 있도록 소년심판의 심리방식은 형사재판보다 소년부 판사의 재량에 맡겨두고 있는 부분이 많다. 다만 이는 소송절차에서 요구되는 요식성, 엄격성이 형사사건과는 다른 소년사건에서 심리진행의 장애물이 되지 않도록 한 것이므로 판사의 재량은 소년의 건전한 성장을 위해 적정절차에 따른 합리적인 재량이어야 한다.[1]

Ⅱ. 해　　　석

1. 심리의 방식

소년심판에서 심리는 친절하고 온화해야 한다(제24조 제1항). 이는 공정한 심판자로서 심리를 진행해야 하는 형사재판에서의 법관과는 달리 소년재판에서 판사는 대상소년에게 국친사상에 기반한 보호자의 역할을 해야 하기 때문이다.[2] 이는 소년에 대하여 온정적인 태도로 대하여야 한다는 의미가 아니라 소년의 연령이나 성격에 맞게 사용하는 언어, 어조에 주의하고 이해하기 쉽게 절차를 진

---

1) 법원행정처, 법원실무제요, 2014, 224면.
2) 최병각, 소년보호사건의 범위와 처리에 관한 연구, 서울대학교 법학박사학위논문, 1998, 188면.

행하여 소년이나 보호자가 신뢰할 수 있는 분위기 하에 심판이 이루어져야 한다는 의미이다.[3]

2. 소년심판의 비공개원칙

가. 비공개원칙의 의의

소년법은 소년보호사건의 심리는 공개하지 않는다고 규정하여 소년심판을 비공개로 할 것을 원칙으로 하고 있다(제24조 제2항). 소년 보호사건을 다루는 관계자들 또한 조사, 심리, 소환, 집행과정에서 알게 된 소년의 사생활 등이 타인에게 알려지지 않도록 주의를 기울여야 한다(소년심판규칙 제10조). 이러한 소년심판의 비공개원칙은 세계 최초로 소년법원을 창설한 미국에서도 일반적으로 인정되어왔던 원칙으로 법률에 명문화 되기 이전부터 지켜져 왔던 소년사법제도의 이념이었다.[4]

소년심판 비공개원칙의 근거는 소년법의 목적과 절차진행에 있어서의 필요성 때문이다. 소년법 제1조에 따라 소년심판 또한 소년의 건전육성을 목적으로 하여야 한다.[5] 따라서 소년의 인격을 보호하고 원활하게 재사회화가 이루어질 수 있으려면 소년이 비행이 비밀이 되어야 한다.[6] 그리고 소년심판과정에서 소년의 비행사실을 검토하고 요보호성에 따른 처우를 결정하기 위해서 판사는 소년을 둘러싼 다양한 환경적인 문제들을 파악해야 한다. 이를 위해 소년이나 가족의 프라이버시에 깊게 관련되는 사항도 다루어야 하기 때문에 보호할 필요가 있고[7], 재판이 공개적으로 이루어질 경우 개인적인 사실들을 솔직하게 진술하는 데 어려움이 생기기 때문에 소년과 보호자의 충분한 진술에 근거한 심판과 관계자의 협력을 얻기 위하여 절차의 비밀성은 필요불가결하다.[8]

이러한 소년심판의 비공개원칙은 소년범죄가 증가하고 범죄의 양상이 심각해지면서 소년심판의 공개, 보도제한 규정에 대한 재검토가 이루어지고 피해자

---

3) 카와이데 토시히로 저/황순평·김 혁·장응혁 역, 소년법, 박영사, 2016, 144면.
4) 박영규, "소년법 제24조 제2항의 소년심판 비공개원칙의 의의", 소년보호연구 제26호, 한국소년정책학회, 2014, 116면.
5) 소년심판 비공개원칙의 정당성 근거로서 성장발달권과 미국에서의 논의에 대한 내용은 박영규, 각주 4)의 논문, 122~139면.
6) 법원행정처, 각주 1)의 책, 231면.
7) 카와이데 토시히로 저/황순평·김 혁·장응혁 역, 각주 3)의 책, 141면.
8) 법원행정처, 각주 1)의 책, 231면.

학이 발전함에 따라 수정이 이루어지고 있다. 미국의 경우 1980년대부터 비공개
원칙을 완화하는 주가 증가했고, 일본은 피해자 등의 소년심판의 방청을 인정하
도록 소년법을 개정하였다.[9] 우리나라는 2007년 소년법개정을 통해 피해자가 참
가할 수 있는 기회를 부여하면서(제25조의2) 비공개원칙에 대한 예외조항을 신설
하였다.

나. 소년심판 비공개원칙과 헌법상 재판의 공개원칙

소년보호사건의 비공개의 원칙이 헌법상 재판의 공개재판의 원칙에 반하는
것인가가 문제될 수 있다. 헌법 제27조에 따르면 형사피고인은 상당한 이유가
없다면 공개재판을 받을 권리가 있다. 그리고 동법 제109조에서는 재판의 심리
와 판결은 공개하되 심리과정이 국가의 안전보장, 안녕질서를 방해하거나 선량
한 풍속을 해할 염려가 있는 때에 법원 결정으로 공개하지 않을 수 있다는 재판
공개원칙의 예외상황을 규정하고 있다. 이에 대하여 소년심판에서 심리공개는
가정의 결손이나 불화를 사회에 노출시킴으로서 선량한 풍속을 해할 우려가 있
고, 소년심판은 당사자의 대립을 전제하는 재판이 아니어서 소송이 아닌 비송에
가깝기 때문에 소년법상 소년심판 비공개원칙은 헌법에 반하는 규정은 아니라는
지적이 있다.[10]

---

9) 박영규, 각주 4)의 논문, 116~117면.
10) 최병각, 각주 2)의 논문, 188면.

> 제25조(의견의 진술)
> ① 조사관, 보호자 및 보조인은 심리에 관하여 의견을 진술할 수 있다.
> ② 제1항의 경우에 소년부 판사는 필요하다고 인정하면 사건 본인의 퇴장을
> 명할 수 있다.

<세 목 차>

Ⅰ. 취   지

소년사건에 대한 심리가 진행되면 소년부 판사는 조사관, 보호자, 보조인에
대하여 출석을 요구할 수 있다. 조사관은 심리기일 이전 조사과정에서 형성된
소년과의 신뢰관계를 바탕으로 심리 중에 소년과 보호자에게 안정감을 가지고
의견을 진술할 수 있도록 도움을 줄 수 있고 심리과정에서 법원 측에서 소년과
보호자의 태도를 바탕으로 적절한 처우에 대한 진술을 할 수 있다. 또한 보호자
나 보조인은 소년 측에서 소년의 권리보호를 위한 진술을 할 수 있다.

Ⅱ. 해   석

소년부 판사는 심리 진행 시에 비행사실에 대한 내용을 고지하고 이익이 되
는 사실을 진술할 기회를 주어야 한다(소년심판규칙 제25조). 이러한 의견의 진술
에 대한 규정은 보호처분의 전제가 되는 사실에 관한 실체적 진실의 발견과 함
께 소년의 인권보장을 위한 적정절차의 요청에 근거하고 있다.[1] 앞서 살펴본 대
상자에게 심리기일에 대한 통지를 하는 것이 중요한 이유도 이러한 의견진술권
을 박탈하지 않기 위함이다.

소년뿐만 아니라 조사관, 보호자 및 보조인도 심리에 관하여 의견을 진술할
수 있다(제25조 제1항). 소년부 판사는 소년에게 진술할 기회를 주기만 하면 되고

---

1) 한국소년법학회, 소년법, 세창출판사, 2006, 245면.

소년이 반드시 진술해야 하는 것은 아니다.[2] 조사관 등의 의견 진술에 소년의 퇴장이 필요한 경우 사건 본인의 퇴장을 명할 수 있다(제25조 제2항). 소년의 퇴정은 대상 소년의 보호를 목적으로 하거나 의견을 진술하는 보호자, 조사관, 피해자 등이 충분히 진술을 할 수 있도록 해야 하거나 소년이 법정의 존엄과 질서를 해할 우려가 있는 행동을 하는 경우 이루어지고 있다. 예를 들면, i) 소년의 입장에서 보호자가 소년에게 비밀로 해야 할 질병이 있거나 출생의 비밀에 관하여 진술하는 등 진술을 듣지 않는 것이 소년의 보호를 위하여 필요하거나 ii) 판사가 보호자의 훈육방식의 문제점을 언급하는 등의 경우, 증인, 피해자 등이 소년의 면전에서 충분한 진술을 할 수 없다고 인정되는 경우[3] 등이 이에 해당한다.

　　형사재판에서는 공소권자인 검사가 출석하여 의견을 진술할 수 있음과는 다르게 통고로 인하여 소년재판이 진행되는 경우 통고권자는 의견을 진술할 수 있는 절차상의 보장이 없으므로 이에 대해 입법적 보완이 필요하다.

---

2) 최병각, 소년보호사건의 범위와 처리에 관한 연구, 서울대학교 법학박사학위논문, 1998, 190면.
3) 법원행정처, 법원실무제요 소년, 2014, 226면.

제25조의2(피해자 등의 진술권)

　소년부 판사는 피해자 또는 그 법정대리인·변호인·배우자·직계친족·형제자매(이하 이 조에서 "대리인등"이라 한다)가 의견진술을 신청할 때에는 피해자나 그 대리인등에게 심리 기일에 의견을 진술할 기회를 주어야 한다. 다만, 다음 각 호의 어느 하나에 해당하는 경우에는 그러하지 아니하다.

　　1. 신청인이 이미 심리절차에서 충분히 진술하여 다시 진술할 필요가 없다고 인정되는 경우

　　2. 신청인의 진술로 심리절차가 현저하게 지연될 우려가 있는 경우

〈세 목 차〉

Ⅰ. 취　　　지

　소년법 제25조의2는 심리기일에 피해자 등의 신청으로 의견진술할 기회를 주어야 한다고 하여 소년심판에서 피해자 등의 의견진술권을 규정하고 있다. 이 규정은 2007년 소년법 개정시 새로 신설된 규정으로 소년사건은 비공개가 원칙이나 피해자학의 발전에 따라 피해자에 대한 배려의 요청이 반영된 규정이다.

Ⅱ. 해　　　석

1. 피해자 의견진술권의 도입

　제25조의2에 따르면 소년부 판사는 피해자 또는 그 법정대리인·변호인·배우자·직계친족·형제자매가 의견진술을 신청할 때에는 피해자나 그 대리인 등에게 심리 기일에 의견을 진술할 기회를 주어야 한다고 하여 소년심판절차에 있어 피해자 의견진술권을 규정하고 있다. 이는 소년심판절차에 있어서 피해자에 대한 배려를 위해 2007년 소년법 개정시 신설된 조항으로 개정 이전 소년법에는 피해자가 소년심판에서 자신의 의견을 진술할 수 있는 입법적 장치가 없었다.

소년심판은 형사재판과는 다르게 비공개로 이루어지는 것이 원칙이기 때문에 피해자는 소년부 판사의 허가에 따라 증인이나 참고인으로 참석할 수 있을 뿐이었다. 또한 소년에 대한 보도가 금지되어 있고(제68조 제1항), 기록의 열람 및 등사는 소년부 판사의 허가를 받아야 하기 때문에 피해자가 얻을 수 있는 정보는 극히 제한적이다. 범죄로 인한 피해 회복이 되지 않은 상황에서 피해자가 직접 판사의 허락을 받아 정보를 구하기는 쉽지 않기 때문이다. 물론 심리개시 이전에 이루어지는 조사과정에서 피해자에 대한 조사가 이루어질 수도 있지만 조사관의 조사는 보호소년의 환경적 측면에 대한 요보호성 조사에 초점이 맞추어져 있어 형사재판에 비하여 피해자의 피해상황 등이 구체적으로 드러나기 어렵다.[1]

　　소년심판의 비공개원칙은 보호소년의 낙인방지와 프라이버시 보호를 위하여 소년심판에 있어 중요한 의미를 가진다. 그러나 소년사건에는 가해소년만 존재하는 것은 아니다. 가해소년과 피해소년의 권익은 서로 상충하는 측면이 있지만 가해소년과 피해소년을 떼어놓고 생각할 수는 없다. 또한 피해소년에 대한 보호, 지원은 가해소년의 처우와도 통한다고 볼 수 있다.[2] 피해자 진술권은 소년심판에 피해자가 참가할 수 있는 기회를 부여하는 것으로 소년심판의 비공개원칙에 대한 소극적 의미에서 예외규정을 신설한 것이다.[3] 따라서 2007년 개정 소년법에 도입된 피해자 의견진술권은 제25조의3 화해권고조항과 함께 소년사법에 있어 피해자를 배려한 균형적인 시각과 헌법상의 재판진술권(헌법 제27조 제5항)[4]이라는 기본권을 구체화한 의미 있는 규정이라 볼 수 있다.

2. 피해자 의견진술규정의 한계와 개선방안

　　제25조의2에서는 피해자 등의 의견진술권을 규정하고 의견진술신청의 주체로 피해자 외에 법정대리인, 변호인, 배우자, 직계친족, 형제자매 등을 정해두고 있다. 즉 피해자 등의 의견진술권에 대하여만 규정하고 있을 뿐 구체적인 의견

---

1) 김 혁, "피해자 중심적 소년사법·보호정책으로의 전환에 관한 시론", 피해자학연구 제28권 제3호, 한국피해자학회, 2020, 123면.
2) 최영승, "소년사법절차에서의 소년피해자보호", 소년보호연구 제29권 제4호, 한국소년정책학회, 2016, 140면.
3) 박상열, "소년법 제24조 제2항의 소년심판 비공개원칙의 의의", 소년보호연구 제26호, 한국소년정책학회, 2014, 117면.
4) 헌법 제27조 제5항 형사피해자는 법률이 정하는 바에 의하여 당해 사건의 재판절차에서 진술할 수 있다.

진술 방식에 대해서는 판사의 재량에 맡겨두고 있다. 피해소년이 심리기일에 심판정에서 의견을 진술하는 것은 심리적으로 상당한 부담을 수반하며, 소년부 판사 또한 보호소년과 긴장관계에 있는 피해소년의 의견진술을 듣는 것이 부담감으로 작용할 수 있다.[5] 따라서 심판절차에서 피해소년이 의견진술을 위한 심리적인 부담감을 덜 수 있도록 신뢰할 수 있는 보호자 등의 동석, 보호소년의 퇴정 등을 소년심판규칙에 구체화할 필요가 있다.[6]

소년심판절차에서 피해자가 의견을 진술함에 있어 가장 중요한 것은 피해자가 자신의 권리를 잘 알고 있는 것이다. 이를 위하여 조사관 등을 통하여 피해자에게 의견진술 여부를 확인하여 관련 내용을 설명하도록 하고, 소년 심판에서 피해자의 권리를 고지하는 절차를 명문화할 필요가 있다.[7][8]

---

5) 김 혁, 각주 1)의 논문, 124면.
6) 김 혁, 각주 1)의 논문, 128면.
7) 김 혁, 각주 1)의 논문, 128면.
8) 소년사법 전 단계에서 피해자를 위한 보호, 지원 절차가 마련되어야 하며 단계별로 피해자에게 가해소년과 관련된 내용 통지, 최종 처분에 피해자의 의견을 반영해야 한다는 견해로 최영승, 각주 2)의 논문, 143면.

제25조의3(화해권고)
　① 소년부 판사는 소년의 품행을 교정하고 피해자를 보호하기 위하여 필요하다고 인정하면 소년에게 피해 변상 등 피해자와의 화해를 권고할 수 있다.
　② 소년부 판사는 제1항의 화해를 위하여 필요하다고 인정하면 기일을 지정하여 소년, 보호자 또는 참고인을 소환할 수 있다.
　③ 소년부 판사는 소년이 제1항의 권고에 따라 피해자와 화해하였을 경우에는 보호처분을 결정할 때 이를 고려할 수 있다.

〈세 목 차〉

Ⅰ. 취　　　지

　　화해권고조항은 2007년 소년법개정시 신설된 조항으로 개정 논의 당시 소년범죄의 높은 재범률, 피해자에 대한 인식부족으로 가해자와 피해자의 갈등 해결 어려움, 피해소년의 방치라는 기존 소년사법체계의 문제점을 해결하기 위해[1] 회복적사법의 이념을 도입한 규정이다. 당시 화해권고 조항 도입의 목적으로 피해자 요구 개입, 가해자 지역사회 재통합으로 재범예방, 가해자의 책임 인수, 피해자를 후원하고 가해자의 사회복귀를 지원하며 적극적인 범죄예방이 가능한 지역사회의 재건 등이 제시되었다.[2] 현행 제25조의3에 따르면 소년부 판사는 소년의 품행을 교정하고 피해자를 보호하기 위하여 필요하다고 인정하면 소년에게 피해 변상 등 피해자와의 화해를 권고할 수 있고, 소년이 피해자와 화해하였을 경우 보호처분을 결정시에 이를 고려할 수 있다. 즉, 소년법상 화해권고제도는 회복적 사법의 이념을 실현하기 위한 제도로 단순한 금전적 배상을 목적으로 하는 제도가 아닌 보호소년과 피해자 사이의 갈등을 해소하고 상처를 치유함으로

---

1) 원혜욱, "소년법 개정안 개요", 소년법 개정법률안 공청회 자료, 법무부, 2007, 6면.
2) 원혜욱, 각주 1)의 자료, 7면.

써 피해자의 보호, 보호소년의 품행교정 및 건전한 사회복귀를 도모하기 위한
제도라고 할 수 있다.[3]

Ⅱ. 해   석

1. 화해권고 대상사건

화해권고의 대상 사건은 소년부 판사가 소년의 품행을 교정하고 피해자를
보호하기 위하여 '필요하다고 인정하는' 사건이다(제25조의3 제1항). 그리고 이러
한 판사의 화해권고는 보호처분하기 전까지는 언제든 가능하며(소년심판규칙 제
26조의2 제1항), 기타 화해권고절차와 관련한 필요사항은 법원 내규로 정할 수 있
도록 하고 있다. 즉, 대상사건에 대한 구체적인 기준의 대부분은 소년부 판사의
재량에 맡겨져 있는 셈이다. 법원에서 실무상 적용하는 화해권고의 기준은 i) 가
해소년이 범죄소년 또는 촉법소년인 사건, ii) 소년, 보호자 및 피해자의 서면에
의한 동의가 있는 사건, iii) 사실관계가 분명하고 가해소년이 범죄사실을 시인하
는 사건이다.[4][5]

2. 화해권고 주체

화해권고는 소년부 판사가 직접 할 수도 있고 갈등해결에 전문적인 소양이
있거나 법학, 심리학, 교육학, 정신의학, 보건간호학, 사회복지학, 가족치료학, 상
담학 등 소년보호사건과 연관된 분야의 전문가를 화해권고위원으로 위촉하여 할
수도 있다(소년심판규칙 제26조의3).

피해자는 이미 깊은 상처를 가지고 있이 쉽게 2차피해가 있을 수 있고, 화
해에는 비교적 장기간의 시간이 필요하다.[6] 또한 피해자와 가해소년의 능동적
참여를 이끌어내는 데는 전문성이 필요하기 때문에[7] 전문성을 가진 화해권고위
원이 화해권고를 담당하는 것이 바람직하다. 이에 대하여 소년 스스로 신청이나

---

3) 신동주, "소년법상 화해권고제도의 개선방안 연구", 법조 제68권 제5호, 법조협회, 2019, 499면.
4) 화해권고 기준의 상세한 내용은 법원행정처, 법원실무제요 소년, 2014, 258~260면.
5) 법원실무제요상의 기준에 대한 비판은 한영선·현지현·이영면, 소년법강의, 솔과학, 2020, 215~216면.
6) 한영선·현지현·이영면, 각주 5)의 책, 217면.
7) 법원행정처, 각주 4)의 책, 260면.

각 사법단계별 기관 종사자의 권유에 의해서도 절차개시가 가능해야 한다는 견해도 있다.[8)]

3. 화해권고 절차

화해권고의 구체적인 절차는 소년심판규칙에서 규정하고 있다. 화해권고 대상사건으로 선정이 되면 화해권고기일도 심리기일의 일종이므로 심리개시결정을 한다. 화해권고를 화해권고위원에게 위탁하는 경우 소년부 판사는 소년, 보호자, 피해자의 의견을 들어 각 사건마다 2인 이상의 화해권고위원을 지정한다(소년심판규칙 제26조의4 제3항). 화해권고위원은 화해권고기일의 원활한 진행과 당사자 의사의 명확한 확인을 위하여[9)] 화해권고기일 이전에 분쟁해결에 관하여 소년, 보호자, 피해자의 의견을 들을 수 있다(소년심판규칙 제26조의6 제1항). 또한 소년부판사는 화해권고기일에 필요한 경우 소년, 보호자, 참고인을 소환할 수 있다(제25조의3 제2항). 화해권고는 꼭 심판정에서 이루어질 필요는 없고 화해권고실, 준비절차실, 조정실 등을 이용할 수 있으며 화해권고기일의 구체적 절차에 대해서는 명문화된 규정이 없으므로 판사나 화해권고위원이 상당하다고 인정하는 방법으로 진행한다. 단, 화해권고위원 등 화해권고기일에 참여한 사람은 화해권고와 관련하여 알게된 사항을 누설해서는 안 된다(소년심판규칙 제26조의6 제3항).

4. 화해권고의 법적 효과

화해권고절차에 따라 당사자 간에 화해가 성립한 경우 소년부판사는 보호처분을 결정할 때 이를 고려할 수 있다(제25조의3 제3항). 화해가 이루어지면 불처분 결정이 이루어지거나 보호처분에 어느 정도 반영이 되므로 감경의 요소로 작용한다고 볼 수 있다.

화해에서 이루어진 합의에 따라 피해가 회복되었는지 여부는 화해권고절차에서 가장 중요한 요소이므로[10)] 이를 위해 소년부판사는 조사관이나 법원사무관으로 하여금 이행실태에 대하여 조사하도록 하고 있다(소년심판규칙 제26조의8 제1항). 화해가 성립하지 않은 경우라도 소년부 판사는 화해불성립의 상황을 소년

---

8) 최영승, "소년사법절차에서의 소년피해자보호", 소년보호연구 제29권 제4호, 한국소년정책학회, 2016, 139면.

9) 법원행정처, 각주 4)의 책, 264면.

10) 법원행정처, 각주 4)의 책, 270면.

에게 불리하게 고려해서는 안 된다(소년심판규칙 제26조의8 제2항).

5. 화해권고제도의 문제점 및 개선방안

화해권고조항에 대하여 적용범위, 법적 효과 등에 대해 학계에서 여러 문제가 제기되어왔다. 이하에서는 학계에서 논의되어 온 문제점 및 개선방안을 간략히 정리해보도록 한다.

가. 회복적사법 이념의 구현

회복적사법의 개념적 특징으로 회복적 사법절차 참여에 있어서의 자율성, 범죄로 인한 갈등해소 및 피해의 배상, 공동체 참가가 있다.[11]

먼저 현행 소년법 규정이 자율성을 충분히 보장하고 있는가에 대해서 논란이 있다. 소년법 제25조의3 제2항에 따라 소년부판사는 소년, 보호자, 참고인을 소환 할 수 있다고 규정하고 있고 소환불응에 대하여 소년이나 보호자가 아닌 피해자를 강제소환 할 수는 없기 때문에 절차에 자발적인 참여가 가능하다고 보는 입장이 있다.[12] 그러나 판사의 권고라는 형태와 당사자들의 의사에 따른다는 것은 자율성에 있어서 분명한 차이가 있고 소년에게 판사의 권고는 절대적이며,[13] 결국 당사자의 자율성은 소년부판사 주도로 이루어지는 심리단계에서 강제될 수밖에 없기 때문에[14] 진정한 회복적사법의 이념을 구현하였다고 보기는 어렵다. 다만 업무부담으로 인하여 형식적으로 운영하던 방식에서 벗어나[15] 전문성이 있는 화해권고위원을 주축으로 한 화해권고제도를 운영한다면 회복적 사법에서의 자율성을 어느 정도 보완해나갈 수 있을 것이다.

소년부 판사는 소년의 품행을 교정하고 피해자를 보호하기 위하여 필요하다고 인정하면 소년에게 피해 변상 등 피해자와의 화해를 권고할 수 있다고 규정하여(제25조의3 제1항) 화해의 방법의 하나로 피해 변상을 예시로 들고 있다.

---

11) 이진국, "개정 소년법상 회복적 사법제도에 관한 비판적 검토", 피해자학연구 제17권 제2호, 한국피해자학회, 2009, 359면.

12) 신동주, 각주 3)의 논문, 505면; 이진국, 각주 11)의 논문, 359면.

13) 강지명, "소년법상 화해권고제도 규정의 문제점과 개선방안", 형사정책 제24권 제3호, 한국형사정책학회, 2012, 122면.

14) 박미숙, 법무부 소년법개정안 토론문, 법무부 소년법개정특별분과위원회, 소년법개정법률안 공청회, 2007, 63면. 같은 견해로 이진국, 각주 11)의 논문, 365면.

15) 선의종, "소년법상 화해권고제도의 실질적 운영방안", 법학논집 제15권 제1호, 이화여자대학교 법학연구소, 2010, 36면.

범죄로 인한 갈등의 해소와 피해회복은 회복적 사법의 핵심요소이다. 그러나 화해권고절차가 대상소년의 처분감경을 위한 피해변상을 중심으로 이루어지고 있는 실정이고,[16] 이는 부모의 재력에 따라 처분이 달라질 수 있다는 것을 의미하기에 바람직하지 못하다. 따라서 금전적 배상에 따른 화해 및 처분감경보다는 진정한 피해의 회복을 위해 해당 소년이 감당할 수 있는 책임인수의 방법이 고려되어야 할 것이다.[17]

　　소년심판규칙 제26조의2에 따르면 소년부판사와 화해권고위원은 소년, 피해자, 지역사회구성원 등이 사건 해결과정에 자발적으로 참여하여 범죄로 인한 피해를 회복하고 소년의 건전한 사회복귀를 추구할 수 있도록 해야 한다고 규정하여 지역사회를 화해에 있어 중요한 주체로 보고 있다. 그러나 화해과정에서 지역사회의 참여가 제대로 이루어지지 않고 있는 실정이고, 이로 인해 해당소년은 지역사회내에서 배제되어 사회복귀에 어려움을 겪고 공동체는 범죄로 인한 피해가 회복되지 못한 채 방치되고 있다.[18] 따라서 범죄로 인하여 피해를 입은 지역사회 공동체가 화해의 과정에 적극적으로 참여하여 피해가 회복될 수 있도록 해야 할 것이다.

나. 화해권고제도 적용 확대

　　제25조의3 제1항에 따르면 '소년부 판사가' 필요하다고 인정하면 화해를 권고할 수 있다고 하여 소년보호사건의 경우에 심리단계에서만 화해권고가 이루어질 수 있도록 규정하고 있다. 소년형사사건의 경우 형사조정이 실시될 수 있으나 금전적 배상위주의 형사조정은 진정한 의미의 회복적 사법으로 보기가 어렵고 소년보호사건인지 소년형사사건인지에 따라 화해권고 개시여부가 달라지는 것은 법적용의 형평성에 문제가 있다.[19] 따라서 검찰단계에서 검사 결정전 조사시 화해권고를 할 수 있도록 하는 등 소년형사사건에도 회복적 사법의 이념이 실현될 수 있는 방법이 검토되어야 할 것이다.[20][21] 또한 심리단계에서 이루어지

---

16) 화해권고제도의 운영현황에 대한 논문으로 황일호, "소년법상 화해권고제도의 현황분석과 개선과제", 중앙법학 제15집 제3호, 중앙법학회, 2013.
17) 범죄피해 및 피해자의 범위, 그리고 소년의 책임인수에 대한 자세한 내용은 강지명, 각주 13)의 논문.
18) 신동주, 각주 3)의 논문, 518면.
19) 신동주, 각주 3)의 논문, 502면.
20) 강지명, 각주 13)의 논문, 121면; 신동주, 각주 3)의 논문, 513면; 이진국, 각주 11)의 논문, 364면.

는 화해권고는 범죄가 발생한 후 많은 시간이 지났기 때문에 심리단계 이전에도 이루어질 수 있는 방안[22], 소년법상 화해권고는 처분 결정의 참작 사유 중 하나일 뿐이므로 독자적 보호처분의 하나로 도입하는 방안 등[23] 화해권고가 다양한 단계에서 적극적으로 이루어질 수 있도록 하는 노력이 필요하다.

다. 화해권고의 법적 효과 명문화 필요성

소년부 판사는 화해가 성립한 경우 보호처분을 결정할 때 이를 고려할 수 있다(제25조의3 제3항). 소년에 대한 처분에 영향을 미칠 수 있는 화해라는 절차가의 법적 효과가 전적으로 소년부 판사의 재량에 맡겨져 있다. 화해의 법적 효과로 불처분 결정이나 심리불개시결정을 포함하여야 하므로 화해를 증진시키기 위하여 화해가 성사된 경우에 일정 요건 하에서 즉시 사법처리 단계에서 배제하는 등[24] 소년부판사가 반드시 결과를 고려하도록 입법론적으로 해결해야 한다는 입장이 있다.[25] 반면, 화해의 성립에 일정한 법적 효과를 부여한다면 소년이 비행을 부인하다가 처분을 받을 위험을 감수하기보다 비행을 인정하고 화해하는 것으로 판단하게 할 위험이 있고, 이는 자율성을 가지고 피해회복노력을 해야할 화해의 과정을 강요하게 되는 것이며, 화해절차를 처분을 감경의 목적으로 이용할 우려가 있기 때문에 최종처분에 참작할 수 있는 정도로 충분하다는 견해가 있다.[26]

---

21) 정희철, "소년법상 화해권고제도의 운영방안과 문제점", 소년보호연구 제17호, 한국소년정책학회, 2011, 109면.

22) 강지명, 각주 13)의 논문, 121면; 이승현, "한국 소년사법에서 피해자 배려의 문제", 소년보호연구 제13권, 한국소년정책학회, 2009, 151면.

23) 김 혁, "피해자 중심적 소년사법·보호정책으로의 전환에 관한 시론", 피해자학연구 제28권 제3호, 한국피해자학회, 2020, 129~130면.

24) 이승현, 각주 22)의 논문, 151면.

25) 이진국, 각주 11)의 논문, 366~367면.

26) 신동주, 각주 3)의 논문, 522면.

제26조(증인신문, 감정, 통역·번역)
　① 소년부 판사는 증인을 신문(訊問)하고 감정(鑑定)이나 통역 및 번역을 명
할 수 있다.
　② 제1항의 경우에는 「형사소송법」 중 법원의 증인신문, 감정이나 통역 및 번
역에 관한 규정을 보호사건의 성질에 위반되지 아니하는 한도에서 준용한다.

〈세 목 차〉

Ⅰ. 취　　　지

　　소년법 제26조는 소년보호 사건의 심리에 있어서 증인신문, 감정(鑑定), 통
역 및 번역에 관하여 규정하고 있다. 소년보호 사건에서의 증인신문은 소년부
판사의 직권에 의하여 증인을 신문하는 경우만을 규정하고 있다. 이에 비하여
형사소송법상의 증인신문은 검사, 피고인 또는 변호인의 신청에 의하여 법원이
채택한 증인에 대하여 이루어지거나(형사소송법 제294조), 법원이 직권으로 증인
을 신문하는 경우뿐만 아니라(형사소송법 제295조) 범죄로 인한 피해자의 신청에
의하여 행해지는 경우(형사소송법 제294조의2)가 있다.

　　한편, 감정, 통역 및 번역에 관하여는 소년법에는 "소년부 판사는 ～ 감정이
나 통역 및 번역을 명할 수 있다"고 규정하고 있음에 비하여, 형사소송법 제169
조에서는 '법원은 학식 경험있는 자에게 감정을 명할 수 있다'고 규정하고 있으
며 감정결과에 관하여는 공판정에서의 증거조사(감정인의 증언이나 감정서에 대한
증거능력 여부의 판단)를 통하여야 증거로 쓸 수 있도록 하고 있다.

　　이처럼 형사소송법과 달리 소년부 판사의 직권에 의하여 증인신문, 감정(鑑
定), 통역 및 번역을 명할 수 있도록 규정하고 있는 것은 소년법상의 국친주의,
직권주의적 성격이 반영된 것이라고 할 수 있다.

Ⅱ. 해   석

1. 소년보호 사건에서의 증인신문

가. 증인신문의 의의

증인신문이란 증인이 체험한 사실을 내용으로 하는 진술을 듣는 증거조사를 말한다. 증인에 대한 증거조사는 증인의 진술내용뿐만 아니라 진술할 때의 표정과 태도까지 법관의 심증형성에 큰 영향을 미치는 가장 중요한 증거방법이다.

증인은 출석, 선서 및 증언의 의무를 지며, 이 의무를 이행하지 않을 때에는 직접 또는 간접으로 강제될 수 있으므로 증인신문은 강제처분적 성격을 가진다.

나. 증인, 증인적격

증인이란 법원 또는 법관에 대하여 자기가 과거에 체험한 사실을 진술하는 제3자를 말한다. 증인이라 하더라도 증인이 될 수 있는 형식적 자격, 즉 증인적격을 가질 것을 요한다. 형사소송법 제146조는 '법원은 법률에 다른 규정이 없으면 누구든지 증인으로 신문할 수 있다'고 규정하고 있으므로 원칙적으로 누구든지 증인적격이 인정된다. 그러나 예외적으로 법률의 규정에 의하여 증언거부권이 인정되는 경우 및 이론상 증인적격이 인정되지 않는 경우가 있다.

법관은 자신이 담당하고 있는 사건에 대해 공정성을 지켜야 할 의무가 있기 때문에 증인적격이 없다.

우리 형사소송법의 해석상 피고인은 자신의 피고사건에서 증인적격이 부정되는 것으로 보는 것이 통설적 입장인데, 이는 피고인에게 증인이 되어 선서를 하고 증언하여야 하는 의무를 지우는 것은 피고인에게 보장된 진술거부권을 침해하기 때문이다. 소년법 제10조에서는 "소년부 또는 조사관이 범죄 사실에 관하여 소년을 조사할 때에는 미리 소년에게 불리한 진술을 거부할 수 있음을 알려야 한다"고 규정하여 진술거부권을 반드시 고지하도록 규정하여 진술거부권을 보장하고 있으므로 소년보호사건에 있어서도 당해 소년에 대한 증인적격도 부정된다고 봄이 타당하다.

2. 소년보호 사건에서의 감정, 통역 및 번역

감정이란 전문지식과 그에 따른 경험을 가진 제3자가 그 지식과 경험에 의하여 얻은 판단을 법원에 보고하는 것을 말한다. 감정인은 법원 또는 법관으로부터 감정의 명을 받은 자이며, 감정인은 인적 증거방법의 일종이고 감정인의 신문은 증거조사의 성질을 가진다. 법원은 학식, 경험이 있는 자에게 감정을 명할 수 있는데(형사소송법 제169조), 특정 사안에 관하여 감정이 필요한가는 법원이 판단할 사항이다.

형사소송법상 감정의 결과와 경과는 감정인으로 하여금 서면으로 제출하게 하도록 규정하고 있는데(형사소송법 제171조 제1항), 법원에 제출된 감정서는 전문증거에 해당하므로 이의 증거능력을 인정할 것인가의 여부는 형사소송법상의 전문법칙을 소년보호사건에도 그대로 적용할 것인지의 문제와 관련된다고 할 수 있다.

소년보호사건에 전문법칙과 같은 형사소송법의 증거법칙이 적용되는지 여부에 관하여는 예전부터 많은 논의가 있다. 소년심판은 당사자주의적 대심구조가 아니고 소년에게 반대신문권도 인정되지 않기 때문에 전문법칙은 적용되지 않으며, 실무에서 소년법원 판사가 심판 전에 증거자료를 검토하기 때문에 전문법칙을 적용할 실익도 없다는 이유로 전문법칙의 적용을 부정하는 것이 학계의 주류적 입장이다.[1]

법정에서는 국어를 사용하도록 하고 있으므로(법원조직법 제62조), 국어에 통하지 아니한 자의 진술에는 통역인으로 하여금 통역하게 하여야 한다(형사소송법 제180조)

국어 아닌 문자 또는 부호는 번역하게 하여야 한다(형사소송법 제182조). 통역과 번역은 외국에 관한 특별한 지식이 있는 자가 할 수 있으므로 감정과 유사한 성격을 가진다. 따라서 통역과 번역에는 감정에 관한 규정이 준용된다(형사소송법 제183조).

---

[1] 오영근·최병각, 소년사건처리절차의 개선방안에 관한 연구, 한국형사정책연구원, 1995, 106~107면; 박영규, "소년사건처리의 적접절차에 관한 고찰", 소년보호연구 제29권 제1호, 한국소년정책학회, 2016, 104면.

3. 형사소송법 규정의 준용이 허용되는 범위

종래 소년보호절차는 비형식성, 비공개성, 비대립성을 특징으로 하는 국친절차(國親節次)이므로 적법절차의 원칙은 적용되지 않았으나, 미 연방대법원의 'In re Gault' 판결에서 적법절차의 원칙이 소년에 대하여도 보장되어야 한다고 판시한 이후에는 적법절차의 원칙의 적용범위를 소년보호의 국친사상과의 조화로운 범위에서 확대하는 경향을 보이고 있다. 1984년 유엔의 '소년사법운영에 관한 최소규칙(Beijing Rule)' 제9조에서는 소년에 대한 무죄추정원칙, 혐의사실을 고지받을 권리, 변호인조력권, 부모나 후견인의 참석권, 증인 등에 대한 반대신문권, 항소할 권리 등의 기본적 권리를 보장할 것을 규정하고 있다.[2]

이처럼 소년에 대한 교육적 차원의 합목적적 절차진행방식이 바탕을 이루면서도 소년심판에 대한 사법적 기능에 있어서의 적법절차원칙의 보장이라는 요청을 동시에 충족시키는 절차진행이 이루어져야 한다.

소년법 제26조 제2항, 제27조 제2항 및 소년심판규칙 제27조에서 증인신문, 감정, 검증, 압수 또는 수색에 관한 규정을 소년 보호사건의 성질에 어긋나지 아니하는 한 형사소송법 및 형사소송규칙에 따른 절차에 이를 준용하도록 규정하고 있는 것도 소년보호라는 합목적적 절차진행을 기본으로 하면서 최대한 적법절차를 보장하도록 하는 취지라고 이해할 수 있다.

증인신문의 경우, 소년이나 보조자의 신청에 의한 증인신문이 인정될 것인지 문제된다. 증인신문에 관한 규정은 무기평등원칙이 소년사법에서도 지켜져야 한다는 것을 강조하며 소년에게 증인을 신문하고 자신의 견해를 표명할 가능성을 알려주는 것이 중요하며[3] '적법절차의 원칙'을 보장한다는 측면에서 전문법칙을 배척하고 소년의 증거조사청구권을 인정하고, 법원에게 증인신문 및 증거조사의무를 부과하는 것이 바람직하다 할 것이다.[4]

---

2) 오영근·최병각, 각주 1)의 책, 104면.

3) 최병각, 아동권리협약과 소년사법, 국가인권위원회, 2007, 63~64면.

4) 오영근·최병각, 각주 1)의 책, 107면; 박영규, 각주 1)의 논문, 104면; 원혜욱, "적정한 소년사건처리절차의 보장", 형사정책 제11호, 한국형사정책학회, 1999, 365면.

> 제27조(검증, 압수, 수색)
> ① 소년부 판사는 검증, 압수 또는 수색을 할 수 있다.
> ② 제1항의 경우에는 「형사소송법」 중 법원의 검증, 압수 및 수색에 관한 규정은 보호사건의 성질에 위반되지 아니하는 한도에서 준용한다.

<세 목 차>

Ⅰ. 취　　지

소년법 제27조에서는 "소년부 판사는 검증, 압수 또는 수색을 할 수 있다"고 규정하고 있는데, 이는 소년사건의 심판에 있어서도 실체적 진실발견이 전제가 되어야 할 것이므로 실체진실의 발견을 위한 강제수사의 방법이 규정되어 있는 것이라고 할 것이다.

형사소송법상의 압수·수색은 증거방법의 확보를 위하여 사람의 신체, 물건 또는 주거 기타의 장소에 대하여 수색하고, 증거로 쓰일 수 있는 물건이나 몰수가 예상되는 물건의 점유를 취득하는 강제처분이다. 이러한 강제처분절차는 실체진실의 발견과 적법절차원칙이라는 형사소송의 이념을 달성하기 위한 증거재판주의와 자유심증주의 원칙에 따라야 하는 것이 원칙이다.

형사소송법상의 압수·수색 및 검증은 강제처분으로서 엄격한 증거법상의 원칙에 따라 이루어지고 특히 수사기관에 의한 강제처분은 영장주의 원칙에 따라 엄격한 요건과 절차에 따라 이루어진다.

이와 달리 소년법상의 압수·수색 및 검증은 소년부 판사에 의하여 이루어지므로 형사절차에서 요구되는 적법절차의 원칙이 엄격히 적용된다고 보기는 어렵지만, 국친사상에 근거한 보호의 목적과 적법절차의 원칙을 통한 소년의 인권이 충분히 보장되도록 하여야 한다.

Ⅱ. 해   석

1. 검   증

검증이란 법원 또는 법관이 감각기관의 작용에 의하여 물건이나 신체의 존재와 상태 등을 직접 인식하는 증거조사방법을 말한다. 검증은 대상이 되는 사람이나 물건 및 장소의 소유자나 점유자의 의사에 반하여 이루어질 수도 있으므로 강제처분의 성질을 갖는다.[1]

공판기일 이외의 일시나 장소에서 검증을 하려면 검증기일을 지정하여야 한다(형사소송법 제145조). 검증을 실시함에는 미리 검증의 일시 장소를 검증참여권자에게 통지하여야 한다. 일출 전이나 일몰 후에는 가주, 간수자 또는 이에 준하는 자의 승낙이 없으면 검증을 하기 위하여 타인의 주거, 간수자 있는 가옥, 건조물, 항공기, 선거 내에 들어가지 못한다.

검증에 관하여는 검증결과를 기재한 검증조서를 작성하여야 한다. 검증조서에는 검증목적물의 현상을 명확하게 하기 위하여 도화나 사진을 첨부할 수 있다.

2. 압수 또는 수색

압수란 증거방법으로 의미가 있는 물건이나 몰수가 예상되는 물건의 점유를 취득하는 강제처분이다. 형사소송법상의 압수는 수소법원의 압수와 수사기관의 압수로 구별되는데, 수소법원의 압수는 증거수집을 위해 공판절차에서 행하여진다.

수색이란 압수할 물건이나 피의자를 발견하기 위한 목적으로 사람의 신체나 물건 또는 주거 기타의 장소에 대하여 행하는 강제처분이다.

소년보호사건에서의 압수·수색은 소년법 제27조에 따라 공판정에서 소년부 판사에 의하여 이루어지므로 별도의 영장 발부와 집행은 필요치 않다. 가정법원 소년부 또는 지방법원 소년부가 심리·결정하는 소년보호사건에 있어서 송치기관으로부터 압수된 물건을 송부받았을 경우 압수물의 처리 및 몰수물의 처분 등에 관하여는 소년보호사건에 있어서 압수물의 처리 및 몰수물의 처분등에 관한

---

1) 임동규, 형사소송법[제14판], 법문사, 2019, 668면.

예규에 따른다.

3. 형사소송법 규정의 준용이 허용되는 범위

소년보호사건에서 검증, 압수, 수색을 하는 경우 소년법에 직접적인 규정을 두지 않고, 형사소송법 중 검증, 압수, 수색에 관한 규정은 '소년 보호사건의 성질에 위반되지 아니하는 한도'에서 준용한다고 규정하고 있을 뿐이다(제27조). 소년법 제2장과 소년심판규칙이 규율하고 있는 절차에 관한 규정이 제한적이어서 형사소송법의 규정이 어느 범위에서 소년보호사건절차에 적용되는지 여부가 불분명하다.

소년법의 이러한 입법태도는 소년의 건전한 육성이라는 소년보호 이념에 따라 절차를 합목적적으로 진행할 수 있도록 소년부 판사를 비롯한 소년심판 관계자들에게 폭넓은 재량을 인정한 것으로 이해할 수 있다.[2] 그러나 소년사법절차에도 적법절차의 원칙에 따른 형사소송법의 규정들이 적용될 필요성이 있고, 헌법상 보장되는 기본적 권리를 소년이라는 이유로 박탈당해서는 안 되므로, 일정한 형사소송법 규정들은 소년사법절차에도 동일하게 적용되어야 할 필요가 있다고 할 것이다. 형사소송법 규정의 소년사법절차에의 적용 필요성 여부는 비례의 원칙, 평등의 원리에 입각한 불이익금지의 원칙을 기본으로 하여, 소년보호 목적과 적법절차에 따른 기본권 보장의 비교형량에 따라 판단하여야 할 것이다.[3]

---

[2] 유원석, "소년보호사건에 있어서 형사소송법의 준용", 가정법원사건의 제문제, 재판자료 제62집, 법원행정처, 1993, 871면.
[3] 조기영, "소년사법과 적법절차의 원칙", 소년보호연구 제23호, 한국소년정책학회, 2013, 235면.

제28조(원조, 협력)

① 소년부 판사는 그 직무에 관하여 모든 행정기관, 학교, 병원, 그 밖의 공
사단체(公私團體)에 필요한 원조와 협력을 요구할 수 있다.

② 제1항의 요구를 거절할 때에는 정당한 이유를 제시하여야 한다.

〈세 목 차〉

Ⅰ. 취   지

효과적으로 소년을 보호하기 위하여 국가뿐만 아니라 소년의 보호자, 가정,
학교, 지역사회 기타 관련단체 등 사회전반에 걸친 상부상조와 협력이 필요하다
고 할 것이다. 이러한 소년보호사건에 있어서 관련 기관의 원조와 협력은 소년
법상의 원칙으로도 여겨지는데[1] 이러한 원칙을 규정하고 있는 것이 소년법 제
28조라고 할 수 있다.

Ⅱ. 해   석

소년부 판사는 그 직무에 관하여 모든 행정기관, 학교, 병원, 그 밖의 공사
단체(公私團體)에 필요한 원조와 협력을 요구할 수 있다. 소년의 비행원인과 환
경, 개별적 성향을 정확히게 파악하기 위하여 관계기관의 협조가 필요하며, 비행
소년의 선도·교육과 관련된 중앙행정기관, 공공기관 및 사회단체와의 협조체계
를 구축하고 운영하는 책임을 법무부장관에게 부여하고 있다(소년법 제67조의2).
소년의 비행을 예방하고 더 나아가 비행소년의 선도와 교육을 위해 공공기관뿐
아니라 민간의 협조가 필수적이며, 소년의 비행과 범죄를 그 소년만의 책임으로
물을 것이 아니라 소년의 가정, 학교, 지역사회 및 사회 구성원 모두의 책임있는
협력과 원조가 필요하다.

---

1) 한영선·현지현·이영면, 소년법강의, 솔과학, 2020, 134~135면.

행정기관, 학교, 병원, 그 밖의 공사단체(公私團體) 등이 소년부 판사의 원조·협력 요구를 거절할 때에는 정당한 이유를 제시하여야 한다(소년법 제28조 제2항).

제29조(불처분 결정)
  ① 소년부 판사는 심리 결과 보호처분을 할 수 없거나 할 필요가 없다고 인
  정하면 그 취지의 결정을 하고, 이를 사건 본인과 보호자에게 알려야 한다.
  ② 제1항의 결정에 관하여는 제19조 제2항과 제3항을 준용한다.

〈세 목 차〉

Ⅰ. 취   지

소년법원은 조사의 결과, 심판조건, 비행사실, 보호처분의 필요성 등에 관하
여 개연성이 인정되는 때에는 심리개시결정을 하고 심리절차를 시작하게 된다.
그러나 심리를 진행한 결과 보호처분을 할 수 없거나 보호처분을 할 필요가 없
다고 인정되는 때에는 사건을 종결하기 위하여 불처분결정을 하여야 한다. 소년
부 판사가 심리 개시 전에 소년에 대한 보호처분의 필요성이 없다고 판단하는
경우에는 심리불개시결정을 하여야 하고, 심리가 개시된 후 보호처분을 할 수
없거나 할 필요가 없다고 인정하는 경우에는 불처분결정을 하여야 한다.

Ⅱ. 해   석

1. 요   건

가. 보호처분을 할 수 없는 경우

법률상 또는 사실상 보호처분을 할 수 없는 경우로는 심리불개시의 경우와
같이 비행이 없는 경우와 소재불명이 이에 해당한다. 심리개시 이전 단계에서
이와 같은 사유가 발견되었다면 심리불개시결정을 한다.

나. 보호처분을 할 필요가 없는 경우

심리결과 보호처분을 할 정도의 보호필요성이 인정되지 않는 경우이다. 화

해권고절차에서 화해가 성립되었거나 사안이 경미하고 소년이 깊이 반성하여 재범의 위험성이 없는 경우 등이 이에 해당한다.

2. 방식 및 효력

불처분결정은 문서로 한다.

불처분결정에 따라 사건은 종결된다. 불처분결정이 있으면 소년법 제18조의 임시조치는 취소된 것으로 보며(동조 제2항) 따로 취소결정을 할 필요는 없다.[1]

불처분결정에 대하여 일사부재리의 효력이 미치는지에 대하여 논의가 있다. 이는 소년법이 보호처분에 대하여만 일사부재리의 효력을 인정하고 심리불개시결정과 불처분결정에 대하여는 규정이 없기 때문이다. 비행이 인정되지 않아 보호처분을 할 수 없는 경우와 보호필요성이 인정되지 않기 때문에 불처분결정을 하는 경우에는 심리를 거쳐 정식으로 이루어진 소년부 판사의 종국결정이므로 일사부재리의 효력이 미친다고 보아야 할 것이다.[2] 그러나 소재불명으로 인하여 불처분결정을 한 경우에는 소년보호사건에 대한 심리가 이루어지지 않았으므로 일사부재리의 효력은 인정되지 않는다고 할 것이다.[3]

---

1) 한영선·현지현·이영면, 소년법강의, 솔과학, 2020, 224면.
2) 한영선·현지현·이영면, 각주 1)의 책, 224면.
3) 한국소년법학회, 소년법, 세창출판사, 2006, 270~271면.

제30조(기록의 작성)
① 소년부 법원서기관·법원사무관·법원주사 또는 법원주사보는 보호사건의
조사 및 심리에 대한 기록을 작성하여 조사 및 심리의 내용과 모든 결정을
명확히 하고 그 밖에 필요한 사항을 적어야 한다.
② 조사 기록에는 조사관 및 소년부 법원서기관·법원사무관·법원주사 또는
법원주사보가, 심리기록에는 소년부 판사 및 법원서기관·법원사무관·법원주
사 또는 법원주사보가 서명날인하여야 한다.

〈세 목 차〉

Ⅰ. 취   지

소년심판의 조서 가운데 가장 중요한 것은 심리조서이다. 심리조서 이외에
구술에 의한 통고의 경우에 작성하는 통고조서, 심리기일 외의 증인, 감정인 등
을 신문하거나 검증, 압수 또는 수색을 하는 경우의 각각의 조서가 있다.

소년심판의 조서에 대해서는 소년보호사건의 성질에 위반되지 않는 한, 형
사소송법상 조서에 관한 규정(형사소송법 제48조 내지 제59조와 형사소송규칙 제29조
내지 제41조)이 소년심판의 조서에도 준용된다.

Ⅱ. 해　　석

1. 조서의 작성

심리조서는 형사소송법 제51조의 공판조서와 같은 것으로서 소년심판절차의 심리기일에서 그 절차 및 내용을 공증하기 위해 법원사무관 등에 의해 작성된다(소년심판규칙 제28조 제1항).

심리조서의 작성방식 및 증명력에 관해 소년심판규칙에 규정되지 않은 사항은 보호사건의 성질에 위반되지 않는 한, 형사소송법 제48조 내지 제59조와 형사소송규칙 제29조 내지 제41조의 규정이 준용된다.[1]

2. 조서의 기재사항

심리조서의 기재사항은 소년심판규칙 제28조 제2항에서 규정하고 있으며, 심리에 참여한 법원사무관 등은 소년부판사의 허가가 있을 때에는 그 기재사항 중 일부를 생략할 수 있다(소년심판규칙 제28조 제3항).

가. 심리를 한 법원, 그 일시와 장소(동조항 1호)

나. 소년부 판사, 법원사무관등 및 출석한 조사관 또는 소년분류심사원 및 보호관찰소 소속공무원 등의 직위, 성명(동조항 2호)

다. 소년, 출석한 보호자 및 보조인의 성명(동조항 3호)

라. 출석한 증인, 감정인, 통역인, 번역인 및 참고인의 성명(동조항 4호)

마. 비행사실의 내용을 고지하고 그 이익되는 사실을 진술할 기회를 준 사실(동조항 5호)

바. 소년의 진술요지(동조항 6호)

사. 보호자, 보조인 및 조사관 또는 소년분류심사원, 보호관찰소 소속공무원 등의 진술요지(동조항 7호)

아. 증인, 감정인, 통역인, 번역인 및 참고인의 진술요지(동조항 8호)

---

1) 법원행정처, 법원실무제요 소년, 2014, 273~274면.

자. 결정 그 밖의 처분을 고지한 사항(동조항 9호)

종국결정은 별도의 결정서가 작성되지만, 그 밖에 심리도중에 하는 부수적 결정 그 밖의 처분은 조서의 기재로 결정서에 갈음할 수 있으므로 결정의 주문 등을 기재하여야 한다. 결정 그 밖의 처분에 해당하는 것으로는 증거결정, 사건의 병합, 진술제한, 입퇴정명령, 심판기일에서의 압수 등이 있다.[2]

차. 그 밖에 심리에 관한 중요사항 및 소년부 판사가 기재를 명한 사항(동조항 10호)

'그 밖에 심리에 관한 중요사항'에는 소년의 출석유무, 비행사실 및 묵비권의 고지, 증거조사에 관한 의견, 제8호 이외의 증거조사에 관한 사항, 재석허가된 자의 성명·소년과의 관계, 그 의견의 요지 중, 보조인선임 허가·취소, 사건의 병합 분리, 진술의 제한, 관계인의 입퇴정, 심리절차의 갱신, 증거물의 압수 및 환부 등, 종국결정고지, 다음 기일의 지정 등이 있다.[3]

심리조서에 관하여 소년심판규칙에 규정되지 않은 사항은 보호사건의 성질에 어긋나지 아니하는 한 형사소송법 제48조부터 제59조까지 및 형사소송규칙 제29조부터 제41조까지를 준용한다(소년심판규칙 제28조 제3항).

심리조서에는 서면, 사진, 속기록, 녹음물, 영상녹화물, 녹취서 등 법원이 적당하다고 인정한 것을 인용하고 소송기록에 첨부하거나 전자적 형태로 보관하여 조서의 일부로 할 수 있다(형사소송규칙 제29조 제1항).

소년법원은 소년 또는 보호자의 신청이 있는 때에는 특별한 사정이 없는 한 공판정에서의 심리의 전부 또는 일부를 속기사로 하여금 속기하게 하거나 녹음장치 또는 영상녹화장치를 사용하여 녹음 또는 영상녹화(녹음이 포함된 것을 말한다. 이하 같다)하여야 하며, 필요하다고 인정하는 때에는 직권으로 이를 명할 수 있다(형사소송법 제56조의2 제1항).

심리조서의 기재에 대하여 형사소송법 제54조 제3항에 따른 변경청구나 이의제기가 있는 경우, 법원사무관 등은 신청의 연월일 및 그 요지와 그에 대한 재판장의 의견을 기재하여 조서를 작성한 후 당해 공판조서 뒤에 이를 첨부하여야 한다(형사소송규칙 제29조의2).

---

  2) 법원행정처, 각주 1)의 책, 275면.
  3) 법원행정처, 각주 1)의 책, 275면.

제30조의2(기록의 열람·등사)

　소년 보호사건의 기록과 증거물은 소년부 판사의 허가를 받은 경우에만 열람하거나 등사할 수 있다. 다만, 보조인이 심리 개시 결정 후에 소년 보호사건의 기록과 증거물을 열람하는 경우에는 소년부 판사의 허가를 받지 아니하여도 된다.

〈세 목 차〉

I. 취　　지

　형사사건의 재판확정기록은 누구든지 권리구제·학술연구 또는 공익적 목적으로 재판이 확정된 사건의 소송기록을 보관하고 있는 검찰청에 그 소송기록의 열람 또는 등사를 신청할 수 있으며(형사소송법 제59조의2 제1항). 형사사건의 확정 판결서등 에 관하여도 누구든지 판결이 확정된 사건의 판결서 또는 그 등본, 증거목록 또는 그 등본, 그 밖에 검사나 피고인 또는 변호인이 법원에 제출한 서류·물건의 명칭·목록 또는 이에 해당하는 정보를 보관하는 법원에서 해당 판결서 등을 열람 및 복사(인터넷, 그 밖의 전산정보처리시스템을 통한 전자적 방법을 포함한다)할 수 있다(형사소송법 제59조의3 제1항).

　이에 반해, 소년 보호사건의 기록과 증거물은 소년부 판사의 허가를 받은 경우에만 열람하거나 등사할 수 있으며(소년법 제30조의2), 소년법 제2조에 따른 소년에 관한 사건인 경우에는 확정판결서 등의 열람 및 복사를 제한할 수 있다(형사소송법 제59조의3 제1항 제2호).

　형사절차와 달리 소년보호사건에서의 기록의 열람 등사가 제한되는 것은 소년보호사건의 적정한 처리와 소년의 명예보호를 위해 소년보호사건의 심리는 비공개가 원칙이기 때문이다.

Ⅱ. 해　석

　　소년 보호사건의 기록과 증거물은 소년부 판사의 허가를 받은 경우에만 열
람하거나 등사할 수 있다. 심리 개시 결정 후에는 심리보조의 편의를 위하여 보
조인이 소년 보호사건의 기록과 증거물을 열람하는 경우에는 소년부 판사의 허
가를 받지 아니하여도 된다. 소년보호절차에서의 보조인은 소년형사절차에서의
변호인에 해당한다고 할 수 있는데[1], 형사절차에서 변호인의 기록열람·등사권
이 변호를 준비하기 위하여 필요불가결한 권리로 인정되는 것과 마찬가지로 소
년보호사건에서의 보조인의 기록 등의 열람권은 소년심판절차의 원활하고 신속
한 진행에 도움이 될 뿐 아니라 소년보호의 이념에도 부합하는 것이다.

---

　1) 한국소년법학회, 소년법, 세창출판사, 2006, 151면.

> 제31조(위임규정)
>
> 　소년 보호사건의 심리에 필요한 사항은 대법원규칙으로 정한다.

〈세 목 차〉

Ⅰ. 취　　지

　　소년법에 따른 소년 보호사건의 처리에 관하여 필요한 사항을 정하기 위하여 대법원규칙으로 소년심판규칙을 두고 있다. 소년심판규칙은 1982.12.31. 대법원규칙 제823호로 제정되어 1983.3.1.부터 시행된 이래 2016.11.29. 11차 개정을 거쳐 왔다. 11차 개정에서는 소년 보호사건뿐 아니라 소년 형사사건의 처리에 관하여도 필요한 사항을 정할 수 있도록 하여(제1조), 이 규칙의 체계를 소년법과 마찬가지로 제1장(총칙), 제2장(보호사건), 제3장(형사사건)으로 정비하고, 그에 맞추어 기존의 제2조부터 제54조까지를 제2장 각 절에 편입시키고 있다.

Ⅱ. 해　　석

　　소년심판규칙 중 보호사건에 관한 규정은 제1절 통칙(제2조~제10조), 제2절 조사와 심리(제11조~제30조), 제3절 보호처분(제31조~제43조), 제4절 항고(제44조~제53조), 제5절 과태료(제54조)로 구성되어 있다.

　　소년보호사건과 관련하여 소년심판규칙은 다른 법령의 규정을 준용 또는 위임하는 규정을 두고 있다.

　　국선보조인에 관하여는, 국선보조인의 선정·보수 등 이 규칙에서 따로 정하지 아니한 사항에 대하여는 소년 보호사건의 성질에 어긋나지 아니하는 범위 내에서 형사소송규칙, 형사소송비용 등에 관한 규칙 중 국선변호인에 관한 규정을 준용한다(소년심판규칙 제19조의2 제3항).

　　화해권고절차와 관련하여 필요한 사항 중 이 규칙에서 정하고 있지 아니한 사항은 가정법원 및 지방법원 내규로 정한다(제26조의9).

형사소송규칙 중 증인신문, 감정, 검증, 압수 또는 수색에 관한 규정은 소년 보호사건의 성질에 어긋나지 아니하는 한 법 제26조, 법 제27조에 따른 절차에 이를 준용한다(제27조).

심리조서에 관하여 이 규칙에 규정되지 않은 사항은 보호사건의 성질에 어긋나지 아니하는 한 형사소송법 제48조부터 제59조까지 및 형사소송규칙 제29조부터 제41조까지를 준용한다(제28조 제4항).

몰수결정의 집행, 몰수물의 처분 및 교부에 관하여는 소년부 판사가 형사소송법 중 몰수재판의 집행, 몰수물의 처분 및 교부에 관한 규정에 준하여 행한다(제36조).

증인등에게 지급할 비용에 관하여는 형사소송비용 등에 관한 법률 및 형사소송비용 등에 관한 규칙을 준용한다(제43조).

제 3 절   보호처분

제32조(보호처분의 결정)
 ① 소년부 판사는 심리 결과 보호처분을 할 필요가 있다고 인정하면 결정으로써 다음 각 호의 어느 하나에 해당하는 처분을 하여야 한다.
　1. 보호자 또는 보호자를 대신하여 소년을 보호할 수 있는 자에게 감호 위탁
　2. 수강명령
　3. 사회봉사명령
　4. 보호관찰관의 단기(短期) 보호관찰
　5. 보호관찰관의 장기(長期) 보호관찰
　6. 「아동복시법」에 따른 아동복지시설이나 그 밖의 소년보호시설에 감호 위탁
　7. 병원, 요양소 또는 「보호소년 등의 처우에 관한 법률」에 따른 의료재활소년원에 위탁
　8. 1개월 이내의 소년원 송치
　9. 단기 소년원 송치
　10. 장기 소년원 송치
 ② 다음 각 호 안의 처분 상호 간에는 그 전부 또는 일부를 병합할 수 있다.
　1. 제1항 제1호·제2호·제3호·제4호 처분
　2. 제1항 제1호·제2호·제3호·제5호 처분
　3. 제1항 제4호·제6호 처분
　4. 제1항 제5호·제6호 처분
　5. 제1항 제5호·제8호 처분
 ③ 제1항 제3호의 처분은 14세 이상의 소년에게만 할 수 있다.
 ④ 제1항 제2호 및 제10호의 처분은 12세 이상의 소년에게만 할 수 있다.
 ⑤ 제1항 각 호의 어느 하나에 해당하는 처분을 한 경우 소년부는 소년을 인도하면서 소년의 교정에 필요한 참고자료를 위탁받는 자나 처분을 집행하는 자에게 넘겨야 한다.
 ⑥ 소년의 보호처분은 그 소년의 장래 신상에 어떠한 영향도 미치지 아니한다.

Ⅰ. 취   지

본조는 소년보호처분의 유형을 제시하고, 보호처분간 병합이 가능한 영역과 처분별 연령 제한, 보호처분의 절차와 효과에 대하여 규정하고 있다. 보호처분은 비행을 저지른 소년에 대하여 소년법원이 심리한 결과 비행 교정 및 환경 조정을 위해 소년법상 내릴 수 있는 대표적인 처분으로, 소년의 상황에 따라 보호자 감호위탁, 사회봉사명령, 수강명령, 보호관찰, 아동복지시설 위탁, 병원·요양소 등 위탁, 소년원 송치 등을 할 수 있다.

1. 보호처분의 특징

보호처분은 소년의 건전한 육성을 목적으로 한다는 점에서 교육처분이자 사회복지적 성격을 가진 처분이다. 보호처분은 소년부 판사가 심리한 결과 '보호처분의 필요가 있다고 인정하면' 결정으로써 할 수 있다(제32조 제1항). 형사처분에서는 양형기준이 존재하나 보호처분을 결정할 때에는 양형기준과 같은 명확한 처분기준이 존재하지 않는다. 다만, 법원 실무에 따르면 보호처분을 결정함에 있어서 심판조건, 비행사실 외에도 형사처분과 달리 요보호성에 더 중점을 두고 있다. 요보호성(要保護性)은 비행소년의 성격과 비행성, 소년을 둘러싼 주변환경 전반에 걸친 종합적인 판단을 의미하는 것으로, 소년에 대한 적절한 보호가 결여되어 있고 이를 방치하면 비행이 심화되어 환경적으로나 인격적으로 위험성이

많고 보호처분의 상당성이 인정되는 상태를 말한다.[1]

　　성인의 경우 형사처분만이 존재하는 반면에, 소년의 경우 형사처분과 보호처분 두 가지 처분을 활용할 수 있다. 형사처분은 범죄사실, 즉 행위자의 책임에 중점을 두는 반면에, 보호처분은 비행사실 외에 요보호성도 주된 판단기준으로 삼고 있다. 따라서 보호처분은 현재 비행사실이 없더라도 소년에 대한 적절한 보호가 이루어지지 않고 있는 우범소년에 대하여도 처분이 가능하다. 형사처분의 경우 전과가 남지만, 보호처분은 소년의 건전한 육성을 위한 요보호성에 중점을 두므로 소년의 장래 신상에 어떠한 영향을 미치지 않도록 처분사실이 전과에 남지 않는다. 보호처분을 결정하는 소년심판은 일반 형사법원이 아닌 가정법원 또는 지방법원 소년부에서 진행되고, 심리가 진행되는 동안 소년의 건전한 육성에 긍정적으로 기여할 수 있는 방향으로 진행되어야 하므로 비공개 심리를 하는 것을 원칙으로 하고 있다.[2]

2. 보호처분의 연혁

　　1958년 소년법 제정 당시에 보호처분은 ① 보호자 또는 적당한 자의 감호에 위탁하는 것, ② 사원, 교회, 기타 소년보호단체의 감호에 위탁하는 것, ③ 병원 기타 요양소에 위탁하는 것, ④ 감화원에 송치하는 것, ⑤ 소년원에 송치하는 것으로 5가지 유형에 불과하였다(제정소년법 제30조). 이후 1963년 소년법 개정을 통해 보호처분의 유형에 보호관찰 처분이 추가되었고, 1988년 소년법 전부 개정을 통해 감화원 송치처분을 폐지하고 보호관찰과 소년원 송치처분을 각각 장·단기로 구분되어 7가지 처분으로 다양화하였다. 기존 보호처분의 종류와 내용이 다양하지 못해 소년의 품행교정을 위해 적절하고 실효성 있는 처분을 내리지 못하고 있다는 지적에 따라 2007년 12월 소년법 일부 개정을 통해 보호처분에 수강명령, 사회봉사명령, 1개월 이내의 소년원 송치 처분이 추가되었고 현재까지 10가지 보호처분 유형이 유지되고 있다.

---

1) 이시균, "단기 소년원송치제도의 효율적 시행방안", 청소년범죄연구 제8집, 법무부, 1990, 153면.
2) 이승현·박성훈·김민영, 보호소년 교화정책의 실효성 분석 및 개선방안 연구, 감사원, 2018, 13면.

〈표 1〉 보호처분 유형의 변화

1958년 제정	1963.7.31. 개정	1988.12.31. 개정	2007.12.21. 개정
- 보호자감호 위탁	- 보호자감호 위탁	- 보호자감호 위탁	- 보호자감호위탁
- 소년보호단체 위탁	- 소년보호단체 위탁	- 단기보호관찰	- 사회봉사명령
- 병원, 요양소 위탁	- 병원, 요양소 위탁	- 장기보호관찰	- 수강명령
- 감화원 송치	- 감화원 송치	- 아동복지시설 위탁	- 단기보호관찰
- 소년원 송치	- 소년원 송치	- 병원, 요양소 위탁	- 장기보호관찰
	- 보호관찰	- 단기소년원 송치	- 아동복지시설 위탁
		- 장기소년원 송치	- 병원, 요양소 위탁
			- 1개월 소년원 송치
			- 단기소년원 송치
			- 장기소년원 송치

현재 보호처분의 종류로는 ① 보호자 또는 보호자를 대신하여 소년을 보호할 수 있는 자에게 감호 위탁(1호 처분), ② 수강명령(2호 처분), ③ 사회봉사명령(3호 처분), ④ 보호관찰관의 단기보호관찰(4호 처분), ⑤ 보호관찰관의 장기보호관찰(5호 처분), ⑥ 아동복지법에 따른 아동복지시설이나 그 밖의 소년보호시설에 위탁(6호 처분), ⑦ 병원, 요양소 또는 보호소년 등의 처우에 관한 법률에 따른 의료재활소년원에 위탁(7호 처분), ⑧ 1개월 이내의 소년원 송치(8호 처분). ⑨ 단기 소년원 송치(9호 처분), ⑩ 장기 소년원 송치(10호 처분) 등 10가지 처분이 있다.

각각의 처분을 하는 경우 가정법원 또는 지방법원 소년부는 소년을 인도하면서 소년의 교정에 필요한 참고자료를 위탁받는 자나 처분을 집행하는 자에 넘겨야 한다(제32조 제3항).

3. 외국의 입법례

우리나라는 소년에 대한 사법절차가 형사처분과 보호처분으로 구분되어 있는데, 우리와 입법체계와 유사한 일본을 제외하고 다른 국가에서는 형사처분과 보호처분 절차가 명확하게 이분화되어 있지 않으나, 하위 처분의 내용은 다양화되어 있다.

일본은 우리나라가 소년사법체계를 계수함에 따라 형사처분과 보호처분이 구별되어 있는 것은 유사하나, 일본소년법 제24조 제1항에서 보호처분의 유형을 '보호관찰소의 보호관찰에 부치는 것', '아동자립지원시설 또는 아동양육시설에 송치하는 것', '소년원에 송치하는 것'으로, 3가지 유형만을 규정하고 있다.[3]

---

3) 田宮 裕·廣瀬 健二 , 注釈少年法(第4版), 有斐閣, 2017, 306頁.

영국은 만 10세 이상 만 18세 미만 소년에 대하여 소년법원에서 형벌과 다른 처분을 할 수 있으되, 이를 우리와 같이 보호처분이라고 명확하게 명칭하고 있지는 않다. 소년에 대한 처분은 구금처분(custody)과 사회내 처분(community), 사회내처우의 병합처분으로 나뉘어져 있다. 절대적 석방, 조건부 석방, 벌금 외에도, 위탁명령(Referral Order), 피해회복명령(Reparation order), 사회복귀명령(Community Rehabilitation Order), 센터 출석 명령(Attendance Centre Order) 등 다양한 처분을 운영하고 있다.[4] 범죄의 중대성, 범죄경력, 공공에 대한 위험성 등을 고려하여 사회내처우가 적당하지 않다고 판단되는 소년에 대하여는 구금 및 훈령명령(Detention and Training Order)을 할 수 있다.[5]

미국은 중대사건을 제외하고 대부분 소년법원에서 사건이 처리되는 것이 원칙이다. 다만 '사건이 경미하여 훈계나 경고로 충분하다고 인정되는 경우, 사건을 법원에서 처리하기보다 다른 사회기관에 위탁하는 것이 적당하다고 인정되는 경우 등'에는 회복적 사법에 의한 비공식적 처리를 할 수 있다. 소년법원에서 실시하는 보호처분으로는 보호관찰(Probation), 대리가정(Foster Home) 위탁처분, 그룹홈(Group Home) 위탁처분, 중간처우시설(Halfway House) 위탁처분, 생존훈련 프로그램(Survival Program), 소년원(Training School) 송치처분 등이 있다.[6]

독일은 우리의 보호처분 형태와는 달리 일반형법에서 분리된 형태의 특별형법이 존재하고 있다. 독일은 소년 대상에 따라 규율법률이 구분되고 있는데, 범죄소년에 대하여는 소년법원법(Jugendgehichtgesetz)에 따라, 방임이나 우범소년에 대하여는 사회법전 제8권 청소년복지지원법(Kinder - und Jugendgehichtgesetz)에 의해 규율되고 있다. 독일 소년형법은 형식은 형사소송법의 적법절차 원칙을 바탕으로 하는 형사처분 형태를 하고 있으나 실질적으로 교육이념과 재사회화를 다루고 있다는 점에서 특징을 가지고 있다.[7]

소년법원법 제5조에 따라 소년부 판사는 범죄소년에 대하여 교육처분

4) 김성돈·강지명, 「형법」상 형사미성년자 연령 설정과 「소년법」상 보호처분과의 관계 — 외국의 입법례를 중심으로 —, 국회입법조사처 정책연구용역보고서, 2012, 39~40면.
5) 이승현, "영국 소년사법제도의 최근동향", 소년보호연구 제18호, 한국소년정책학회, 2012, 168~169면.
6) Clements Bartollas, Juvenile Delinquency(2nd Edition), Macmillan Publishing Company, 1990, pp.93~94, p.441; 이승현·박성훈, 소년강력범죄에 대한 외국의 대응동향 및 정책시사점 연구, 한국형사정책연구원, 2017, 61~64면.
7) 김성돈·강지명, 각주 4)의 책, 53면.

(Erziehungsmaßregel), 징계처분(Zuchtmittel), 소년형(Jugendstrafe)을 할 수 있다. 소년법원법 제5조의 교육처분(Erziehungnassnahme)이 내용에 있어서는 우리의 보호처분과 유사하다고 볼 수 있다. 소년부 판사는 소년법원법 제10조에 따라 소년에 대하여 '거주지와 관련된 지시를 따를 것', '가족과 함께 또는 일정한 곳에서 거주할 것', '직업훈련 또는 고용에 참여할 것', '공익근로를 할 것', '특정인의 원호와 감독에 따를 것', '사회훈련에 참여할 것', '피해자−가해자 조정에 참여할 것', '특정인들과 교제하지 않거나 유흥업소 등에 출입하지 않을 것', '교통교육을 수강할 것' 등 9가지 지시사항을 명할 수 있다.

II. 해   석

1. 보호처분의 종류

가. 보호자 감호위탁(1호)

1호 처분은 보호자 또는 보호자를 대신하여 소년을 보호할 수 있는 자에게 감호를 위탁하는 방식을 말한다. 1호 처분의 기간은 6개월이고, 6개월의 범위 안에서 1차에 한하여 그 기간을 연장할 수 있고, 소년부 판사가 필요하다고 판단한 경우 언제든지 위탁을 종료시킬 수 있다. 소년법 제정 당시 1호 처분은 '보호자 또는 적당한 자의 감호에 위탁'하는 것이었으나, 감호능력이 떨어지거나 감호에 실패한 보호자에게 환경의 개선 없이 비행소년을 그대로 돌려보낸다는 비판에 따라 보호자가 보호능력이 충분치 않은 경우 보호자를 대신하여 보호할 수 있는 자(이를 '위탁보호위원'이라고 함)에게 위탁할 수 있도록 그 근거를 마련하였다.[8]

법원 실무에서 1호 처분은 주로 저연령 초범소년에 대하여 보호자의 보호능력이 있다고 판단되며, 비행내용이 가벼운 경우 보호자에게 감호를 위탁하고, 보호자가 있지만 보호능력이 부족하거나 비행 정도가 가볍지 않는 경우 위탁보호위원에게 감호를 위탁하는 처분을 하며, 비행정도가 시설내 수용 교육을 할 정도가 아니거나 소년의 보호자가 없는 경우 보호를 할 수 있는 종교단체나 시설 등의 관리자를 보호자로 지정하여 처분하기도 한다.[9]

---

8) 한국소년법학회, 소년법, 세창출판사, 2006, 296~297면.
9) 법원행정처, 법원실무제요 소년, 2014, 325면.

보호자감호위탁은 보호자에게 다시 돌려보내기 때문에 처분의 효과가 없다고 인식할 수도 있으나, 보호자에게 주의를 환기시킨다는 점에서 불처분 결정과 다르고, 법원의 절차를 통해 어떠한 처분을 내린다는 점에서 대상소년과 보호자에게 심리적 강제성이 있으며, 위탁 기간 내에서 처분변경을 할 수 있다는 점에서 불처분 결정과 차이점을 가지고 있다.[10]

(1) 보호자에게 감호위탁

보호자 감호위탁에서 보호자란 소년법 제2조의 법률상 감호교육의 의무가 있는 자 또는 현재 감호하는 자를 말하고, 여기에는 친권자, 후견인, 아동복지시설의 장 등이 포함될 수 있다. 소년법원 판사는 제36조에 의하여 제1호 처분을 할 때 위탁받은 자에게 소년에 관한 보고서 또는 의견서의 제출을 요구할 수 있고, 조사관으로 하여금 필요하다고 인정되면 위탁받은 자에게 그 집행과 관련된 사항을 지시할 수 있다.

보호자감호위탁은 기본적으로 보호자 등의 보호능력을 전제로 한다. 따라서 법원은 보호자 등의 보호능력이 미약하거나 훈육방식의 개선 등이 필요하다고 판단하는 경우 필요에 따라 제32조의2 제3항의 보호자 특별교육명령을 내리기도 한다.

(2) 보호자를 대신하는 자에게 감호위탁

보호자를 대신하는 자에게 감호위탁한다는 것은 소년에게 보호자가 없거나 보호자가 있더라도 그 보호자가 소년을 보호할 수 없는 경우 보호자를 대신하여 소년을 보호할 수 있는 자인 위탁보호위원을 통해 보호력을 보강하는 제도를 의미한다. 소년과 자원봉사자인 위탁보호위원과의 일대일 매칭을 통해 인간관계를 형성하고 소년이 스스로 자신의 문제를 해결해가도록 지원하고 돕는 역할을 하고 있다. 이 제도는 1985년 서울가정법원에서 처음 실시하여 긍정적인 반응을 얻게 됨에 따라 이후 제1호 처분의 보완형태로 정착하게 되었다.[11]

위탁보호위원은 보호소년의 신병을 인수하는 '신병인수 위탁보호위원'과 신병을 인수하지 않고 월 1회 이상 상담을 통해 보호소년을 지도하는 '신병불인수 위탁보호위원'으로 구분된다(소년보호절차에 관한 예규 제9조 제1항). 소년심판규칙 제33조 제1항에 따라 가정법원 또는 지방법원장은 정신과 의사, 심리학자, 사회

---

10) 법원행정처, 각주 9)의 책, 326면.
11) 한국소년법학회, 각주 8)의 책, 297면.

사업가, 청소년복지 지원법 제31조 제4호에서 정한 청소년회복지원시설의 종사
자 중 시설장의 자격기준을 충족하는 사람 또는 학식과 덕망이 있는 사람 중에
서 위탁보호위원을 위촉한다. 소년부 판사는 보호자가 없을 경우 또는 보호자나
위탁보호위원으로부터 제출받은 소명자료 등을 검토한 후 보호자가 월평균 수입
이 100만원 미만이거나, 국민기초생활보장법에 따른 수급자, 국가유공자 등 예
우 및 지원에 관한 법률에 의한 국가유공자와 그 유족, 한부모가족지원법에 따
른 보호대상자, 그밖에 감호에 관한 비용을 부담할 경제적 능력이 없는 경우 소
년의 신병을 인수하여 감호를 위탁하는 위탁보호위원에 대해 소년 1인당 월 60
만원의 범위 안에서 그 감호에 관한 비용을 지급할 수 있다(소년보호절차에 관한
예규 제9조 제2항). 위탁보호위원이 소년의 보호에 적당하지 아니하거나 그 직무
를 수행하는 것이 어렵다고 인정될 때에는 소년심판규칙 제33조 제2항에 따라
위촉을 해제할 수 있다.

　　법원은 보호자 감호위탁(1호), 아동복지시설 위탁(6호), 병원, 요양소 등 위탁
(7호) 처분이 확정되면 바로 직권으로 집행감독사건을 개시한다(소년보호절차에
관한 예규 제12조 제1항). 소년부 판사는 집행감독사건에 대하여 제36조의 보고와
의견 제출을 실시하고 적절한 방법으로 감독을 한다(소년보호절차에 관한 예규 제
12조 제4항). 소년의 신병을 인수하여 감호하는 경우 정기적으로 조사관에게 집
행상황을 보고하도록 하고, 집행감독 결과 필요하다고 인정하면 보호처분과 부
가처분을 직권으로 변경할 수 있다(소년보호절차에 관한 예규 제12조 제5항).

나. 수강명령(2호)

　　수강명령은 보호처분의 필요성이 인정된 보호소년에게 일정시간 동안 강의
또는 범죄성 개선을 위한 교육을 받도록 하는 제도이다.[12] 2007년 소년법 개정
으로 수강명령을 보호관찰의 부가처분이 아니라 단독으로 집행할 수 있게 되었
다. 다른 보호처분 유형은 10세 이상 소년에게 실시할 수 있으나 수강명령은 12
세 이상자에게 실시할 수 있고(제32조 제4항), 100시간을 초과할 수 없는 제한 규
정을 두고 있다(제33조 제4항). 구체적인 수강명령 총 시간은 대상자의 개선가능
성, 범죄의 경중, 미결구금의 여부 등을 종합적으로 고려하여 결정한다. 수강시
간은 죄명, 피고인의 성향, 관할 보호관찰의 수강프로그램 등을 고려하여 정하되

---

12) 여성가족부, 2019년 청소년백서, 2020, 513면.

8의 배수가 되도록 한다(보호관찰 및 사회봉사명령 등에 관한 예규 제6조 제4호).

수강명령은 교육을 통해 대상자가 갖고 있는 잘못된 인식이나 행동 습관을 개선하기 위해 교육을 실시하는 것으로, 대상자의 비행내용에 따라 가정폭력 방지교육, 약물 오남용 방지교육, 알코올 남용 방지교육, 정신·심리치료 교육, 성폭력 방지교육, 준법운전강의 등 전문교육을 실시하고 있다. 보호관찰 및 사회봉사명령 등에 관한 예규 제5조 제2호에 따르면 수강명령에 적합한 대상으로는 '본드, 부탄가스를 흡입하는 등 약물남용범죄를 저지른 경우 또는 마약범죄를 저지른 경우', '알코올 중독으로 인한 범죄를 범한 경우', '성폭력범죄와 같이 심리정서상의 특이한 문제와 결합된 범죄를 저지른 자로서 적절한 프로그램을 통해 치료를 받을 필요가 있는 경우', '기타 수강명령을 부과하는 것이 적절하다고 판단되는 경우'로 보고 있다. 수강명령은 주로 무면허운전, 교통사고처리특례법 위반사건, 성폭력사건에 대하여 많이 실시하고 있다.[13]

소년부 판사는 수강명령을 할 경우 소년이 이행하여야 할 총 수강시간과 집행기관을 정해야 하고, 필요한 경우 수강할 강의의 종류나 방법 및 그 시설 등을 지정할 수 있다(소년심판규칙 제31조 제2항). 소년부 판사는 보호관찰소 외에도 청소년폭력예방재단, 청소년희망재단, 탁틴내일 등을 수강명령 기관으로 지정하여 각 기관의 특화된 프로그램에 따라 일반적으로 20시간 내외에서 수강시간을 정하고 있다.

다. 사회봉사명령(3호)

사회봉사명령이란 법원이 비행소년에 대하여 시설내 수용을 하는 대신에 일상생활을 영위하면서 일정시간 무보수로 사회에 유익한 근로를 하도록 명령하는 제도로, 사회봉사명령을 통하여 범죄에 대한 처벌, 피해자에 대한 배상, 범죄에 대한 반성을 유도하는 교육적 효과를 목표로 하고 있다. 소년에 대한 사회봉사명령의 집행은 처벌보다는 교육효과에 중점을 두고 노인, 장애인 등 생활복지시설에서 사회봉사활동을 통해 범죄에 대해 반성할 수 있는 계기를 마련하고 있다.[14]

법원실무에서 사회봉사명령은 주로 절도, 사기사건이나 폭행, 상해, 공갈사건에서 피해회복이 되지 않은 경우, 소년이 학교에 다니지 않고 무위도식하는 경우에 실시하고 있다.[15] 보호관찰 및 사회봉사명령 등에 관한 예규 제5조 제2

---

13) 법원행정처, 각주 9)의 책, 332~333면.
14) 여성가족부, 각주 12)의 책, 512면.
15) 법원행정처, 각주 9)의 책, 332면.

호에서 사회봉사명령에 적합한 소년으로, '부모의 과잉보호로 인하여 자기중심
적이고 배타적인 성격을 가진 경우', '생활궁핍의 경험이 없는 경우', '근로정신이
희박하고 무위도식하는 경우', '퇴폐향락과 과소비에 물든 경우', '경미한 비행을
반복함으로써 가정에서 소외된 경우', '기타 사회봉사명령을 하는 것이 적절하다
고 판단하는 경우'로 열거하고 있다. 그러나 '마약이나 알코올 중독으로 범죄를
저지른 경우', '상습적이거나 심한 폭력 또는 성적 도착에 의한 범죄를 범한 경
우', '정신질환이나 심한 정신장애의 상태에 있는 경우', '보안관찰의 대상이 되는
공안범죄를 범한 경우'에는 사회봉사명령 대상자로 적합하지 않다고 보고 있다
(보호관찰 및 사회봉사명령 등에 관한 예규 제5조 제4호).

　　2007년 소년법 개정으로 인해 사회봉사명령을 단독으로 결정할 수 있게 되
었다. 사회봉사명령은 14세 이상자에게만 할 수 있고(제32조 제3항), 200시간을
초과할 수 없다(제33조 제4항). 구체적인 사회봉사명령 총 시간은 대상자의 개선
가능성, 범죄의 경중, 미결구금의 여부 등을 종합적으로 고려하여 결정한다. 소
년보호사건에서의 사회봉사시간은 200시간의 범위에서 8의 배수가 되도록 한다
(보호관찰 및 사회봉사명령 등에 관한 예규 제6조 제2호).

　　소년부 판사는 사회봉사명령을 할 경우 소년이 이행하여야 할 총 사회봉사
시간과 집행기관을 정해야 하고, 필요한 경우 사회봉사의 종류나 방법 및 그 대
상이 될 시설 등을 지정할 수 있다(소년심판규칙 제31조 제2항). 사회봉사명령은
보호관찰소에서 직접 집행하는 경우도 있으나, 노인요양시설이나 기타 사회복지
시설에서 협력하여 집행하는 경우도 많다. 사회봉사명령의 작업유형으로는 자연
보호활동(공원, 하천 등 제초작업 및 오물수거), 복지시설 및 단체봉사활동(양로원,
고아원, 장애인 시설지원, 사회복지기관의 복지관련 사업보조 등), 공공시설 봉사활동
(고속도로 국도변 쓰레기 수거, 도서관 장서정리, 공공시설 보수, 재해복구활동), 대민지
원봉사활동(응급실 인력보조, 환자 간병보조, 재활용사업 지원, 모내기, 과일수확, 문화
재 보수, 쓰레기 분리수거, 소외계층에 대한 기초생활 지원활동) 등이 있으나, 비행소
년들은 주로 복지시설 봉사활동을 위주로 실시하고 있다.

　　라. 장·단기 보호관찰(4호, 5호)
　　4호 처분인 단기보호관찰과 5호 처분인 장기보호관찰은 보호관찰관의 지도
와 감독 하에 시설에 수용되지 않고 가정 또는 학교·직장 등에서 정상생활을 유

지하는 사회내 처우를 말한다. 1989년 7월 1일부터 소년범에 대한 보호관찰이 처음 실시되었고, 이후 보호관찰제도가 범죄자 성행 교정 및 재범방지에 효과가 있다고 인정되어 1994년 성폭력사범, 1997년 성인형사법, 1998년 가정폭력사범, 2004년 성매매사범, 2008년 특정범죄자 전자감독에까지 대상이 확대되었다.

　　보호관찰 전체 실시인원 중 소년보호관찰 대상자의 비율은 높지 않지만, 소년의 변화가능성과 잠재력 등을 고려하여 소년범에 대하여는 집중적인 보호관찰을 실시하고 있고, 지역사회 자원과 연계하여 재범방지 전문프로그램을 운영하고 대상자가 필요로 하는 지역사회 자원과 연계하여 보호관찰을 실시하고 있다.

　　보호관찰은 자체로 단독처분이긴 하나, 시설 안에 수용을 전제로 하지 않기 때문에 1호 보호자감호위탁 또는 8호 1개월 이내의 초단기 소년원 송치에 병합하는 것이 일반적인 형태이다. 법원 실무에서 동종범죄전력이 많거나, 약물사범, 무면허·음주운전사범과 같이 상습성이나 재범의 위험성이 있는 경우 또는 장시간의 사회봉사를 명하는 경우 사회봉사나 수강명령과 함께 보호관찰을 병과하는 것을 적극 고려하고 있다(보호관찰 및 사회봉사명령 등에 관한 예규 제2조 제2항).

　　4호 처분은 1년 동안 단기 보호관찰을 받는 것이고 제5호 처분은 2년 동안 장기 보호관찰을 받는다(제33조 제2항, 제3항). 소년부 판사는 보호관찰관의 신청에 따라 결정으로 1년의 범위에서 한 번에 한해 보호관찰 기간을 연장할 수 있다(제33조 제3항 단서). 장기보호관찰의 연장 신청은 반드시 서면으로 하여야 하고, 서면에는 보호관찰을 계속할 상당한 이유를 기재하고 이를 소명하여야 한다(소년심판규칙 제35조).

　　보호관찰은 보호관찰소에서 직접 집행되고 있다. 보호관찰 대상소년은 보호관찰 등에 관한 법률 제32조 제2항에 따라 일반준수사항을 지켜야 한다. 보호관찰 대상소년은 일반준수사항으로 '주거지에 상주하고 생업에 종사할 것', '범죄와 이어지기 쉬운 나쁜 습관을 버리고 선행을 하며 범죄를 저지를 염려가 있는 사람들과 교제하거나 어울리지 말 것', '보호관찰관의 지도와 감독에 따르고 방문하면 응대할 것', '주거를 이전하거나 1개월 이상 국내외 여행을 할 때에는 미리 보호관찰관에게 신고할 것'을 지켜야 한다. 법원 및 보호관찰 심사위원회는 범죄의 내용과 종류, 본인의 특징 등을 고려하여 특별준수사항을 준수할 것을 요청할 수 있다. '야간 등 재범의 기회나 충동을 줄 수 있는 특정시간대의 외출제한', '특정장소에의 출입금지', '피해자 등 재범의 대상이 될 우려가 있는 특정인에 대한 접근금지', '범죄행위로 인한 손해를 회복하기 위해 노력할 것', '일정한 주거가 없는 자에 대한 거주 장소 제한', '사행행위에 빠지지 아니할 것', '일정량 이상의 음주를 하지 말 것', '마약 등 중독성 있는 물질을 사용하지 아니할 것', '마약류 관리법상의 마약류 투약, 흡연, 섭취 여부에 관한 검사에 따를 것' 등이 부과될 수 있다. 보호관찰 소년에게는 주로 금연, 무단결석 금지, 특정 시간대 외출 금지 등이 특별준수사항으로 부과되고 있다. 보호관찰을 받고 있는 소년이 준수사항을 위반하고 그 정도가 무거워 보호관찰을 계속하는 것이 적절하지 않다고 판단되는 경우 보호관찰소의 장은 보호관찰 소재지를 관할하는 법원에 보호처분의 변경을 신청할 수 있다(보호관찰 등에 관한 법률 제49조 제1항).

보호관찰은 보호관찰 기간이 지난 때나 보호처분이 변경된 때, 보호관찰이 정지된 임시퇴원자가 보호소년 등의 처우에 관한 법률 제43조 제1항의 나이가 된 때에 종료한다(보호관찰 등에 관한 법률 제51조 제1항). 보호관찰 대상자가 보호관찰 기간 중 금고 이상의 형의 집행을 받은 경우 해당 형의 집행기간동안 보호관찰 대상자에 대한 보호관찰 기간은 계속 진행되고, 해당 형의 집행이 종료·면제되거나 보호관찰 대상자가 가석방된 경우 보호관찰 기간이 남아있는 때에는 그 잔여기간 동안 보호관찰을 집행한다(보호관찰 등에 관한 법률 제51조 제2항).

보호관찰심사위원회는 보호관찰 대상자의 성적이 양호할 때 보호관찰소의 장의 신청을 받거나 직권으로 보호관찰을 임시해제할 수 있고(보호관찰 등에 관한 법률 제52조 제1항), 임시해제 중에는 보호관찰을 하지 않지만 보호관찰 대상자는 준수사항을 계속 지켜야 한다(보호관찰 등에 관한 법률 제52조 제2항). 임시해제 결정을 받은 사람에 대하여 다시 보호관찰을 하는 것이 적절하다고 인정되면 보호관찰소의 장의 신청을 받거나 직권으로 임시해제 결정을 취소할 수 있고(보호관찰 등에 관한 법률 제52조 제3항), 임시해제결정이 취소된 경우 그 임시해제기간을 보호관찰기간에 포함한다(보호관찰 등에 관한 법률 제52조 제4항).

마. 아동복지시설 위탁

6호 처분이란 아동복지법상 아동복지시설 기타 소년보호시설에 감호를 위탁하는 것으로, 소년원 등 시설내 처우와 사회내 처우의 사이에 있는 중간처우의 형태라는 것이 특징이다. 6호 처분은 소년을 적절한 환경이 마련된 수탁기간에 일정기간 보호수용하면서 적극적인 인성교육 등을 통해 자신의 과거 비행을 뉘우치고 건전한 가치관과 생활태도를 길러 재비행을 막고, 학과 및 직업교육을 통해 사회적응력을 기르게 한다는 점에서 장점을 가지고 있다.

6호 처분은 ① 비행정도가 낮지만 보호자나 가족이 전혀 없는 무의탁 소년으로 방치할 경우 비행반복의 위험성이 큰 경우, ② 소년이 이미 4호나 5호의 처분을 받은 전력이 있으면서 재범하였고 개선가능성은 있지만 보호자나 가족의 보호능력이 미약한 경우, ③ 아직 9호나 10호 처분 전력은 없지만 비행정도가 높은 소년으로서 국가기관에 의해 엄격한 제도적 선도보다는 온정적 보호에 의한 선도를 기대할 수 있는 경우에 적용하고 있다.[16)]

'아동복지시설'이란 국가 또는 지방자치단체에 보호자가 없거나 보호자로부터 이탈된 아동, 또는 보호자가 아동을 학대하여 보호자가 아동을 양육하는 것이 부적절하거나 양육할 능력이 없는 경우 18세 미만 아동을 보호하는 복지시설을 말한다. 아동복지법 제52조에 의한 아동복지시설로는 아동양육시설, 아동보호치료시설, 공동생활가정, 자립지원시설, 아동상담소, 아동전용시설, 지역아동센터 등이 포함되나, 아동보호치료시설이 대표적이다. 아동보호치료시설은 ① 불량행위를 하거나 불량행위를 할 우려가 있는 아동으로서 보호자가 없거나 친권자나 후견인이 입소를 신청한 아동 또는 가정법원, 지방법원 소년부 지원에서 보호 위탁된 19세 미만 사람을 입소시켜 치료와 선도를 통해 건전한 사회인으로 육성하는 목적으로 하거나 ② 정서적·행동적 장애로 인하여 어려움을 겪고 있는 아동 또는 학대로 인하여 부모로부터 일시 격리되어 치료받을 필요가 있는 아동을 보호·치료하는 시설이다. 아동복지시설 위탁처분은 제정소년법에서 '소년보호단체, 사원 또는 교회의 감호에 위탁하는 것'으로 존재하고 있었으나, 소년보호시설들이 점차 다양화되고 소년보호시설이 아동복지법상 아동복지시설로 신고하게 되면서 국가 및 지방자치단체의 재정지원과 감독을 받게 되었다.

아동복지시설 위탁처분은 6개월이고, 6개월의 범위 안에서 그 기간을 연장할 수 있다. 법원장은 소년심판규칙 제34조 제1항에 의해 아동복지시설 기타 소년보호시설의 수탁기관을 지정하여야 하고, 위탁기간을 지정할 때에는 미리 시설 운영자와 협의하여 위탁받는 기관이 소년에 대한 환경조정과 품행의 교정에 적절한 곳인지를 파악해야 한다(소년심판규칙 제34조 제5항). 소년부 판사는 위탁

---

16) 법원행정처, 각주 9)의 책, 351면.

지정 기관에 대하여 보호소년 1인당 월 30만원의 범위 안에서 비용을 지급할 수
있다(소년보호절차에 관한 예규 제10조 제1호). 법원장은 언제든지 법원소속 공무원
으로 하여금 위탁기관이 소년의 보호에 충분한 시설을 가지고 있는지 여부와 운
영 실태를 조사, 보고하도록 하고 이에 부적당하다고 인정되는 경우 위탁기관
지정을 취소할 수 있다(소년심판규칙 제34조 제6항).

바. 병원 및 요양소 등 위탁

제7호 처분은 정신질환 또는 신체장애 등이 있는 비행소년을 치료하기 위
해 병원이나 요양소, 의료소년원에 위탁하는 것이다. 비행사실보다는 소년의 정
신건강 상태를 고려하여 치료와 회복을 목적으로 처분을 실시하고 있어서 소년
보호이념에 부합되는 처분이다. 본드 등 약물에 의존하는 경향이 강한 소년, 정
신분열증, 반사회적 인격 장애 등의 정신질환을 갖고 있는 소년을 대상으로 적
용하고 있다. 병원, 요양소 등 위탁 기간은 6개월이고, 6개월의 범위 안에서 1차
에 한하여 그 기간을 연장할 수 있다(제33조 제1항).

소년부 판사는 위탁받는 자를 지정하여 보호처분 결정을 하고, 그 즉시 보
호처분 결정문과 감호비용의 국가부담결정문의 각 등본 및, 위탁의뢰서를 보호
소년의 참고가 될 자료와 함께 위탁받는 자에게 보내야 한다(제32조 제5항, 소년
보호절차에 관한 예규 제6조 제3항). 소년부 판사는 보호자가 감호에 관한 비용을
부담할 경제적 능력이 있는지를 확인하고 보호자로부터 소년부판사가 지정할 위
탁병원 또는 요양소에 상당기간의 감호에 관한 비용을 미리 지급하였거나 지급
하겠다는 취지의 서류를 제출받은 후에 보호처분 결정을 해야 한다(소년보호절차
에 관한 예규 제6조). 위탁으로 인한 치료비 등 감호비용은 원칙적으로 소년의 보
호자가 전부 또는 일부를 부담하는 것을 원칙으로 하나, 보호자가 부담할 능력
이 없는 경우 법원 소년부가 이를 지급할 수 있다(제41조). 소년부 판사는 보호자
가 없거나 보호자로부터 제출받은 소명자료를 검토하여 '보호자가 월평균 수입
이 100만원 미만인 사람'이거나, '국민기초생활보장법에 따른 수급자', '국가유공
자 등 예우 및 지원에 관한 법률에 의한 국가유공자와 그 유족', '한부모가족지
원법에 따른 보호대상자', '그밖에 감호에 관한 비용을 부담할 경제적 능력이 없
는 경우' 감호에 관한 비용의 전부 또는 일부를 국가가 부담하기로 하고 병원 등
에 위탁처분 결정을 할 수 있다(소년보호절차에 관한 예규 제6조 제2항).

사. 소년원 송치

소년원은 법원 소년부의 보호처분에 의해 송치된 10세 이상 19세 미만 비행소년을 수용하고 보호하면서, 초·중등교육법에 의한 교과교육, 근로자직업능력개발법에 의한 직업능력개발훈련, 약물남용·발달장애·신체질환 등으로 집중치료나 특수교육이 필요한 소년에 대한 의료 및 재활교육과 심리치료, 인성교육 등을 병행하여 전인적인 성장과 발달을 도모하고 안정적인 사회복귀를 지원하는 기관이다. 1942년 소년원 설립 당시에는 교육보다는 수용에 중점을 두었으나, 1988년 초·중등교육법에 의한 정규 학교체계로 전환되었고, 1999년 직업교육과 실용외국어 및 컴퓨터 등 특성화교육체계로 변화하였다. 소년원 인력부족으로 교육과 야간감호업무를 병행하던 형태를 2020년 9월부터 인력 충원을 통해 교육전담인력과 야간감호인력을 분리하여 '교육·수용 전담제'를 실현하고 있다.

보호소년 등의 처우에 관한 법률 제43조에 따라 소년원장은 보호소년이 22세가 되면 퇴원시켜야 한다. 소년법 제32조와 제33조의 수용상한기간에 이른 경우 즉시 퇴원시켜야 하고, 교정성적이 양호하여 교정목적을 달성하였다고 인정되는 보호소년에 대하여는 보호관찰 심사위원회에 퇴원을 신청할 수 있다.

(1) 1개월 이내의 소년원 송치

8호 처분은 소년원에 일정기간 수용된다는 점에서 시설내처우이지만 대부분 장기보호관찰과 병합되는 형태로 실시되므로 사회내처우의 성격도 지니고 있다. 따라서 8호 처분은 시설내 처우와 사회내처우가 결합된 혼합형태의 처우이다.[17]

2007년 소년법 개정 당시 논의되었던 8호 처분은 짧은 기간의 구금이 비행 상황을 단절시키고 예방교육을 함으로써 재사회화를 할 수 있다는 목적으로 '쇼크구금'으로 논의되었다. 그러나 쇼크구금이 짧은 기간 자유를 박탈함으로 오히려 비행을 교정할 수 있는 시간적 여유를 갖기 보다는 시설내 수용으로 오히려 비행을 학습할 수 있다는 비판과 인권침해 여부 논란이 제기되면서 운영방식이 전환되어 개방처우를 접목한 인성교육 중점으로 변경되었다.[18]

8호 처분은 수용경험이 없는 소년을 대상으로 하고 있고, 장기보호관찰과

---

17) 이승현·강경래, 소년원의 처우방안에 대한 연구 —8호처분을 중심으로—, 한국형사정책연구원, 2010, 33~34면.
18) 이승현, 8호처분 교육과정의 성과분석을 통한 실효성 확보방안 연구, 한국형사정책연구원, 2014, 24면.

병합하고 있다. 소년부 판사가 8호 처분을 명할 때 5호 처분과 병합하는 등 필요하다고 인정할 때 소년이 입원하여야 할 소년원과 입원연월일을 지정할 수 있다(소년심판규칙 제31조 제3항). 남자소년의 경우 전주소년원에, 여자소년의 경우 청주소년원에서 교육을 받는다. 8호 처분은 일반적으로 1개월 이내 소년원에 수용되어 인성교육, 준법교육, 체험교육 등을 받게 된다.

(2) 단기·장기 소년원 송치

9호 처분은 6개월 이내의 범위에서 소년원에 송치되는 처분이고, 10호 처분은 2년 이내의 범위에서 소년원에 송치되는 처분이다. 소년원에 수용된 소년은 보호소년 처우지침에 따라 처우에 관한 사항을 지도받게 된다. 소년원장은 보호소년에 대한 분류처우를 실시하고 보호소년의 특성에 따라 초·중등교육, 직업능력개발훈련, 인성교육, 의료재활교육을 실시한다(보호소년 처우지침 제12조, 제13조). 원칙적으로 만 15세가 되지 않은 소년에 대하여는 직업능력개발훈련을 실시하지 않는다(보호소년 처우지침 제13조 제2항). 다만, 수용기간 중 만 15세가 도래할 것이 예정된 소년에 대해서는 본인과 보호자가 희망하는 경우에 한하여 직업능력개발훈련 처우를 할 수 있다.

〈표 2〉 소년원 교육단계

입원교육	생활 안내, 처우심사(개별처우계획 수립, 학교지정)
↓	
기본교육	• 교과교육: 중·고등학교 교육과정, 검정고시 및 수능지도 • 직업능력개발훈련: 제과제빵. 헤어디자인 등 • 의료재활교육: 신체질환, 약물남용, 정신·발달장애소년 대상 의학적·심리적 치료, 특수교육, 사회적응훈련 • 인성교육: 집단상담, 사회봉사활동, 체육교육 • 특별활동: 현장체험학습, 봉사활동, 문화예술교육, 행사
↓	
사회복귀교육	진로상담, 사회적응지도, 취업알선, 자립지원
↓	
출원	임시퇴원, 특별임시퇴원, 퇴원, 계속 수용
↓	
사회정착지원	담임 사후지도, 민관협력 자립지원

※ 출처: 법무부 범죄예방정책국 홈페이지.

〈표 3〉 소년원별 교육과정

구분	기관(학교명)	대상	교육과정
서울 경기권	서울소년원 (고봉중·고등학교)	9호, 10호	• 중·고등학교 교과교육 • 직업능력개발훈련(제과제빵, 한식조리, 헤어디자인) • 보호자교육
	안양소년원 (정심여자정보산업학교)	9호, 10호	• 중·고등학교 교과교육(女) • 직업능력개발훈련(피부미용·제과제빵) • 보호자교육
중부권	대전소년원 (대산학교)	7호, 9호, 10호	• 의료·재활교육 • 위탁소년 인성교육 • 보호자교육, 분류심사
	청주소년원 (미평여자학교)	8호, 9호	• 8호처분자 교육(女) • 직업능력개발훈련(예술분장, 바리스타, 헤어디자인, 제과제빵) • 인성교육, 보호자교육
호남권	전주소년원 (송천정보통신학교)	8호, 9호, 10호	• 중·고등학교 교과교육 • 8호처분자 교육(男) • 직업능력개발훈련(헤어디자인, 공간디자인)
	광주소년원 (고룡정보산업학교)	9호, 10호	• 직업능력개발훈련(자동차정비·용접·건설기계조종사면허·신재생에너지) • 인성교육 • 분류심사, 위탁소년 인성교육, 보호자교육
영남권	대구소년원 (읍내정보통신학교)	9호, 10호 위탁	• 인성교육 • 직업능력개발훈련(제과제빵, 바리스타, 케이크디자인) • 분류심사, 위탁소년 인성교육, 대안교육, 보호자교육
	부산소년원 (오륜정보산업학교)	10호 위탁	• 직업능력개발훈련(자동차정비·자동화용접·제과제빵·헤어디자인) • 분류심사, 위탁소년 인성교육, 보호자교육
강원	춘천소년원 (신촌정보통신학교)	9호, 10호	• 인성교육 • 직업능력개발훈련(헤어디자인, 미디어콘텐츠, 디저트) • 분류심사, 위탁소년 인성교육, 보호자교육
제주권	제주소년원 (한길정보통신학교)	8호, 9호, 10호	• 인성교육 • 직업능력개발훈련(제과제빵·골프매니지먼트) • 8호처분자(제주지역男) 교육 • 위탁소년 인성교육, 대안교육, 보호자교육, 분류심사, 상담조사

※ 출처: 법무부 범죄예방정책국 홈페이지.

2. 보호처분의 병합

형사처분과 달리 소년법에서의 보호처분은 소년의 비행력과 개선가능성 및 요보호성을 고려하여 소년의 개별적인 특성에 맞게 실시하기 위해 각각의 처분을 병합할 수 있다. ① 1호, 2호, 3호, 4호 처분, ② 1호, 2호, 3호, 5호 처분, ③ 4호 처분과 6호 처분, ④ 5호 처분과 6호 처분, ⑤ 5호 처분과 8호 처분 상호간에는 그 전부 또는 일부를 병합할 수 있다(제32조 제2항).

〈표 4〉 보호처분의 병합 형태

처분	1호	2호	3호	4호	5호	6호	7호	8호	9호	10호
1호		◆	◆	◆	◆					
2호	◆		◆	◆	◆					
3호	◆	◆		◆	◆					
4호	◆	◆	◆			◆				
5호	◆	◆	◆			◆		◆		
6호				◆	◆					
7호										
8호					◆					
9호										
10호										

3. 보호처분의 효과

제35조 제5항에서 "소년의 보호처분은 그 소년의 장래 신상에 영향을 미치지 아니한다."라고 규정하고 있는데, 이는 보호처분은 소년의 죄질보다 요보호성에 중점을 두고 소년의 건전한 육성을 목적으로 하는 만큼 보호처분을 받는 소년이 장래에 어떠한 불이익을 받지 않도록 함과 동시에 범죄자라는 부정적 낙인을 받지 않도록 함을 목적으로 하고 있다. 이에 따라 보호처분을 받은 소년에 대하여는 형법 및 관련법상 불이익에 관한 규정을 적용하지 않는다. 형법 제43조와 제44조의 형의 선고를 받은 자에게 적용되는 불이익인 자격상실 및 자격정지에 관한 규정이 적용되지 않는다. 또한, 소년법상 보호처분을 받은 사실이 상

습성의 인정자료로 활용될 수 있으나[19], 형법 제35조의 누범가중 규정이 적용되지 않는다. 보호처분을 받은 자에게는 형법 제62조 내지 제65조의 집행유예의 요건 등에 관한 규정을 적용받지 않으며, 형의 실효에 관한 법률에서 전과기록 및 수사경력자료 관리에 관한 규정의 적용을 받지 않는다.[20]

---

19) 대법원 1973.7.24. 선고 73도1255 판결.
20) 이승현·박성훈·김민영, 각주 2)의 보고서, 14면.

제32조의2(보호관찰에 따른 부가처분 등)

① 제32조 제1항 제4호 또는 제5호의 처분을 할 때에 3개월 이내의 기간을 정하여 보호소년 등의 처우에 관한 법률에 따른 대안교육 또는 소년의 상담·선도·교화와 관련된 단체나 시설에서의 상담·교육을 받을 것을 동시에 명할 수 있다.

② 제32조 제1항 제4호 또는 제5호의 처분을 할 때에 1년 이내의 기간을 정하여 야간 등 특정 시간대의 외출을 제한하는 명령을 보호관찰대상자의 준수 사항으로 부과할 수 있다.

③ 소년부 판사는 가정상황 등을 고려하여 필요하다고 판단되면 보호자에게 소년원·소년분류심사원 또는 보호관찰소 등에서 실시하는 소년의 보호를 위한 특별교육을 받을 것을 명할 수 있다.

〈세 목 차〉

Ⅰ. 취   지

1. 법적 성격

소년법 제32조 제1항에 규정된 각 호의 보호처분은 상호 대등한 지위를 기반으로 한 독립처분인 반면, 소년법 제32조의2의 제1항과 제2항은 보호관찰 처분 결정 시에만 부과할 수 있고, 제3항은 보호처분 결정 시에 부과가 가능한 종속처분이다. 소년법 제32조의2의 제1항은 제32조 제1항 제4호의 단기보호관찰 또는 제5호의 장기보호관찰 처분을 할 때에 3개월 이내의 기간을 정하여 대안교육과 상담·교육을 받을 것을 동시에 명할 수 있는 부가처분이다. 제2항도 제1항과 마찬가지로 제32조 제1항 제4호 또는 제5호의 보호관찰 처분을 할 때에 보호관찰대상자에게 1년 이내의 기간을 정하여 특정 시간대에 외출을 제한하는 준수사항을 부과하는 부가처분이다. 제3항은 소년부 판사가 제32조 제1항의 보호처분 결정시 소년의 가정상황 등을 고려하여 필요하다고 판단되면 보호자에게 소년원·소년분류심사원 또는 보호관찰소 등에서 소년의 보호를 위한 특별한 교육을 받을 것을 명하는 부가처분이다.

2007년에 개정된 소년법(법률 제8722호, 2007.12.21.)의 제·개정이유[1]를 살펴보면, 청소년 인구의 감소에 따라 소년사건 수가 감소하고 있음에도 불구하고 소년범의 재범률은 높은 수준을 유지하고 있고, 범죄가 흉포화되고 있는 현실을 반영하여 처벌 위주에서 교화·선도 중심으로 소년사법체계를 개선하고자 하였다. 또한 보호처분의 종류와 내용이 다양하지 못하여 소년의 품행 교정을 위한 적절하고 실효성 있는 처분을 내리지 못하고 있다는 지적도 있어 이를 반영하여 보호관찰에만 병합하도록 되어 있는 사회봉사명령과 수강명령을 독립된 보호처분으로 하여 활용을 확대하고, 1개월 이내 소년원 송치 처분을 신설하였으며, 인성교육 위주의 대안교육과 청소년 단체 상담·교육, 외출제한명령, 보호자 교육명령제도 등을 도입하게 되었다.

이처럼 소년법 제32조의2는 교화·선도 중심으로 소년사법체계를 개선하고, 보호처분의 다양화와 내실화는 물론 소년의 품행교정을 위한 실효적인 처분으로서의 내용을 담고 있는 신설조항이다.

2007년 소년법 개정 당시 처분의 다양화 요구를 반영하여 보호관찰에만 병합처분 되었던 사회봉사명령과 수강명령은 독립된 처분으로 확대하고, 1개월 이내 소년원 송치 처분을 신설하여 종전의 7가지 유형의 처분을 현행 10가지 유형의 처분으로 세분화하였다. 반면 제32조의2는 조문의 제목에서 '보호관찰처분에 따른 부가처분 등'으로 부가처분임을 명시적으로 규정한 유일한 조문이며, 소년법 제32조 제2항의 독립처분으로서 각 호 안의 처분 상호 간에 전부 또는 일부를 병합할 수 있는 병합처분과도 구별된다. 제32조의2는 독립된 처분은 아니지만 비행청소년과 관련된 교육·상담기관의 참여와 보호자에게도 자녀교육에 대한 일정한 책임을 부과한다는 측면에서 보호처분의 다양화와 내실화는 물론 그 실효성을 담보하는 처분이라 할 수 있다.

---

1) 국가법령정보센터, 소년법, 제정·개정이유 참조.

2. 보호처분의 성격과 책임문제 검토

소년법 제32조의2는 보호처분의 성격규정은 물론 책임과 관련하여 견해가 다양할 수 있다.

보호처분의 성격에 대하여 보안처분의 일종으로 볼 것인지 아니면 사회복지처분의 일종으로 볼 것인지에 대하여는 논란이 있어 왔다.[2] 보호처분이 범죄적 위험성에 대처하기 위한 수단이라는 점에서 보안처분과 공통점을 갖고 이러한 이유에서 보호처분을 넓은 의미의 보안처분의 일종으로 보는 견해가 다수의 지지를 받고 있다.[3] 그러나 보안처분은 '형벌을 보충 내지 보완'하는 처분이지 형벌을 대체 내지 회피하는 처분이 아니다.[4]

한편 보호처분은 형벌을 보충 내지 보완하는 것이 아니라 '형벌을 대체 내지 회피'하기 위한 처분으로 보안의 목적은 처음부터 존재하지 않고 교육·개선의 목적만 존재하는 것으로 이해해야 한다는 점에서 보안처분과는 큰 차이가 있다. 무엇보다도 보호처분에서의 보호는 일차적으로 소년자신의 보호이지 사회의 보호는 아니지만, 보안처분은 사회보호를 일차적 목적으로 하는 것이라고 해야 할 것이다. 또 보호처분제도의 근간이 되는 보호주의 내지 국친사상은 보호처분에 있어 비단 소년의 범죄적 위험성의 제거에만 목적을 두는 것이 아니라 복지적 성격을 가지고 있다. 이러한 측면에서 소년법 제32조의2의 제1항과 제3항은 범죄의 방지와 억제라는 형사정책적 요청에서 발전된 보안처분의 성격보다는 소년의 보호와 환경개선이라는 복지정책적 요청이 다른 보호처분에 비해 보다 적극적으로 반영된 것으로 판단된다.

보호처분과 책임문제와 관련하여 보호처분에 있어 비행사실과 요보호성이 요구된다는 점에 있어서는 이견이 없는 것으로 보이나, 다만 보호처분을 부과함에 있어 당사자인 소년에 대한 책임능력을 요구할 것인가와 관련하여서는 책임능력을 요건으로 보는 견해와 그렇지 않은 견해로 나뉘어 있다.[5] 소년의 건전한

---

2) 정희철, "비례성원칙과 보호처분 : 해석론과 적용가능성을 중심으로", 형사정책연구 제18권
   제4호, 한국형사정책연구원, 2007, 190면.
3) 배종대, 형사정책[제10판], 홍문사, 2016, 525면.
4) 최종식, "소년법상 보호처분의 본질에 관한 고찰", 소년보호연구 제3호, 한국소년보호학회,
   2001, 231면.
5) 최종식, 각주 4)의 논문, 227~228면.

육성을 목적으로 하는 보호처분에 있어 책임능력을 요구하고 책임능력이 없는 소년에 대해서는 보호처분을 부과할 수 없다고 하면 책임능력이 없다는 이유만 으로 보호처분을 받지 못하게 되므로 소년보호처분에 있어 책임능력을 요구하지 않는 것이 타당할 것으로 보인다.[6]

　　제32조의2 제3항의 보호자 특별교육은 당사자인 소년의 책임능력에 따른 개별책임 부과의 범위를 넘어 소년의 감호책임이 있는 보호자에게도 일정한 책 임을 부여한다는 측면에서 비행소년에 대한 보호자의 대리책임을 적극적으로 인 정한 조항이며, 법의 일반원칙인 개별책임에 대한 예외규정이라고 할 수 있다.[7] 이는 기존의 보호자에 대한 감호위탁 처분 등으로는 비행 환경적 요인으로 작용 하는 가정에 대한 개입이 부족하다는 취지에서 새롭게 도입된 것으로 판단된다.

Ⅱ. 해　　석

1. 소년법 제32조의2 제1항의 3개월 이내 대안교육 및 상담ㆍ교육

　　제1항은 보호관찰처분의 부가처분으로 3개월 이내의 대안교육 또는 소년의 상담ㆍ선도ㆍ교화와 관련된 단체나 시설에서의 상담ㆍ교육명령이 도입되었다. 제1 항의 대상자로 제32조 제1항 제4호의 보호관찰관의 단기보호관찰 또는 제5호의 보호관찰관의 장기보호관찰 처분을 받은 보호관찰대상자로 한정하고 있다.

　　여기서 ‘3개월 이내의 기간’을 교육기간 또는 기한으로 해석할 것인가에 의 견이 다를 수 있다. 먼저 교육기간으로 해석한다면 독립처분인 소년법 제32조 제1항의 제2호의 수강명령처분과 제3호의 사회봉사명령처분도 다른 법률과 달 리 각각 100시간과 200시간으로 한정하고 있다. 이에 비추어 부가처분인 대안교 육과 상담ㆍ교육 명령의 기간을 3개월 이내로 해석한다면 처분의 형평성은 물론 지나치게 가혹하고 자의적일 수 있다. 따라서 본 조항의 ‘3개월 이내의 기간’은 처분할 때를 기점으로 한 기한으로 해석되어야 한다고 판단된다.

　　대안교육의 실시는 보호소년 등의 처우에 관한 법률에 따르도록 하고 있는 데, 동법 제42조의2(대안교육 및 비행예방 등)는 제1항에서 "소년원 및 소년분류심

---

6) 김혜정, "소년법상 보호처분의 성격과 전자장치부착명령 요건과의 관계", 형사판례연구 제21 권, 한국형사판례연구회, 2013, 625면.
7) 이형재, "한국 보호관찰제도의 발전과 향후과제", 보호관찰 제12권 제2호, 한국보호관찰학회, 2012, 123면.

사원은 청소년 등에게 비행예방 및 재범방지 또는 사회적응을 위한 체험과 인성
위주의 교육을 실시하기 위하여 다음 각 호의 교육과정(이하 '대안교육과정'이라 한
다)을 운영한다."고 규정하고 있으며, 제1호에서 "소년법 제32조의2 제1항에 따
라 법원소년부 판사가 명한 대안교육"으로 규정하고 있다.

　　현재 대안교육은 보호관찰처분을 받은 소년 중 초기단계의 비행청소년을
대상으로 재비행 방지교육에 중점을 두고 있으며, 대상자의 특성에 맞춘 문제유
형별 전문교육과 체험활동 중심의 인성교육을 통해 건전한 청소년을 육성하기
위하여 법무부 소속 청소년비행예방센터에서 실시하고 있다. 법원의 지정 시간
과 운영기관의 실정에 따라 차이가 있으나 보통 3일(21시간), 5일(35시간)의 교육
프로그램을 운영하고 있다. 1일 7시간씩 비행예방 전문교육, 인성교육 및 체험교
육, 진로지도 등의 교육을 실시하고 있으며, 재학생의 경우에는 교육기간 동안
학교 출석이 인정된다.

　　상담·교육명령은 대안교육명령과 동일하게 처분 시부터 3개월 이내에 보호
관찰처분을 받은 소년 중 절도습벽을 가진 소년, 충동조절에 문제가 있는 소년,
정신과적인 문제가 있는 소년, 저연령의 소년 등 수강명령보다는 개별상담 치료
프로그램에 참가할 필요가 있는 소년들을 대상으로 하고 있다. 소년의 상담·선
도·교화와 관련된 단체나 시설은 보호관찰소와 외부협력기관, 법원에서 지정한
전문기관을 통하여 상담교육명령의 집행이 이루어지고 있으며, 실무적으로 주로
상담복지지원센터에서 담당하고 있다.[8]

2. 소년법 제32조의2 제2항의 외출제한명령

　　제2항은 보호관찰처분의 부가처분으로서, 1년 이내의 야간 등 특정 시간대
의 외출을 제한하는 명령은 제32조 제1항 제4호의 보호관찰관의 단기보호관찰
또는 제5호의 보호관찰관의 장기의 보호관찰 처분을 받은 보호관찰대상자로 한
정하고 있다.

　　2003년에 시작된 음성감독 외출제한명령은 야간에 범죄를 저지를 가능성이
높은 고위험 청소년 범죄자를 대상으로 자동 음성감독 시스템을 통하여 재택여
부를 감독하는 집중 보호관찰 프로그램이다. 초기 외출제한 대상은 법원과 전국

---

8) 법원행정처, 법원실무제요 소년, 2014, 373면.

보호관찰심사위원회가 보호관찰 특별준수사항으로 일정기간 외출제한명령을 부과한 소년보호관찰 대상자로 한정하였다.[9]

　　본 조항의 '1년 이내의 기간'은 외출제한의 기간으로 해석하여도 보호관찰 기간을 초과하지 않는 기간 내 집행이 가능하기 때문에 타당하다 할 수 있으나, 법원이 명령 개시시기를 별도로 정하지 아니하면 외출제한명령의 집행은 보호관찰 개시와 동시에 실시되므로 제1항의 기간과 동일하게 처분할 때를 기점으로 한 기한으로 해석되어야 한다고 판단된다. 이는 보호관찰 초기 단계부터 비행소년에게 규칙적이고 건전한 생활방식을 습성화하여 행동변화와 재범감소를 기대할 수 있기 때문이다.

　　외출제한명령 기간은 법원 또는 보호관찰심사위원회가 정한 기간으로 하고 별도의 지정기간이 없으면 보호관찰 기간으로 한다. 야간 등 특정 시간대는 법원 또는 보호관찰심사위원회가 정한 시간으로 집행하고, 미지정인 경우 대상자의 특성이나 범행시기 등을 고려하여 보호관찰관이 지정한다.

3. 소년법 제32조의2 제3항의 보호자 특별교육명령

　　소년부 판사는 보호처분을 하는 경우 소년의 가정환경, 소년과 보호자와의 관계 등을 고려하여 필요하다고 판단되면 보호자에게 보호자 특별교육명령을 부과한다. 제32조의2 제3항은 제1항과 제2항의 보호관찰처분에 한정하지 않고 제32조 제1항의 모든 보호처분에 해당한다. 보호자가 없거나 고령, 기타 신병상의 이유로 보호자 교육을 받을 수 없는 경우를 제외하고는 보호자 특별교육명령을 하고 있고, 그 이외에도 필요하다고 보이는 경우 적극적으로 활용하고 있다.[10] 이는 비행소년의 잘못된 생활습성과 비행유발 요인에 대한 보호자의 적절한 대처가 부족하다고 판단될 때 보호자 교육을 통해 비행 친화적 가정환경의 변화를 유도하고 소년에 대한 지지를 강화하기 위한 조치라고 할 수 있다. 소년의 비행에 대한 보다 환경적인 개입을 시도한 것으로 '보호자에 대한 특별교육을 통해 바람직한 보호자 역할, 자녀와의 의사소통기술을 향상하고 보호처분의 집행과정에서 보호자의 협조를 이끌어낼 뿐 아니라 궁극적으로 소년에 대한 가정의 지지

9) 조윤오, "청소년 범죄자에 대한 외출제한명령 효과성 연구", 형사정책 제21권 제1호, 한국형사정책학회, 2009, 11면.
10) 법원행정처, 각주 8)의 책, 374면.

체계를 강화함으로써 소년의 건전한 성장과 보호처분의 효율적 집행을 담보할 수 있다'는 점에서 의미있는 진전이다.[11]

본 조에서의 보호자는 소년에 대하여 법률상 감호교육을 할 의무가 있는 자와 소년을 현재 감호하는 자를 말한다(소년법 제2조). 전자를 '법률상 보호자', 후자를 '사실상 보호자'라고 한다.

교육기관은 소년원, 소년분류심사원, 보호관찰소, 청소년비행예방센터 등의 기관에서 실시하고 있으며, 1호 처분을 할 때는 필요한 경우 법원에서도 교육한다. 각 집행기관에서는 해당 기관별로 보호자 특별교육 프로그램을 운영하고 있으므로 소년부 판사는 보호처분을 하면서 보호자 특별교육명령을 부가할 때 기관과 시간을 고지하여야 한다.[12]

소년법 제71조(소환의 불응 및 보호자 특별교육명령 불응)에서 "제32조의2 제3항의 특별교육명령에 정당한 이유 없이 응하지 아니한 자"는 300만 원 이하의 과태료를 부과하도록 규정하고 있다. 실무적으로 현재 소년보호관찰대상자 접수 대비 보호자교육 부과율이 30% 이내이고, 부과시간 또한 단시간(8시간)으로 실질적 교육 효과를 거두기 어렵다는 점을 고려하여 보호자교육 운영방식의 개선과 교육 시간의 확대를 위한 방안을 적극 모색하고 있다.

---

11) 이형재, 각주 7)의 논문, 123면.
12) 법원행정처, 각주 8)의 책, 374면.

제33조(보호처분의 기간)

① 제32조 제1항 제1호·제6호·제7호의 위탁기간은 6개월로 하되, 소년부 판사는 결정으로써 6개월의 범위에서 한 번에 한하여 그 기간을 연장할 수 있다. 다만, 소년부 판사는 필요한 경우에는 언제든지 결정으로써 그 위탁을 종료시킬 수 있다.

② 제32조 제1항 제4호의 단기 보호관찰기간은 1년으로 한다.

③ 제32조 제1항 제5호의 장기 보호관찰기간은 2년으로 한다. 다만, 소년부 판사는 보호관찰관의 신청에 따라 결정으로써 1년의 범위에서 한 번에 한하여 그 기간을 연장할 수 있다.

④ 제32조 제1항 제2호의 수강명령은 100시간을, 제32조 제1항 제3호의 사회봉사명령은 200시간을 초과할 수 없으며, 보호관찰관이 그 명령을 집행할 때에는 사건 본인의 정상적인 생활을 방해하지 아니하도록 하여야 한다.

⑤ 제32조 제1항 제9호에 따라 단기로 소년원에 송치된 소년의 보호기간은 6개월을 초과하지 못한다.

⑥ 제32조 제1항 제10호에 따라 장기로 소년원에 송치된 소년의 보호기간은 2년을 초과하지 못한다.

⑦ 제32조 제1항 제6호부터 제10호까지의 어느 하나에 해당하는 처분을 받은 소년이 시설위탁이나 수용 이후 그 시설을 이탈하였을 때에는 위 처분기간은 진행이 정지되고, 재위탁 또는 재수용된 때로부터 다시 진행한다.

〈세 목 차〉

I. 취   지

1. 법적 성격

소년법 제33조(보호처분의 기간)는 각 보호처분의 기간과 시간의 상한, 기간의 연장에 대하여 규정하고 있다.

기간은 일정한 어느 시점에서 다른 시점까지의 계속된 시간의 구분을 의미하며, 시간의 경과를 내용으로 한다는 측면에서 일정한 시점을 의미하는 기일과 구별된다. 기간은 그 자체만으로는 법률요건이 성립되지 않으나, 기간의 만료에 의하여 중요한 법률효과를 발생시키는 경우가 많다. 법률이 정하는 기간에는 민·형사소송법상의 소송기간, 행정상의 쟁송기간, 형법상 형기, 처분기간 등과 관련하여 규정하고 있다.

기간은 시효나 연령과 같이 법률상 여러 가지 효과가 주어지므로 민법에 일반적인 계산 방법을 정하고, 법령이나 재판상의 처분 또는 타 법률에 특별한 규정이 없는 경우에는 이에 따르도록 하고 있다(민법 제170조). 이러한 민법의 기간에 관한 규정은 특별한 규정이 없는 한 사법관계뿐만 아니라 공법관계에도 적용된다.

민법상 기간의 계산은 역에 따라 일·주·월·년을 가지고 계산하는 역법적 계산 방법을 원칙으로 하고, 기간을 시·분·초로 정하는 경우에는 자연적 계산 방법에 따르도록 하고 있다.

보호처분의 기간도 민법상의 역법적 계산 방법에 따르되 형법상의 형기 계산과 마찬가지고 처분결정이 확정된 날로부터 계산하며, 첫 날은 시간에 관계없이 1일로 산정한다.

2. 일본의 입법례[1]

일본 소년법의 보호처분 결정은 ① 보호관찰 ② 아동자립지원시설 또는 아동양호시설에의 송치 ③ 소년원송치의 3가지 종류를 규정(소년법 제24조 제1항)하고 있다.

가. 보호관찰기간
(1) 법률상의 규정

법률상 보호관찰기간은 원칙적으로 대상자가 20세에 도달할 때까지인데, 결정시로부터의 기간이 2년에 미치지 못하는 경우에는 2년이 된다(갱생보호법 제66조). 다만, 그 기간 중이라 하더라도 보호관찰소장이 성적양호 등으로 대상자에

---

1) 카와이데 토시히로 저/황순평·김 혁·장응혁 역, 소년법, 박영사, 2016, 238면 이하.

게 보호관찰을 계속할 필요가 없다고 판단되는 경우에는 보호관찰을 해제할 수 있다(갱생보호법 제69조). 또한 대상자의 개선갱생에 도움이 된다고 인정되는 때에는, 기간을 정하여 보호관찰을 일시적으로 해제할 수 있다(갱생보호법 제70조 제1항).

(2) 실무 운영상

법률상의 규정에도 불구하고, 실무상으로는 보호관찰의 방법이나 기간에 관하여 다양하게 실시되고 있다. 실무 운영상 소년의 보호관찰은 일반보호관찰, 단기보호관찰, 교통보호관찰, 교통단기보호관찰의 4종류로 나누어져 있다. 이 중에 단기보호관찰과 교통단기보호관찰은 가정재판소에서 보호관찰결정이 내려진 소년에 대하여만 실시되는 것이며, 모두 가정재판소의 처우권고에 따라 실시된다. 일반보호관찰은 대략 1년(특별한 사정이 있으면 6개월)이 경과한 때에 보호관찰소장이 해제의 가부를 판단하도록 하고 있다. 단기보호관찰의 실시기간은 대략 6개월 이상 7개월 이내이고 통상 6개월이 경과한 후에 해제를 검토하여 실시기간 내에 보호관찰을 종료하는 형태로 이루어진다. 교통보호관찰은 교통사건으로 보호관찰에 부쳐진 자를 대상으로 하며 원칙적으로 6개월이 경과하면 해제 여부를 검토하는데 특별한 사정이 있으면 그 이전에도 해제할 수 있다. 교통단기보호관찰은 교통사건으로 보호관찰에 부쳐진 자 중에서 일반비행성이 없거나 그 정도가 심각하지 않고, 또한 교통에 관계되는 비행성도 고착화되지 않은 자를 대상으로 하며, 통상 3개월에서 4개월 정도 지나면 보호관찰이 해제된다.

나. 아동자립지원시설에서의 처우기간

실무 운영상, 보호처분으로서 아동양호시설에의 송치는 결정 건수가 극히 적고, 소년법 제24조 제1항 제2호에 따른 보호처분의 대부분은 아동자립지원시설에의 송치이다. 처우는 가족적 분위기 하에서 개방처우를 실시한다는 점에 있는데, 1~3주 정도 단기간에 걸친 강제적 조치를 실시한 후 본래의 개방처우로 환원하게 되는데, 재차 필요가 있다면 미리 허가받은 기간과 일수의 범위 내에서 다시 강제적 조치를 실시한다.

다. 소년원 수용기간

(1) 법률상의 규정

소년원의 수용기간은 원칙적으로 재원자가 20세에 도달할 때까지인데, 가정

재판소의 소년원 송치 결정이 있는 때로부터 1년 이내에 20세에 도달하는 경우
에는 송치 결정부터 1년간이다(소년원법 제137조 제1항).

(2) 실무 운영상

소년원장은 재원자의 심신에 현저한 이상이 있거나 범죄적 경향이 아직 교
정되지 않았기 때문에 위 기한을 넘겨서 계속 수용하는 것이 상당하다고 인정하
는 때에는, 가정재판소에 대하여 수용을 계속해야 한다는 취지의 결정을 신청하
여야 한다(소년원법 제138조 제1항). 이에 가정재판소가 이유 있다고 인정한 경우
에는 수용을 계속하는 결정을 한 후 재원자가 23세를 초과하지 않는 기간의 범
위 내에서 수용기간을 결정한다.

또한 재원자의 정신에 현저한 장애가 있고, 의료에 관한 전문적 지식 및 기
술을 토대로 교정교육을 실시하는 것이 특히 필요하기 때문에 계속 수용할 필요
가 있는 경우에는 26세에 도달할 때까지 수용할 수 있도록 규정(소년원법 제139
조)하고 있다.

소년의 문제성이나 조기개선의 가능성의 정도, 비행의 상습화의 유무, 시설
수용이력 등에 따라 장기처우와 단기처우로 구분된다. 장기처우는 대상자의 특
성에 따라 생활훈련과정, 직업능력개발과정, 교과교육과정, 특수교육과정, 의료
조치과정의 5가지 처우과정이 있다.

단기처우는 개방처우의 적부, 반사회집단과의 관계, 보호환경의 상황 등에
따라 일반단기처우와 특수단기처우로 세분된다. 일반단기처우는 조기개선의 가
능성이 커서 단기간의 계속적·집중적 지도와 훈련을 통해 그 교정과 사회복귀
를 기대할 수 있는 자를 대상으로 한 것으로서 단기교과교육과정과 단기 생활훈
련과정의 2가지 처우과정으로 나뉜다. 수용기간은 원칙적으로 6개월 이내이고
연장은 6개월까지이다. 특수단기처우는 일반단기처우의 대상자의 요건을 충족하
는 동시에 그것보다도 비행의 경향이 진전되지 않고, 개방처우에 적합한 자를
대상으로 한다. 수용기간은 4개월 이내로 연장은 없다.

실무상 가정재판소가 처우구분에 관하여 처우권고를 행한 경우에는 교정기
관은 이에 따라 운용하고 있으나, 장기처우로 할 것인지, 단기처우 중에서도 일
반단기인지 특수단기인지는 교정기관이 결정한다.

Ⅱ. 해   석

1. 위탁기간

제33조 제1항은 제32조 제1항 제1호의 보호자 또는 보호자를 대신하여 소년을 보호할 수 있는 자에게 감호 위탁하는 처분과 제6호의 아동복지법에 따른 아동복지시설이나 그 밖의 소년보호시설에 감호 위탁하는 처분, 제7호의 병원, 요양소 또는 보호소년 등의 처우에 관한 법률에 따른 의료재활소년원에 위탁하는 처분의 위탁기간을 6개월로 정하고, 소년부 판사는 결정으로서 6개월의 범위에서 한 번에 한하여 그 기간을 연장할 수 있도록 하고 있다. 그리고 단서로 소년부 판사는 필요한 경우에는 언제든지 결정으로써 그 위탁을 종료시킬 수 있다고 규정하고 있다.

제6호 처분기관으로 아동복지법상의 아동복지시설은 아동복지법 제52조(아동복지시설의 종류)에 근거한 시설을 의미하며, 아동보호전문기관과 가정위탁지원센터의 활용이 두드러질 것으로 보인다. 제7호 처분의 보호소년 등의 처우에 관한 법률 제8조(분류처우) 제3항에서 소년법 제32조 제1항 제7호의 처분을 받은 보호소년은 의료재활소년원에 해당하는 소년원에 수용하여야 한다고 규정하고 있으며 현재 대전소년원이 의료재활소년원의 기능을 담당하고 있다.

기간의 연장은 6개월의 범위 내에서 1회에 한하여 할 수 있고, 필요한 경우에는 언제든지 결정으로서 위탁을 종료할 수 있는데 이는 취소나 변경의 법적 효과가 나타나는 것이 아닌 직권에 의한 종료를 의미한다. 연장이나 종료에 있어서 보호자나 위탁기관의 신청 없이 직권으로 할 수 있도록 규정하고 있으나, 실무상 보호자나 위탁기관의 의견을 반영하여 연장이나 종료여부를 결정하기도 한다.

2. 보호관찰기간 및 수강ㆍ사회봉사 시간

제32조 제1항 제4호의 단기보호관찰기간은 1년으로 한다고 규정하고 있다. 2007년 개정 소년법(법률 제8722호, 2007.12.21.) 전에는 6개월로 보호관찰의 기간이 짧아 그 실효성을 담보할 수 없다는 주장이 반영되어 1년으로 연장하게 되었다. 제32조 제1항 제5호의 장기보호관찰기간은 종래와 같이 2년으로 하고, 소년

부 판사는 직권이 아닌 보호관찰관의 신청에 따라 결정으로써 1년의 범위 내에서 1회에 한하여 그 기간을 연장할 수 있도록 규정하고 있다. 이로써 보호관찰 기간은 최대 3년 이내로 함으로써, 소년에 대하여 지나친 자유침해에 대한 제한을 규정하고 있다고 판단된다.

수강명령은 종래 단기보호관찰 처분의 부가처분으로 50시간을 초과할 수 있도록 규정하고 있었으나, 2007년 소년법의 개정으로 독립처분으로 분리되면서 시간도 100시간을 초과할 수 없도록 그 상한을 높였다. 사회봉사명령도 장기보호관찰 처분의 부가처분이었으나, 독립처분으로 처분이 다양화되었으며 200시간을 초과할 수 없도록 한 규정은 그대로 유지하고 있다. 또한 그 명령의 집행에 있어서도 보호관찰관은 대상자의 학업이나 직장생활 등 본인의 정상적인 생활을 보장하도록 하고 있다. 성인의 경우에는 보호관찰 등에 관한 법률 제59조에서 "법원은 형법 제62조의2에 따른 사회봉사를 명할 때에는 500시간, 수강을 명할 때에는 200시간의 범위에서 그 기간을 정하여야 한다. 다만, 다른 법률에 특별한 규정이 있는 경우에는 그 법률에서 정하는 바에 따른다."로 규정하고 있어 소년보다 그 부과시간의 상한이 길다.

3. 소년원 송치기간과 재수용(재위탁)

본조의 제5항에서 제32조 제1항 제9호의 단기 소년원 송치 처분은 보호기간을 6개월을 초과하지 못하도록 기존의 규정을 유지하고 있다. 또한 제6항에서 장기 소년원 송치 처분의 보호기간은 2년을 초과하지 못한다고 규정을 신설함으로써 지나치게 장기간 소년원 수용에 대한 한계를 설정하게 되었다. 제32조 제1항 제8호는 처분에 "1개월 이내의 소년원 송치"로 그 기간이 명시되어 있다.

제7항의 제6호에서부터 제10호까지의 시설의 위탁이나 수용 이후 그 시설을 이탈하였을 때에는 위 처분기간은 진행이 정지되고, 재위탁 또는 재수용된 때로부터 다시 진행하도록 규정하고 있다. 이는 제6호와 제7호 처분의 위탁 시설과 제8호와 제9호, 제10호 처분의 소년원 수용시설에서의 이탈에 따른 법적 효과가 동일함을 의미하는 것으로 각각의 시설에 대한 이탈로 인한 집행기간의 정지는 물론 재위탁과 재수용에 의한 효과도 동일하게 발생하게 된다.

4. 기간에 대한 쟁점

소년법상 기간에 대한 쟁점은 위탁 및 항고기간의 수용기간 포함여부, 형사처분과의 형평성과 관련하여 논의가 있을 수 있다.

우선 소년법 제61조는 제18조 제1항 제3호의 임시조치로 소년의 감호에 대한 소년분류심사원에 위탁한 조치가 있었을 때에는 그 위탁기간은 형법 제57조 제1항의 판결선고 전 구금일수로 본다는 규정을 2007년 개정소년법에 신설하여 판결선고 전의 구금일수는 그 전부를 유기징역, 유기금고, 벌금이나 과료에 관한 유치 또는 구류에 산입하도록 하고 있다. 또한 소년법 제45조 제3항에서 "항고가 이유가 있다고 인정되어 보호처분의 결정을 다시 하는 경우에는 원결정에 따른 보호처분의 집행 기간은 그 전부를 항고에 따른 보호처분의 집행기간에 산입(제32조 제1항 제8호·제9호·제10호 처분 상호 간에만 해당한다)한다"는 규정을 신설(2015.12.1.)하였다. 이와 관련하여 헌법재판소는 소년보호사건에 있어 제1심 결정에 의한 소년원 수용기간을 항고심 결정에 의한 보호기간에 산입하지 아니하는 소년법 제33조가 무죄추정의 원칙에 위배되는지 여부, 신체의 자유를 침해하는지 여부, 평등권을 침해하는지 여부에 대한 위헌확인 소송에서 심판청구를 기각한 바 있다.[2] 그러나 본 조항의 신설로 항고기간의 소년원 수용기간 산입에 대한 문제는 해결되었다. 이는 소년보호가 소년이 건전하게 성장하는 것을 돕는 것을 목적으로 하므로 복지적·행정적 기능도 갖지만, 반사회성 있는 소년에 대한 강제조치를 수반하므로 사법적 기능도 아울러 갖고 있으며, 특히 소년원 수용처분의 경우 일정 기간 시설에 감금하여 신체의 자유를 제한한다는 점에서 사실상 형사처벌과 같은 효과가 있다고 본 것이다.[3]

---

2) 헌법재판소 2015.12.23. 선고 2014헌마768 결정.
3) 헌법재판소 2015.12.23. 선고 2014헌마768 결정의 재판관 이정미, 재판관 김이수, 재판관 이진성, 재판관 안창호의 반대의견.

제34조(몰수의 대상)
 ① 소년부 판사는 제4조 제1항 제1호·제2호에 해당하는 소년에 대하여 제
32조의 처분을 하는 경우에는 결정으로써 다음의 물건을 몰수할 수 있다.
　　1. 범죄 또는 형벌 법령에 저촉되는 행위에 제공하거나 제공하려 한 물건
　　2. 범죄 또는 형벌 법령에 저촉되는 행위로 인하여 생기거나 이로 인하여
　　　취득한 물건
　　3. 제1호와 제2호의 대가로 취득한 물건
 ② 제1항의 몰수는 그 물건이 사건 본인 이외의 자의 소유에 속하지 아니하
는 경우에만 할 수 있다. 다만, 사건 본인의 행위가 있는 후 그 정을 알고도
취득한 자가 소유한 경우에는 그러하지 아니하다.

〈세 목 차〉

Ⅰ. 취   지

　　소년부 판사는 범죄소년 또는 촉법소년에 대하여 보호처분을 하는 경우에
는 결정으로써 법령 또는 형벌 법령에 저촉되는 행위에 제공하거나 제공하려 한
물건, 법령 또는 형벌 법령에 저촉되는 행위로 인하여 생기거나 취득한 물건, 그
대가로 취득한 물건을 몰수할 수 있다.

　　몰수는 종국결정의 부수처분의 하나로서, 범죄행위(촉법행위 포함)와 관련된
물건의 소유권을 박탈하여 국고에 귀속시키는 것을 내용으로 하는 처분이다. 몰
수는 사회적으로 범죄반복의 위험성을 예방하고 범인의 범죄로 인하여 부당한
이득을 취하지 못하도록 하는 것을 목적으로 하는 물적 보안처분으로 형법상의
몰수에 상당하지만, 형법상의 몰수와 달리 부가형이 아니라는 법적 성질의 차이
로부터 물건을 몰수하기 불능한 때에는 그 가액을 추징한다는 형법상의 추징(형
법 제48조 제2항), 법정형에 따른 제한, 몰수 또는 추징에 대한 시효(형법 제78조
제6호)등이 적용되지 않는 점에서 차이가 있다.[1]

---

　　1) 한국소년법학회, 소년법, 세창출판사, 2006, 310면.

II. 해　석

1. 몰수의 인적 요건과 대상처분

몰수의 인적 요건은 범죄소년과 촉법소년이다. 우범소년의 경우에는 "범죄나 형벌 법령에 저촉되는 행위"가 존재하지 않으므로 당연히 포함되지 않는다.

몰수결정의 대상처분은 제32조 제1항의 보호처분에 한정한다. 따라서 부가처분인 제32조의2는 당연히 포함되지 않는다. 또한 보호처분 이외의 심리불개시와 불처분 결정을 할 때에 몰수결정을 할 수 있는지 여부가 문제이다. 범죄소년과 촉법소년을 소년법원의 보호사건으로 처리하는 경우에는 심리불개시 결정과 불처분 결정이 가능하므로 이들 결정을 제외시킬 이유가 없다.[2]

다만, 소재불명을 이유로 심리불개시하는 경우에는 이미 본인에 대하여 고지, 변명, 방어의 기회가 주어져 있는 경우 이외에는 몰수할 수 없고, 비행사실이 인정되지 않는 경우, 심리조건결여의 경우에도 범죄 또는 형벌 법령에 저촉되는 행위는 인정되지 않기 때문에 몰수할 수 없다. 불처분결정의 경우에도 비행사실을 인정할 수 없는 경우, 심리조건결여의 경우는 심리불개시 결정과 마찬가지로 몰수할 수 없다. 연령초과를 이유로 검찰에 송치하는 경우에도 물증으로서 수사, 공판의 증거가 될 수 있기 때문에 검찰청에 송부하여야 하고 몰수할 수 없다.[3]

2. 몰수의 대상물건

몰수대상물은 본조의 제1항 제1호의 범죄 또는 형벌 법령에 저촉되는 행위에 제공하거나 제공하려 한 물건, 제2호의 범죄 또는 형벌 법령에 저촉되는 행위로 인하여 생기거나 이로 인하여 취득한 물건, 제1호와 제2호의 대가로 취득한 물건이다. 소년부가 압수하고 있지 않은 물건에 대하여서는 그 소재가 밝혀져 특정할 수 있다면 몰수할 수 있다.

본조 제1항의 몰수는 그 물건이 사건 본인 이외의 자의 소유에 속하지 아니하는 경우에만 할 수 있다. 이와 관련하여 본조 제2항은 형법 제48조가 범인이

---

2) 한국소년법학회, 각주 1)의 책, 310면.
3) 법원행정처, 법원실무제요 소년, 2014, 381~382면.

라고 한 것과 달리 '본인'이라고 한정하고 있으므로 공범자의 소유·공유인 물건은 형법과 달리 몰수할 수 없다. 다만, 형법의 몰수와 마찬가지로 본인의 행위가 있은 후 그 정을 알고도 취득한 자가 소유한 경우에는 몰수할 수 있다. 그러나 제3자의 권리 박탈에는 적정절차의 보장(헌법 제37조 제2항)을 위하여 제3자에게 고지, 변명, 방어의 기회를 주어야 하는데, 소년심판절차에 제3자를 참여시키는 것은 소년심판의 비공개성에 비추어 상당하지 않으므로 제3자에 대한 절차적 보장이 없는 현 상황에서는 제3자로부터의 몰수는 불가능하다고 해석된다. 누구의 소유도 허용되지 않는 법금물에 대해서는 공범자나 제3자로부터의 몰수도 가능하다는 견해가 다수이다.[4]

3. 몰수의 결정방식 및 효력발생시기

몰수는 종국결정에 부수하는 결정이므로 독립하여 처분할 수 없고 종국결정과 함께 하여야 한다. 결정서는 보통 보호처분결정서의 주문 끝에 '압수된 ○○○ ○개(증 제○호)를 (각) 몰수한다'는 등으로 몰수의 뜻을 기재하고 이유란에 소년법 제34조 제1항, 제2항을 적용하였음을 기재하거나, 경우에 따라서는 별도의 결정서에 따라도 무방하다.

몰수의 결정은 보호처분의 결정과 함께 본인에게 고지함으로써 효력이 발생하며, 몰수의 효력이 발생하면 국가는 그 물건의 소유권을 원시취득하게 된다. 원시취득의 효력발생시기와 관련하여서는 결정의 확정시인지 또는 집행시인지 형법상의 몰수와 마찬가지로 다툼이 있다.

4. 몰수의 집행 및 불복방법

소년부가 압수하고 있는 물건은 몰수결정 확정으로 집행의 효력이 생기므로, 곧바로 몰수물의 처분을 행할 수 있다. 몰수결정의 집행, 몰수물의 처분 및 교부에 대하여 소년부 판사가 형사소송법 중 몰수재판의 집행, 몰수물의 처분 및 교부에 관한 규정에 준하여 행한다(소년심판규칙 제36조).

실무상 몰수는 소년보호사건에 있어서 압수물의 처리 및 몰수물의 처분등에 관한 예규에 따라 처리되고 있다. 이와 관련하여 대법원은 소년부가 심리·결

---

4) 법원행정처, 각주 3)의 책, 382면.

정하는 소년보호사건에 있어서 송치기관으로부터 압수된 물건을 송부받았을 경우 압수물의 처리 및 몰수물의 처분 등에 관한 절차를 정하기 위하여 1996.2.14. 재판예규로서 소년보호사건에 있어서 압수물의 처리 및 몰수물의 처분등에 관한 예규(재특 96-2)를 제정·시행하고 있다.[5]

몰수에 대한 불복과 관련하여 몰수는 부수적 결정이기 때문에 독립하여 항고할 수 없다. 보호처분결정에 대한 항고의 효력은 몰수결정에도 미친다고 할 것이므로, 보호처분결정이 항고심에서 취소되면 몰수결정도 효력을 상실한다. 따라서 몰수물의 처분은 보호처분 확정시까지 유보하여야 한다. 소년법 제38조에 따라 보호처분이 취소된 경우에도 몰수처분은 효력을 상실한다.[6]

---

5) 법원행정처, 각주 3)의 책, 423면.
6) 법원행정처, 각주 3)의 책, 383면.

제35조(결정의 집행)

소년부 판사는 제32조 제1항 또는 제32조의2에 따른 처분 결정을 하였을 때에는 조사관, 소년부 법원서기관·법원사무관·법원주사·법원주사보, 보호관찰관, 소년원 또는 소년분류심사원 소속 공무원, 그 밖에 위탁 또는 송치받을 기관 소속의 직원에게 그 결정을 집행하게 할 수 있다.

〈세 목 차〉

Ⅰ. 취   지

형사재판의 집행은 검사가 지휘하지만, 보호처분 및 부가처분 결정의 집행은 소년부 판사가 직접 지휘한다.[1] 소년부 판사는 보호처분과 부가처분에 따른 처분 결정을 하였을 때에는 조사관, 소년부 법원서기관·법원사무관·법원주사·법원주사보, 보호관찰관, 소년원 또는 소년분류심사원 소속 공무원, 그 밖에 위탁 또는 송치받을 기관 소속의 직원에게 그 결정을 집행하게 할 수 있다. 보호처분과 부가처분에 관한 결정의 실현은 실제적으로 소년원과 보호관찰소 등 집행기관 소속 공무원들이 처분을 집행함으로써 이루어진다.

Ⅱ. 해   석

본 조는 소년법원이 행한 결정을 집행기관에서 실현하는 처우단계로 이행하기까지의 결정의 집행에 관한 규정이다. 그런데 보호관찰처분과 사회봉사명령, 수강명령의 경우에는 관념적인 집행으로써 소년의 신병을 인도해야 하는 것은 아니다. 그러나 제1호 처분(특히 보호자를 대신하여 소년을 보호할 수 있는 자에게 감호위탁 처분의 경우)과 제6호·제7호 처분, 소년원송치 처분의 경우 그 결정을 집행하기 위하여 필요한 경우에 소년의 신병을 확보하기 위한 절차가 필요하다.

---

1) 법원행정처, 법원실무제요 소년, 2014, 431면.

이에 관하여 본 조는 아무런 언급을 하고 있지 않고 있으므로, 이를 위해서는 소환 및 동행영장에 관한 소년법 제13조와 긴급동행영장에 관한 제14조를 준용하도록 하는 입법적 해결이 필요하다.[2] 즉 사건의 조사 또는 심리에 필요하다고 인정한 경우와 사건 본인을 보호하기 위하여 긴급조치가 필요하다고 인정한 경우 외에도 소년의 신병확보를 위한 동행영장 발부 등의 조치가 필요하고 이를 명문화하는 것이 바람직하다고 판단된다.

1. 결정의 집행과 감독

소년법 제32조 제1항 보호처분과 제32조의2의 부가처분에 따른 결정은 집행을 통하여 그 실효성이 담보되는 것이다. 본 조는 소년부 판사가 결정한 처분 내용과 동일하게 보호처분과 부가처분이 실효적으로 집행되도록 그 집행 주체를 예시적으로 규정하고 있으며, 소년부 판사의 직접 집행지휘에 관한 내용을 담고 있다.

본 조의 집행 주체와 더불어 실효성 있는 집행을 위해서는 집행의 감독과 관련하여 논의가 있을 수 있다. 보호처분 등의 결정에 대한 집행권한이 소년부 판사에게 있으므로, 소년부 판사는 보호처분 등을 실제로 집행하는 사람 또는 기관, 즉 1호 처분의 보호자 또는 위탁보호위원, 2호 처분의 수강명령 집행기관, 3호 처분의 사회봉사명령 집행기관, 4호·5호 처분의 보호관찰소, 6호 처분의 소년보호시설, 7호 처분의 의료재활소년원, 8호·9호·10호 처분의 소년원, 소년법 32조의2에 따른 대안교육·상담교육·보호자특별교육기관(이하 통칭하여 '집행기관'이라 한다)이 보호처분 및 부가처분 결정을 실효성 있고 적정하게 집행하도록 보호처분 등의 집행을 적절히 감독할 필요가 있다.[3]

2. 임시조치 집행과의 관계

본조의 집행에 대한 법적 효과는 소년법 제18조 제5항에서 규정하고 있는 임시조치에 대한 집행의 법적 효과와 동일하다고 볼 수 있다. 다만 본조는 보호처분과 부가처분의 집행에 관한 규정이고, 제18조 제5항은 임시조치에 대한 집행의 규정으로, 집행기관의 차이에 따라 집행주체도 구별된다.

---

2) 한국소년법학회, 소년법, 세창출판사, 2006, 312면.
3) 법원행정처, 각주 1)의 책, 431면.

제36조(보고와 의견 제출)

① 소년부 판사는 제32조 제1항 제1호·제6호·제7호의 처분을 한 경우에는 위탁받은 자에게 소년에 관한 보고서나 의견서를 제출하도록 요구할 수 있다.

② 소년부 판사는 조사관에게 제32조 제1항 제1호·제6호·제7호의 처분에 관한 집행상황을 보고하게 할 수 있고, 필요하다고 인정되면 위탁받은 자에게 그 집행과 관련된 사항을 지시할 수 있다.

〈세 목 차〉

I. 취   지

1. 법적 성격

일반적으로 형사사건의 경우 판결의 집행은 검사가 지휘한다. 그러나 소년 보호사건에 대해서는 사건을 담당한 판사의 관여가 종국결정을 한 이후에도 계속된다. 즉 소년법은 보호처분 및 부가처분 결정을 한 이후에도 담당 판사로 하여금 처분의 집행에 관여하도록 하고 있다.[1]

본 조는 소년법 제32조 제1항의 제1호·제6호·제7호 처분을 한 경우에는 위탁받은 자에게 소년에 관한 보고서나 의견서를 제출하도록 요구할 수 있으며, 조사관에게 처분에 대한 집행상황을 보고하도록 규정하고 있다. 또한 필요하다고 인정되면 직접 위탁받은 자에게 그 집행과 관련된 사항을 지시할 수도 있다. 이는 소년법 제35조와 함께 보호처분 및 부가처분 결정을 실효성 있게 집행될 수 있도록 종국결정 이후에도 소년부 판사에게 조사·보고·지시 등의 집행지휘 권한을 부여한 규정이다.

---

[1] 한영선·현지현·이영면, 소년법강의, 솔과학, 2020, 230면.

2. 보호처분 등의 집행에 대한 감독

보호처분과 부가처분에 대한 집행권한이 있는 소년부 판사는 보호처분 등을 실제로 집행하는 사람 또는 기관, 즉 제1호 처분의 보호자 또는 위탁보호위원, 제2호 처분의 사회봉사 집행기관, 제3호 처분의 사회봉사명령 집행기관, 제4호·5호 처분의 보호관찰소, 제6호 처분의 소년보호시설, 제7호 처분의 의료재활소년원, 제8호·제9호·제10호 처분의 소년원, 소년법 제32조의2에 따른 대안교육·상담교육·보호자특별교육(통칭 '집행기관')이 보호처분 및 부가처분 결정을 적정하게 집행하도록 보호처분 등의 집행을 적절히 감독할 필요가 있다.[2]

따라서 소년부 판사는 보호처분 등의 집행기관이 실시하는 감호 또는 교육 등의 내용 및 현황을 확인하고 실효성이 없거나 적정하지 못한 감호 또는 교육 등이 이루어지는 경우에는 내실 있고 적정한 감호 또는 교육 등이 이루어질 수 있도록 적절한 조치를 촉구하고, 필요한 경우에는 직접 집행에 관하여 지시를 하거나 보호처분을 변경하는 등의 조치를 취할 수 있다.

집행에 대한 감독의 방법은 크게 첫째, 집행기관의 보고 또는 조사관의 조사·보고 등에 의한 집행상황 조사·보고, 둘째, 집행기관 방문 및 연락, 각종 협의회 개최 등을 통한 집행상황 확인 및 적정 조치 요구, 셋째, 집행조사기일의 운용, 집행에 관한 지시, 보호처분 변경, 집행기관 지정 취소 등의 조치로 나눌 수 있다. 본 조는 집행에 대한 감독의 방법 중에서 제32조 제1항 제1호·제6호·제7호의 처분에 대한 위탁기관의 보고 또는 조사관의 조사·보고 등에 관한 규정이다.

Ⅱ. 해　석

1. 제1호·제6호·제7호 집행기관의 집행상황 보고

소년부 판사는 소년법 제32조 제1항의 제1호·제6호·제7호 처분을 한 경우에는 위탁받은 자에게 소년에 관한 보고서나 의견서를 제출하도록 요구할 수 있다(제36조 제1항). 보고서 등 제출 요구의 시기, 방법 등에 대하여 본조에서는 특

---

2) 법원행정처, 법원실무제요 소년, 2006, 431면.

별한 제한을 두고 있지 않다.

　　또한 제1호 처분의 위탁보호위원과 제6호·제7호 처분의 집행기관(소년원 부속의원 제외)은 소년부 판사에게 보호처분의 집행상황을 '보호소년에 대한 집행상황 보고서(전산양식 B5713)'에 의하여 매 1개월마다 보고하여야 하고, 소년의 이탈, 소요, 난동, 폭행, 자해 기타 사고가 발생한 때에는 이를 즉시 보고하여야 한다(소년보호절차에 관한 예규(재특2008-2) 제11조 제1호, 제5호).[3]

2. 조사관에 의한 집행상황 조사·보고

가. 보호소년에 대한 집행상황 조사·보고

　　소년부 판사는 조사관에게 제32조 제1항의 제1호·제6호·제7호 처분에 관한 집행상황을 보고하게 할 수 있다고 규정하고 있다(제36조 제2항).

　　집행상황의 조사·보고를 하도록 할 것인지는 원칙적으로 소년부 판사의 재량에 맡겨져 있다. 다만, 소년부 판사는 위탁보호위원이 소년의 신병을 인수하여 감호할 경우에 정기적으로 조사관에게 그 집행상황을 보고하도록 하여야 한다(소년보호절차에 관한 예규(재특2008-2) 제12조 제5항). 신병불인수 위탁보호위원의 경우 과거에는 집행상황 조사·보고를 명하는 경우가 드물었으나, 최근에는 신병불인수 위탁보호위원의 감호현황을 정확히 파악하고 그 내용을 바탕으로 구체적인 감호방법 등에 대하여 교육을 실시하거나 조력을 하기 위한 목적 등으로 집행상황 조사·보고를 활용하기도 한다. 조사관의 집행상황 조사·보고는 제1호 처분 중 보호자에게 위탁하는 경우에도 유용하다.[4]

　　소년부 판사로부터 집행상황 보고의 명을 받은 조사관은 지시사항의 이행 여부, 위탁받은 자의 감호상황 또는 소년부 판사가 특히 필요하다고 인정하는 사항을 조사하여 의견을 붙인 서면으로 보고하여야 하는데(소년심판규칙 제38조 제1항), 조사관이 이러한 조사를 함에 있어서 위탁받은 자에게 필요한 보고를 요구하거나 소년 또는 위탁받은 자의 출석을 요구하거나 위탁받은 기관을 방문할 수 있다(소년심판규칙 제38조 제2항).

나. 집행기관에 대한 조사·보고

　　법원장은 언제든지 법원 소속 공무원으로 하여금 법원장이 지정한 제2호·

---

3) 법원행정처, 각주 2)의 책, 434면.
4) 법원행정처, 각주 2)의 책, 439면.

제3호·제6호·제7호 처분 집행기관, 대안교육·상담교육·보호자특별교육기관이 소년의 보호나 보호자특별교육에 충분한 시설을 가지고 있는가의 여부와 그 운영 실태를 조사·보고하도록 하고, 이에 부적당하다고 인정되는 경우에는 그 지정을 취소할 수 있다(소년심판규칙 제34조 제6항). 또한, 법원장은 제1호 처분 집행기관인 위탁보호위원이 소년의 보호에 적당하지 아니하거나 그 밖의 사유로 그 직무를 적절히 수행하기 어렵다고 인정하는 때에는 그 위촉을 해제할 수 있으므로 이를 위하여 필요한 경우에는 법원 소속 공무원으로 하여금 위탁보호의 실태를 조사·보고하도록 할 수 있다.[5]

　통상적으로 법원장은 조사관에게 조사·보고를 명하고, 조사관은 집행기관들이 비치하여야 하는 장부의 작성·비치여부, 감호결과 보고, 강의 내용, 감호내용의 적정성, 보호소년의 관리현황, 교육효과 등에 대하여 조사하고 그 결과를 보고한다.

---

5) 법원행정처, 각주 2)의 책, 440면.

제37조(처분의 변경)

① 소년부 판사는 위탁받은 자나 보호처분을 집행하는 자의 신청에 따라 결정으로써 제32조의 보호처분과 제32조의2의 부가처분을 변경할 수 있다. 다만, 제32조 제1항 제1호·제6호·제7호의 보호처분과 제32조의2 제1항의 부가처분은 직권으로 변경할 수 있다.

② 제1항에 따른 결정을 집행할 때에는 제35조를 준용한다.

③ 제1항의 결정은 지체 없이 사건 본인과 보호자에게 알리고 그 취지를 위탁받은 자나 보호처분을 집행하는 자에게 알려야 한다.

〈세 목 차〉

Ⅰ. 취   지

1. 법적 성격

소년보호절차는 변화가능성이 많은 소년의 특수성과 개별적 상황을 고려한 최적의 처우를 통해 소년의 건전한 육성을 기하는 합목적인 과정이다. 따라서 소년에 대한 교육과 보호적인 관점에서 보호처분이 소년에게 한층 적절한 것이 되도록 취소·변경을 폭넓게 인정하는 것이 바람직하다. 그러나 소년에 대한 처우에 있어 지나친 변경을 인정하게 되면 소년의 지위를 불안정하게 하고 인권침해의 우려도 생기게 된다. 특히 보호처분의 내용을 보다 중하게 변경하는 경우에는 신중을 기하여야 한다.[1] 이처럼 소년보호절차의 특수성에 따른 소년에 대한 개별적 상황의 반영은 물론 소년의 인권보호 측면을 고려하여 본 조에서는 소년부 판사에게 소년법 제32조 제1항의 보호처분과 제32조의2의 부가처분에 대

---

1) 법원행정처, 법원실무제요 소년, 2014, 385면.

하여 재량 또는 집행기관의 신청에 의해서만 그 처분에 대하여 변경할 수 있는 근거를 규정하고 있다. 이 점에서 처분변경제도는 제도의 설계 및 운영에 있어서 과잉금지 원칙이나 이중처벌금지원칙과 같은 헌법상 심사를 요하는 민감한 영역이기도 하다.[2]

　　또한 보호처분이 소년부 판사가 소년에 대하여 보호처분의 필요가 있다고 인정한 때에 반드시 심리절차를 거쳐 결정으로써 행하는 것처럼 보호처분의 변경에 있어서도 심리절차를 거쳐야 한다.

2. 소년법원의 직권과 집행기관의 신청에 의한 변경

　　소년법원 판사가 보호처분을 결정한 후에는 그 집행은 사법부(결정기관)가 아닌 행정부(집행기관)가 담당하며 소년법원 판사가 그 집행에 관여할 수 없는 것이 삼권분립의 원칙이다.[3] 본조에서는 보호처분 가운데 소년법 제32조 제1항 제1호 처분·제6호 처분·제7호 처분, 제32조의2 제1항의 부가처분은 직권으로 변경할 수 있다고 규정하고 있다. 그러나 수강명령·사회봉사명령·보호관찰 처분과 소년원 송치처분은 소년법원이 임의로 그 보호처분을 변경할 수 없으며, 그 집행기관인 보호관찰소와 소년원의 신청에 의해서만 변경할 수 있도록 하고 있다. 이는 행정부 소속 집행기관의 의견을 존중한다는 취지와 함께 전문 집행기관의 집행상황에 대한 판단이나 구체적인 대상자의 변화 내용 등을 충실하게 반영하기 위한 규정이다. 또한 여기서의 보호처분의 변경은 보호처분의 종류를 변경하는 것을 의미하는 것이며, 집행기관이 처분변경을 신청한 보호처분에 대하여 심리불개시 결정, 불처분 결정, 검사에의 송치결정, 법원으로의 이송결정, 보호처분결정 등의 경우과 같은 다른 종국결정으로 변경할 수 있는 것은 아니다.

Ⅱ. 해　　석

1. 보호처분을 변경할 수 있는 경우

　　소년부 판사는 위탁받은 자나 보호처분을 집행하는 자의 신청에 따라 결정

---

2) 김 혁, "소년법상 보호처분의 변경과 이중처벌금지", 비교형사법연구 제22권 제1호, 한국비교형사법학회, 2020, 262면.

3) 한국소년법학회, 소년법, 세창출판사, 2006, 313면.

으로써 보호처분과 소년법 제32조의2의 부가처분을 변경할 수 있고, 제32조 제1
항 제1호·제6호·제7호의 보호처분과 제32조의2 제1항의 부가처분은 직권으로
변경할 수 있다. 따라서 제2호부터 제5호(수강명령, 사회봉사명령, 장·단기보호관찰
명령)까지나 제8호부터 제10호(소년원 송치처분)까지의 보호처분에 대해서는 직권
으로 허용되지 않고 보호관찰소장이나 소년원장 등 집행기관의 신청에 따른 변
경만이 허용된다.

    보호관찰소장은 제2호부터 제5호까지의 보호처분에 따라 수강명령이나 사
회봉사명령, 보호관찰을 받고 있는 소년이 그 집행기한 내에 수강명령이나 사회
봉사명령을 이행하지 아니하거나 그 준수사항을 위반한 때, 보호관찰기간 중 보
호관찰의 준수사항을 위반하고 그 정도가 무거워 보호관찰을 계속함에 적합하지
아니하다고 판단되는 때에는 보호관찰소의 소재지를 관할하는 법원에 보호처분
의 변경을 신청할 수 있다(보호관찰 등에 관한 법률 제49조 제1항, 제64조 제2항). 이
경우 보호관찰소장은 보호관찰 대상자가 준수사항을 위반하였거나, 위반하였다
고 의심할 상당한 이유가 있고, 일정한 주거가 없거나 정당한 소환에 불응한 때
또는 도주하거나 도주할 염려가 있는 때에는 관할 지방검찰청의 검사에게 신청
하여 검사의 청구에 의하여 관할 지방법원 판사의 구인장을 발부받아 보호관찰
대상자를 구인할 수 있으며(보호관찰 등에 관한 법률 제39조 제1항), 수강명령·사회
봉사 대상자에 대하여도 위 규정을 준용한다(보호관찰 등에 관한 법률 제64조 제2
항). 보호관찰소장은 보호처분의 변경신청이 필요하다고 인정되는 때에는 구인
한 보호관찰 대상자를 수용기관 또는 소년분류심사원에 유치할 수 있고, 유치한
때로부터 48시간 이내에 관할 지방검찰청의 검사에게 신청하여 검사의 청구로
관할 지방법원 판사의 허가를 받아야 하며, 유치 허가를 받은 때부터 24시간 이
내에 보호처분변경 신청을 하여야 한다(보호관찰 등에 관한 법률 제42조). 유치기간
은 구인한 날로부터 20일이고, 법원은 심리를 위하여 필요하다고 인정되는 때에
는 심급마다 20일의 범위 내에서 1차에 한하여 유치기간을 연장할 수 있다(보호
관찰 등에 관한 법률 제43조 제1항, 제2항).

    소년원 송치 처분에 의해 소년원에 수용중인 보호소년에 대하여 소년원장
은 소년이 중환자로 판명되어 수용하기 위험하거나 장기간 치료가 필요하여 교
정교육의 실효를 거두기가 어렵다고 판단되는 경우, 심신의 장애가 현저하거나
임신 또는 출산한 경우(유산·사산한 경우를 포함한다), 그 밖의 사유로 특별한 보

호가 필요한 경우, 시설의 안전과 수용질서를 현저히 문란하게 하는 보호소년에 대한 교정교육을 위하여 보호기간을 연장할 필요가 있는 경우에 본 조에 따른 보호처분의 변경을 소년원 소재지를 관할하는 법원소년부에 신청할 수 있다(보호소년 등의 처우에 관한 법률 제9조 제1항). 또한 소년분류심사원장은 위탁소년이 보호소년 등의 처우에 관한 법률 제9조 제1항 어느 하나에 해당하는 경우에는 위탁 결정을 한 법원소년부에 소년법 제18조에 따른 임시조치의 취소, 변경 또는 연장에 관한 의견을 제시할 수 있다(보호소년 등의 처우에 관한 법률 제9조 제2항). 실무상으로 소년원장의 신청에 의한 보호처분의 변경은 소년이 소년원 수용생활 중 장기간의 치료가 필요한 경우나 임신 등 특별한 보호가 필요한 경우에 주로 활용하고, 예외적으로 수용질서를 현저히 문란하게 하는 경우에 신청하고 있는데 보호관찰소장의 신청에 의한 처분변경보다 현저하게 적은 편이다.

2. 보호처분 변경의 방법과 고지

보호처분의 변경은 직권이나 신청에 의한 경우 모두 지체 없이 본인과 보호자에게 통지하고, 그 취지를 위탁받은 자나 보호처분을 집행하는 자에게 알려야 한다. 보호처분 또는 부가처분의 변경신청은 서면으로 하여야 하고, 서면에는 보호처분 또는 부가처분을 변경할 상당한 이유를 기재하고 이를 소명하여야 하며, 소년부 판사는 보호처분 또는 부가처분을 변경함에 있어 필요하다고 인정하는 때에는 소년, 보호자 또는 참고인을 소환하고 소년법 제18조의 임시조치를 할 수 있으며, 필요한 사항을 조사, 심리할 수 있다(소년심판규칙 제39조).

3. 보호처분 변경과 관련한 쟁점

가. 신청한 처분내용과 다른 처분으로의 변경가능 여부

보호관찰소장이나 소년원장의 신청에 의하여 보호처분을 변경하는 경우 법원이 어떠한 처분을 할 수 있는가 하는 점이 문제가 될 수 있다. 예컨대 보호관찰소장이나 소년원장이 중한 처분으로 보호처분변경 신청을 한 경우 법원에서 이러한 신청을 계기로 보다 강한 처분으로 변경할 수 있는지에 대하여, 본조 제1항을 근거로 보다 경한 처분으로 변경하는 것은 현행 법체계상 허용되지 않는다고 보는 견해와 법원은 제한 없이 다른 처분으로 변경할 수 있다는 견해의 대립이 있다.[4]

---

4) 법원행정처, 각주 1)의 책, 389면.

그러나 형사처분에서의 최소화는 물론 보호처분에서도 최소화를 추구하여야 한다는 소년사법에서의 최소처분원칙에 따라 소년법의 해석은 형사처분이나 보호처분 모두 처분절차 진행에서 소년에게 유리하게 이루어져야 한다.[5] 그러나 현장에서는 극히 예외적인 경우이기는 하나 소년원장이 보다 더 중한 보호처분 변경신청에 대하여 법원이 그 신청을 인용하는 사례가 있다.

　　한편 보호관찰소장의 신청을 기각하는 대신 보호관찰의 기간을 연장하는 것은 소년법 제33조 제3항 단서의 규정에 비추어 허용되지 않는다고 해석된다. 다만, 보호처분변경신청사건과 새로운 보호처분사건이 병행 진행되는 경우에는 보호처분변경을 기각하고 종전 보호처분을 취소함과 동시에 보호관찰기간을 장기로 하여 새로운 보호처분을 할 수는 있을 것이다.[6] 또한 실무상 소년법 제32조 제1항의 제1호에서 제5호까지의 처분(병과된 처분 포함)을 제6호에서 제10호까지의 보다 중한 보호처분으로 변경하여 달라는 취지의 신청이 종종 있다. 이때에도 법원은 보호관찰 등을 받고 있는 소년이 다시 재범을 하여 소년부에 송치된 경우 보호관찰기간의 종료가 임박하여 제6호부터 제10호까지의 처분으로 변경하는 것은 신중을 기하여야 할 것이다. 또한 처분변경을 하여 사회봉사명령이나 수강명령을 하는 경우 나이 제한에 대한 규정(사회봉사명령은 14세 이상, 수강명령은 12세 이상)은 처분변경시를 기준으로 하여야 한다.

나. 부가처분의 변경 시 주처분과의 관계 등

　　보호관찰처분에 따른 부가처분(소년법 제32조의2)에 있어 부가처분만의 변경에 대한 처분변경신청이 있는 경우 주처분의 변경 없이 부가처분만의 변경이 가능한지 여부가 문제될 수 있다. 실례로 보호관찰소장이 주처분인 보호관찰처분의 변경 없이 부가처분으로 야간외출제한명령을 추가해 줄 것을 요구하면서 보호처분변경을 신청하는 경우이다. 이에 관하여 본 조의 제1항에서 부가처분을 변경할 수 있도록 명시하고 있으므로 부가처분만의 변경은 가능하다고 해석되고 실무상 법원에서도 부가처분만의 변경을 하고 있다.

　　그 밖에 제6호 처분을 받은 소년에 대하여 특히 수탁기관에서의 수용이나 교육태도가 불성실하고 질서를 문란하게 하는 등으로 감호를 계속하기 곤란한 때, 제7호 처분을 받은 소년에 대하여 치료의 경과가 특히 좋거나 좋지 못한 때

---

5) 한국소년법학회, 각주 3)의 책, 35면.
6) 법원행정처, 각주 1)의 책, 389면.

에는 수탁기관의 장이 소년부 판사에게 대상소년에 대한 처분변경신청을 하고, 이 경우 소년부 판사는 대상소년에 대하여 적절한 보호처분으로 변경할 수 있다.[7] 본조에서 보호관찰처분과 소년원 송치처분의 경우 보호관찰소장과 소년원장의 신청에 의해서만 보호처분과 부가처분을 변경할 수 있도록 규정하고 있다. 제6호 처분과 제7호 처분의 경우 수탁기관 장의 신청이 없는 경우에도 소년부 판사가 직권으로 보호처분 변경할 수 있고 수탁기관 장의 신청에 관한 규정이 없는 것은 보호처분의 직권 취소의 경우와 같이 입법의 불비로 판단된다.

다. 보호처분 변경과 이중처벌금지

　보호처분의 변경이 성인과 구별되는 소년의 특성을 고려한 제도라고 할지라도 헌법 원리 내에서 정당화될 수 있을 때 비로소 그 의미를 가질 수 있다.[8] 헌법 제13조에서 규정하고 있는 이중처벌금지의 원칙이 보호처분에 있어 그 내용을 보다 중하게 변경하는 경우에 이중처벌금지원칙에 반하는지 여부에 관하여 논의가 있을 수 있다.

　헌법재판소는 "헌법 제13조 제1항에서 말하는 처벌은 원칙적으로 범죄에 대한 국가의 형벌권 실행으로서의 과벌을 의미하고, 국가가 행하는 일체의 제재나 불이익처분을 모두 그 처벌에 포함시킬 수는 없다"고 하면서[9], 형벌과 보안처분을 병과하더라도 이중처벌금지원칙에 위배되지 않음을 명확히 하고 있다.[10] 이러한 헌법재판소의 태도에 따르면 보호처분에 있어서는 애초에 이중처벌금지의 원칙이 문제가 될 여지가 없을 것이다.

　그러나 이중처벌금지의 원칙이 국민의 신체의 자유와 안전을 보장하기 위하여 동일한 범죄에 대한 이중적 부담을 지우는 것을 방지하기 위한 원칙임을 감안할 때, 이때의 처벌에는 형벌뿐만 아니라 실질적으로 형벌과 동일한 목적을 가진 불이익처분을 포함한다고 해석하는 것이 타당하다.[11] 특히 보호처분 중에서 소년원 송치와 같이 자유박탈적 처분의 경우 형벌과의 동일성이 극명하게 드러난다. 그럼에도 불구하고 처벌의 범위에서 보호처분을 제외하여 재차의 형벌

7) 법원행정처, 각주 1)의 책, 390면.
8) 김 혁, 각주 2)의 논문, 267면.
9) 헌법재판소 1994.6.30. 선고 92헌바38 결정; 헌법재판소 2001.5.31. 선고 99헌가18 결정; 헌법재판소 2003.6.26. 선고 2002헌가14 결정.
10) 헌법재판소 2012.12.27. 선고 2011헌바89 결정; 헌법재판소 2014.8.28. 선고 2011헌마28 결정.
11) 김승대, "이중처벌 금지원칙에 대한 헌법해석의 재검토", 공법연구 제35집 제4호, 한국공법학회, 2007, 395면.

또는 보호처분의 위험성을 그대로 열어둔다면 보호처분 대상자에게 감내할 수
없을 정도의 부담을 지우게 되고, 보호처분 이행의 동기를 기대할 수 없어 보호
처분의 목적을 달성할 수도 없을 것이다. 따라서 보호처분이 헌법 제13조 제1항
의 '처벌'에서 제외되므로 보호처분을 사후적으로 변경하더라도 이중처벌의 원칙
에 위배되지 않는다는 논리는 적어도 소년법 제32조 제1항이 제9호·제10호 처
분의 경우에는 더 이상 성립될 수 없게 된다.[12]

    실제로 실무에 있어서도 제9호 처분으로 소년원에 수용 중인 소년에 대하
여 소년원장이 시설의 안전과 수용질서를 현저히 문란하게 하는 보호소년에 대
한 교정교육을 위하여 보호기간을 연장할 필요가 있다(보호소년 등의 처우에 관한
법률 제9조 제1항 제3호)고 판단하여, 제10호 처분으로 보호처분 변경을 법원에 신
청하게 되면 법원에서 실제로 인용되는 사례가 있다. 이러한 경우 보호처분 변
경에 따른 이중처벌의 논란은 여전히 존재한다고 하겠다.

라. 보호처분 변경과 과잉금지의 원칙

    보호처분의 변경이 불이익한 처분으로의 변경만을 예정한 것은 아니라고
할지라도 실무에서는 준수사항 위반 등을 원인으로 하여 보호처분의 내용이 불
이익하게 변경되는 경우가 대부분이라는 점에서 과잉금지원칙에 따른 심사를 피
해갈 수는 없다. 주시하다시피 과잉금지의 원칙 내지 비례의 원칙은 목적의 정
당성, 수단의 적합성, 침해의 최소성, 법익의 균형성을 그 내용으로 하고 있으므
로 그에 따른 심사가 요구된다.[13]

    보호관찰소의 장은 준수사항 위반 등에 대하여 곧바로 처분변경을 신청하
는 것이 아니라 경고 등의 조치를 취할 수 있도록 하고 있으므로(보호관찰 등에
관한 법률 제38조) 보호처분 변경이라는 수단 자체가 침해의 최소성 원칙에 위배
된다고 단언할 수는 없다.

    반면에 본조에서는 처분변경의 종류와 내용, 횟수에 대한 제한을 두고 있지
않은데 제한 없는 처분의 변경은 보호처분의 변경으로 인하여 달성하게 되는 원
활한 사회의 복귀를 통한 소년의 건전한 성장의 도모, 사회의 보호라고 하는 공
익과 침해되는 소년의 자유권 간의 균형을 유지하기 어렵게 할 수 있다.[14] 현실

---

12) 김 혁, 각주 2)의 논문, 268면.
13) 헌법재판소 1992.12.24. 선고 92헌가8 결정.
14) 김 혁, 각주 2)의 논문, 270면.

적으로 보호관찰 등에 관한 법률 위반으로 보호처분이 변경되어 소년원에 수용되는 보호소년의 비율이 36.2%(서울소년원, 2020년 기준)로 가장 높은 비행유형에 이르는 점을 고려한다면 처분변경으로 인해 소년의 자유권을 과도하게 침해한다는 비난이 있을 수 있다.

마. 선조치로서 출원 후 처분변경 신청

소년법 제32조 제1항 제8호 처분은 1개월 기간 동안에 집중적인 인성교육을 목표로 하고 있다. 그리고 개방처우는 시설을 벗어나서 활동하는 것이므로 언제나 시설 이탈이라는 위험성을 안고 있다. 이러한 위험성만으로도 실무 현장에서는 개방처우가 축소되는 것이 현실이다. 법무부에서는 개방처우 원칙이 축소되는 것을 방지하기 위하여 특수단기 보호소년의 처우 및 교육에 관한 지침에 '선조치로서의 출원'이라는 규정을 두고 있다. 지침 제29조는 정신질환 등의 질병이 있어 특별한 보호가 필요한 경우, 외부 체험활동에서 귀원하지 않는 등의 경우에는 전담소년원장이 먼저 소년을 출원시킨 이후에 소년부 판사에게 보호처분 변경신청을 하도록 하고 있다. 즉, 소년부 판사의 처분변경 결정 이전에 먼저 선조치로서 출원시키고 난 이후에 해당 법원 소년부 판사에게 출원 및 보호처분 변경을 신청하도록 하고 있다.[15] 이는 보호처분 변경에 대한 예외적인 경우에 해당하나, 보호소년에 대한 처우에 있어 적정성을 기하고 소년의 불안정한 신분으로 인한 피해를 최소화하려는 의도가 반영된 것으로 보인다.

---

15) 한영선·현지현·이영면, 소년법강의, 솔과학, 2020, 233면.

제38조(보호처분의 취소)

① 보호처분이 계속 중일 때에 사건 본인이 처분 당시 19세 이상인 것으로 밝혀진 경우에는 소년부 판사는 결정으로써 그 보호처분을 취소하고 다음의 구분에 따라 처리하여야 한다.

  1. 검사·경찰서장의 송치 또는 제4조 제3항의 통고에 의한 사건인 경우에는 관할 지방법원에 대응하는 검찰청 검사에게 송치한다.

  2. 제50조에 따라 법원이 송치한 사건인 경우에는 송치한 법원에 이송한다.

② 제4조 제1항과 제1호·제2호의 소년에 대한 보호처분이 계속 중일 때에 사건 본인이 행위 당시 10세 미만으로 밝혀진 경우에는 소년부 판사는 결정으로써 그 보호처분을 취소하여야 한다.

〈세 목 차〉

Ⅰ. 취   지

일반적으로 재판이 선고 또는 고지 등에 따라 외부적으로 성립된 이후 소송관계인은 그 내용에 따라 행동할 실체법적 의무를 지게 되는데 이러한 실체법상의 구속력인 기속력에 의해 법원의 결정내용을 임의로 취소·변경할 수 없다. 법원의 결정에 의한 보호처분도 확정 후 임의로 변경되거나 취소되어서는 아니 되는 것이 사법의 요청이다. 그러나 소년보호절차는 가변성이 풍부한 소년의 상황에 부응한 최적의 처우를 통해 소년의 건전한 육성을 목표로 하는 합목적적인 것이기 때문에 교육·보호적 관점에서는 보호처분이 소년에게 보다 적절한 것이 될 수 있도록 취소·변경을 인정하는 것이 바람직하다. 그러나 너무 넓게 변경을 허용하면 소년의 지위를 불안정하게 하고 인권침해의 우려도 생기므로 소년법은 보호처분의 취소·변경을 제한적으로 허용하고 있다.[1]

---

1) 법원행정처, 법원실무제요 소년, 2014, 385면.

본 조는 재판이 선고나 고지에 따라 성립 이후 임의로 취소할 수 없는 기속력의 효력이 보호처분의 결정에도 발생하여 보호처분도 임의로 취소하거나 변경할 수 없으나 소년보호절차의 가변성과 소년의 변화 가능성을 반영하여, 보호처분의 결정에 대해 일정한 경우 취소할 수 있는 요건을 규정하고 있다.

소년에 대한 처분이 경합하는 경우에는 처분의 집행면이나 소년의 교육적인 면에서 바람직하지 않은 경우가 발생한다. 동일한 법원이 통일적으로 다루는 한, 현재 집행 중인 보호처분도 고려하여 처우결정을 하는 것이 일반적이다. 보호처분 중의 소년에게 연령상의 문제나 유죄판결 혹은 다른 소년법원의 보호처분결정이 내려진 경우도 가능한데, 이와 같이 연령상의 문제가 발생하거나 보호처분이 다른 처분과 경합하는 경우에 그 보호처분의 조정이 필요하게 된다.[2]

본 조에서는 이러한 문제를 해결하기 위하여 소년에 대한 연령상의 문제로 인해 보호처분을 취소할 수 있는 경우를 규정하고 있다.

II. 해   석

1. 연령 초과 또는 미달을 이유로 하는 보호처분의 취소

보호처분의 계속 중, 본인이 처분 당시 19세 이상이었던 것이 판명된 경우에는 소년법원 판사는 결정으로써 그 보호처분을 취소하고, 그 사건이 검사 또는 경찰서장의 송치나 보호자 등으로부터의 통고에 의한 사건인 경우에는 관할 지방법원에 대응하는 검찰청 검사에게 송치하며(본조 제1항 제1호), 제50조에 의하여 형사법원이 송치한 경우에는 송치한 법원에 이송한다(본조 제1항 제2호). 또한 보호처분의 계속 중 본인이 처분 당시 10세 미만이었던 것이 판명된 경우에는 소년법원 판사는 결정으로써 그 보호처분을 취소하여야 한다(본조 제2항). 보호처분 당시 19세 이상이었던 경우와 10세 미만이었던 두 경우 모두 소년법원에 심판권이 없었던 위법한 보호처분의 경우로서 필요적 취소이다.[3]

연령의 판단 기준과 관련하여 범죄소년이나 촉법소년의 경우에는 행위 당시를 기준으로, 우범소년의 경우에는 보호처분 당시를 기준으로 각 10세 미만으로 밝혀진 경우에는 소년부 판사는 결정으로써 그 보호처분을 취소하고 심리불

---

2) 한국소년법학회, 소년법, 세창출판사, 2006, 314면.
3) 한국소년법학회, 각주 2)의 책, 315면.

개시 결정을 하여야 한다.[4]

또한 본조의 제1항 제1호에서 말하는 '제4조 제3항의 통고에 의한 사건'이란 해석상, 우범소년을 제외한 처분 당시 범죄소년 혹은 촉법소년이 19세 미만으로 오인한 자만이 포함된다고 보아야 할 것이다. 이는 본조의 제2항에서 명시적으로 취소의 대상을 범죄소년(소년법 제4조 제1항 제1호)과 촉법소년(소년법 제4조 제1항 제2호)을 한정하고 있는 것과 구별된다.

2. 다른 취소사유와 비교

본조에서는 소년이 처분 당시 연령이 초과되었거나 또는 미달된 경우에 보호처분을 취소하도록 규정하고 있다. 현행 소년법에서는 연령을 이유로 하는 보호처분의 취소 이외에도 소년법 제39조에서 보호처분이 계속 중일 때에 사건 본인에 대하여 유죄판결이 확정된 경우에 보호처분을 한 소년부 판사는 그 처분을 존속할 필요가 없다고 인정하면 결정으로써 소년부 판사의 재량으로 보호처분을 취소할 수 있도록 규정하고 있다.

또한 소년법 제40조에서 보호처분이 계속 중일 때에 사건 본인에 대하여 새로운 보호처분이 있었을 때에는 그 처분을 한 소년부 판사는 이전의 보호처분을 한 소년부에 조회하여 어느 하나의 보호처분을 취소하도록 규정하고 있으며 이는 필요적 취소이다.

이처럼 본 조는 연령을 이유로 하는 보호처분의 당연취소로써, 유죄판결을 이유로 하는 보호처분의 재량취소와 보호처분의 경합을 이유로 하는 보호처분의 필요적 취소와 구별된다.

3. 취소에 대한 쟁점

소년법상의 취소와 관련하여 심판권의 부존재에 대한 취소, 취소의 시기, 효력문제가 논의될 수 있다.

가. 심판권의 부존재에 대한 취소

소년법에는 규정하고 있지 않지만, 심판권의 부존재를 이유로 보호처분을 취소할 수 있는지가 문제이다. 현행 소년법에서 이와 관련된 규정을 두고 있지

---

4) 법원행정처, 각주 1)의 책, 387면.

는 않다. 소년법상의 보호처분을 취소하는 세 가지 경우(소년법 제38조, 제39조, 제
40조) 이외의 심판권의 부존재란, 구체적으로 형벌이나 보호처분에 의하여 일사
부재리효력이 미치고 있는 사건에 대해 보호처분을 받은 소년이나 비행사실의
부존재 등이다. 따라서 보호처분의 계속 중 이러한 사실이 판명된 경우에도 보
호처분을 취소할 수 있도록 법 규정을 정비해야 한다.[5]

나. 취소의 시기

취소의 시기는 그 보호처분이 계속되는 한 언제든지 가능하지만 이미 그
집행이 종료되었을 때에는 할 수 없다. 다만 취소가 가능하게 되는 시기에 관하
여는 보호처분결정이 고지된 때부터라는 설, 보호처분결정의 집행지휘가 있는
때부터라는 설, 보호처분이 확정된 때부터라는 설도 있으나, 보호처분을 취소할
실익은 보호처분의 확정과 관계없이 보호처분의 집행 중이거나 집행이 예상되
는 경우에는 모두 인정된다고 할 것이므로 보호처분이 고지된 때부터라고 함이
타당하다. 이에 따르면 보호처분취소는 그 처분에 대한 항고 중에도 할 수 있으
며 그리하여 만일 그 보호처분이 취소되면 항고심으로서는 항고를 기각하여야
한다.[6]

보호처분집행 종료 후에도 취소가 가능한지 여부와 불처분·심리불개시 결
정에 관해서도 취소가 가능한지의 여부와 관련하여 보호처분이라고 하더라도 잘
못 결정된 경우에는 보호처분 계속 중에는 물론 보호처분 종료 후에도 취소할
수 있도록 하는 것이 타당하며[7], 특히 그 처분에 의하여 소년이 인신구속을 당
한 경우에는 국가가 보상하도록 입법적으로 해결해야 한다는 주장이 있다.[8]

다. 취소의 효력문제

연령을 이유로 하는 보호처분의 취소의 경우에 연령 미달로 인한 10세 미만
의 경우는 처음부터 논의의 여지가 없으나, 연령초과의 경우에는 보호처분의 취
소와 함께 일사부재리효력도 함께 소멸된다. 그러나 유죄판결을 이유로 하는 때
와 보호처분의 경합을 이유로 하는 때의 보호처분의 취소의 경우에는 그 보호처

---

5) 한국소년법학회, 각주 2)의 책, 316면.
6) 법원행정처, 각주 1)의 책, 390면.
7) 한국소년법학회, 각주 2)의 책, 316면.
8) 최종식, "소년보호사건과 형사보상문제", 소년보호연구 창간호, 한국소년보호학회, 1999,
　323면.

분이 취소되더라도 일사부재리효력은 상실되지 않는다고 봄이 타당하다.[9]

　　본조 제1항에 따라 보호처분이 취소된 경우에는 사건을 검사에게 송치하거나 법원으로 이송하여야 하는바, 이러한 경우 소년은 이미 집행된 보호처분 외에 다시 형사처분을 받게 되는 문제점이 있다. 본조 제2항에 의하여 소년이 10세 미만임을 이유로 보호처분을 취소하는 경우에는 다시 심리 불개시결정을 하여야 한다(소년심판규칙 제42조 제1항, 제2항).[10]

---

　9) 한국소년법학회, 각주 2)의 책, 316면.
　10) 법원행정처, 각주 1)의 책, 394면.

제39조(보호처분과 유죄판결)

> 보호처분이 계속 중일 때에 사건 본인에 대하여 유죄판결이 확정된 경우에 보호처분을 한 소년부 판사는 그 처분을 존속할 필요가 없다고 인정하면 결정으로써 보호처분을 취소할 수 있다.

〈세 목 차〉

Ⅰ. 취   지

소년법 제39조는 소년법 제32조에 따른 보호처분 계속 중의 사건 본인에 대하여 유죄판결이 확정된 경우, 보호처분의 취소와 관련하여 규정하고 있다.

"유죄판결"이란 법원이 피고사건에 대하여 범죄의 증명이 있는 경우에 선고하는 실체재판을 말하는데, 피고사건이란 공소장에 특정되어 있는 범죄사실 및 이에 대응하는 적용법조를 의미하며, 범죄의 증명이 있는 때란 공판정에서 조사한 적법한 증거에 의하여 법관이 범죄사실의 존재에 대하여 확신을 가진 경우를 말한다.[1] 유죄판결에는 형선고의 판결, 형면제의 판결, 선고유예의 판결이 있다.

Ⅱ. 해   석

보호처분이 계속 중일 때에 사건 본인에 대하여 유죄판결이 확정된 경우, 보호처분을 한 소년부 판사는 그 처분을 존속할 필요가 없다고 인정하면 결정으로써 보호처분을 취소할 수 있다. 보호처분과 형의 집행 순서에 대하여 소년법 제64조는 보호처분이 계속 중일 때에 징역, 금고 또는 구류를 선고받은 소년에 대하여는 먼저 그 형을 집행함을 규정하고 있다. 이와 반대로 판결확정 후 보호처분이 내려진 경우, 자유형의 집행유예·가석방 중에 보호처분이 내려져서 계속 중에 집행유예나 가석방이 취소된 경우에는 명문의 규정은 없지만 보호처분을

---

1) 이은모·김정환, 형사소송법[제7판], 박영사, 2019, 734면.

취소할 수 있다고 해석하는 것이 타당하고, 사형의 경우도 보호처분에 우선하는 것으로 이해하는 견해가 있다.[2]

보호처분의 취소 여부는 보호처분을 한 소년부 판사의 재량사항이므로, 보호처분이 계속 중인 소년에 대하여 유죄판결이 확정된 경우에도 보호처분을 한 소년부 판사가 계속 중인 보호처분의 존속 필요성이 있다고 인정하는 경우에는 보호처분을 취소하지 않아도 되는 것으로 이해할 수 있다.

보호처분의 취소는 소년부 판사가 직권으로 행하고, 유죄판결을 한 형사법원으로부터의 소년부에 대한 재판결과의 통지 등은 소년부 판사의 직권 발동을 촉구하는 것에 불과하므로 허부의 재판을 할 필요가 없다.[3]

유죄판결과의 경합에 의한 보호처분의 취소는 주로 보호처분의 타당성의 견지에서 행하는 철회의 성질을 가지는 것에 불과하므로 보호처분을 받은 소년에 대한 일사부재리의 효력은 유지된다.[4]

---

2) 한국소년법학회, 소년법, 세창출판사, 2006, 315면.
3) 법원행정처, 법원실무제요 소년, 2014, 392면.
4) 법원행정처, 각주 3)의 책, 376면.

제40조(보호처분의 경합)

　보호처분이 계속 중일 때에 사건 본인에 대하여 새로운 보호처분이 있었을 때에는 그 처분을 한 소년부 판사는 이전의 보호처분을 한 소년부에 조회하여 어느 하나의 보호처분을 취소하여야 한다.

〈세 목 차〉

Ⅰ. 취　　지

　　소년법 제40조는 보호처분이 계속 중일 때에 사건 본인에 대하여 새로운 보호처분이 있는 경우, 그 처분을 한 소년부 판사가 이전의 보호처분을 한 소년부에 조회하여 경합하는 보호처분 중 어느 하나를 취소하여야 함을 규정하고 있다.

Ⅱ. 해　　석

　　보호처분이 경합하는 경우, 대부분 이전의 보호처분이 취소될 것이라는 견해가 있다.[1] 보호처분의 경합에 의한 보호처분의 취소는 새로운 보호처분을 한 소년부 판사의 재량에 해당하는 것으로 이해하여야 할 것이다.

　　계속 중인 보호처분과 새로운 보호처분의 유형이나 경중은 경합하는 보호처분 중 취소되는 보호처분을 정함에 있어서는 어떠한 영향을 미치지는 않는 것으로 이해할 수 있다.

　　새로운 보호처분을 한 소년부 판사의 이전의 보호처분을 한 소년부에의 조회 및 경합하는 보호처분 중 어느 하나의 취소는 필요적이라 할 것이다. 다만, 같은 소년부 판사가 경합하는 쌍방의 보호처분을 결정한 경우에는 전의 소년부에 조회할 필요가 없다.[2]

　　보호처분의 경합에 의한 보호처분의 취소는 주로 보호처분의 타당성의 견

---

1) 한국소년법학회, 소년법, 세창출판사, 2006, 315면.
2) 법원행정처, 법원실무제요 소년, 2014, 392면.

지에서 행하는 철회의 성질을 가지는 것에 불과하므로 보호처분을 받은 소년에 대한 일사부재리의 효력은 유지된다.[3]

---

3) 법원행정처, 각주 2)의 책, 376면.

제41조(비용의 보조)

　제18조 제1항 제1호·제2호의 조치에 관한 결정이나 제32조 제1항 제1호·제6호·제7호(「보호소년 등의 처우에 관한 법률」에 따른 의료재활소년원 위탁처분은 제외한다)의 처분을 받은 소년의 보호자는 위탁받은 자에게 그 감호에 관한 비용의 전부 또는 일부를 지급하여야 한다. 다만, 보호자가 지급할 능력이 없을 때에는 소년부가 지급할 수 있다.

〈세 목 차〉

Ⅰ. 취　　지　　　　　　　　　　　Ⅱ. 해　　석

Ⅰ. 취　　지

　소년법 제41조는 소년법 제18조 제1항 제1호·제2호의 조치에 관한 결정이나 제32조 제1항 제1호·제6호·제7호(보호소년 등의 처우에 관한 법률에 따른 의료재활소년원 위탁처분은 제외)의 처분을 받은 소년의 보호자는 위탁받은 자에게 그 감호에 관한 비용의 전부 또는 일부를 지급하여야 함을 규정하고 있다.

　다만, 소년법 제41조 단서는 보호자가 지급할 능력이 없을 때에는 소년부가 지급할 수 있음을 규정하고 있다.

Ⅱ. 해　　석

　소년의 보호자가 소년을 위탁받은 자에게 그 감호에 관한 비용의 전부 또는 일부를 지급하여야 하는 경우는, 1. 소년부 판사가 사건을 조사 또는 심리하는 데에 필요하다고 인정하여 소년의 감호에 관하여 결정으로써 하는 조치 중 소년을 보호할 수 있는 적당한 자 또는 시설에 위탁하거나 병원이나 그 밖의 요양소에 위탁하는 경우, 2. 소년부 판사가 심리 결과 보호처분을 할 필요가 있다고 인정하여 결정으로써 보호자를 대신하여 소년을 보호할 수 있는 자에게 감호 위탁하거나 아동복지법에 따른 아동복지시설이나 그 밖의 소년보호시설에 감호 위탁하거나 병원, 요양소에 위탁하는 경우이다. 이 경우 아동복지법에 따른 아동복지시설이란 아동복지법 제50조에 따라 국가 또는 지방자치단체가 설치한 아동복지

시설 및 국가 또는 지방자치단체 외의 자가 관할 시장·군수·자치구의 구청장에
게 신고하고 설치한 아동복지시설을 말한다.

소년보호절차에 관한 예규(재특 2008－2) 제6조 제1항은 소년부 판사가 병원,
요양소에 위탁하는 보호처분을 결정할 때에는 보호자가 감호에 관한 비용을 부
담할 경제적 능력이 있는지를 확인하고, 보호자로부터 소년부 판사가 지정할 위
탁 병원 또는 요양소에 상당기간의 감호에 관한 비용을 미리 지급하였거나 지급
하겠다는 취지의 서류를 제출받은 후에 보호처분 결정을 하여야 함을 규정하고
있다. 이 경우 보호자가 보호처분 결정 후 감호에 관한 비용을 위탁 병원 또는
요양소에 납부하지 않는 때에는, 소년부 판사는 보호자의 경제적 사정의 변화
등을 심리하여 지급하지 아니한 비용을 국가가 부담하기로 결정할 수 있다.

소년보호절차에 관한 예규(재특 2008－2) 제6조 제2항은 소년부 판사는 보호
자가 없는 경우 또는 보호자로부터 제출받은 소명자료 등을 검토하여 보호자가
1. 월 평균수입이 100만 원 미만인 사람, 2. 국민기초생활보장법에 따른 수급자,
3. 국가유공자 등 예우 및 지원에 관한 법률에 의한 국가유공자와 그 유족, 4.
한부모가족지원법에 따른 보호대상자인 모자가족 및 부자가족의 모 또는 부, 5.
그 밖에 감호에 관한 비용을 부담할 경제적 능력이 없는 사람의 어느 하나에
해당한다고 인정되는 경우에는 감호에 관한 비용의 전부 또는 일부를 국가가
부담하기로 결정하고 병원 또는 요양소 위탁처분 결정을 할 수 있음을 규정하
고 있다.

제42조(증인 등의 비용)
① 증인·감정인·통역인·번역인에게 지급하는 비용, 숙박료, 그 밖의 비용에 대하여는 「형사소송법」 중 비용에 관한 규정을 준용한다.
② 참고인에게 지급하는 비용에 관하여는 제1항을 준용한다.

〈세 목 차〉

I. 취　　지

　소년법 제42조는 증인 등에게 지급하는 비용 등에 관한 사항을 규정하고 있다.

　형사소송법 제146조는 법원은 법률에 다른 규정이 없으면 누구든지 증인으로 신문할 수 있음을 규정하고 있다. 증인이란 법원 또는 법관에 대하여 자기가 과거에 체험한 사실을 진술하는 제3자를 말하고, 체험사실 자체에 대한 진술뿐만 아니라 그 사실로부터 추측한 사실을 진술하는 자도 증인에 해당한다.[1]

　형사소송법 제169조는 법원은 학식·경험 있는 자에게 감정을 명할 수 있음을 규정하고 있다. 특별한 학식과 경험이 있는 자라면 누구든지 감정인이 될 수 있고, 감정인은 수인이 지정될 수도 있다.[2]

　형사소송법 제180조는 국어에 통하지 아니하는 자의 진술에는 통역인으로 하여금 통역하게 하여야 함을 규정하고 있다. 국어에 통하지 아니하는 자란 외국인을 의미하는 것은 아니고, 외국인이라 할지라도 국어에 통할 때에는 통역을 요하지 않는다.[3] 그리고 형사소송법 제181조는 농자(聾者) 또는 아자(啞者)의 진술에는 통역인으로 하여금 통역하게 할 수 있음을 규정하고 있는데, 내국인이라

---

1) 이은모·김정환, 형사소송법[제7판], 박영사, 2019, 503~504면.
2) 이은모·김정환, 각주 1)의 책, 534면.
3) 이은모·김정환, 각주 1)의 책, 539면.

도 듣거나 말하는데 장애가 있는 사람의 진술에는 통역인으로 하여금 통역하게
할 수 있다.

형사소송법 제182조는 국어 아닌 문자 또는 부호는 번역하게 하여야 함을
규정하고 있다. 국어 아닌 문자 또는 부호인가 여부는 대한민국에서 일반적으로
널리 통용되고 있는 문자 또는 부호인가에 따라 판단해야 하고, 방언(方言)이나
외래어라도 널리 통용되고 있는 문자나 부호는 번역을 요하지 않는다.[4]

형사소송법 제221조 제1항은 검사 또는 사법경찰관은 수사에 필요한 때에
는 피의자가 아닌 자의 출석을 요구하여 진술을 들을 수 있음을 규정하고 있다.
참고인이란 수사기관에 대하여 진술하는 피의자 아닌 제3자를 말하는데, 참고인
은 수사기관에 대하여 진술하는 자라는 점에서 법원 또는 법관에 대하여 경험사
실을 진술하는 제3자인 증인과 구별된다. 참고인은 피해자·고소인·목격자에 한
하지 않고 누구든지 수사에 필요한 때에는 참고인으로 조사할 수 있다.[5]

II. 해   석

형사소송법 제168조는 소환받은 증인은 법률의 규정한 바에 의하여 여비,
일당과 숙박료를 청구할 수 있음(단, 정당한 사유없이 선서 또는 증언을 거부한 자는
예외로 함)을 규정하고 있고, 형사소송비용 등에 관한 법률과 형사소송비용 등에
관한 규칙은 그 상세를 규정하고 있다.

1. 여   비

형사소송비용 등에 관한 법률 제4조 제1항은 증인·감정인·통역인 또는 번
역인(이하 "증인등"이라 함)의 여비는 운임과 그 밖에 이에 준하는 비용으로 하고,
운임은 철도운임·선박운임·자동차운임 및 항공운임 네 종류로 구분하되, 법원
이 적절하다고 인정하는 교통수단을 기준으로 하여 지급한다고 규정하고 있고,
같은 조 제2항은 여비의 항목과 그 금액은 대법원규칙으로 정하는 범위에서 법
원이 정한다고 규정하고 있다. 형사소송비용 등에 관한 규칙 제3조 제1항은 형
사소송비용 등에 관한 법률 제4조 제1항에서 규정하는 "기타 이에 준하는 비용"

---

4) 이은모·김정환, 각주 1)의 책, 539면.
5) 이은모·김정환, 각주 1)의 책, 225면.

의 항목은 식비로 한다고 규정하고 있다. 형사소송비용 등에 관한 규칙 제3조 제2항은 증인등의 국내 여비는 법원공무원여비규칙 별표 제2호 국내 여비 지급표에 정한 제2호 해당자 지급액으로 함을 규정하고 있는데, 철도운임의 경우 법원공무원 여비 규칙 제10조 제1항 단서의 규정을 준용하여, 전철 구간에서 철도운임 외에 전철요금이 따로 책정되어 있는 경우에는 철도운임에 갈음하여 전철요금을 지급할 수 있으며, 이 경우 전철요금은 실비(實費)로 지급함을 규정하고 있다.

2. 일   당

형사소송비용 등에 관한 법률 제3조 제1항은 증인등의 일당은 출석 또는 조사와 이를 위한 여행(이하 "출석등"이라 함)에 필요한 일수(日數)에 따라 지급함을 규정하고 있고, 같은 조 제2항은 일당의 금액은 대법원규칙으로 정하는 범위에서 법원이 정함을 규정하고 있다. 형사소송비용 등에 관한 규칙 제2조는 증인등의 일당은 매년 예산의 범위 안에서 대법관회의에서 정함을 규정하고 있다.

3. 숙 박 료

형사소송비용 등에 관한 법률 제5조 제1항은 증인등의 숙박료는 출석등에 필요한 밤[야]의 수에 따라 지급하고, 같은 조 제2항은 숙박료의 금액은 대법원규칙으로 정하는 범위에서 법원이 정함을 규정하고 있다. 형사소송비용 등에 관한 규칙 제3조 제2항은 증인등의 국내 숙박료는 법원공무원 여비 규칙 별표 제2호 국내 여비 지급표에 정한 제2호 해당자 지급액으로 함을 규정하고 있다.

4. 국외여비 등의 금액

형사소송비용 등에 관한 법률 제6조는 증인등이 국내와 국외(공해를 포함)사이를 여행하는 경우에 그 일당, 여비 및 숙박료는 형사소송비용 등에 관한 법률 제3조부터 제5조까지에 규정된 기준에 준하여 대법원규칙으로 정하는 범위에서 법원이 정함을 규정하고 있다. 형사소송비용 등에 관한 규칙 제4조 제1항은 증인등의 일당·여비 및 숙박료는 증인등이 국외로부터 국내로, 국내로부터 국외로 여행하거나 또는 국내로 입국하기 위하여 국외에서 여행(이하 이를 합하여 "국외여행"이라 함)하는 경우에 이를 지급함을 규정하고 있고, 같은 조 제2항은 증인

등이 국외여행하는 경우의 운임은 아래와 같이 구분하고, 통행세를 가산함을 규
정하고 있다.

〈표 1〉국외여비 등의 금액

구　분	운　임
철도운임 및 선박운임	그 운임에 등급구별이 있는 경우에는 중간등급이하의 운임, 등급구별이 없는 경우에는 승차나 승선에 요하는 실비액
자동차운임	실비액
항공운임	법원공무원 여비 규칙 제12조 제2항의 별표 제3호 "국외 항공운임 지급 기준"에 정한 기타의 자 소정액

　　형사소송비용 등에 관한 규칙 제4조 제3항은 증인등이 국외여행하는 경우
의 운임을 제외한 여비 및 숙박료에 대하여는 법원공무원 여비 규칙 제16조 제1
항의 별표 제4호 국외 여비 지급표에 정한 별표 제1호 여비 지급 구분표의 제2
호 나목 해당자 소정액으로 함을 규정하고 있다.

5. 감정료 · 통역료 · 번역료

　　형사소송비용 등에 관한 법률 제7조는 감정인·통역인 또는 번역인에게 지
급할 감정료·통역료·번역료, 그 밖의 비용은 법원이 적절하다고 인정하는 금액
으로 함을 규정하고 있다.

6. 여비 등의 계산

　　형사소송비용 등에 관한 법률 제9조는 일당, 여비(항공운임은 제외) 및 숙박
료를 계산할 때 여행 일수는 흔히 이용하는 가장 경제적인 경로와 방법으로 여
행하는 경우의 예에 따라 계산하고, 다만, 천재지변이나 그 밖의 부득이한 사유
로 그와 같은 경로와 방법으로 여행하기 곤란한 경우에는 실제 경로와 방법으로
계산함을 규정하고 있다.

7. 일당 등의 지급 요건

　　형사소송비용 등에 관한 법률 제10조는 증인·감정인·통역인 또는 번역인에

게 지급하는 일당, 여비 및 숙박료는 법원이 정한 기일·장소에 출석하거나 조사
받은 경우에만 지급함을 규정하고 있다.

8. 자료의 제출

　형사소송비용 등에 관한 법률 제14조는 법원은 필요하다고 인정하면 비용
등을 지급받을 자에게 비용 명세서나 그 밖의 자료 제출 등을 요구할 수 있음을
규정하고 있다.

제 4 절   항   고

제43조(항고)
① 제32조에 따른 보호처분의 결정 및 제32조의2에 따른 부가처분 등의 결정 또는 제37조의 보호처분·부가처분 변경 결정이 다음 각 호의 어느 하나에 해당하면 사건 본인·보호자·보조인 또는 그 법정대리인은 관할 가정법원 또는 지방법원 본원 합의부에 항고할 수 있다.
  1. 해당 결정에 영향을 미칠 법령 위반이 있거나 중대한 사실 오인이 있는 경우
  2. 처분이 현저히 부당한 경우
② 항고를 제기할 수 있는 기간은 7일로 한다.

〈세 목 차〉

Ⅰ. 취   지

1. 법적 성격

제43조는 항고의 주체, 항고의 대상, 항고의 사유, 항고의 기간 등에 대하여 규정하고 있다. 여기서 말하는 항고란 비행소년의 행위지, 거주지 또는 현재지를 관할하는 가정법원 소년부 또는 지방법원 소년부에 속한 단독판사가 행하는 소년보호사건의 심리와 처분결정에 대한 불복을 의미하는 것으로서, 미확정의 결정에 대하여 상급법원에 불복신청을 하여 구제를 받는 절차의 일종에 해당한다.

일반적으로 항고는 법원의 결정에 대한 상소를 말하는 것으로서, 판결에 대

한 상소에 해당하는 항소 또는 상고와는 그 법적인 성격이 다르다. 왜냐하면 판결은 종국재판의 본래의 형식이기 때문에 이에 대해서는 원칙적으로 상소를 허용할 필요가 있지만, 결정은 일반적으로 판결에 이르는 과정에 있어서의 절차상의 사항에 관한 종국 전의 재판이므로 모든 결정에 대하여 상소를 인정할 필요는 없기 때문이다.[1] 하지만 소년법 제43조에 규정되어 있는 일련의 결정이 과연 판결에 이르는 과정에 있어서 절차상의 사항에 관한 종국 전의 재판이라고 볼 수 있는지는 의문이다.

이는 항고와 관련된 소년법상 명문의 규정이 없더라도 형사소송법상 항고에 관한 규정이 준용될 수 있다는 점에서 더욱 그러하다. 예를 들면 형사피고사건에 대한 법원의 소년부송치결정은 형사소송법 제403조가 규정하는 판결전의 소송절차에 관한 결정에 해당하는 것이 아니므로, 소년부송치결정에 대하여 불복이 있을 때에는 형사소송법 제402조에 의한 항고를 할 수 있다.[2] 또한 소년법 제53조는 제32조의 보호처분을 받은 소년에 대하여는 그 심리 결정된 사건은 다시 공소를 제기하거나 소년부에 송치할 수 없다고 규정하고 있다. 그러므로 보호처분을 받은 사건과 동일한 사건(상습죄 등 포괄일죄 포함)에 관하여 다시 공소제기가 되었다면, 제32조의 보호처분은 확정판결이 아니고, 따라서 기판력도 없으므로 이에 대하여 면소판결을 할 것이 아니라 이는 공소제기절차가 법률의 규정에 위배하여 무효인 때에 해당한 경우이므로 형사소송법 제327조 제2호의 규정에 의하여 공소기각의 판결을 하여야 한다.[3] 이와 같이 일반항고가 판결에 이르는 과정에서 절차상의 사항에 관한 종국전의 재판을 대상으로 함에 반하여 소년법상 소년부 판사의 보호처분의 결정은 사실상 종국재판의 성격을 지니고 있다는 점에서 차이가 있다.[4] 그러므로 소년법상의 항고는 일반항고와 비교할 때 종국재판에 대한 불복의 성격이 상대적으로 강하다고 평가할 수 있다. 한편 항고를 제기할 수 있는 기간은 7일로 한다.

2. 외국의 입법례

독일의 경우 소년법원법(Jugendgerichtsgesetz)상 소년형사절차에서 선고된 재

---

1) 박찬걸, 형사소송법, 박영사, 2020, 923면.
2) 대법원 1986.7.25.자 86모9 결정; 대법원 1986.2.12.자 86트1 결정.
3) 대법원 1996.2.23. 선고 96도47 판결; 대법원 1985.5.28. 선고 85도21 판결.
4) 권오걸, "소년법상의 항고", 법학논고 제23집, 경북대학교 법학연구원, 2005, 51면.

판에 대하여는 형사소송법(StPO)에 따른 상소를 제기할 수 있다. 소년법원법에 의하면 교육처분(JGG § 9 ff.)이나 훈육징계처분(JGG § 13 ff.)을 명하는 재판에 대하여 특별히 상소권자를 제한하는 규정은 찾아볼 수 없기 때문에 형사소송법의 규정(StPO §296 ff.)에 의하여 상소권자는 사건당사자, 양육권자, 법정대리인, 변호인 및 검사가 된다.

　　일본의 경우 기존에는 소년법 제32조에서 소년, 그 법정대리인 또는 부첨인에게 항고권을 부여하고 있었지만, 검찰관에게는 소년보호심판절차의 출석권 및 항고권을 인정하지 않고 있었다. 하지만 개정 소년법 제22조의2(검찰관의 관여) 제1항에 의해서 가정재판소는 범죄소년이 관련된 사건으로 고의의 범죄행위에 의하여 피해자를 사망하게 한 죄 또는 그 이외에 사형 또는 무기나 단기 2년 이상의 징역이나 금고에 해당하는 죄에 대하여 그 비행사실을 인정하기 위한 심판절차에 검찰관이 관여할 필요가 있다고 인정할 때에는 심판에 검찰관을 출석시킬 수 있다. 또한 개정 소년법 제32조의4(항고수리신청) 제1항에 의해서 검찰관은 소년법 제22조의2 제1항의 결정이 이루어진 경우, 보호처분에 붙이지 않는 결정 또는 보호처분결정에 동항의 결정이 있었던 사건의 비행사실 인정에 관하여 결정에 영향을 미치는 법령의 위반 또는 중대한 사실오인이 있음을 이유로 할 때에 한하여 고등재판소에 대하여 2주간 이내에 항고심으로서 사건을 수리하여야 한다는 신청을 할 수 있다. 하지만 일본의 소년심판절차에서 검찰관의 관여는 가정재판소가 주재하는 직권주의적 심문구조에서 협력자로 참여하는 제한적인 의미를 지니고 있는 것에 불과하다.[5] 왜냐하면 원칙적으로 검찰관의 관여는 가정재판소의 재량사항으로 되어 있기 때문이다.

II. 해　　석

1. 항고의 주체

가. 현행법의 태도

소년법에서는 항고권자와 관련하여 ① 사건 본인, ② 보호자, ③ 보조인 ④ 법정대리인 등 총 4가지의 유형을 한정하고 있는데, 이러한 항고권자의 인정 범

---

5) 정희철, "소년심판의 항고권자와 항고절차의 이론적 쟁점", 아주법학 제6권 제2호, 아주대학교 법학연구소, 2012, 403면.

위는 제정 소년법 이래 현재까지 변함없이 유지되고 있다. 여기서 보호자란 '법률상 감호교육을 할 의무가 있는 자 또는 현재 감호하는 자'를 말한다(제2조). 또한 소년보호사건에 있어서 보조인도 형사소송의 변호인과 마찬가지로 보호소년이 가지는 권리를 행사하는 외에 독자적인 입장에서 보호소년의 이익을 옹호하는 고유의 권리를 가지고 있으므로[6], 고유한 항고권자가 된다. 그 밖에도 사건 본인뿐만 아니라 법정대리인에게도 항고권이 인정되고 있다. 하지만 일반적인 형사소송절차에서의 항고와 달리 소년심판절차에서는 검사가 항고권자로서 법률상 인정되고 있지 않다는 특이성을 지니고 있다.

이러한 특이점의 이유와 관련하여, 소년심판절차에서는 형사소송절차와는 달리 검사가 조사 및 심리단계에 참여하지 않는다는 점[7], 법원의 결정에 대한 불복은 제한적으로 운용되어야 한다는 점, 상소제도는 원칙적으로 소송당사자에게만 인정되어야 하는데 검사나 피해자는 소년심판의 당사자가 아니라는 점[8], 소년심판절차에서 검사의 항고권 행사는 대상소년을 형사처분하여야 한다는 의사로 볼 수 있다는 점[9], 항고는 법원의 보호처분 결정에 대하여 소년에 대하여 보다 좋은 교육 및 생활환경을 보장해주기 위한 목적으로 행사되어야 한다는 점, 소년의 건전한 육성에 필요한 보호조치라는 후견적 배려가 녹아 있는 보호처분의 결정에 대하여 검사가 항고할 수 있도록 한다는 것은 이미 판단이 끝난 비행의 경중에 대한 거듭된 평가를 허용하는 것과 동시에 보호처분을 마치 형벌과 동일한 것으로 평가하게 만드는 결과를 초래한다는 점[10], 소년심판절차의 제1심에서 피해자 등의 신청에 따라 심리기일에서 피해자 등의 진술권이 보장되고 있다는 점 등이 제시되고 있다.

나. 검   토

헌법 제27조 제5항에서는 "형사피해자는 법률이 정하는 바에 의하여 당해 사건의 재판절차에서 진술할 수 있다."라고 규정하여 형사피해자의 재판절차진술권을 보장하고 있는데, 여기서 말하는 형사피해자를 반드시 형사소송절차에서의 범죄피해자에 국한시켜 이해할 필요는 없다. 왜냐하면 '형사소송절차에서의

---

6) 대법원 1994.11.5. 선고 94트10 판결.
7) 권오걸, 각주 4)의 논문, 52면; 정희철, 각주 5)의 논문, 400면.
8) 헌법재판소 2012.7.26. 선고 2011헌마232 결정.
9) 한국소년법학회, 소년법, 세창출판사, 2006, 321면.
10) 정희철, 각주 5)의 논문, 408면.

피해자'와 '소년심판절차에서의 피해자'는 범죄행위의 피해자라는 점에서 동일한 형태를 띠고 있기 때문이다. 소년심판절차의 제1심 및 항고심 절차는 모두 사실심이므로, 범죄행위의 피해자로서는 제1심 절차 못지않게 항고심 절차에서도 피해자 등의 진술권을 통하여 재판진행에 참여할 기회가 충분히 보장되어야 하므로 검사 또는 피해자 등에게 항고권을 인정하여 그 초석을 마련하여야 한다.[11]

3. 항고의 대상

가. 현행법의 태도

소년법은 항고의 대상과 관련하여, ① 제32조에 따른 보호처분의 결정, ② 제32조의2에 따른 부가처분 등의 결정, ③ 제37조의 보호처분·부가처분 변경 결정 등 총 3가지의 유형을 한정하고 있다. 제정 당시(1958.7.24.)의 소년법에서는 항고의 대상으로 '보호처분의 결정'만을 두고 있었지만, 이후 1988.12.31. 개정 소년법에서는 보호처분의 결정뿐만 아니라 '보호처분 변경의 결정'을 추가하였으며, 2007.12.21. 개정 소년법에서는 이에 더하여 '부가처분 등의 결정'과 '부가처분 변경의 결정'을 추가하여 현재에 이르고 있다. 보호처분의 변경 결정, 부가처분의 결정 및 변경 결정 등도 보호처분의 결정과 유사한 효과를 지니고 있다는 측면에서 이를 항고의 대상으로 추가한 것은 타당하다.

반면에 보호의 적정을 기하기 위하여 필요하다고 인정한 경우에 사건을 다른 관할 소년부에 이송하는 결정(제6조 제1항), 사건을 조사 또는 심리하는 데에 필요하다고 인정한 경우에 보호자, 소년을 보호할 수 있는 적당한 자 또는 시설에 위탁, 병원이나 그 밖의 요양소에 위탁, 소년분류심사원에 위탁 등 소년의 감호에 관한 결정(제18조 제1항), 송치서와 조사관의 조사보고에 따라 사건의 심리를 개시할 수 없거나 개시할 필요가 없다고 인정한 경우에 심리를 개시하지 아니한다는 결정(제19조 제1항), 송치서와 조사관의 조사보고에 따라 사건을 심리할 필요가 있다고 인정한 경우에 행하는 심리 개시 결정(제20조 제1항), 심리 결과 보호처분을 할 수 없거나 할 필요가 없다고 인정한 경우에 행하는 불처분 결정(제29조 제1항), 범죄소년과 촉법소년에 해당하는 소년에 대하여 보호처분을 하는 경우에 행하는 몰수 결정(제34조 제1항), 보호처분이 계속 중일 때에 사건 본인에

---

11) 박찬걸, "보호처분의 결정 등에 대한 항고권자에 검사 또는 피해자 등을 포함시키지 않는 것의 타당성 여부", 소년보호연구 제21호, 한국소년정책학회, 2013, 153면.

대하여 유죄판결이 확정된 경우에 그 보호처분 처분을 존속할 필요가 없다고 인정하여 내린 보호처분 취소의 결정(제39조), 검사가 소년에 대한 피의사건을 수사한 결과 보호처분에 해당하는 사유가 있다고 인정하여 사건을 관할 소년부에 송치하였는데, 이러한 송치된 사건을 조사 또는 심리한 결과 그 동기와 죄질이 금고 이상의 형사처분을 할 필요가 있다고 인정하여 다시 해당 검찰청 검사에게 송치하는 결정(제49조 제2항), 소년에 대한 피고사건을 심리한 결과 보호처분에 해당할 사유가 있다고 인정하여 사건을 관할 소년부에 송치하는 결정(제50조) 등에 대하여는 항고할 수 없다.

나. 검   토

현행 소년법이 항고의 대상을 제32조에 따른 보호처분의 결정, 제32조의2에 따른 부가처분 등의 결정, 제37조의 보호처분·부가처분 변경 결정 등 총 3가지의 유형으로 한정하고 있는 가장 근본적인 이유는 항고권자가 사건 본인 등에 국한되어 있고, 검사 또는 피해자 등에게는 인정되지 않는 점에 기인한다. 이와 같이 원칙적으로 사건 본인 등에게 부과되는 보호처분 등의 결정에 이의를 제기할 수 있도록 하고 있는 이유는 소년보호주의에 입각하고 있기 때문이다. 하지만 항고권자의 범위에 검사 또는 피해자 등을 제외할 필연적인 이유가 없다고 한다면 항고의 대상 또한 3가지의 유형으로 제한할 이유가 없다. 예를 들면 송치서와 조사관의 조사보고에 따라 사건의 심리를 개시할 수 없거나 개시할 필요가 없다고 인정한 경우에 행하는 심리불개시 결정(제19조 제1항), 심리 결과 보호처분을 할 수 없거나 할 필요가 없다고 인정한 경우에 행하는 불처분 결정(제29조 제1항), 보호처분이 계속 중일 때에 사건 본인에 대하여 유죄판결이 확정된 경우에 그 보호처분 처분을 존속할 필요가 없다고 인정하여 내린 보호처분 취소의 결정(제39조) 등에 대하여는 검사 또는 피해자가 법원의 결정에 대하여 불만을 가지고 이의를 제기할 수 있는 상황을 충분히 예상할 수 있기 때문에 항고의 대상으로 새롭게 편입시킬 필요가 있다.

4. 항고의 사유

가. 현행법의 태도

소년법은 항고의 사유와 관련하여, ① 해당 결정에 영향을 미칠 법령 위반이 있는 경우, ② 해당 결정에 영향을 미칠 중대한 사실 오인이 있는 경우, ③ 처분이 현저히 부당한 경우 등 총 3가지의 유형을 한정하고 있다. ①, ② 유형은 제정 소년법 당시부터 존재해 왔으며, ③ 유형은 1988.12.31. 개정 소년법에서부터 인정되고 있는 항고의 사유이다. 개정 전의 시기에 있어서 보호처분의 결정에 대한 항고는 그 결정에 영향을 미칠 법령위반이 있거나 중대한 사실오인이 있는 때에 한하여 이를 할 수 있었으므로 보호처분의 결정이 교정의 목적에 위배하여 부당하다는 것만으로는 적법한 항고이유가 되지 못한다고 해석되었지만[12], 이를 항고의 이유에서 배제하는 것이 오히려 부당하다는 반성적인 고려에서 '처분이 현저히 부당한 경우'에 있어서도 독자적인 항고사유로 추가한 것이다.

나. 검   토
(1) 해당 결정에 영향을 미칠 법령 위반이 있는 경우

여기서 말하는 '법령 위반'이란 보호처분 등의 결정 등에 영향을 미칠 수 있는 실체법과 절차법 전반에 대한 위반을 말하는데, 대표적으로 소년법, 소년심판규칙 등이 이에 해당할 수 있다. 보호처분 등의 결정은 소년보호사건의 종국결정으로서 소년법 등 관계법령에서 정한 절차에 따라 소년부 판사의 조사 및 심리를 거치는 결과물이라고 할 수 있다. 그러므로 이러한 과정에서 실체법적 또는 절차법적 위반이 있게 된다면 이는 당해 결정에 영향을 미칠 법령 위반이 있는 경우에 해당한다.

예를 들면, 소년부 또는 조사관이 범죄 사실에 관하여 소년을 조사할 때에는 미리 소년에게 불리한 진술을 거부할 수 있음을 알려야 함에도 불구하고(제10조) 이를 행하지 아니하고 절차를 진행한 경우, 소년부는 조사 또는 심리를 할 때에 정신건강의학과의사·심리학자·사회사업가·교육자나 그 밖의 전문가의 진단, 소년 분류심사원의 분류심사 결과와 의견, 보호관찰소의 조사결과와 의견 등을 고려해야 함에도 불구하고(제12조), 이를 행하지 아니하고 절차를 진행한 경우 등은 당해 사건에 있어서 본인의 이익을 저해할 수 있는 전형적인 요소이므로 해당 결정에 영향을 미칠 법령 위반이 있는 경우에 해당하여 항고사유가 될 것이다. 또한 보조인에 대한 심리기일의 통지가 없어 보조인이 출석하지 아니한 채 열린 심리기일에서 고지된 보호처분의 결정은 가사 그 심리기일에 출석한 보

---

12) 광주고등법원 1972.8.19.자 72로126 결정.

호소년 및 보호자인 그 부모가 보조인이 출석하지 아니한 채 심리를 받는 것에 대하여 별다른 이의를 제기하지 아니하였다고 하더라도 그 하자가 치유되어 보호처분의 결정에 영향을 미치지 아니한다고 볼 수는 없고, 소년법상 보조인의 고유한 권리인 심리기일출석권이라는 법리오해의 위법을 통하여 이를 부당하게 제한하여 결정에 영향을 미칠 절차상의 위법이 있고, 이는 원결정에 영향을 미쳤음이 명백하므로, 보호처분결정은 취소되어야 한다.[13)]

　'해당 결정에 영향을 미칠 법령 위반이 있는 경우'에서 해당 결정에 영향을 미치는 방향은 크게 두 가지의 경우 모두를 상정해 볼 수 있는데, 먼저 해당 사건의 본인에게 유리하게 작용할 수 있는 법령을 위반하여 결과적으로 본인에게 불리하게 영향을 미치게 하는 법령 위반의 경우가 있을 것이고, 다음으로 해당 사건의 본인에게 불리하게 작용할 수 있는 법령을 위반하여 결과적으로 본인에게 유리하게 영향을 미치게 하는 법령 위반의 경우가 있을 것이다. 이러한 두 가지의 상황에서 보호소년 측의 입장에서는 전자의 경우에 있어서만 원심법원의 결정에 대하여 항고를 할 것이고, 후자의 경우에 있어서는 항고를 할 실익이 전혀 없기 때문에 불복을 하지 않을 것이다. 하지만 이러한 상황을 보호소년 측의 입장이 아닌 피해자 측의 입장에서 검토해 보면 정반대의 결과가 발생한다. 즉 피해자 측의 입장에서는 후자의 경우에 있어서만 원심법원의 결정에 대하여 항고를 할 것이고, 전자의 경우에 있어서는 항고를 할 실익이 전혀 없기 때문에 불복을 하지 않을 것이다. 이러한 경우의 전형적인 예가 피해자 등이 가지고 있는 진술권이 침해 또는 제한된 경우라고 할 수 있다. 소년부 판사는 피해자 또는 그 법정대리인·변호인·배우자·직계친족·형제자매(이하에서는 '대리인등'이라고 한다)가 의견진술을 신청할 때에는 피해자나 그 대리인등에게 심리 기일에 의견을 진술할 기회를 주어야 하는데(제25조의2 본문), 만약 정당한 이유 없이 이러한 의견진술의 기회를 제공하지 않고서 심리를 종결시켜 보호처분을 행한다면 이는 피해자측이 가지고 있는 중요한 절차적 기본권을 침해함과 동시에 이를 통하여 해당 결정에 영향을 미칠 법령 위반이 있는 경우에 해당한다고 보아야 한다. 다만 신청인이 이미 심리절차에서 충분히 진술하여 다시 진술할 필요가 없다고 인정되는 경우 또는 신청인의 진술로 심리절차가 현저하게 지연될 우려가 있는 경

---

13) 대법원 1994.11.5. 선고 94트10 판결.

우 중의 어느 하나에 해당하는 경우에는 그러하지 아니하지만(제25조의2 단서),
이 경우에 있어서도 신청인이 심리절차에서 충분히 진술하지 않아서 다시 진술
할 필요가 있다고 인정되는 경우 또는 신청인의 진술로 심리절차가 현저하게 지
연될 우려가 없는 경우에는 피해자 등의 진술권은 보장되어야 할 것이다. 상황
이 이러함에도 불구하고 소년법상 '보조인'의 고유한 권리인 심리기일출석권의
제한에 대하여는 항고를 인정하면서도 소년법상 '피해자'의 고유한 권리인 심리
기일출석권 및 의견진술권의 제한에 대하여는 항고를 인정하지 않는 현행법의
태도는 형평의 원리에 부합하지 않는다고 판단된다.

(2) 해당 결정에 영향을 미칠 중대한 사실 오인이 있는 경우

소년에 대한 피고사건을 심리한 법원이 그 결과에 따라 보호처분에 해당할
사유가 있는지의 여부를 인정하는 것은 법관의 자유재량에 의하여 판정될 사항
이라고 보는 것이 판례의 일관적인 태도이다.[14] 하지만 모든 사실의 인정이나
법령의 적용 등에 있어서 법관의 과오를 완전히 배제할 수 없는 상황에서 법원
의 결정에 대하여 잘못이 있다고 판단하는 관계자는 신청에 의하여 상급법원에
항고함으로써 재판부의 과오를 시정하는 절차를 두는 것이야 말로 법관의 자유
재량을 통제할 수 있는 중요한 시스템이라고 할 수 있다. 이러한 점에서 해당
결정에 영향을 미칠 중대한 사실오인이 있는 경우를 독자적인 항고사유로 설정
한 것은 타당하다. 예를 들면 소년법상 소년에 해당하지 않는 자에 대하여 보호
처분 등의 결정이나 변경이 이루어졌다면 이는 '해당 결정에 영향을 미칠 중대
한 사실 오인이 있는 경우'에 해당하므로 항고사유가 된다.

(3) 처분이 현저히 부당한 경우

보호처분 등의 결정 및 변경은 원칙적으로 법원의 자유재량에 의한다고 하
지만, 여기서의 자유재량이 아무런 제약사항이 없는 무제한의 재량이 될 수는
없기 때문에 어느 정도의 내재적인 한계가 존재한다. 이러한 내재적인 또는 근
본적인 한계로서 보호처분 등의 필요성, 상당성, 비례성 등이 거론된다. 이와 같
이 보호처분 등의 결정 및 변경에 있어서 고려해야 할 기본원리에 비추어 보았
을 때, 해당 처분이 현저히 부당한 경우에는 이를 시정할 수 있는 항고의 기회

---

14) 대법원 1991.1.25. 선고 90도2693 판결; 대법원 1990.10.12. 선고 90도1760 판결; 대법원 1966.
   10.4. 선고 66도1109 판결.

가 주어져야 함은 당연한 것이다. 소년법이 인정하고 있는 3가지 항고사유 중 제3유형의 항고사유라고 할 수 있는 '처분의 부당성'은 나머지 항고사유와 달리 '위법성'을 그 대상으로 하는 것이 아니라 '부당성'을 그 평가의 기준으로 하고 있기 때문에 해당범위가 상당히 폭넓다고 평가할 수 있다.

> 제44조(항고장의 제출)
> ① 항고를 할 때에는 항고장을 원심 소년부에 제출하여야 한다.
> ② 항고장을 받은 소년부는 3일 이내에 의견서를 첨부하여 항고법원에 송부하여야 한다.

〈세 목 차〉

I. 취   지   II. 해   석

I. 취   지

제44조는 항고장의 제출 및 이에 대한 소년부의 항고법원에 대한 송부방식에 대하여 규정하고 있다. 형사소송법상 항고를 함에는 항고장을 원심법원에 제출하여야 하는 것(형사소송법 제406조)과 마찬가지로 소년법상 항고의 경우에도 항고장을 원심 소년부에 제출하여야 한다. 하지만 형사소송법과 달리 항고장을 받은 원심 소년부에서 3일 이내에 의견서를 첨부하여 항고법원에 송부하는 절차가 특징적이다. 이는 사건에 대한 실체적인 심리를 직접 담당한 소년부로 하여금 항고장의 내용 및 항고이유에 대한 의견을 제시하게 함으로써 항고법원의 판단에 도움을 주기 위한 것으로 평가되는데, 전형적인 직권주의의 요소로 판단된다.

II. 해   석

항고를 제기할 수 있는 기간은 7일인데(제43조 제2항), 항고를 할 때에는 항고장을 원심 소년부에 제출하여야 한다(제44조 제1항). 일반적으로 항고를 즉시항고와 보통항고로 구별할 수 있는데, 소년법상의 항고는 즉시항고의 성격을 지녔다고 보아야 한다. 왜냐하면 즉시항고는 별도로 명문의 규정이 있는 경우 일정한 기간 내에 한하여 허용되고 있다는 점(제43조), 즉시항고의 제기기간이 형사소송법상 즉시항고의 경우와 마찬가지로 7일 이내의 제한이 설정되어 있다는 점, 즉시항고는 결정의 집행을 정지시키는 효력이 없다는 점(제46조) 등의 특징

을 가지고 있기 때문이다.[1] 다만 소년분류심사원 또는 소년원에 있는 소년이 항고 제기기간 내에 항고장을 그 기관의 장 또는 그 직무를 대리하는 사람에게 제출한 때에는 항고제기기간 내에 항고한 것으로 보며, 이에 따라 항고장을 제출받은 기관의 장 또는 그 대리자는 항고장에 접수연월일을 기재하여 즉시 보호처분 결정을 한 소년부에 보내야 한다(소년심판규칙 제46조). 항고장에는 항고의 이유를 간결하게 명시하여야 한다(소년심판규칙 제44조). 이후 항고장을 받은 소년부는 3일 이내에 의견서를 첨부하여 항고법원에 송부하여야 한다(제44조 제2항).

　　한편 보호자 또는 법정대리인이 있는 소년이 항고를 취하함에는 보호자 또는 법정대리인의 동의를 얻어야 하며, 보호자, 보조인 또는 법정대리인은 소년의 동의를 얻어 항고를 취하할 수 있다(소년심판규칙 제45조).

---

1) 박찬걸, "보호처분의 결정 등에 대한 항고권자에 검사 또는 피해자 등을 포함시키지 않는 것의 타당성 여부", 소년보호연구 제21호, 한국소년정책학회, 2013, 167면.

제45조(항고의 재판)

① 항고법원은 항고 절차가 법률에 위반되거나 항고가 이유 없다고 인정한 경우에는 결정으로써 항고를 기각하여야 한다.

② 항고법원은 항고가 이유가 있다고 인정한 경우에는 원결정을 취소하고 사건을 원소년부에 환송하거나 다른 소년부에 이송하여야 한다. 다만, 환송 또는 이송할 여유가 없이 급하거나 그 밖에 필요하다고 인정한 경우에는 원결정을 파기하고 불처분 또는 보호처분의 결정을 할 수 있다.

③ 제2항에 따라 항고가 이유가 있다고 인정되어 보호처분의 결정을 다시 하는 경우에는 원결정에 따른 보호처분의 집행 기간은 그 전부를 항고에 따른 보호처분의 집행 기간에 산입(제32조 제1항 제8호·제9호·제10호 처분 상호 간에만 해당한다)한다.

〈세 목 차〉

Ⅰ. 취　　지

　　제45조는 항고의 재판, 항고재판 이후의 절차 등에 대하여 규정하고 있다. 본조에서는 2007.12.21. 개정 소년법에 의하여 제45조 제2항 단서 조항을 신설하여 항고법원이 파기자판할 수 있도록 한 것과 2015.12.1. 개정 소년법에 의하여 파기자판시 소년원 송치처분의 결정을 다시 하는 경우에는 원판결에 따른 송치기간을 항고에 따른 송치기간에 산입될 수 있도록 한 것이 눈여겨볼 만하다.

Ⅱ. 해　　석

1. 항고법원의 심리

　　항고법원은 항고이유에 기재된 사항에 관하여 조사하여야 하는데(소년심판규칙 제47조 제1항), 이는 원칙적으로 법원의 결정에 대하여 사후적 관점에서 그

당부를 판단한다고 볼 수 있다. 하지만 항고법원은 항고이유서의 기재사항과 관계없이 다른 유형의 항고사유에 관하여도 직권으로 조사할 수 있다(소년심판규칙 제47조 제2항). 또한 항고법원은 필요한 경우에 사실조사를 할 수 있는데, 동 조사는 이를 합의부원에게 명하거나 가정법원 또는 지방법원판사에게 촉탁하여 할 수 있다(소년심판규칙 제48조). 즉 사실관계를 확인할 수 있으며 이를 토대로 법원의 결정에 대한 당부를 판단할 수 있다.

이와 같이 항고법원은 원심법원의 결정에 있어서 법령위반뿐만 아니라 사실오인에 관하여도 판단할 수 있기 때문에 사실심에 속한다고 볼 수 있다. 문제는 원심결정의 당부만을 판단하는 사후심으로 볼 것이냐 아니면 속심으로 볼 것이냐 하는 것이라고 할 수 있는데, 현행 소년법은 개정 전의 법과 비교해 보았을 때 상대적으로 속심의 성격이 한층 강화되었다고 평가할 수 있다. 개정 전의 법에 의하면 항고법원은 원심법원의 심리절차, 심리자료만을 기초로 원심의 당부를 심사하게 되며, 심리의 목적도 주로 원심의 당부를 심사하는 것에 머물러 있었던 것이 사실이었다. 또한 항고법원 스스로는 보호처분의 결정 및 불처분결정을 할 수 없었으며, 이송 또는 환송이라는 우회적인 방법을 통하여 최종적인 처분을 하고 있었다.

하지만 2007.12.21. 개정 소년법은 제45조 제2항 단서 조항을 신설하여, 환송 또는 이송할 여유가 없이 급하거나 '그 밖에 필요하다고 인정한 경우'에는 원결정을 파기하고 불처분 또는 보호처분의 결정을 항고법원이 스스로 할 수 있도록 하였다. 소년법상의 항고는 즉시항고로서의 성격을 지니고 있어 원결정의 집행을 정지하는 효력이 없기 때문에 항고법원에서 원결정을 취소하여도 환송받은 법원에서 다시 보호처분의 결정을 할 때까지는 이전의 보호처분대로 집행됨으로써 보호소년에 대한 불안정한 상태가 지속되는 불합리한 점이 있었다. 이를 개선하는 차원에서 보호소년에 대하여 신속한 결정을 함으로써 불안정한 상태에서 최대한 빨리 벗어나게 할 필요성에서 개정시 단서조항을 추가한 것으로 평가된다. 또한 과거와 달리 항고법원 스스로도 원심법원의 결정 이후 발생하는 사정변경을 고려하여 보호처분의 당부를 판단할 수 있는 능력이 있기 때문에 굳이 원심법원으로 환송하거나 다른 소년부에 이송할 필요성이 감소하게 된 것도 항고법원에서의 파기자판을 가능하게 한 요인으로 작용하고 있다. 이와 같이 원심의 심리절차 및 소송자료를 그대로 인수하고 다시 원심심판 후에 얻은 새로운 증거도 보충하여 심리할 수 있을 뿐만 아니라 항고법원 스스로가 처분을 할 수 있다는 것은 속심적 성격이 대폭 강화된 것으로 볼 수 있다. 이는 재항고가 이유 있다고 인정할 때에는 원결정 및 보호처분 결정을 취소하고 사건을 소년부에 환송하거나 다른 소년부에 이송하여야 하고, 재항고법원에 의한 독자적인 처분권을 인정하지 않는 것과 비교해 보아도 상대적으로 속심적 성격을 띠고 있는 것이라고 하겠다.

2. 항고법원의 결정

가. 기각결정

항고법원은 항고 절차가 법률에 위반되거나 항고가 이유 없다고 인정한 경우에는 결정으로써 항고를 기각하여야 한다(제45조 제1항).

나. 파기환송 또는 파기이송

항고법원은 항고가 이유가 있다고 인정한 경우에는 원결정을 취소하고 사건을 원소년부에 환송하거나 다른 소년부에 이송하여야 한다(제45조 제2항 본문). 항고법원이 원결정을 취소하는 결정을 한 경우에 소년이 소년법 제32조 제1항 제6호 및 제7호에 따른 위탁받는 기관 또는 제8호부터 제10호까지에 따른 소년원에 있는 때에는 지체 없이 이를 시설의 장에게 통지하여야 한다(소년심판규칙 제49조 제1항). 항고법원이 이러한 통지를 하는 때에는 즉시 취소결정의 등본을 환송 또는 이송을 받을 소년부로 보내야 하며, 시설의 장이 통지를 받은 때에는 즉시 소년을 환송 또는 이송을 받을 소년부로 송치하여야 한다(소년심판규칙 제49조 제2항 및 동조 제3항).

항고법원으로부터 사건을 환송 또는 이송받은 소년부 판사는 환송 또는 이송받은 사건에 관하여 다시 심리하여야 하는데, 이러한 경우에 원결정을 한 소년부 판사는 심리에 관여할 수 없다(소년심판규칙 제51조). 이는 파기환송의 경우 기존 심리에 관여한 법관이 재판을 다시 진행할 경우 공정한 재판을 저해할 우려가 있기 때문에 형사소송법과 달리 일종의 제척사유로 규정하고 있는 것이 특징이다.

다. 파기자판

항고법원은 환송 또는 이송할 여유가 없이 급하거나 그 밖에 필요하다고 인정한 경우에는 원결정을 파기하고 불처분 또는 보호처분의 결정을 할 수 있다 (제45조 제2항 단서). 이에 따라 항고가 이유가 있다고 인정되어 보호처분의 결정을 다시 하는 경우에는 원결정에 따른 보호처분의 집행 기간은 그 전부를 항고에 따른 보호처분의 집행 기간에 산입(제32조 제1항 제8호·제9호·제10호 처분 상호간에만 해당한다)한다(제45조 제3항).

　　2007.12.21. 개정 소년법은 제45조 제2항 단서 조항을 신설하여, 환송 또는 이송할 여유가 없이 급하거나 그 밖에 필요하다고 인정한 경우에는 원결정을 파기하고 불처분 또는 보호처분의 결정을 항고법원이 스스로 할 수 있도록 하였다. 이로 인해 소년원 송치 처분의 경우에는 항고 결과 송치기간이 감형되는 경우에도 형사절차상의 형벌인 구금이 아니라는 이유로 원판결에 따른 소년원 송치기간이 항고에 따른 송치기간에 산입되지 않은 문제점이 발생하였다. 이러한 문제점을 해결하기 위하여 2015.12.1. 개정 소년법은 항고법원이 파기자판하면서 소년원 송치처분의 결정을 다시 하는 경우에는 원판결에 따른 송치기간이 항고에 따른 송치기간에 산입될 수 있도록 하였다. 이는 신체의 자유가 박탈된 부분을 본형의 판단에서 모두 인정되어야 한다는 측면에서 기존에 미결구금일수가 당연통산 내지 법정통산되는 경우와 같은 이치이다.

제46조(집행 정지)

  항고는 결정의 집행을 정지시키는 효력이 없다.

Ⅰ. 취   지

  제46조는 항고의 효과에 대하여 규정하고 있다. 일반적으로 상소를 제기하면 재판의 확정과 그 집행이 정지된다. 여기서 재판의 확정이 정지되는 효력은 상소에 의하여 언제나 발생하지만, 재판의 집행이 정지되는 효력에 대해서는 예외가 존재하는데, 그 중의 하나가 본조의 내용이다.

Ⅱ. 해   석

  '보통항고'란 법원의 결정에 대한 일반적인 불복방법을 말하는데, 즉시항고와 달리 불복기간의 제한이 없어 원결정을 취소할 실익이 있는 한 언제든지 제기할 수 있다(형사소송법 제404조). 반면에 '즉시항고'란 항고제기기간이 7일로 제한되어 있고(형사소송법 제405조), 법률에 명문의 규정이 있을 때에 한하여 허용되는 항고를 말한다. 이와 같이 법원의 재판 중 결정에 대한 상소제도인 항고는 불복기간의 제한이 있는지 여부에 따라 보통항고와 즉시항고로 구분되는데, 소년법상의 항고는 불복기간의 제한이 있는 즉시항고의 일종으로 파악할 수 있다. 즉, 소년법상의 항고는 당사자의 중대한 이익에 관련된 사항을 그 대상으로 하는 것으로, 소년법에서는 이를 개별적으로 허용하는 경우에 해당한다.

  그런데 일반적으로 항고는 즉시항고 외에는 재판의 집행을 정지하는 효력이 없다(형사소송법 제409조 본문). 이에 따라 즉시항고의 제기기간 내와 그 제기가 있는 때에는 재판의 집행이 정지되지만(형사소송법 제410조), 보통항고는 재판의 집행을 정지하는 효력이 없고, 다만 원심법원 또는 항고법원은 결정으로 항고에 대한 결정이 있을 때까지 집행을 정지할 수 있을 뿐이다(형사소송법 제409조 단서).

　여기서 소년법상 항고가 즉시항고의 법적 성격을 띠고 있음에도 불구하고 재판의 집행을 정지시키는 효력이 발생하지 않는 점에 주의해야 하는데, 이는 우선 소송의 지연을 방지하기 위한 제한규정으로 평가된다. 일반적으로 재판이 확정될 때까지 소송절차의 진행을 정지시키는 것은 공정한 재판을 받을 권리를 보장하기 위하여 필요하고 적절한 조치라고 할 수 있다. 그러나 소년보호절차에서 사건 본인 측에게만 인정되고 있는 항고의 제기가 소송의 지연을 목적으로 하는 것이 분명한 경우에도 공정한 재판절차를 진행할 경우에는 그로 인하여 소송절차가 지연될 것이고, 재판을 지연시킬 목적으로 항고의 제기를 남용하는 것을 방지하기 어려울 것이다.

　다음으로 항고심 결정시를 기준으로 소년의 비행성을 판단할 필요성이 있기는 하지만, 항고 제기 후 항고심 결정시까지 평균 기간이 약 2개월 이내인 실무의 상황에서 사정의 변화가 크게 이루어지지 않아 보호처분의 내용이 급격하게 변경될 가능성이 극히 희박하다는 점도 반영된 것으로 볼 수 있다. 끝으로 보호처분을 통한 소년의 교화는 조기에 개입되는 것이 보다 바람직한 측면도 존재한다.

　한편 형사소송법은 피고인이 항소한 사건에 대하여 불이익변경금지의 원칙을 규정하고(형사소송법 제368조), 피고인이 상고한 사건에 이를 준용하고 있지만(형사소송법 제396조 제2항), 피고인이 항고한 사건에 대해서는 준용하는 규정이 없다. 이와 관련하여 소년법상 사건 본인만이 항고한 사건에 대해서도 불이익변경금지의 원칙이 적용되는지 여부가 문제될 수 있는데, 비록 형식적으로는 명문의 규정이 없다고 할지라도 보호처분 등의 결정에 대한 항고에 있어서도 실질적으로는 신체의 자유를 제한하거나 박탈하는 처분이 얼마든지 선고될 수 있으므로 이를 해석상 인정하는 것이 타당하다.

제47조(재항고)

① 항고를 기각하는 결정에 대하여는 그 결정이 법령에 위반되는 경우에만 대법원에 재항고를 할 수 있다.

② 제1항의 재항고에 관하여는 제43조 제2항 및 제45조 제3항을 준용한다.

<세 목 차>

Ⅰ. 취   지

제47조는 재항고의 대상, 재항고의 사유, 재항고의 기간 등에 대하여 규정하고 있다. 항고의 사유와는 달리 재항고의 사유는 보다 엄격하게 제한되어 있는데, 항고를 기각하는 결정에 대하여는 '그 결정이 법령에 위반되는 경우'에만 대법원에 재항고를 할 수 있도록(제47조 제1항) 하고 있는 것이 그것이다. 즉 재항고의 사유로는 '중대한 사실 오인이 있는 경우', '처분이 현저히 부당한 경우'는 배제되어 있다.

한편 재항고를 제기할 수 있는 기간은 7일로 하고(제47조 제2항 및 제43조 제2항 참조), 재항고가 이유가 있다고 인정되어 보호처분의 결정을 다시 하는 경우에는 원결정에 따른 보호처분의 집행 기간은 그 전부를 재항고에 따른 보호처분의 집행 기간에 산입(제32조 제1항 제8호·제9호·제10호 처분 상호 간에만 해당한다)한다(제47조 제2항 및 제45조 제3항 참조).

Ⅱ. 해   석

항고를 기각하는 결정에 대하여는 그 결정이 법령에 위반되는 경우에만 대법원에 재항고를 할 수 있다(제47조 제1항). 대법원은 재항고의 절차가 소년법 및 소년심판규칙의 규정에 위반되거나 재항고이유가 없다고 인정될 때에는 재항고를 기각하여야 하며(소년심판규칙 제52조 제1항), 재항고가 이유 있다고 인정할 때에는 원결정 및 보호처분 결정을 취소하고 사건을 소년부에 환송하거나 다른 소년부에 이송하여야 한다(소년심판규칙 제52조 제2항).

제 3 장 형사사건

제 1 절 통 칙

> 제48조(준거법례)
> 소년에 대한 형사사건에 관하여는 이 법에 특별한 규정이 없으면 일반 형사사건의 예에 따른다.

〈세 목 차〉

I. 취　　지

소년법은 소년사건을 보호사건(제2장)과 형사사건(제3장)으로 이원화하고 있다. 소년에 대하여 성인과 달리 보호사건으로 처리하여 소년심판을 거쳐 보호처분을 내릴 수 있도록 할 뿐만 아니라 성인이 아닌 소년에 대한 형사사건에 관하여는 소년법 제3장의 규정을 일반 형사법의 특별법으로 우선 적용함으로써 소년을 성인과는 다르게 처우하고 있다. 소년의 특성에 착안하여 소년의 건전성장과 인권보장을 함께 도모한 것이다.

II. 해　　석

1. 소년형사사건에 대한 법적용

피의자, 피고인 또는 수형자가 소년인 경우 소년법 제3장을 형법, 형사소송법, 형의 집행 및 수용자의 처우에 관한 법률, 형의 실효 등에 관한 법률 등의 일반 형사법령에 우선하는 특별법으로 적용한다. 다만 제1조에 따라 '형사처분에 관한 특별조치'를 함에도 '소년이 건전하게 성장하도록 돕는 것'을 목적으로 해야 하기 때문에 소년법 제3장에 '특별한 규정'이 없어 일반 형사법령을 적용하는

경우에도 소년법의 목적 내지 이념에 충실하여야 한다.[1]

2. 소년사건의 구별기준과 처리방식

소년이 형사사법의 망에 포착된 경우 보호사건인지 형사사건인지 처음부터 결정·고정되는 것이 아니라 형사사법기관 내지 그 담당자가 어떻게 처리하는지에 따라 달라질 수 있다. 실체법이나 절차법의 영역에서 보호사건과 형사사건의 구별은 그 요건과 효과의 측면에서 분명 다르지만, 보호사건이나 형사사건이 서로 뒤바뀔 가능성이 있다. 따라서 구체적인 소년사건을 보호사건으로 처리할 것인지 아니면 형사사건으로 처리할 것인지 그 구별기준을 명확하게 정립하고, 처리방식을 적정하게 설정하여야 한다. 왜냐하면 소년 누구나 성인이나 다른 소년에 비하여 불공정한 처우를 받지 않도록 해야 하기 때문이다.[2] 이에 소년법 제2장의 제7조 및 제38조에 상응하여 제3장에 제49조, 제50조 및 제51조를 두고 있다.

---

1) 田宮裕·廣瀬健二, 注釈少年法(第4版), 有斐閣, 2017, 443頁.

2) 최병각, 소년보호사건의 범위와 처리에 관한 연구, 서울대학교 법학박사학위논문, 1998, 2면.

제49조(검사의 송치)
① 검사는 소년에 대한 피의사건을 수사한 결과 보호처분에 해당하는 사유가 있다고 인정한 경우에는 사건을 관할 소년부에 송치하여야 한다.
② 소년부는 제1항에 따라 송치된 사건을 조사 또는 심리한 결과 그 동기와 죄질이 금고 이상의 형사처분을 할 필요가 있다고 인정할 때에는 결정으로써 해당 검찰청 검사에게 송치할 수 있다.
③ 제2항에 따라 송치한 사건은 다시 소년부에 송치할 수 없다.

〈세 목 차〉

Ⅰ. 취　　　지

소년법은 소년사건을 보호사건으로 처리하여 보호처분을 부과하든 형사사건으로 처리하여 형사처분을 부과하든 소년의 건전성장을 목적으로 한다(제1조). 그럼에도 절차와 제재의 선택을 누가 언제 어떻게 하는가는 매우 중요하다. 촉법소년과 우범소년은 보호사건으로만 처리할 수 있는 반면, 범죄소년은 보호사건으로나 형사사건으로도 처리할 수 있기 때문에 더욱 문제이다. 제49조 제1항은 검사가 소년이 피의자인 형사사건을 수사하여 일반 형사사건의 예에 따라 기소 또는 불기소로 사건을 처리하는 대신에 소년보호사건으로 소년부에 송치할 수 있도록 한다. 나아가 검사가 보호사건으로 송치한 사건을 소년부가 형사사건으로 검사에게 송치할 수 있도록 하면서(제49조 제2항) 이를 검사가 다시 소년부에 송치할 수 없도록 한다(제49조 제3항). 아울러 검사가 형사사건으로 기소한 사건을 법원이 보호사건으로 소년부에 송치할 수 있도록 한다(제50조). 이와 같이 검사에게 소년사건을 형사사건으로 처리할 것인지 보호사건으로 처리할 것인지

먼저 선택할 수 있도록 하되, 나중에 법원이나 소년부가 검사의 선택에 반하는 결정을 할 수 있도록 함으로써 이른바 검사선의주의를 채택하면서도 이에 대한 사후 통제방안을 따로 마련하고 있다.[1]

Ⅱ. 해   석

1. 검사의 소년부 송치

가. 소년부 송치의 기준·요건

소년법 제49조 제1항은 검사가 소년이 피의자인 형사사건을 수사하여 일반 형사사건의 예에 따라 불기소처분을 하거나 구약식·구공판의 공소제기를 하거나 치료감호청구를 하거나(치료감호법 제4조, 제7조), 성매매·가정폭력 보호사건으로 처리하거나(성매매알선 등 행위의 처벌에 관한 법률 제12조, 가정폭력범죄의 처벌 등에 관한 특례법 제9조) 대신에 소년보호사건으로 소년부에 송치할 수 있도록 한다. 이에 검사는 피의자가 소년이면 통상의 형사사건 처리방법에 더하여 소년보호사건으로 소년부 송치하는 방법으로도 처리할 수 있다.

검사가 소년 형사사건을 소년부 송치로 처리하는 기준 내지 요건은 '보호처분에 해당하는 사유가 있다'는 것이다. 제4조 제1항 제1호에서 '죄를 범한 소년'을 보호사건으로 심리하여 보호처분을 할 수 있는 보호대상으로 규정하고 있기 때문에 범죄의 혐의를 받아 수사의 대상이 된 소년 피의자는 일응 모두 '보호처분에 해당하는 사유가 있다'고 할 수 있다. 그러나 단순히 '보호처분에 해당하는 사유'인 범죄사실, 촉법사실 또는 우범사실의 존재만으로 소년부 송치할 수 있는 것이 아니다. 오히려 적어도 '보호처분을 할 필요가 있다'고 검사가 수사결과에 기초하여 인정할 수 있는 경우라야 소년 피의사건을 소년보호사건으로 소년부 송치할 수 있다.[2] 물론 '보호처분을 할 필요'의 유무에 대한 최종적인 판단은 소년부 판사에게 맡겨져 있다. 즉, 소년부 판사는 조사와 심리를 거쳐 보호처분을 할 수 없거나 보호처분을 할 필요가 없다고 인정하면 불처분 결정을 하여야 하고(제29조), 보호처분을 할 수 있을 뿐만 아니라 보호처분을 할 필요가 있다고 인

---

 1) 한국소년법학회, 소년법, 세창출판사, 2006, 167면.
 2) 최병각, 소년보호사건의 범위와 처리에 관한 연구, 서울대학교 법학박사학위논문, 1998, 119
    면; 강봉수, "소년법개정에 있어서의 문제점 Ⅱ : 소년사건 처리절차", 청소년범죄연구 제5집,
    법무부, 1987, 57면.

정할 때에 보호처분 결정을 하여야 한다(제32조). 다시 말해서 소년에 대한 보호
처분은 보호처분의 해당성·가능성·필요성 모두를 전제한다. 동일한 맥락에서 검
사가 소년사건을 처리하는 단계에서도 '보호처분을 할 필요'에 대하여 검사 나름
대로의 판단을 할 수 있고, 또한 그러한 판단을 하여야 한다. 검사에 의한 소년부
송치의 기준·요건은 "보호처분의 해당성"과 "보호처분의 가능성"을 포함한 "보호
처분의 필요성"이다. 이러한 맥락에서 검사가 소년 피의사건을 수사한 결과 제32
조 제1항의 모든 보호처분, 즉 제1호 감호위탁에서 제10호 장기 소년원송치까지
그 종류·유형을 불문하고 보호처분을 통한 '환경 조정과 품행 교정'이 필요하다
고 인정하면 사건을 소년부에 송치하여 소년보호사건으로 처리하도록 한다.

　　한편, 2007년 소년법 개정 전에는 소년사건이 '벌금 이하의 형에 해당하는
범죄이거나 보호처분에 해당하는 사유가 있다고 인정한 때'에는 '소년부에 송치
하여야 한다'는 규정을 두고 있었다. 이를 근거로 소년의 범죄사실이 벌금 이하
의 형을 선고할 사건이면 이른바 "필요적 소년보호사건"이 되어 반드시 소년부
송치로만 처리해야 한다는 주장[3]이 제기되었다. 나아가 제49조 제1항과 제50조
를 '하여야 한다'는 문언 그대로 강행규정으로 파악하고, 벌금 이하의 형에 '해당
하는' 범죄의 범위를 선고형을 기준으로 이해하면, 필요적 소년보호사건으로 인
정되는 소년사건을 실무에서 범칙금 통고처분, 즉결심판, 약식명령 또는 벌금 이
하의 형으로 처리하는 것은 소년법에 어긋나는 잘못된 관행으로 폐기해야 한다
는 결론이 도출되었다.[4] 비록 소년부 송치의 대상에서 '벌금 이하의 형에 해당하
거나' 부분을 삭제함으로써 필요적 소년보호사건의 개념 내지 범주에 대한 명문
의 법적 근거는 사라졌지만, 소년사건은 형사사건이 아닌 보호사건으로 처리하
는 것을 원칙 또는 우선으로 해야 한다는 점은 여전히 강조되어야 한다.[5]

나. 소년부 송치의 방법과 통지

　　검사가 사건을 소년부에 송치할 때에는 소년보호사건 송치서에 관계 서류

---

3) 신기하, "소년법상의 문제점", 소년법에 관한 제문제, 사법연수원 법관연수자료, 1979, 491면;
　　강봉수, 각주 2)의 논문, 56~58면.
4) 최병각, "소년보호사건으로의 처리기준: 소년법 제49조 제1항 및 제50조를 중심으로", 이한교
　　교수 정년기념논문집, 2000, 16~18면; 최병각, 각주 2)의 논문, 124~125면.
5) 최병각, "소년보호처분의 전과와 형가중", 형사정책연구 제20권 제1호, 한국형사정책연구원,
　　2009, 992면; 최병각, "소년사법에서의 소년보호", 형사법연구 제19권 제3호, 한국형사법학회,
　　2007, 255면.

와 증거물을 첨부하여 송부하고(검찰사건사무규칙 제128조 제2항), 구속 중인 소년
을 소년부 송치하는 경우 해당 소년을 구금하고 있는 시설의 장에게 이송지휘서
에 따라 관할 법원에 인도할 것을 지휘한다(검찰사건사무규칙 제130조 제2항).

　　검사에 의한 소년부 송치처분이 고소인·고발인에게의 통지(형사소송법 제258
조 제1항), 피해자에게의 통지(형사소송법 제259조의2) 및 피의소년에게의 통지(형
사소송법 제258조 제2항) 등의 대상에 포함되는지 다툼이 있을 수 있다. 소년형사
사건의 처리와 관련하여 소년법은 그 통지에 관한 특별한 규정을 두고 있지 않
다. 하지만 소년보호사건의 처리와 관련하여 소년부는 사건을 다른 소년부로 이
송(제6조)하거나 검사에게 송치(제7조)하는 경우와 심리불개시결정(제19조), 심리
개시결정(제20조), 불처분결정(제29조), 보호처분 변경결정(제37조)을 하는 경우에
소년 본인과 보호자에게 통지하여야 한다(제8조, 제19조 제1항 제2문, 제20조 제2항,
제37조 제3항). 이에 비추어 일반 형사사건의 예에 따라 검사가 소년부 송치처분
을 하는 경우에도 고소인·고발인, 피해자 및 피의소년에게 그 사실 내지 사유를
통지하여야 한다(제48조).

다. 소년부 송치의 성격과 불복

　　검사가 소년피의사건을 소년부 송치하는 처분은 일종의 수사종결처분이고,
소년부에 대한 소년심판청구의 성격을 가진다.

　　검사의 소년부 송치처분에 대하여 검찰항고(검찰청법 제10조), 재정신청(형사
소송법 제260조) 또는 헌법소원(헌법재판소법 제68조 제1항)으로 불복할 수는 없다.
검사가 소년부 송치로 처리할 사건을 공소제기한 경우 법원이 공소제기절차의
법령위반을 이유로 공소기각판결(형사소송법 제327조 제2호)을 할 수 있다는 주
장[6]이 있지만, 보호처분에 해당하는 사유가 있다고 인정하여 소년부 송치결정
(제50조)으로 처리해야 할 것이다.

2. 소년부의 검사 송치

가. 검사 송치의 기준·요건

　　제49조 제2항은 검사가 '보호처분에 해당하는 사유가 있다'고 판단하여 소년
부 송치(제49조 제1항)한 소년사건을 소년부가 조사·심리한 결과 그 동기와 죄질

---

6) 한국소년법학회, 각주 1)의 책, 170면.

이 '금고 이상의 형사처분을 할 필요가 있다'고 인정하면 검사에게 송치하여 형사사건으로 처리하도록 한다.

소년부에 의한 검사 송치는 소년사건의 범죄사실이 그 법정형이 금고 이상의 형에 해당하여야 할 뿐만 아니라 동기와 죄질을 비롯한 양형조건에 비추어 적어도 금고 이상의 형을 최종적인 선고형으로 할 수 있어야 한다. 여기에서 법정형이 금고 이상의 형에 해당한다는 것은 법정형에 적어도 금고 이상의 형이 선택형으로 규정된 경우를 뜻하고, 따라서 자격상실 이하의 형(벌금 이하의 형은 당연히 포함됨)이 금고 이상의 형과 함께 선택형으로 규정되어 있는 경우도 포함된다. 따라서 법정형에 금고 이상의 형과 자격상실 이하의 형이 선택형으로 규정되어 있는데 양형의 결과 선고형이 자격상실 이하의 형이 될 사건이라면 검사에게 송치하여 형사사건으로 처리할 수 없다.

제7조에 따른 소년부에 의한 검사 송치의 경우 조문의 문언에만 집중한다면 법정형이 금고 이상의 형에 해당하는 범죄사실이 확인되면 그 선고형이 굳이 금고 이상의 형이 아니어도 사건을 검사에게 송치하여 형사사건으로 처리할 수 있다는 주장[7])이 가능하다. 법정형에 금고 이상의 형과 더불어 자격상실 이하의 형이 선택형으로 규정되어 있고 선고형이 자격상실 이하의 형이 될 수 있는 사건이라도 검사에게 송치하여 형사사건으로 처리할 수 있다는 의미이다. 그러나 소년법의 입법목적을 고려하여 제7조 제1항과 제49조 제2항을 체계적·논리적으로 비교·고찰한다면 두 조항의 취지는 소년사건을 보호사건으로 처리하는 것이 원칙임에도 금고 이상의 형을 선고할 필요가 있는 중대한 사건이라면 예외적으로 형사사건으로 처리할 수 있도록 소년부에 의한 검사 송치의 통로를 마련한 것이다. 따라서 검사가 보호처분의 필요성을 이유로 소년부 송치한 사건을 소년부 판사가 조사·심리한 결과 동기와 죄질이 금고 이상의 형사처분을 할 필요가 있다고 인정할 때, 다시 말해서 법정형이 아닌 선고형이 금고 이상의 형인 경우에만, 즉 금고 이상의 형을 선고할 만한 경우라야 검사에게 송치하여 형사사건으로 처리할 수 있다.[8])

형사처분의 필요성은 보호처분으로는 교정가능성이 없거나 사회방위나 응보의 관점에서 형사처분이 필요하거나 행정범, 특별법범, 사상범, 외국인범 등

---

7) 법원행정처, 법원실무제요 소년, 2014, 310면.
8) 최병각, 각주 2)의 논문, 205면.

보호처분이 적절하지 아니한 경우에 인정할 수 있다.[9] 형사처분의 필요성은 범죄사실의 존재를 전제한다. 이 경우 범죄사실의 존재에 대한 심증이 검사가 공소를 제기할 때 필요한 정도나 법원이 유죄판결을 할 때 필요한 '합리적인 의심이 없는 정도'(형사소송법 제307조 제2항)로 요구되는 것은 아니다. 소년부의 검사 송치가 곧바로 공소제기나 유죄판결로 이어지는 것은 아니기 때문에 일응의 심증 내지 개연적 심증으로 충분하다.[10]

나. 검사 송치의 방법과 통지

소년부의 검사 송치는 결정의 형식으로 한다. 소년부가 사건을 검사에게 송치할 때에는 관계되는 서류와 증거물 전부를 넘겨야 하고, 다만 공범이 있거나 그 밖의 사유로 이를 넘길 수 없는 때에는 송치하는 사건과 관련된 부분의 등본을 넘겨야 한다(소년심판규칙 제41조, 제8조 제2항).

소년부가 사건을 검사에게 송치하는 결정을 한 경우에는 임시조치(제18조 제1항)로 소년의 감호를 위탁받은 자에게 그 결정을 통지하여야 한다(소년심판규칙 제4조). 소년 본인과 보호자에 대한 통지는 제8조에 따라야 할 것이다.

다. 검사 송치에 대한 불복

소년부가 금고 이상의 형사처분이 필요하다는 이유로 사건을 검사에게 송치하는 결정(제49조 제2항)을 한 경우 이에 대하여 대상 소년은 항고(제43조)할 수도 없고, 달리 불복할 수도 없다. 그러나 소년부의 검사 송치 결정은 형사처분의 가능성을 높이는 것으로 소년에게 불이익한 결정이기 때문에 불복의 기회 내지 방법을 마련해야 할 것이다.[11] 제43조를 개정하여 제7조 제1항 및 제49조 제2항에 따른 검사 송치 결정을 항고의 대상으로 추가하는 것이 바람직하다.[12]

3. 소년부 재송치의 금지

가. 검사에 대한 재송치 금지

소년법 제49조 제3항은 동일한 소년사건에 대하여 검사는 '보호처분을 할

---

9) 유진식, 소년법, 육법사, 1982, 346~347면; 법원행정처, 각주 7)의 책, 311면.
10) 최병각, 각주 2)의 논문, 206면; 법원행정처, 각주 7)의 책, 311면.
11) 최병각, "소년사법에 관한 아동권리협약의 이행문제: 적법절차보장을 중심으로", 이영란 교수 화갑기념논문집, 2008, 629면; 오영근·최병각, 소년사건처리절차의 개선방안에 관한 연구, 한국형사정책연구원, 1995, 81면.
12) 한국소년법학회, 각주 1)의 책, 280면.

필요'가 있다고 하여 소년부에 송치(제49조 제1항)했는데, 소년부가 '금고 이상의 형사처분을 할 필요'가 있다고 검사에게 송치(제49조 제2항)한 경우 이를 다시 검사가 소년부 송치하는 것을 금지하고 있다. 이는 1963년 소년법 개정으로 소년부의 검사 이송 결정에 구속력을 부여하기 위하여 도입한 것이다.[13]

　　이러한 소년부 재송치 금지 규정에도 불구하고 금고 이상의 형사처분을 할 범죄사실이 존재하지 않음이 밝혀지거나 사정 변경으로 공소제기가 상당하지 아니하다고 판단할 경우에는 검사가 소년부에 재송치할 수 있다는 주장[14]이 있다. 그러나 비록 소년사건처리의 기본원칙은 보호사건 중심주의라 할 수 있지만, 만약 소년부의 검사 송치 결정에 대한 검사의 소년부 재송치 결정을 허용한다면 무한반복의 여지가 있고, 이는 소년에게도 결코 유리할 수 없다. 우리 소년법이 이원적 소년사법의 구조에서 일차적인 절차선택권("선의권")을 검사에게 우선적으로 부여하고는 있지만, 구체적인 소년사건처리에 있어 절차선택에 관한 최종 결정권은 검사가 아닌 소년부가 행사하도록 한다. 소년부 재송치 금지는 검사의 선의권 행사에 대한 소년부의 사후통제권을 확인하고 있다. 따라서 소년부가 제49조 제2항이나 제7조 제1항에 따라 검사에게 송치한 사건을 다시 검사가 소년법 제49조 제1항에 따라 소년부에 송치할 수는 없다.

나. 법원에 대한 재송치 금지

　　소년부가 검사에게 송치한 사건이 공소제기된 경우 이를 다시 법원이 제50조에 따라 소년부에 송치하는 것도 적절하지 아니하다.[15]

다. 검사에 대한 기소강제 여부

　　소년부가 금고 이상의 형사처분이 필요하다는 이유로 사건을 검사에게 송치하는 결정(제49조 제2항)을 한 경우 소년부로부터 사건을 송치받은 검사가 기소편의주의(형사소송법 제247조)에 따라 기소유예로 처리할 수 있는지[16], 아니면 소년부의 결정에 기속력을 인정하여 반드시 공소제기를 하여야 하는지[17] 다툼이

13) 최준호, "소년법의 개정방안: 가정법원의 설립에 관한 의견제출요강과 관련하여", 사법행정, 1963.6, 57면.
14) 한국소년법학회, 각주 1)의 책, 188~189면, 279면.
15) 이완규, 범죄소년처리절차에 관한 연구: 소위 검사선결주의를 중심으로, 서울대학교 석사학위논문, 1988, 87면.
16) 유진식, 각주 9)의 책, 350면.
17) 김용우·최재천, 형사정책, 박영사, 1998, 553~554면; 이상철, "소년사건처리제도의 한일간

있다. 그러나 소년부가 검사 송치하여 형사사건으로 처리하도록 한 경우 일반 형사사건의 예에 따라 형사소송법이 적용되어(제48조) 기소유예는 얼마든지 가능하고, 다만 소년부 재송치 금지규정(제49조 제3항)과 같은 명문의 규정이 없는 한 필요적 공소제기는 인정할 수 없다.[18]

비교연구", 사법연구자료 제21집, 사법행정처, 1994, 499면.

18) 최병각, 각주 2)의 논문, 209~210면; 법원행정처, 각주 7)의 책, 318면.

제49조의2(검사의 결정전 조사)

① 검사는 소년 피의사건에 대하여 소년부 송치, 공소제기, 기소유예 등의 처분을 결정하기 위하여 필요하다고 인정하면 피의자의 주거지 또는 검찰청 소재지를 관할하는 보호관찰소의 장, 소년분류심사원장 또는 소년원장(이하 "보호관찰소장 등"이라 한다)에게 피의자의 품행, 경력, 생활환경이나 그 밖에 필요한 사항에 관한 조사를 요구할 수 있다.

② 제1항의 요구를 받은 보호관찰소장 등은 지체 없이 이를 조사하여 서면으로 해당 검사에게 통보하여야 하며, 조사를 위하여 필요한 경우에는 소속 보호관찰관·분류심사관 등에게 피의자 또는 관계인을 출석하게 하여 진술요구를 하는 등의 방법으로 필요한 사항을 조사하게 할 수 있다.

③ 제2항에 따른 조사를 할 때에는 미리 피의자 또는 관계인에게 조사의 취지를 설명하여야 하고, 피의자 또는 관계인의 인권을 존중하며, 직무상 비밀을 엄수하여야 한다.

④ 검사는 보호관찰소장 등으로부터 통보받은 조사 결과를 참고하여 소년피의자를 교화·개선하는 데에 가장 적합한 처분을 결정하여야 한다.

〈세 목 차〉

Ⅰ. 취   지

수사단계에서 소년사건을 적정하게 처리하기 위한 소년의 품행 및 환경의 조사가 미흡하다는 지적이 있었는데, 2007년 소년법 개정으로 검사가 소년사건을 처리할 때에 분류심사관, 보호관찰관 등 전문가가 조사한 소년의 품행·환경 등 분석자료를 토대로 사건을 처리하는 처분결정전 사전 조사제를 도입하였다. 2008년 법무부훈령으로 소년사건 검사의 결정전조사 처리 규정을 제정하였다. 검사선의주의 유지를 전제로 그 보완책으로 도입한 취지[1]에 맞추어 소년사건 처리의 전문성 향상 및 내실화로 소년범의 교정·교화에 도움이 될 것이다.

Ⅱ. 해　　석

1. 검사의 결정전 조사제도의 의의

소년법 제49조의2에 따라 검사는 소년피의사건의 처리방법을 결정하기 위하여 피의자의 품행, 경력, 생활환경 등에 대한 조사를 보호관찰소, 소년분류심사원 또는 소년원의 장에게 요구할 수 있고(제1항), 조사결과를 참고하여 소년피의자의 교화·개선에 가장 적합한 처분을 결정하여야 한다(제4항). 검사는 형사사건 일반에 대하여 범인, 범죄사실 및 증거를 수사하여 공소제기 여부를 결정하는 단독관청인 국가기관으로 수사의 목적을 달성하기 위하여 필요한 조사를 할 수 있고(형사소송법 제199조 제1항), 공무소 기타 공사단체에 조회하여 필요한 사항의 보고를 요구할 수 있으며(형사소송법 제199조 제2항), 전문수사자문위원을 지정하여 수사절차에 참여하게 하고 자문을 들을 수도 있다(형사소송법 제245조의2). 검사는 소년이 피의자인 사건이면 기소·불기소 외에 소년부 송치(제49조 제1항)로 처리할 수 있다. 이는 이원화된 소년사법에서 절차선택의 선결권을 검사에게 부여한 것인데, 그만큼 검사가 소년피의사건을 어떻게 처리하느냐 결정은 더욱 중요하다. 피의자인 소년의 교화·개선 내지 건전한 성장을 위하여 형사처분이 아닌 보호처분을 하는 것이 더욱 적합할 수 있고, 이에 범죄사실이 아닌 소년의 품행과 환경을 중점적으로 조사할 필요성이 있다.[2] 이러한 검사의 결정전 조사는 소년부에 의한 소년보호사건의 조사(제9조)와 전문가의 진단(제12조, 보호관찰법 제19조의2)에 상응한다.

2. 검사의 결정전 조사제도의 내용

가. 결정전 조사의 요건과 방법

검사는 소년 피의사건을 처리하기 위하여 ① 소년부 송치, 공소제기, 기소유예 등 처분 결정에 필요한 경우, ② 구속·불구속 여부, 구속 취소 등 신병 결정에 필요한 경우, ③ 기소유예를 하는 경우 선도조건의 내용(범죄예방자원봉사위

---

1) 이춘화, "소년법상 검사 결정전 조사제도에 관한 연구", 형사정책연구 제20권 제2호, 한국형사정책연구원, 2009, 60면.
2) 이춘화, 각주 1)의 논문, 61면.

원 선도, 소년원 또는 소년분류심사원 대안교육, 보호관찰관 선도 등) 결정에 필요한 경우, ④ 기타 조사가 필요하다고 판단되는 경우에 결정전 조사를 할 수 있다(소년사건 검사의 결정전조사 처리 규정 제2조).

검사는 소년 피의자의 주거지 또는 소년 피의사건을 관할하는 검찰청에 대응하는 보호관찰소(보호관찰지소 포함)의 장, 소년분류심사원장, 소년원장 또는 청소년비행예방센터장(이하 "보호관찰소장 등")에게 결정전 조사 요구서 및 관련 자료를 우편이나 팩스 등의 방법으로 보호관찰소장 등에게 송부한다(소년사건 검사의 결정전조사 처리 규정 제3조 제1항, 제4조 제2항).

나. 결정전 조사의 실시와 통보

검사의 결정전 조사요구를 받은 보호관찰소장 등은 조사를 담당할 보호관찰관, 분류심사관, 상담조사관(이하 "조사관")을 지정하고, 지정된 조사관이 결정전 조사를 실시한다(소년사건 검사의 결정전조사 처리 규정 제4조 제3항, 제4항 제1문). 이 경우 구속 피의자에 대하여는 원칙적으로 구치소 등 수감장소에서 조사하고, 불구속 피의자에 대하여는 보호관찰소 등에 소환하여 조사하거나 소년 피의자의 주거지 등에 방문하여 조사한다(소년사건 검사의 결정전조사 처리 규정 제4조 제4항 제2문).

보호관찰소장 등은 결정전 조사를 마치면 조사서를 작성한 후 원칙적으로 구속사건에 대하여는 조사요구서 접수 후 8일 이내에, 불구속사건에 대하여는 조사요구서 접수 후 20일 이내에 검사에게 통보하여야 한다(소년사건 검사의 결정전조사 처리 규정 제4조 제5항).

다. 결정전 조사의 방식과 활용

보호관찰소장 등은 결정전 조사를 위하여 필요하다고 인정하는 경우에는 국·공립기관 기타 단체에 사실을 알아보거나 관계 자료의 열람 등 협조를 요청할 수 있다(소년사건 검사의 결정전조사 처리 규정 제5조 제4항). 보호관찰소장 등이 지정한 조사관은 결정전 조사를 실시하기에 앞서 소년 또는 보호자 등 관계인에게 조사의 취지를 설명해 주어야 한다(소년사건 검사의 결정전조사 처리 규정 제5조 제3항). 결정전 조사를 할 때에는 피의자 또는 관계인의 인권을 존중하며, 직무상 비밀을 엄수하여야 한다(제49조 제3항). 조사관의 인권존중과 비밀엄수의 의무는 검사, 사법경찰관리 및 수사관계자의 준수사항(형사소송법 제198조)에 상응한다.

　　검사는 특별한 사정이 없는 한 결정전 조사를 실시한 사건에 대하여는 통보 받은 조사서 등을 수사기록에 편철하여야 한다(소년사건 검사의 결정전조사 처리 규정 제8조 제2항). 제32조 제1항에 규정된 각 호의 보호처분을 집행하는 보호관 찰소장 등은 효율적인 보호관찰의 집행 또는 소년의 재범 방지 등을 위하여 결 정전 조사를 수행한 보호관찰소장 등에게 조사서 부본이나 등본, 사본의 송부를 요청하여 활용할 수 있다(소년사건 검사의 결정전조사 처리 규정 제9조).

제49조의3(조건부 기소유예)

검사는 피의자에 대하여 다음 각 호에 해당하는 선도 등을 받게 하고, 피의
사건에 대한 공소를 제기하지 아니할 수 있다. 이 경우 소년과 소년의 친권
자·후견인 등 법정대리인의 동의를 받아야 한다.

1. 범죄예방자원봉사위원의 선도
2. 소년의 선도·교육과 관련된 단체·시설에서의 상담·교육·활동 등

〈세 목 차〉

I. 취 지

소년범에 대하여 사법절차 회부로 인한 낙인효과를 차단하면서 선도·보호
를 하는 선도조건부 기소유예가 실무상 행하여지고 있으나 그 법적 근거가 약하
다는 지적이 있었는데, 2007년 소년법 개정으로 선도조건부 기소유예의 근거를
소년법에 명문화함과 동시에 선도의 내용을 범죄예방자원봉사위원의 선도, 소년
선도·교육과 관련된 단체·시설에서의 상담·교육·활동 등으로 다양화하였다.
사안이 비교적 경미한 소년범에 대하여 사법절차 회부 및 재판의 장기화로 인한
낙인효과를 차단하면서 선도·보호를 통하여 비행예방에 기여할 것이다.

우리 형사소송법은 1958년 제정 당시부터 현재까지 검사에게 공소권을 독
점적으로 부여하고(형사소송법 제246조), 기소재량까지 허용하고 있다(형사소송법
제247조). 검사는 범죄혐의가 인정되고 유죄판결의 가능성이 높아도 형사정책적
고려에 따라 피의사건을 기소유예로 처리할 수 있다. 기소 또는 불기소의 양 극
단 외에 기소유예의 통로를 마련한 것은 낙인이론의 관점에서 다이버젼의 필요
성에 부응한다. 피의자가 장래가 창창한 소년인 경우 낙인에 따른 범죄경력의
지속을 방지하고 신속한 사회복귀를 달성하기 위하여 공식적인 형사사법절차를

회피하도록 하는 다이버젼이 더욱 절실하다. 1978년 광주에서 처음으로 선도조
건부 기소유예제도를 실시하였고, 1981년 법무부 훈령으로 소년선도보호지침을
제정하여 전국으로 확대 실시하였다. 검사의 기소재량과 소년사건 선의권을 배
경으로 비행소년에 대한 조기 개입을 통한 사회복귀 효과의 증진을 내세운 선도
유예제도는 민간 자원봉사자의 적극적인 참여에 힘입어 꾸준한 성과를 거두었
다. 그러나 검사가 소년사건을 기소유예하는 데에 그치지 않고 사실상 소년보호
처분의 성격을 띠는 선도보호를 기소유예의 조건으로 부여하는 것이 적법한지,
선도조건부 기소유예로 처리할 사건이면 소년부 송치하여 소년보호사건으로 처
리해야 하는 것은 아닌지 등이 논란이 되었다.[1] 소년법에 명문의 근거를 마련하
였기 때문에 앞으로 보다 적극적으로 활용할 수 있을 것이다.

II. 해   석

1. 검사의 조건부 기소유예

가. 선도유예의 성격과 대상

소년법 제49조의3에 따라 검사는 피의자가 소년인 경우 기소, 불기소 또는
기소유예로 처리하거나 소년부 송치로 처리하는 대신에 소년과 소년의 친권자·
후견인 등 법정대리인의 동의를 전제로 범죄예방자원봉사위원의 선도나 소년의
선도·교육과 관련된 단체·시설에서의 상담·교육·활동 등을 받는 것을 조건으
로 기소유예처분을 할 수 있다. 검사의 선도조건부 기소유예(이하 "선도유예")는
일종의 수사종결처분으로서 광의의 불기소처분에 해당한다.

선도유예는 범죄내용의 경중에 관계없이 재범가능성이 희박한 18세 미만의
범죄소년을 주된 대상으로 하되, 공안사범, 마약사범, 흉악범, 조직적 또는 상습
적 폭력배, 치기배, 현저한 파렴치범은 선도유예대상에서 원칙적으로 제외한다
(소년선도보호지침 제4조 제1항).

선도유예도 통상의 기소유예와 마찬가지로 일반적인 양형조건(형법 제51조)
을 참작하여야 한다(형사소송법 제247조). 검사는 선도유예 대상 소년을 선별할
때 비행성 예측자료표와 소년범 환경조사서를 필수적으로 참작하여야 하고, 유

---

1) 오영근·최병각, 선도조건부기소유예제도에 관한 연구, 한국형사정책연구원, 1994, 89~93면.

예소년의 보호자, 교사, 직장상사의 의견, 피해보상 여부와 피해자 감정, 유치장 행장기록을 임의적으로 참작할 수 있다(소년선도보호지침 제5조 제2항).

나. 선도기간과 재기수사

유예소년에 대한 선도기간은 재범가능성이 비교적 높은 1급 유예소년에 대하여는 1년, 재범가능성이 비교적 낮은 2급 유예소년에 대하여는 6월로 하고, 3월씩 2차에 걸쳐 연장할 수 있다(소년선도보호지침 제25조 제1항). 선도기간을 연장하더라도 유예사건을 재기수사하지 아니한다(소년선도보호지침 제26조 제4항).

검사는 선도기간 중 유예소년에게 재범, 준수사항의 현저한 위배, 소재불명의 사유가 발생하였을 때에는 담당 범죄예방위원의 의견을 들어 접촉(원호)선도조치를 취소할 수 있고, 이 경우 유예사건을 재기수사한다(소년선도보호지침 제28조 제1항, 제4항). 검사는 유예소년이 선도기간을 무사히 경과하였을 때에는 담당 범죄예방위원의 의견을 들어 그 소년의 접촉선도 조치를 해제하고, 이 경우 유예소년이 재범을 하더라도 유예한 사건을 재기수사하지 아니한다(소년선도보호지침 제27조 제1항, 제4항).

다. 소년과 법정대리인의 동의

검사의 소년범 선도유예는 통상의 기소유예와 달리 대상 소년과 법정대리인의 동의를 반드시 받아야 한다(제49조의3 제2문). 기소유예의 조건이 되는 선도 또는 상담·교육·활동 등이 실질적으로 기본권을 제약하는 불이익한 내용의 처우에 해당할 수 있기 때문이다. 소년의 동의권을 법정대리인이 대리하여 행사할 수 없는지 논란의 여지가 있으나[2] 선도 효과를 제대로 올리기 위해서도 소년의 자율적이고 독립적인 동의가 필요하다. 소년 또는 법정대리인이 선도유예처분 이후에 동의를 취소 내지 철회할 경우 기소유예의 효력에 영향을 미친다.

라. 선도유예의 취소

검사는 선도유예된 소년이 선도 또는 상담·교육·활동 등의 조건을 이행하지 않거나 소년에게 조건을 이행시킬 수 없는 경우 선도유예처분을 취소하고 공소제기 또는 소년부송치를 할 수 있다. 선도유예처분은 일사부재리의 효력이 없다.[3]

---

2) 대법원 2009.11.19. 선고 2009도6058 전원합의체 판결.
3) 대법원 1983.12.7. 선고 83도2686 판결.

2. 대상소년의 선도방안

가. 범죄예방위원의 선도

범죄예방위원의 선도는 ① 귀주처가 있는 유예소년과 접촉을 갖고 상담, 지도 등을 통해 소년의 반사회성을 교정하고 지식과 기술을 습득시키며 정서를 순화하여, 건전한 사회인으로 복귀시키는 접촉선도와 ② 귀주처가 없거나 있더라도 귀주시키는 것이 부적당한 유예소년에 대하여 범죄예방위원의 주거나 복지시설에서 기거하게 하고 의, 식, 주를 제공하면서 접촉선도하는 원호선도로 나눈다 (소년선도보호지침 제3조, 제18조, 제19조). 범죄예방위원은 필요한 경우 소년원이나 소년교도소를 방문하여 원생이나 수형소년을 대상으로 강연·상담 등 지도교양 활동을 할 수 있다(소년선도보호지침 제20조).

나. 소년선도단체의 선도

소년선도단체의 상담·교육·활동은 매우 다양하다. 청소년비행예방센터(청소년꿈키움센터), Wee센터, 청소년상담복지센터, 학교 밖 지원센터, 청소년희망재단 등 각 지역소년보호기관 등에 상담 및 교육 등을 의뢰하는 조건부 기소유예를 실시하고 있다. 최근에는 대학생과 소년이 일대일로 결연을 맺어 상담, 스포츠, 문화활동, 봉사활동 등의 다양한 프로그램을 경험하면서 해당 소년을 선도하는 '멘토프로그램 이수조건부 기소유예교육', 청소년상담복지센터나 청소년 전문상담가로부터 상담을 받는 조건으로 기소유예처분을 하는 '상담조건부 기소유예제도'를 많이 활용하고 있다. 조건부 기소유예 기간은 각 기관의 사정 및 프로그램에 따라 달리 진행하고 있다.[4]

다. 보호관찰소·청소년비행예방센터의 선도

검사는 보호관찰 등에 관한 법률 제15조 제3호에 따라 보호관찰소의 선도를 조건으로 기소유예처분을 할 수 있다. 보호관찰소 선도유예처분은 연령과 범죄의 동기, 수단 및 결과 등 제반 사정을 고려하여 전문적인 선도가 요구되는 범죄자를 대상으로 한다(보호관찰소 선도위탁 규정 제3조 제1항).

또한 검사는 보호소년 등의 처우에 관한 법률 제42조의2 제1항 제2호에 따

---

[4] 이승현·권해수, 소년범 조건부기소유예제도의 내실화 방안연구, 한국형사정책연구원, 2018, 37면.

라 소년원 및 소년분류심사원이 운영하는 청소년 등에게 비행예방 및 재범방지 또는 사회적응을 위한 체험과 인성 위주의 교육을 실시하기 위한 대안교육과정의 이수를 조건으로 기소유예처분을 할 수 있다.

제50조(법원의 송치)

법원은 소년에 대한 피고사건을 심리한 결과 보호처분에 해당할 사유가 있다고 인정하면 결정으로써 사건을 관할 소년부에 송치하여야 한다.

〈세 목 차〉

I. 취　　지

제50조는 법원이 소년이 피고인인 형사사건을 심리하여 일반 형사사건의 예에 따라 유·무죄의 실체판결을 하거나 면소판결, 공소기각판결, 공소기각결정 등의 형식재판으로 사건을 종결 처리하는 대신에 소년부 송치하여 소년보호사건으로 처리할 수 있도록 한다. 이는 검사가 범죄소년을 보호사건이 아닌 형사사건으로 처리할 것을 선택하여 기소한 소년사건을 법원이 형사사건이 아닌 보호사건으로 처리할 수 있도록 함으로써 검사의 선의권 행사의 결과를 사실상 사후에 번복할 여지를 둔 것이다. 아울러 소년형사사건의 재판에서 법원이 형사처벌보다는 보호처분을 우선하도록 함으로써 소년의 건전성장을 효과적으로 도모한 것이다.

II. 해　　석

1. 법원의 소년부 송치

법원의 소년부 송치는 결정의 형식으로 한다. 제1심 법원이 사건을 소년부 송치할 수 있음은 당연하지만 항소심이나 상고심에서 소년부 송치결정을 할 수 있는지 문제이다. 사실심인 항소심에서는 소년부 송치가 가능하고,[1] 이 경우 제1심 판결을 파기하지 않고도 소년부 송치할 수 있다.[2] 상고심은 법률심이기 때

---

[1] 한국소년법학회, 소년법, 세창출판사, 2006, 182면.
[2] 법원행정처, 법원실무제요 소년, 2014, 108면.

문에 소년부 송치를 할 수 없다는 주장[3])이 있다. 그러나 제50조의 '심리'를 '사실심리'로 축소해석해야 할 명백한 이유가 없고, 소년부 송치 문제는 실질적으로 재판권의 분배에 관한 법률적인 쟁점이기 때문에 대법원에서도 소년부 송치 결정을 할 수 있다.[4]) 다만 실무에서 대법원이 소년부 송치한 사례는 없다.

2. 소년부 송치의 기준·요건

법원이 소년 형사사건을 소년부 송치로 처리하는 기준 내지 요건은 '보호처분에 해당할 사유가 있다'는 것이다. 이 경우 검사에 의한 소년부 송치(제49조 제1항)와 마찬가지로 단순히 '보호처분에 해당하는 사유'의 존재만이 아니라 적어도 종류·유형은 불문하되 '보호처분을 할 필요가 있다'고 인정할 수 있어야만 소년 피고사건을 소년보호사건으로 소년부 송치할 수 있다.

법원은 소년형사사건의 심리 또는 소년부 송치 결정을 하기에 필요하다고 인정하면 조사관에게 소년의 심신상태, 품행, 경력, 가정상황, 그 밖의 환경, 소년과 보호자의 관계, 보호자의 소년에 대한 보호감독상황 및 향후 보호능력, 피해자에 대한 관계 및 재범의 위험성과 정도, 그 밖에 사건의 심리에 필요한 사항에 관한 조사를 위촉할 수 있다(소년심판규칙 제56조). 이 규정은 2016년 소년심판규칙 개정으로 신설하였다. 사건 자체의 경중이 아니라 보호처분 해당성 유무에 초점을 두어 당사자인 소년은 물론 보호자와 피해자에 관한 사항을 조사한 결과를 참작하도록 한다. 이는 검사의 결정전 조사(제49조의2)에 상응하는 규정이다.

3. 소년부 송치의 방법과 고지

법원이 사건을 소년부에 송치할 때에는 결정서에 참고자료를 첨부하여 송치하고(제5조, 소년심판규칙 제7조), 구속 중인 소년을 소년부 송치하는 경우 검사가 해당 소년을 구금하고 있는 시설의 장에게 이송지휘서에 따라 관할 소년부 판사에 인도할 것을 지휘한다(검찰사건사무규칙 제203조, 제130조 제2항).

법원의 소년부 송치 결정에 따라 소년보호사건을 접수한 소년부 판사는 소년 및 보호자 또는 보조인 중 적당하다고 인정되는 사람에게 보조인 선임, 국선

---

3) 김용우, 소년비행에 대한 사법적 통제에 관한 연구, 전남대학교 박사학위논문, 1994, 139면.
4) 최병각, 소년보호사건의 범위와 처리에 관한 연구, 서울대학교 법학박사학위논문, 1998, 134면.

보조인 선정, 국선보조인 신청, 자료 제출에 관한 사항은 서면으로 필요적으로 고지하여야 하고, 다만 비행사실은 고지하지 아니할 수 있다(소년심판규칙 제9조).

4. 소년부 송치의 성격과 불복

법원이 소년피고사건을 소년부 송치하는 결정은 일종의 종국재판이고, 소년부에 대한 소년심판청구의 성격을 가진다.

법원의 소년부 송치결정에 대하여 판결을 대상으로 불복하는 항소(형사소송법 제357조)나 상고(형사소송법 제371조)는 물론 불가능하고, 결정에 대한 불복방법인 항고(형사소송법 제402조)와 재항고(형사소송법 제415조)로 다툴 수 있다.[5] 검사의 항고는 유죄판결을 구하는 취지이고, 소년의 항고는 무죄판결을 구하는 취지 또는 절차중복과 기간연장에 따른 불이익을 회피하려는 취지이다.[6]

법원이 보호처분의 필요가 있다고 판단하여 소년부 송치한 사건을 소년부가 금고 이상의 형사처분의 필요가 있다고 판단하여 다시 법원에 이송할 수 있는지 논란이 있을 수 있다. 그러나 연령초과를 이유로 하는 재이송(제51조)과 달리 사건실체 내지 필요한 최종 조치의 선택을 이유로 하는 재이송을 허용하는 명문의 규정이 없을 뿐만 아니라 대상 소년에게 지나치게 불리하다는 점에서 소년부에서 보호사건으로 처리해야 할 것이다.[7]

---

5) 대법원 1986.7.25.자 86모9 결정; 대법원 1986.2.12.자 86트1 결정; 한국소년법학회, 각주 1)의 책, 183면.
6) 최병각, 각주 4)의 논문, 133면.
7) 법원행정처, 각주 2)의 책, 111면.

제51조(이송)

소년부는 제50조에 따라 송치받은 사건을 조사 또는 심리한 결과 사건의 본
인이 19세 이상인 것으로 밝혀지면 결정으로써 송치한 법원에 사건을 다시
이송하여야 한다.

〈세 목 차〉

Ⅰ. 취   지

제51조는 법원이 '보호처분에 해당할 사유가 있다'고 판단하여 소년부 송치
한 소년사건을 소년부가 조사·심리한 결과 사건의 본인이 19세 이상인 것으로
밝혀지면 송치한 법원에 이송하여 형사사건으로 처리하도록 한다. 소년에 대한
보호처분은 대상자가 처분 당시 19세 이상일 것을 요건으로 하고 있고(제38조 제
1항), 따라서 보호사건으로 조사·심리 중 19세 이상으로 밝혀진 경우 형사사건
으로 처리할 수밖에 없다. 이에 소년부는 경찰서장의 송치, 보호자 등의 통고 또
는 검사의 송치에 따라 접수한 사건이면 검사에게 송치하여야 하고(제7조 제2항
본문), 법원의 송치에 따라 접수한 사건이면 법원에 이송하여야 한다(제51조). 법
원이 소년부 송치로 처리한 사건을 검사가 아닌 송치한 법원으로 다시 이송하도
록 한 것은 이미 기소되어 형사재판을 받았던 대상자에 대한 절차의 중복을 막
기 위한 것이다.[1]

Ⅱ. 해   석

1. 소년부의 법원 이송

소년법의 적용대상인 소년은 19세 미만자인데(제2조), 연령기준의 판단시점

---

[1] 한국소년법학회, 소년법, 세창출판사, 2006, 281면.

을 행위시로 하는지 아니면 처분(재판)시로 하는지 여부는 소년법의 개별 규정에 따라 달라진다. 예를 들면 제59조에 따른 사형·무기형의 완화 규정은 행위시 18세 미만자에게 적용되고[2], 제60조 제2항에 따른 소년감경 규정은 재판시 소년이라야 적용된다.[3] 제38조에서 보호처분 결정 당시 19세 이상자인 경우를 보호처분 취소사유로 규정하고 있고, 행위시는 물론 소년심판시에도 소년이어야만 보호처분을 할 수 있으되 소년심판의 과정에 소년의 연령상한을 벗어나면 더 이상 소년보호사건으로 처리할 수 없도록 하고 있다.[4] 이러한 맥락에서 소년부는 소년보호사건의 본인이 19세 이상자로 밝혀진 경우 사건을 검사에게 송치하여 형사사건으로 처리하도록 하되(제7조 제2항 본문, 제38조 제1항 제1호), 법원이 소년부 송치한 사건이면 검사가 아닌 법원에 곧바로 이송하여 형사사건으로 처리하도록 한다(제7조 제2항 단서, 제38조 제1항 제2호, 제51조).

2. 법원 이송의 방법

소년부의 법원 이송은 결정의 형식으로 한다. 소년부 판사가 법원 이송 결정을 한 때에는 이송받을 법원에 대응하는 검찰청 검사에게 그 결정을 통지하여야 한다(소년심판규칙 제40조). 소년부가 사건을 법원에 이송할 때에는 관계되는 서류와 증거물 전부를 넘겨야 하고, 다만 공범이 있거나 그 밖의 사유로 이를 넘길 수 없는 때에는 이송하는 사건과 관련된 부분의 등본을 넘겨야 한다(소년심판규칙 제41조, 제8조 제2항). 소년부가 사건을 법원에 이송하는 결정을 한 경우에는 임시조치(제18조 제1항)로 소년의 감호를 위탁받은 자에게 그 결정을 통지하

<hr>

[2] 대법원 1991.10.8. 선고 91도1718 판결; 대법원 1986.12.23. 선고 86도2314 판결.
[3] 대법원 2009.5.28. 선고 2009도2682, 2009전도7 판결; 대법원 2008.10.23. 선고 2008도8090 판결; 대법원 2000.8.18. 선고 2000도2704 판결; 대법원 1997.2.14. 선고 96도1241 판결; 김병운, "소년법 제60조 제2항에 따른 감경의 기준시기", 대법원판례해설 제28호, 법원도서관, 1997, 682면; 오영근·최병각, 소년사건처리절차의 개선방안에 관한 연구, 한국형사정책연구원, 1995, 54면; 서희종, "소년법 제60조 제2항의 소년여부 판단의 기준시", 대법원판례해설 제16호, 법원도서관, 1992, 765면. 그러나 행위시 소년이면 소년감경 규정을 적용해야 한다는 견해는 최병각, "소년법의 적용과 전자장치 부착명령", 비교형사법연구 제13권 제1호, 한국비교형사법학회, 2011, 198~200면; 최병각, "소년사법에서의 소년보호", 형사법연구 제19권 제3호, 한국형사법학회, 2007, 252~253면; 최병각, "소년감경의 적용요건과 소송법적 효과", 형사법연구 제12호, 한국형사법학회, 1999, 466~477면; 최병각, "소년법 제60조 제2항의 소년감경의 적용요건", 형사정책연구소식 제31호, 한국형사정책연구원, 1995, 12~18면.
[4] 한국소년법학회, 각주 1)의 책, 107면; 최병각, "소년심판대상의 연령기준", 형사정책연구소식 제60호, 한국형사정책연구원, 2000, 24~29면.

여야 한다(소년심판규칙 제4조).

3. 법원 이송의 성격

소년부의 법원 이송 결정(제51조)은 소년보호사건을 형사사건으로 바꾸어 처리하도록 하는 종국재판이다. 이와 달리 소년부가 보호의 적정을 위하여 사건을 다른 관할 소년부에 이송하거나 관할위반을 이유로 사건을 관할 소년부에 이송하는 결정(제6조)은 종국전 중간재판에 해당하고, 이송받은 소년부에서 그대로 이어서 소년보호사건으로 처리한다.[5]

4. 법원 이송의 효력

법원이 소년부 송치(제50조)한 사건을 소년부가 법원 이송(제51조)한 경우 이송받은 법원은 그동안 공판절차가 정지되었던 것으로 간주하고 형사재판절차를 다시 진행하여야 한다.[6] 재판부 구성에 변동이 있으면 공판절차를 갱신하여야 한다(형사소송법 제301조). 소년부 송치 전에 이루어진 변호인 선임의 효력은 유지된다. 종전의 구속영장의 효력은 소년부 송치에 따라 소년부에 인도된 후 24시간 이내에 내려진 임시조치 결정에 따라 이미 상실된다(제52조 제1항, 제18조 제2항). 따라서 대상자를 구속하려면 법원이 새로이 구속영장을 발부하여야 한다(형사소송법 제73조). 이 경우 구속기간의 제한(형사소송법 제92조)과 관련하여 절차변경으로 본인에게 불리하게 할 수 없으므로 종전의 구속기간을 통산하여야 한다.[7]

---

5) 한국소년법학회, 각주 1)의 책, 89면; 법원행정처, 법원실무제요 소년, 2014, 20면.
6) 유진식, 소년법, 육법사, 1982, 353면.
7) 법원행정처, 각주 5)의 책, 321면.

제52조(소년부 송치 시의 신병 처리)
① 제49조 제1항이나 제50조에 따른 소년부 송치결정이 있는 경우에는 소
년을 구금하고 있는 시설의 장은 검사의 이송 지휘를 받은 때로부터 법원
소년부가 있는 시·군에서는 24시간 이내에, 그 밖의 시·군에서는 48시간 이
내에 소년을 소년부에 인도하여야 한다. 이 경우 구속영장의 효력은 소년부
판사가 제18조 제1항에 따른 소년의 감호에 관한 결정을 한 때에 상실한다.
② 제1항에 따른 인도와 결정은 구속영장의 효력기간 내에 이루어져야 한다.

〈세 목 차〉

Ⅰ. 취   지

소년법 제52조는 검사 또는 법원이 소년사건을 형사사건이 아닌 보호사건
으로 처리하도록 사건을 소년부에 송치하는 경우 소년의 신병 처리에 관한 책임
과 절차를 규정하고 있다. 특히 형사절차에서 구속된 소년을 검사나 법원이 보
호사건으로 처리할 때 절차지연으로 구금기간이 부당하게 연장되지 않도록 함으
로써 자유박탈을 최소화하고 소년의 인권을 보장한 것이다.

Ⅱ. 해   석

소년보호사건에 대한 소년심판절차에서 소년의 신병을 확보하는 방안으로
동행영장(제13조, 제14조)과 임시조치(제18조)가 있다. 이에 대해 일반 형사절차에
서 신병 확보는 체포(형사소송법 제200조의2, 제200조의3, 제212조)와 구속(형사소송
법 제201조, 제70조)이 있다. 제52조는 형사절차에서 구금된 소년의 사건을 소년부
에 송치하여 소년보호사건으로 처리할 경우 구금시설의 장에게 소년 신병을 소
년부에 인도할 책임을 지우고, 그 인도 내지 이송에 관한 지휘의 권한을 검사에
게 부여하고 있다.

소년부 송치에 따른 소년의 신병처리는 검사의 이송 지휘에 따라 교도소,
구치소, 경찰서 유치장 등 미결구금시설의 장이 책임을 지고 소년부에 소년을

인도하여야 한다. 검사의 이송 지휘부터 소년부로의 인도는 소년부가 있는 시·군에서는 24시간, 소년부가 없는 시·군에서는 48시간 이내에 이루어져야 한다(제52조 제1항 제1문).

　검사 또는 법원에 의한 소년형사사건의 소년부 송치(제49조 제1항, 제50조)에 따른 구금된 소년의 소년부 인도는 구속영장의 효력에 기반한다. 구속영장의 효력은 소년부 판사가 인도받은 소년에 대하여 임시조치 결정을 한 때에 상실한다(제52조 제1항 제2문). 소년부 인도와 임시조치 결정은 구속영장의 효력기간 내에 이루어져야 한다(제52조 제2항).

> 제53조(보호처분의 효력)
> 제32조의 보호처분을 받은 소년에 대하여는 그 심리가 결정된 사건은 다시
> 공소를 제기하거나 소년부에 송치할 수 없다. 다만, 제38조 제1항 제1호의
> 경우에는 공소를 제기할 수 있다.

<세 목 차>

Ⅰ. 취   지

1. 의   의

소년법상의 보호처분을 받은 소년에 대하여는 그 심리결정된 사건은 다시 공소를 세기하거나 소년법원에 송지할 수 없다(제53조). 이것은 소년법상의 보호처분을 받은 소년에 대하여 일사부재리 또는 이중위험금지의 효력을 인정한 것이다. 보호처분을 받은 사건과 동일한 사건으로 재기소·재송치하는 것은 소년의 건전한 육성을 해칠 뿐만 아니라 법적 안정성과 신뢰를 무너뜨리는 것으로 이중처벌에 해당하기 때문이다.[1] 헌법 제13조 제1항 '모든 국민은 … 동일한 범죄에 대하여 거듭 처벌받지 아니한다'고 규정하여 일사부재리의 효력을 명시하고 있다.

2. 법적 성격

보호처분의 일사부재리효력이 인정되는 근거에 대하여, 헌법 제13조 제1항 (… 동일한 범죄에 대하여 거듭 처벌받지 아니한다)의 일사부재리의 효력에서 유래한다는 입장이 있다.[2] 이에 따르면 헌법 제13조가 직접 규정하고 있는 것은 형사처벌에 한하는 것이지만 보호처분이 소년에 대하여 가급적으로 형벌을 피한다는

---

1) 최병각, 소년보호사건의 범위와 처리에 관한 연구, 서울대학교 법학박사학위논문, 1998, 218면.
2) 團登重光·森田宗一, 新版 少年法, 有斐閣, 1984, 392頁.

요청에서 생긴 대체처분이라 하더라도 소년의 자유를 제약한다는 면에서 소년법상의 보호처분에도 당연히 헌법 제13조의 규정이 적용되어야 한다고 해석되기 때문에 헌법상의 일사부재리의 원칙을 소년법에 관해 구체화한 것이라고 한다. 소년보호처분에 있어서의 일사부재리의 효력은 소년을 안정시키려고 하는 교육적 배려에서 유래한다고 주장도 있다.[3] 즉 보호처분을 받은 소년에게 다시 형벌과 보호처분을 가할 수 없도록 하여 그 소년의 심리에 안정감을 주어 새로운 기분으로 갱생을 목표로 새 출발 할 수 있도록 하기 위한 교육적 배려에서 이러한 규정을 두었다고 한다.

생각건대 보호처분이 신체의 자유를 제약하는 경우가 있다는 점과 형벌을 대체하는 형사제재라는 점을 고려했을 때 보호처분과 형벌과의 동질성 내지 유사성으로부터 보호처분의 일사부재리효력의 근거를 찾는 것이 가장 합리적일 것이다.[4] 따라서 소년에 대한 보호처분이 확정된 경우에 다시 동일한 사건에 대하여 공소를 제기한 때에도 면소판결을 선고하여야 할 것이다. 제53조는 소년보호처분을 받은 사실을 단순한 소송장애사유로 규정한 것이 아니라 보호처분결정을 받은 소년에 대하여 일사부재리의 효력을 인정하는 것으로 보기 때문이다.[5]

Ⅱ. 해　　석

1. 보호처분의 일사부재리효력

가. 현행법의 태도

제32조의 보호처분을 받은 소년에 대하여는 그 심리가 결정된 사건은 다시 공소를 제기하거나 소년부에 송치할 수 없다(제53조 본문). 제53조는 제32조의 보호처분을 받은 소년이라고 명시하고 있다. 즉, "보호처분을 받은 소년"이라고 하여 대상소년에 관해서는 제한을 두고 있지 않으므로 범죄·촉법·우범소년 모두 포함된다. 또한 제53조의 효력과 범위는 심리결정 된 사건에 한하며, 사건의 심리절차에서 그 대상을 판단한 결과 보호처분의 필요성에 따라 결정한 사실 전부

---

3) 今中道信, "少年保護事件における 不告不理", 最高裁判所事務總局 編, 改訂少年執務資料集(二)の上, 家庭裁判資料第120號, 1981, 722頁.

4) 김 혁, "소년법상 보호처분의 변경과 이중처벌금지", 비교형사법연구 제22권 제1호, 한국비교형사법학회, 2020, 271면.

5) 이은모·김정환, 형사소송법[제7판], 박영사, 2019, 750면.

에 그 효력이 미친다.[6] 즉 보호처분의 대상으로 된 결정서 기재의 비행사실을
가리킨다. 나아가 결정서 기재의 비행사실과 동일성이 있는 사건도 포함된다. 사
건의 동일성은 범죄사건 상호간에서는 기본적 사실의 동일성을 기준으로 하여
결정하면 족하다. 우범사건에 관해서는 범죄사건과 우범사건의 동일성은 기본적
으로 부정해야 하며, 동일성이 인정되는 것은 범죄사실과 우범행상 인정의 중요
한 요소가 된 사실이 서로 겹치고 범죄가 그 우범의 우범성 전체를 나타내고 있
는 경우에 한정된다. 우범사건으로서 보호처분에 부쳐진 경우의 일사부재리효력
의 범위에 관해서는, 최초 심판의 종국결정 전에 행해진 범죄 또는 우범사유를
이유로 하는 우범소년이 심판 후 송치된 경우에는 일사부재리효력을 인정하고,
최초 심판의 종국결정 후에 이루어진 범죄 또는 우범소년이 심판 후에 송치된
경우에는 사실의 동일성은 인정되지 않으며 새로운 비행사실로서 인정되기 때문
에 일사부재리효력은 인정되지 않는다.[7]

　　또한 제53조의 효력은 심리결정된 사건에 한한다. 사건의 심리절차에서 그
대상을 판단한 결과 보호처분의 필요성에 따라 결정한 사실 전부에 그 효력이
미친다.[8] 일사부재리의 효력이 미치는 범위는 사실의 동일성의 범위이다. 일사
부새리의 효력이 인정된 사건에 관하여 다시 공소를 세기하거나 소년부에 송치
할 경우의 처리문제가 발생한다.

　　경찰서장 등이 일사부재리의 효력이 인정된 사건을 다시 소년법원에 송치
하였을 때에는 심리조건의 결여를 이유로 심리불개시의 결정(제19조) 또는 불처
분결정(제29조)을 하여야 하는데, 이것은 법원의 직권으로 조사하여야 한다.[9]

나. 검　　토

(1) 심리불개시나 불처분결정에의 일사부재리의 효력

　　제53조는 보호처분의 결정에 대해서만 일사부재리의 효력을 인정하고 있는
데, '소년법 제32조의 보호처분' 이외의 종국결정, 예를 들어 심리불개시결정(제
19조)이나 불처분결정(제29조)에도 일사부재리의 효력이 인정될 수 있는지가 문
제된다. 심리불개시결정과 불처분결정에도 일사부재리의 효력이 인정된다는 견

---

　6) 한국소년법학회, 소년법, 세창출판사, 2006, 292면.
　7) 한국소년법학회, 각주 6)의 책, 293면.
　8) 市村光一, "少年法槪論", 最高裁判所事務總局編, 改正少年執務資料集(一), 家庭再版資料 第120
　　號, 1981, 724頁; 團登重光·森田宗一, 각주 2)의 책, 393~394頁.
　9) 한국소년법학회, 각주 6)의 책, 293~294면.

해에 따르면, 일사부재리에 관한 헌법상의 정신과 소년에 대한 교육적 견지에서 보아 보호처분을 받은 소년에게 한정시킬 필요는 없다고 한다. 그리고 심리불개시결정과 불처분결정에도 일사부재리의 효력이 부정된다는 견해는 제53조의 규정을 엄격히 해석하여 일사부재리의 효력은 심리불개시결정과 불처분결정에는 미치지 않는다고 한다.[10] 이에 따르면 비록 심리불개시나 불처분으로 결정되었다 하더라도 후에 새로운 사실이 발견된 경우 등에는 다시 공소를 제기하거나 소년부에 송치할 수 있다.

　　제53조의 단순한 문리해석만에 의하면 심리불개시결정과 불처분결정에는 일사부재리효력이 미치지 않는다고 해석해야 할 것이지만, 심리불개시결정과 불처분결정의 경우 일률적으로 판단하기 어려운 면이 존재한다. 비행사실의 부존재를 이유로 하는 심리불개시결정과 실질적 심리불개시결정은 모두 그 실질은 사건의 내용에 관한 판단을 내리는 실체적 재판이기 때문에 일사부재리의 효력을 인정함이 타당하다.[11] 또한 불처분결정에 대해서도 심리불개시결정과 마찬가지로 비행사실 없음의 경우와 실질적 불처분의 경우에는 일사부재리의 효력을 인정함이 타당하다.[12]

(2) 심리결정된 사건에 대한 공소제기나 소년부 송치된 경우

　　제53조의 효력은 심리결정된 사건에 한한다. 사건의 심리절차에서 그 대상을 판단한 결과 보호처분의 필요성에 따라 결정한 사실 전부에 그 효력이 미친다.[13] 일사부재리의 효력이 미치는 범위는 사실의 동일성의 범위이다. 일사부재리의 효력이 인정된 사건에 관하여 다시 공소를 제기하거나 소년부에 송치할 경우의 처리문제가 발생한다. 소년에 대한 보호처분이 확정된 경우에 다시 동일한 사건에 대하여 공소를 제기하거나 소년법원에 송치할 경우에는 형사소송법 제327조 제2호 공소기각의 판결을 하여야 한다는 견해와[14] 형사소송법 제326조 제1호에 따라 면소판결을 하여야 한다는 견해로[15] 나누어지고 있다. 판례는 보호

---

10) 오행남, "소년범에 대한 보호처분의 연구", 가정법원사건의 제문제, 재판자료 제18집, 법원행정처, 1983, 812면.
11) 소년법학회, 각주 6)의 책, 268면.
12) 김 혁, 각주 4)의 논문, 278면.
13) 市村光一, 각주 8)의 논문, 724頁; 團藤重光·森田宗一, 각주 2)의 책, 393~394頁.
14) 최병각, 각주 1)의 학위논문, 220면; 최종식, "소년법상 보호처분의 본질에 관한 고찰", 소년보호연구 제3호, 한국소년보호학회, 2001, 240면.
15) 이은모·김정환, 각주 5)의 책, 750면; 이창현, 형사소송법[제6판], 정독, 2020, 1104면.

처분을 받은 사건과 동일한 사건(상습죄 등 포괄일죄 포함)에 관하여 다시 공소제기가 되었다면, 제32조의 보호처분은 확정판결이 아니고, 따라서 기판력도 없으므로 이에 대하여 면소판결을 할 것이 아니라 이는 공소제기절차가 법률의 규정에 위배하여 무효인 때에 해당한 경우이므로 형사소송법 제327조 제2호의 규정에 의하여 공소기각의 판결을 하여야 한다고 판시하고 있다.[16] 그러나 보호처분 결정에 일사부재리의 효력을 부여함으로써 향후 동일한 사건으로 인하여 보호절차 내지는 형사절차의 대상이 될 수 있는 불안정한 상태를 제거할 필요성이 인정된다.[17] 따라서 제53조의 규정이 없더라도 소년심판을 거친 사건에 대해서는 헌법 제13조 제1항에 따라 일사부재리의 효력이 미친다고 해야 한다. 소년에 대한 보호처분이 확정된 경우에 다시 동일한 사건에 대하여 공소를 제기한 때에도 면소판결을 선고하여야 할 것이다.

2. 일사부재리효력의 예외

검사·경찰서장의 송치 또는 보호자 등으로부터의 통고에 의한 사건에 대하여 소년부판사가 보호처분을 한 후, 그 보호처분의 계속 중 본인이 처분 당시 19세 이상이었던 것이 밝혀진 경우에, 소년부 판사는 결정으로써 그 보호처분을 취소하고 사건을 검사에게 송치하여야 하는데(제38조 제1항 제1호), 이 경우에는 일사부재리의 효력이 인정되지 않고 공소를 제기할 수 있다(제53조 제1항 후단). 보호처분의 취소에 의하여 보호처분은 처음부터 없었던 것으로 간주되고, 또한 검사에게 송치한 사건이므로 당연히 검사에 의한 공소제기도 상정되기 때문에 두어진 규정이며, 또한 형사법원에서 보호처분 상당성을 인정하여 소년법원으로 이송한 사건에 대해서 연령초과를 이유로 다시 형사법원으로 되돌려 보내는 경우에도(제51조), 논리상 일사부재리 효력은 인정되지 않는다고 할 수 있다.

---

16) 대법원 1996.2.23. 선고 96도47 판결; 대법원 1985.5.28. 선고 85도21 판결.
17) 김 혁, 소년보호이념과 소년사법절차의 개선방안에 관한 연구, 연세대학교 박사학위논문, 2016, 114면.

> 제54조(공소시효의 정지)
> 제20조에 따른 심리 개시 결정이 있었던 때로부터 그 사건에 대한 보호처분
> 의 결정이 확정될 때까지 공소시효는 그 진행이 정지된다.

〈세 목 차〉

I. 취　　지　　　　　　　　　　　　Ⅱ. 해　　석

I. 취　　지

　　소년보호사건에 대하여 소년부 판사가 심리개시의 결정을 한 때에는 그 사
건에 대한 보호처분의 결정이 확정될 때까지 공소시효의 진행이 정지된다(제54
조). 본조는 공소시효의 정지에 관하여 규정하고 있다. 공소시효의 정지란 공소
시효가 기소, 범인의 해외 도피, 재정신청, 소년보호사건의 심리개시결정, 대통
령의 불소추 특권 등 일정한 사유가 있으면 공소시효의 진행이 정지되는 것을
말한다.[1] 공소시효의 정지는 일정한 정지 사유가 소멸하면 나머지 공소시효 기
간만 진행하게 되므로, 일정한 중단사유가 소멸하면 처음부터 공소시효기간이
진행하는 공소시효의 중단(中斷)과 구별된다.[2]

Ⅱ. 해　　석

　　소년법은 제20조에 따른 심리개시결정이 있었던 때로부터 그 사건에 대한
보호처분의 결정이 확정될 때까지 공소시효는 그 진행이 정지된다고 규정하고
있다(제54조). 이는 소년보호사건에서 심리가 개시되는 것은 공소가 제기된 것이
아니기 때문에 그 사이에 공소시효가 완성되지 않도록 정지시킨 것이다.
　　일반형사사건에서 공소시효정지의 효력은 객관적으로 공소장에 기재된 공
소사실과 동일성이 인정되는 사건 전체에 미치는 것과[3] 같이 소년보호사건에서

---

1) 김희옥·박일환, 주석 형사소송법(Ⅱ), 한국사법행정학회, 2017, 518면.
2) 이창현, 형사소송법[제6판], 정독, 2020, 603면.
3) 신이철, "형사소송법상 공소시효 정지사유와 그 효력범위", 영남법학 제47호, 영남대학교 법
　학연구소, 2018, 190면.

의 심리개시결정의 효력은 비행사실과 동일성이 인정되는 전범위에 미치기 때문에 공소시효정지의 효력은 비행사실과 동일성이 인정되는 사건 전체에 대하여 발생한다고 할 수 있다. 또한 공소시효정지의 효력은 주관적으로 공소가 제기된 소년보호사건의 소년범 등 정지사유에 해당하는 자에 대해서만 발생한다.[4] 시간 적으로는 제20조에 의한 심리개시결정이 있는 때에는 그 결정시부터 보호처분결 정의 확정시까지 공소시효의 진행이 정지된다(제54조).[5] "보호처분의 결정이 확 정될 때"라 함은 소년법원이 조사를 하고 심리를 거친 다음 소년에 대하여 어떠 한 처분을 내릴 것인지 결정하는 종국결정을 말한다. 종국결정 중 보호처분결정 (제32조 제1항)이 확정된 경우에는 일사부재리의 효력에 의해서 다시 공소를 제 기하거나 소년부에 송치할 수 없기 때문에(제53조) 시효정지의 시간적 범위는 문 제로 되지 아니한다. 소년법상의 보호처분결정 이외의 종국결정인 심리불개시결 정(제19조 제1항), 검사송치결정(제7조 및 제49조 제2항), 불처분결정(제29조 제1항), 형사법원이송결정(제51조)도 결정이 확정될 때부터 다시 진행한다고 해석하여야 할 것이다.

> 제55조(구속영장의 제한)
> ① 소년에 대한 구속영장은 부득이한 경우가 아니면 발부하지 못한다.
> ② 소년을 구속하는 경우에는 특별한 사정이 없으면 다른 피의자나 피고인
> 과 분리하여 수용하여야 한다.

〈세 목 차〉

Ⅰ. 취   지

1. 의   의

형사절차의 대상이 된 소년에 대한 미결구금은 성인과 마찬가지로 기본적으로 형사소송법이 규율하는 '구속'의 형태로 이루어진다. 소년법에서 소년에 대한 구속은 부득이한 경우에만 제한적으로 사용하며, 구속결정이 난 경우 성인과 분리해서 수용할 것을 규정하고 있을 뿐(제55조), 형사처분절차의 대상이 되는 소년의 미결구금은 구속과 관련된 형사소송법 규정에 의거해서 이루어진다고 할 수 있다.[1] 구속은 형사절차의 진행과 형벌의 집행을 확보함을 목적으로 하는 강제처분이므로, 피의자·피고인에게 범죄혐의의 상당성과 구속사유가 존재하는 한(형사소송법 제70조), 비록 소년일지라도 그 예외일 수는 없다. 소년에 대한 구속영장은 부득이한 경우가 아니면 발부할 수 없으므로(제55조 제1항), 소년을 구속하기 위해서는 형사소송법의 구속사유(형사소송법 제70조 제1항, 제201조 제1항)와 함께 '부득이한 경우'라고 하는 가중요건이 존재하여야 한다.[2] 이러한 구속제한 규정은 1958년 소년법이 제정되고 오늘날까지, 조문의 위치는 다소 변경되었으나 "소년에 대한 구속영장은 부득이한 경우가 아니면 발부하지 못한다"는 규

---

1) 김지선, 소년미결구금제도에 관한 연구, 한국형사정책연구원, 2003, 47면.
2) 김 혁, 소년보호이념과 소년사법절차의 개선방안에 관한 연구, 연세대학교 박사학위논문, 2016, 141면.

정은 줄곧 그대로 있어 왔다.[3] 이와 같이 소년의 구속을 제한하는 이유는 소년은 심신의 발달이 불충분하고 외부의 상황변화에 민감하여 구속이 소년에게 미치는 악영향이 크다는 것이다.[4]

소년의 건전한 성장을 도모하기 위해서는 구속의 제한뿐만 아니라, 구속장소의 제한도 필수적이라고 할 수 있다. 성인과의 분리수용을 통해 악풍감염을 방지함으로써 범죄의 학습화를 차단할 필요가 있기 때문이다.[5] 이러한 취지에서 제55조 제2항은 성인과의 분리수용을 원칙으로 하고 있다.

2. 외국의 입법례

독일의 경우 소년법원법 제72조 제1항 미결구금은 교육 또는 기타 조치에 대한 임시 명령을 통해 목적을 달성할 수 없는 경우에만 구속 및 집행할 수 있다. 비례성의 심사(독일 형사소송법 제112조 제1항 제2문)는 특히 그 집행이 소년에게 특별한 부담을 주는 것인지 고려해야 한다. 구속하는 경우에는 구속영장에 소년보호시설에서의 일시적 수용과 같은 다른 처우에 의해서는 달성될 수 없고 구속이 비례성에 반하지 않는 명백한 이유를 적시해야 한다.

일본의 경우 소년법상 검찰관은 소년의 피의사건에서는 부득이한 경우가 아니면 재판관에 대해 구속을 청구할 수 없다고 규정하고(일본 소년법 제43조 제3항), 재판관도 부득이한 경우가 아니면 소년에 대하여 구속영장을 발부할 수 없다고(일본 소년법 제48조 제1항) 규정하고 있다. 또한 소년의 피의자 또는 피고인은 다른 피의자 또는 피고인과 분리하여 가능한 한 그 접촉을 피해야 한다고(일본 소년법 제49조 제1항) 규정하고 있고, 형사시설, 유치시설 및 해상보안유치시설에서는 소년를 성인과 분리하여 수용하여야 한다(일본 소년법 제49조 제3항)고 규정하고 있다.

소년사법운영에 관한 유엔최저기준규칙: 북경 규칙(The United Nations Standard Minimum Rules for the Administration of Juvenile Justice: The Beijing Rules)은 타인에 대한 폭력을 수반하는 중대한 행위와 중대한 범죄를 지속적으로 범하였음이 인정되는 경우로서 다른 적절한 수단이 있는 한 소년의 자유를 박탈할 수 없도록

---

3) 황순평·김 혁, "소년의 구속을 필요로 하는 '부득이한 경우' — 일본의 논의를 참고하여 —", 경찰학연구 제15권 제4호, 경찰대학, 2015, 106면.
4) 황순평·김 혁, 각주 3)의 논문, 90면.
5) 김 혁, 각주 2)의 학위논문, 142면.

규정하고 있다(제17조 제1항 ⓒ). 그리고 소년을 구금하는 경우 성인과의 엄격한 분리를 요구하고 있다. 즉, 미결구금에 관하여 심판을 위하여 신병이 구속된 소년은 성인과 분리되어 성인과는 다른 시설에 또는 같은 시설의 경우라도 분리된 장소에 구금하여야 한다고(제13조 제4항) 규정하여 분리수용의 원칙에 관하여는 어떠한 예외도 허용하지 않고 있다.

Ⅱ. 해　　석

1. 구속영장 제한에 관한 규정

가. 현행법의 태도

소년에 대한 형사사건에 관하여는 일반형사사건의 예에 의하기 때문에(제48조) 수사를 위한 소환 또는 구속절차는 일반형사사건절차와 동일하게 적용된다.[6] 소년법에는 소년미결구금의 요건에 관한 별도의 규정이 제시되어 있지 않다. 따라서 형사절차의 대상이 된 소년에 대한 미결구금은 성인과 마찬가지로 원칙적으로는 형사소송법이 규율하는 구속에 관한 제반규정에 의거해서 이루어진다. 따라서 소년형사처리절차 내에서 소년의 신병처리는 성인에 대한 신병처리인 구속과 마찬가지로 처리된다. 소년에 대한 구속영장은 부득이한 경우가 아니면 발부하지 못한다고(제55조 제1항) 규정하여 소년형사사건에서의 구속을 제한하고 있다. 그러나 이 규정에서는 소년에 대한 구속영장 발부의 제한요건으로써 '부득이한 경우'라는 불확정개념을 사용하고 있어 이에 대한 해석이 요구된다. 소년형사사건에 관하여는 소년법에 특별한 규정이 없으면 일반 형사사건의 예에 따르므로 '부득이한 경우'라는 불확정개념에 대한 해석을 위해 형사소송법에서 규정하고 있는 구속의 요건을 살펴볼 필요가 있다. 형사소송법 제70조 제1항에서 규정하고 있는 구속의 사유는 '피고인이 일정한 주거가 없는 때, 피고인이 증거를 인멸할 염려가 있는 때, 피고인이 도망하거나 도망할 염려가 있는 때'이다. 형사소송법이 규정하는 구속요건은 피의자 또는 피고인이 죄를 범하였다고 의심할 만한 상당한 이유가 있고, 구속사유가 제시되어 있는 경우이다. 구속사유로는 주거부정, 증거인멸의 염려 및 도망 또는 도망의 염려가 문제된다(형사

---

[6] 한국소년법학회, 소년법, 세창출판사, 2006, 340면.

소송법 제70조 제1항). 이에 더하여 구속사유를 심사할 때 고려할 사항으로서 '범죄의 중대성, 재범의 위험성, 피해자 및 중요 참고인 등에 대한 위해우려' 등을 고려하도록 하였다(형사소송법 제70조 제2항). 따라서 소년형사절차에서도 성인의 경우에 적용되는 이와 같은 구속기준이 적용되며, 소년에 대해서만 적용되는 별도의 구속사유는 존재하지 않는다.[7]

나. 검   토

(1) 구속의 상당성

일반 피의자·피고인을 구속하기 위해서는 죄를 범하였다고 의심할 만한 상당한 이유가 있어야 한다(형사소송법 제70조 제1항). 구속은 신체의 자유를 극도로 제한하는 중대하고도 본질적인 침해이므로 범죄혐의는 무죄의 추정을 깨뜨릴 수 있을 정도의 유죄판결에 대한 고도의 개연성 내지 충분한 범죄혐의가 인정되어야 한다.[8]

소년범의 경우, 구속에 있어서 구속의 상당성, 즉 범죄혐의의 상당한 이유는 일반형사범과는 달리 특히 중죄를 범하였다는 혐의에 대하여 상당한 이유가 있는 경우로 한정해야 할 것이며, 중죄는 법원조직법 제32조 제1항 제3호의 '사형·무기 또는 단기 1년 이상의 징역 또는 금고에 해당하는 사건'으로 법원합의부가 심판하는 사건을 의미한다고 할 것이다.[9]

(2) 구속사유

현행법상 소년에게 적용되는 형사소송법상 구속사유는 '피고인이 일정한 주거가 없는 때, 피고인이 증거를 인멸할 염려가 있는 때, 피고인이 도망하거나 도망할 염려가 있는 때'이다(형사소송법 제70조 제1항). 특히 형사소송법은 피의자 또는 피고인에게 일정한 주거가 없는 것도 구속사유로 규정하고 있다. 그러나 주거부정은 도망할 염려를 판단하는 중요한 자료에 해당할 뿐 구속사유로서의 독자적 의미를 가지는 것은 아니라고 본다.[10] 주거부정이라는 요건의 문제로서 주거가 부정한 피의자를 구속하는 것은 소송절차에서 피고인으로서 출석할 수 있

---

7) 김성은, "소년 미결구금의 제한과 축소", 강원법학 제38권, 강원대학교 비교법학연구소, 2013, 317면.
8) 이창현, 형사소송법[제6판], 정독, 2020, 342면.
9) 정웅석, "소년에 대한 구속영장 발부사유의 구체화 방안", 저스티스 통권 제148호, 한국법학원, 2015, 180면.
10) 이은모·김정환, 형사소송법[제7판], 박영사, 2019, 253면.

도록 미리 신병을 확보함으로써 송달불능으로 인한 미제사건의 축적을 방지한다는 관점이 주가 된다. 따라서 소년범이 주거가 일정하지 않다 하더라도 수사를 위한 소환이나 공소제기 후의 법정출석을 확보할 수 있는 신원보증인이 있을 때에는 구속을 가급적 회피하는 것으로 완화해서 규정할 필요가 있을 것이다.[11]

(3) 비례성의 원칙

구속은 피의자 또는 피고인의 신체의 자유를 제한하는 강제처분이므로 비례성의 원칙이 적용되어야 한다. 소년법에서 '소년에 대한 구속영장은 부득이한 경우가 아니면 발부하지 못한다'고 규정(제55조 제1항)하여 19세 미만인 소년에 대한 구속을 특별히 제한한 것도 비례성의 원칙을 실현하고 있다.[12] 이와 같이 소년법의 준거법인 형사소송법에서 구속사유를 규정하여 이미 구속을 제한하고 있음에도 불구하고 소년법에서는 구속영장의 제한이라는 제목 하에 '부득이한 경우'라고 하는 제한요건을 규정하고 있다. '부득이한 경우'란 구속이 소년의 심신에 미치는 악영향과 수사의 필요성을 종합적으로 고려하여 구체적인 사안에 따라 판단되어야 하고, 형사처분 가능성이 높은 중대사건이나 사안이 복잡한 사건은 피의사실의 존부를 명확히 할 필요가 있으므로 부득이한 경우에 해당하는 경우가 많을 것이다.[13] 따라서 이 규정은 성인범의 구속에 비해 소년범의 구속은 더욱 엄격하게 판단해야 한다는 취지로 이해해야 할 것이다.

그러나 소년피의자·피고인의 경우 형사소송법상의 구속사유인 주거부정, 증거인멸 또는 도주우려에 해당할 가능성이 성인에 비해 오히려 높다고 할 수 있다. 왜냐하면 범죄소년의 상당수는 가정과 학교의 통제를 벗어나 있는 상태이기 때문이다. 따라서 소년을 구속하지 않고는 신병을 확보하기가 어렵게 때문에[14] 실무에서 반드시 성인범의 구속사유보다 엄격하게 적용하고 있다고는 볼 수 없다.

소년에 대한 구속요건은 성인과는 다른 구속기준을 제시하고 있지만 규정이 너무 일반적이고 애매모호하여 소년을 구속하는 데 있어 재량권을 통제하는 규정으로서 작동하지 못하고 있으며 실제로는 성인과 동일한 기준(죄를 범하였다

---

11) 김지선, 각주 1)의 보고서, 146면.
12) 이은모·김정환, 각주 10)의 책, 255면.
13) 법원행정처, 법원실무제요 소년, 2014, 453면.
14) 원혜욱, "국선변호인(보조인)제도의 개선방안 — 소년사건을 중심으로", 법학논집 제12권 제1호, 이화여자대학교 법학연구소, 2007, 83면.

고 의심할 만한 상당한 이유가 있고, 증거인멸의 염려, 도망 또는 도망의 염려, 주거부정)에 의하여 구속이 된다.[15] 이러한 문제를 해결하기 위해 소년에 대한 구속을 제한해야 하는 경우를 구체적으로 명시할 필요가 있을 것이다.

2. 구속시 분리수용에 관한 규정

가. 현행법의 태도

제55조 제2항에서는 '소년을 구속하는 경우에는 특별한 사정이 없으면 다른 피의자나 피고인과 분리하여 수용하여야 한다'고 규정하여 소년의 경우 분리수용을 원칙으로 하고 있다. 이는 소년을 성인과 분리수용하여 악풍감염을 방지하려는 목적을 지닌 것일 뿐만 아니라 소년들끼리도 분리수용함으로써 서로간의 악풍감염을 방지하기 위한 것이다.[16] 이러한 규정을 그대로 따른다면 독거구금이 이루어져야 하지만, 현재로서는 시설적 여건의 한계가 있다. 또한 독거구금 자체가 상당한 기간 동안 유·무죄가 불확정한 상태에서 계속된다면 소년의 인격적인 파괴효과가 크다는 점이 지적되기도 한다.[17] 게다가 이 규정에서는 '특별한 사정'이라는 예외를 인정하고 있기 때문에 입법취지와는 달리 실무에서는 분리수용의 원칙이 제대로 지켜지고 있지 않다. 일본의 소년법 제49조 제1항에서는 '소년 피의자나 피고인은 다른 피의자나 피고인과 분리하고 가능한 한 그의 접촉을 피해야 한다'라고 규정하고 있고, 제3항에서는 '형사시설, 유치시설 및 해상보안유치시설에서는 소년을 성인과 분리해서 수용해야 한다'고 규정하고 있다. 제1항은 경찰 수사단계부터 재판 종결단계까지 소년형사사건의 절차에서 소년 피의자·피고인은 다른 피의자·피고인과 분리해 개별적으로 취급해야 한다는 규정이다. 다만 사건의 성질이나 인적·물적 조건 등이 곤란한 경우가 있으므로 '가능한 한'이라는 유보가 붙어있다. 제3항은 분리취급의 취지를 신병구속에도 적용한 규정이지만 성인과의 분리수용만큼은 어떤 경우에도 예외가 인정되지 않는다.[18] 소년범을 분리수용한다고 할 때, 가장 먼저 분리가 이루어져야 할 부분

---

15) 한국소년법학회, 각주 6)의 책, 341면.
16) 오영근, "소년사건 심판 및 집행상의 문제점 및 개선방안", 법학논총 제23집 제2호, 한양대학교 법학연구소, 2006, 13~14면.
17) 김일수, "소년범 인신구속에 관한 문제점 및 개선방안", 청소년범죄연구 제3집, 법무부, 1985, 129~130면.
18) 關哲夫, 少年法の解說, 東京: 一橋出版, 2008, 143頁.

은 성인과의 분리이고, 다음은 기결소년과의 분리이며, 마지막은 취침장소의 분리일 것이다.

나. 검　　토

제55조 제2항 규정에서는 '특별한 사정이 없으면'이라는 단서를 두고 있기 때문에 성인과의 분리수용이나 공범과의 분리수용 정도만 지켜지고 있다.[19] 구속된 소년을 수용하는 미결구금 시설에 관해서는 특별한 규정이 없기 때문에 형의 집행 및 수용자의 처우에 관한 법률 제11조와 제12조, 제13조의 규정에 따라 성인교도소나 소년교도소의 미결수용실과 구치소에 수용할 수 있다. 그리고 형의 집행 및 수용자의 처우에 관한 법률 제87조는 "경찰관서에 설치된 유치장은 교정시설의 미결수용실로 보아 이 법을 준용한다"고 규정하고 있고 경찰관 직무집행법 제9조는 "법률에서 정한 절차에 따라 체포·구속된 사람 또는 신체의 자유를 제한하는 판결이나 처분을 받은 사람을 수용하기 위하여 경찰서와 해양경찰서에 유치장을 둔다"고 규정하여 경찰관서에 설치된 유치장을 교도소 및 구치소에 대신하여 활용하고 있다. 현재 우리나라의 교정시설 53개소 중에서 구치소는 11개에 불과하고, 소년을 위한 독립된 미결수용시설은 없다.[20] 이와 같이 소년을 위한 독립된 미결수용시설이 없다는 점에서 물적 설비나 처우 면에서 열악하다는 문제를 가지고 있다. 소년범과 성인범의 철저한 분리수용을 위해 독립적인 소년을 위한 미결구금시설을 따로 설치하는 것이 바람직할 것이다.[21] 또한 제55조 제2항의 입법취지인 소년의 분리수용이 제대로 적용되기 위해서 현행법과 같이 비현실적인 원칙과 폭넓은 예외를 인정하는 것보다는 최소한의 분리수용 원칙만을 규정하고 예외를 허용하지 않는 것이 바람직할 것이다.[22]

---

19) 이춘화, "소년형사사건에서의 미결구금에 관한 고찰", 교정연구 제44호, 한국교정학회, 2009, 127면.
20) 법무부 교정본부 교정기획과, 2020 교정통계연보, 2020, 54면.
21) 오영근·최병각, 소년사건처리절차의 개선방안에 관한 연구, 한국형사정책연구원, 1995, 98면; 김지선, 각주 1)의 보고서, 150면.
22) 이춘화, 각주 19)의 논문, 124면.

제 2 절 심   판

제56조(조사의 위촉)

  법원은 소년에 대한 형사사건에 관하여 필요한 사항을 조사하도록 조사관에게 위촉할 수 있다.

〈세 목 차〉

Ⅰ. 취   지

1. 법적 성격

  소년법은 소년(제67조의2 "비행소년")에 대하여 형사처분에 관한 특별조치를 함으로써 보호처분과 함께 소년이 건전하게 성장하도록 돕는 것을 목적으로 한다(제1조). 이에 따라 제56조는 법원은 소년의 형사사건에 대하여 재판단계에서 소년에 대한 형사사건에 관하여 필요한 사항을 조사하도록 조사관에게 위촉할 수 있도록 규정함으로써 소년 피고인 조사제도의 구체적 근거를 마련하였다. 소년 형사사건의 조사는 소년법에는 법원조사관의 조사만 규정되어 있으나, 보호관찰등에 관한 법률상 판결전조사와 검사의 결정전 조사 및 법원의 양형조사도 형사사건의 조사로 분류한다.[1] 현재 제56조의 소년의 형사사건에 관한 조사는 검사 결정전 조사제도(제49조의2)와 함께 소년보호주의의 구체적 이념인 '처우의

---

[1] 이상한, "소년형사사건에서 양형조사의 합리적 운영방안", 형사정책 제28권 제3호, 한국형사정책학회, 2016, 130면.

개별화'를 구현하고자 하는 제도이고, 그 기능에 비추어 양형조사(판결전조사)와 같은 성격을 갖는다.[2)]

소년의 형사사건에 대해서는 그동안 성폭력 범죄 등 사건의 심리·재판 및 피해자 보호에 관한 규칙에서 소년법에 따른 소년 피고인 조사제도를 규정하고 있었지만, 소년심판규칙이 개정되어 소년이 피고인인 모든 형사사건에서 법원이 조사관을 위촉해 소년의 심신상태나 품행, 경력, 가정상황, 소년과 보호자의 관계, 피해자에 대한 관계 및 재범의 위험성과 정도 등을 조사할 수 있게 된 것이다(소년심판규칙 제56조). 이는 소년법의 본래의 이념이나 목적은 '국친사상'과 '보호주의'에 입각하여 성인범죄보다 완화된 처벌 내지 국제준칙[3)]에 따라 가능하면 비사법처리로써 교육, 교화개선을 목적으로 하고 있음을 의미한다.[4)]

다만 실제 사건처리 형태를 보면 보호라는 명분으로 처벌위주로 되어 있으며, 특히 검찰의 소년사건처리는 보호처분 위주보다는 형사사법적으로 해결하려는 경향도 엿보인다. 예컨대 보호관찰처분적 성격을 갖는 소년법상 검찰의 선도조건부 기소유예를 살펴보면, 보호관찰 등에 관한 법률 제15조(보호관찰관의 관장사무) 제3호의 "검사가 보호관찰관의 선도를 조건으로 공소 제기를 유예하고 위탁한 선도 업무"와 형법 제62조의2에 규정한 집행유예, 선고유예의 조건으로 보호관찰과 수강명령, 사회봉사명령을 부과할 수 있게 함으로써 보호관찰을 매개로 소년사법과 형사사법의 연결을 꾀하고 있는 듯한 현상을 보인다.[5)] 검찰단계에서 이루어지는 청소년범죄에 대한 처분의 경향은 검찰의 청소년범죄 처리내역(예, 대검찰청 범죄분석)에서 성인범죄와 청소년범죄의 기소율을 비교한다든지, 청소년범죄 유형 중 강력범죄자의 비율을 참조하여 확인할 수 있을 것이다.

소년형사사건에서 범죄소년을 미성숙한 인격체로 파악하고, 형벌을 통한 응보보다 보호·교육을 통한 교화의 대상으로 보아야 한다는 보호주의 이념을 따

---

2) 김용우·최재천, 형사정책, 박영사, 1998, 268면; 한국소년법학회, 소년법, 세창출판사, 2006, 342면.

3) 소년사법운영에 관한 UN최저표준규칙: United Nations Standard Minimum Rules for the Administration of Juvenile Justice(The Beijing Rules), G.A. Res. 40/33, Annex, U.N. GAOR, 40th Sess., Supp. No. 53, U.N. Doc. A/40/53/Annex (Nov. 29, 1985).

4) 이영란, "소년사법절차에 관한 연구 ― 소년경찰의 다이버전을 중심으로", 소년보호연구 제15호, 한국소년정책학회, 2010, 15면; 임상규, "소년법상의 보호정신", 교정연구 제15호, 한국교정학회, 2002, 32면.

5) 이영란, 각주 4)의 논문, 16면.

른다는 것이 소년에 대한 무조건적인 보호를 의미하는 것은 아니다. 우선 피고
인의 행위책임에 대응하여 범죄행위 자체의 정상에 따라 일정한 형의 폭을 정하
고, 그 폭의 범위 내에서 피고인의 성격, 연령, 처지 등 협의의 정상을 고려하여
법원이 구체적인 선고형을 결정하고 있는데, 피고인이 소년이라 하더라도 양형
의 주축이 되는 것은 행위책임이고, 피고인이 소년이란 이유만으로 교육적 고려
를 우선하여 행위책임의 범위를 벗어난 가벼운 형이 선고되지는 않는다. 다만,
소년의 경우 인격이 미숙하고 피영향성이 높다는 이유로 책임비난 자체가 감소
할 가능성이 있을 뿐만 아니라, 가소성이 높아 개선갱생의 가능성이 성인에 비
하여 일반적으로 인정되기 쉽다고 할 수 있다.[6] 그러한 의미에서 소년의 건전한
육성이란 이념은 소년에 대한 형벌의 목적과 성격까지 변용시키는 것이 아니라,
기존 형벌목적의 범주 내에서 수정기능을 담당하는 것이라고 할 수 있다.[7]

　　법원은 소년형사사건의 처리 절차에서 죄명, 사안의 경중, 죄질 등의 사항
보다 소년의 성장과정, 환경, 성격, 정신상태, 비행동기 기타 제반 사정을 과학적
으로 조사하여 범죄소년의 합리적 처우를 해야 할 필요가 있다. 이를 위해서 소
년 피고인의 심신상태, 품행, 경력, 가정상황, 그 밖의 환경 등에 관한 자료를 객
관적이고 과학적으로 조사함으로써 가장 합리적인 형사세새 수단을 선택하어 양
형의 적정성을 모색하고 객관적이고 구체적인 양형에 활용하여야 할 것이다.[8]

2. 외국의 입법례

　　소년에 대한 형사사건에 관하여 필요한 사항을 조사하도록 법원에 의하여
위촉된 조사관의 조사방침과 관련 절차의 기본원칙은 보호사건에서의 조사와 심
리의 원칙이 그대로 적용된다.[9]

　　먼저 우리나라 검사 결정전 조사제도 도입에 참고가 된 독일의 소년사법보
조관(Jugendgerichtshilfe)제도를 소개한다.[10] 독일은 형사절차와 보호절차가 구분

---

6) 카와이데 토시히로 저/황순평·김 혁·장응혁 역, 소년법, 박영사, 2016, 43면.

7) 이춘화, 소년조사제도론, 한국학술정보, 2007, 43면 이하(이상한, 각주 1)의 논문, 128면 재
　인용).

8) 김혜정, "개정법률안에 도입된 양형자료조사제도에 관한 검토 — 형사소송법 및 보호관찰등
　에관한법률 개정법률안을 중심으로 —", 형사법연구 제26호, 한국형사법학회, 2006, 130면.

9) 한국소년법학회, 각주 2)의 책, 341면.

10) 최석윤, "한국의 소년분류심사제도에 관한 연구", 비교형사법연구 제10권 제2호, 한국비교형
　사법학회, 2008, 735면.

되어 있지 않고, 소년사건 처리절차로 통합되어 있다. 소년범에 대한 형사절차에서는 사법보조관이 의무화되어 있으며, 검찰이나 법원의 보조기구가 아닌 독립기구로 구성되었다. 소년사법절차에서 조사절차는 공판전 예비절차로서 행해지는데 객관적인 범죄사실 조사는 경찰과 검사가 수행하지만, 소년의 인격에 대한 판단은 소년사법보조관(Jugendgerichtshilfe)이 담당하므로 수사 및 조사기구가 각각 분리되어 있다. 소년사법보조관은 1923년부터 소년법원법에 규정되어 교육목적에 적합한 제재수단의 선택을 위하여 행위자의 인성, 성장과정, 환경 등에 대한 조사를 실시하여 그 결과를 검찰이나 법원에 제공함과 더불어 형사사법절차 종료 후에도 비행소년의 재사회화를 지원하는 역할을 한다.[11]

　　소년사법보조관은 불기소처분(독일 형사소송법 제153조 및 제153a조)이나 교육적 조치를 전제로 한 절차중단(독일 소년법원법 제45조)의 권한을 갖기 때문에 기소 여부에 대한 결정권을 갖는다. 이러한 결정을 위해 조사과정에 해당하는 예비절차를 거치는데, 이때 법적사실에 대한 조사는 경찰과 검사가 하지만 소년의 인격판단에 필요한 조사는 소년사법보조관이 담당한다.[12] 보고서에는 인생경력, 가족관계, 학력, 직업관계 이외에 형사제재에 관한 소년사법보조관의 권고의견이 기재된다.[13]

　　일본의 소년사건의 절차는 자료수집과정으로서의 조사단계와 수집된 자료에 기해 종국판단을 하는 심판단계로 구성되어 있고, 심판에 앞서 조사를 하는 조사전치주의를 취하고 있다. 일본의 비행소년에 대한 조사는 원칙으로 가정법원 스스로 조사를 행하고 가정법원 조사관의 조사는 가정법원에서 명해진 때에만 행하는 형식이지만, 실무에서는 모든 사건에 하여 가정법원 조사관에 의해 조사가 이루어지며, 판사는 그것을 총 감독한다. 그리고 재판단계에서 소년조사제도를 이원화한 것은 소년보호사건의 조사 대상이 외적인 사정과 내심의 상황에 걸친 관계이기 때문에 단일한 기관에 의한 조사는 곤란하다고 보아, 가정법원 조사관의 조사를 주체로서 소년감별소의 감별을 부가하도록 하였다.[14]

11) 이상한, 각주 1)의 논문, 139면; 이춘화, "소년법상 검사 결정전 조사제도에 관한 연구", 형사정책연구 제20권 제2호, 한국형사정책연구원, 2009, 66면; 법무부, 외국의 소년사법제도, 2005, 103~106면.
12) 이춘화, 각주 11)의 논문, 67면.
13) 이상한, 각주 1)의 논문, 139면.
14) 이춘화, 각주 7)의 책, 55면; 박영규, "개정 소년법상 검사의 결정전 조사제도의 개선방안", 교정연구 제57호, 한국교정학회, 2012, 112~113면.

Ⅱ. 해   석

1. 조사의 위촉

가. 현행법의 태도

소년법상 법원은 소년에 대한 형사사건에 관하여 필요한 사항을 조사하도록 조사관에게 위촉할 수 있다(제56조). 이와 관련하여 소년심판규칙은 법원은 소년에 대한 형사사건의 심리에 필요하다고 인정하는 사항에 관한 조사를 조사관에게 위촉할 수 있음을 규정하고 있다(소년심판규칙 제56조). 법원조직법은 법원 조사관을 설치와 조사관의 자격과 직제 등 필요한 사항을 대법원규칙으로 정할 수 있도록 하고 있다(법원조직법 제54조의3).

나. 검   토

1) 조 사 관

조사관이란 판사를 보좌하여 소년법원에서의 조사는 심리에 필요한 사실관계의 조사는 물론 소년의 인격이나 환경에 대한 광범위한 자료를 수집하여 소년의 건전한 육성에 필요한 적절한 처분을 결정하는데 필요한 자료를 제공하는 역할을 맡은 전문직을 말한다.[15] 조사관은 법관의 명을 받아 법률 또는 대법원규칙이 정하는 사건에 관한 심판에 필요한 자료의 수집·조사 그 밖에 필요한 업무를 담당한다고 규정하였다(법원조직법 제54조의3 제2항).

제56조는 필요시 조사관에 위촉한다고만 규정하고, 조사관의 자격, 직제 및 인원과 그 밖에 필요한 사항은 대법원규칙에 위임하고 있다(법원조직법 제54조의3 제4항). 다만 법원 위촉된 조사관의 조사방침과 관련 절차의 기본원칙은 보호사건에서의 조사와 심리의 원칙이 그대로 적용되므로, 조사관의 요건은 소년법과 보호관찰 등에 관한 법률이 규정하고 있는 각종 조사제도로부터 추출가능하다. 소년법상 소년사건에서 조사는 결정전조사(소년법 제49조의2, 소년사건 검사의 결정 전조사처리 규정 제2조), 조사관조사(제11조, 제56조), 분류심사와 상담조사(보호소년 등의 처우에 관한 법률 제2조), 판결전조사(보호관찰 등에 관한 법률 제19조) 등 다양한 명칭으로 불리고 있으나 조사대상자가 소년이라는 공통점뿐만 아니라 조사내

---

15) 한국소년법학회, 각주 2)의 책, 221면.

용도 당해범죄 및 범죄경력, 가정·학교 등의 생활환경, 교우관계, 보호자의 보호능력, 신체·정신 건강상태 등을 포함한다.[16)]

　　이들 각종 조사는 총론적 성격의 제9조("조사는 의학·심리학·교육학·사회학이나 그 밖의 전문적인 지식을 활용하여 소년과 보호자 또는 참고인의 품행, 경력, 가정상황, 그 밖의 환경 등을 밝히도록 노력하여야 한다.")의 조사방침을 전제로 하므로 조사관은 소년의 범죄성향(보호필요성) 판단에 필요한 '의학·심리학·교육학·사회학이나 그 밖의 전문적인 지식'을 갖춘 자임을 알 수 있다.

　　2) 조　　사

　　형사사건의 조사와 관련하여 소년법에는 법원조사관의 조사만 규정되어 있으나, 보호관찰 등에 관한 법률상 판결전조사(보호관찰 등에 관한 법률 제19조)와 검사의 결정전 조사(제49조의2) 및 법원의 양형조사[17)]도 형사사건의 조사로 분류할 수 있다.

　　소년법상 형사사건처리에서 소년사건이라 하더라도 양형의 주축이 되는 것은 행위책임이고, 피고인이 소년이란 이유만으로 교육적 고려를 우선하여 행위책임의 범위를 벗어난 가벼운 형이 선고되지는 않는다. 소년은 일반적으로 미성숙하고 장래성이 있으며 교정 가능성이 크기 때문에 비행소년의 처리, 절차에 있어서는 죄명, 사안의 경중, 죄질 등에 주안점을 두기보다는 비행소년의 성격, 연령, 환경, 범죄적 위험성, 사회현실에 대한 적응성 등을 종합적으로 판단하여 개별적, 구체적인 교화·개선의 수단을 결정하는 처우의 개별화가 특히 요망된다. 그런데 이와 관련하여 법관이 양형을 결정할 때 재판절차에서 과학적 방법을 구사하여 행할 수 있을 만큼 전문적 지식과 응용능력을 가지는 것이 현실적으로 어려운 이상 보조수단으로서 피고인의 경력, 성격, 환경 등에 관한 자료를 객관적이고 과학적으로 조사하여 법관에게 제공하기 위한 조사관의 조사가 요구된다.[18)]

　　다만 사실상 양형조사처럼 기능하는 제56조의 조사관조사는 양형결정에 중요한 사실적 판단의 준거점이 될 범행관련 사실을 둘러싼 피고인의 인격, 성장배경, 생활형편, 환경 등에 대한 내용을 법원에 제공하는 것이다. 하지만 이는 수사가 아니기 때문에 피고인의 인격적 존엄을 해하지 않는 범위 내에서 객관적

---

16) 이춘화, 각주 11)의 논문, 82면.
17) 대법원 2010.4.29. 선고 2010도750 판결.
18) 이상한, 각주 1)의 논문, 129면.

으로 수행되어야 한다.[19]

우리나라 양형조사제도의 출발점인 보호관찰 등에 관한 법률상 조사제도인 판결전조사란 유죄가 인정된 자에 대하여 피고인의 인격과 그를 둘러싸고 있는 환경적 요소 등 사회적 사실에 관한 자료를 과학적으로 조사하여 사회내처우 적격성 여부 등을 판결하기 위한 기초자료를 법원 및 범죄자처우기관에 제공함으로써 양형과 처우과정에 참고하도록 하는 제도이다. 수집된 자료를 법관이 피고인에 대한 양형에 참고한다는 의미에서 양형자료 조사제도 또는 정상 조사제도라고도 한다.[20] 이때 일반적 의미의 '판결전조사'는 재판단계에서 양형의 합리화는 물론, 형집행단계에까지 처우의 참고자료로 활용되므로, 단순히 '양형인자'만을 조사한다는 의미를 담은 '양형조사'의 개념보다 포괄적이다.[21]

3) 위   촉

조사관의 위촉에 대하여 소년법은 소년형사사건이든 소년보호사건이든 불문하고 소년에 한 조사제도를 규정하고 있으면서도, 판사가 소년조사를 할 때 동일하게 '조사관'에게 위임을 하면서도 소년'형사'사건에서는 법원은 조사를 '위촉'할 수 있지만, 소년부판사는 소년'보호'사건에서는 조사를 '명령'할 수 있다. 이와 관련하여 형사사건에서 검사는 결정전 조사를 '요구'할 수 있다.

소년사건에서의 소년의 '자질과 환경', 즉 소년의 '보호필요성' 유무의 파악을 목적으로 하는 조사제도가 형사사건에 대한 조사와 보호사건에 대한 명령으로 구별하는 주요 이유는 소년보호사건의 조사와 심리는 형사소송의 공판구조에 비해 더 직권주의이기 때문이다. 보호사건에서는 이해당사자라는 개념이 없기 때문에 심리에 필요한 자료를 법원 스스로 수집해야 할 것이다.[22]

2. 조사의 필요성

가. 현행법의 태도

조사의 필요성에 대하여 제56조는 '필요한 사항'을 조사하도록 위촉하거나,

---

19) 이춘화, "소년에 대한 조사제도의 문제점과 개선방안", 소년보호연구 제3호, 한국소년보호학회, 2001, 72면.
20) 한국소년법학회, 각주 2)의 책, 342면; 이상한, 각주 1)의 논문, 134면.
21) 이상한, 각주 1)의 논문, 141면.
22) 유진식, 소년법, 육법사, 1982, 304면; 團藤重光·森田宗一, 少年法, 有斐閣, 1984, 84면; 한국소년법학회, 각주 2)의 책, 214면.

소년심판규칙 제56조는 '심리에 필요하다고 인정하면'이라고 하였을 뿐 구체적으로 그 필요성에 관한 사항은 없다. 소년법 제56조 이외 조사의 필요성이 요구되는 조사 관련 규정은 대체로 다음과 같다.

① 보호관찰 등에 관한 법률상 '피고인에 대하여 형법 제59조의2 및 제62조의2에 따른 보호관찰, 사회봉사 또는 수강명령'이 필요한 경우(동법 제19조 제1항)

② 보호소년 등의 처우에 관한 법률상 '소년법 제12조에 따른 전문가 진단의 일환으로 법원 소년부가 의뢰한 상담조사'(보호소년 등의 처우에 관한 법률 제2조 제2항 제3호)와 '소년법 제49조의2에 따라 검사가 의뢰한 품행환경조사'(보호소년 등의 처우에 관한 법률 제2조 제2항 제4호)

③ 소년법상 '소년부 송치, 공소제기, 기소유예 등 처분이 필요한 경우'(제49조의2)

나. 검　토

조사의 필요성은 크게 소년형사사건에 대한 양형조사 또는 보호소년에 대한 검사의 형사법원송치와 관련하여 요구되는 조사의 전제라고 할 수 있다. 요보호성이란 소년에게 적절한 보호가 결여되어 있고, 방치하면 비행이 심화되어 환경적·인격적으로 위험성이 많으며 교정가능성이 크기 때문에, 보호처분에 의한 보호가 가장 유효적절한 보호수단으로 인정되는 상태를 말한다.[23] 즉 보호필요성의 내용은 재범행가능성, 교정가능성, 보호상당성으로 구성된다.[24]

그러나 비행사실과 보호필요성의 관계는 분명하게 구분되는 것은 아니고 비행사실 그 자체, 즉 비행성이 있다는 것은 요보호 상태의 한 가지 표출이기 때문에 양자는 밀접한 불가분의 관계[25]에 있고, 검사 결정전 조사가 피의소년의 기소여부 혹은 구형을 결정하는 자료로 활용되는 점[26]을 고려하면, 조사의 필요성은 비행소년(제67조의2)의 보호필요성 유무의 여부에 관한 결정가능성이라고

---

23) 이시균, "단기 소년원송치제도의 효율적 시행방안" 청소년범죄연구 제8집, 법무부, 1990, 153면.
24) 백춘기, "소년 보호사건에 있어서의 비행사실", 가정법원사건의 제문제, 재판자료 제62집, 법원행정처, 1993, 849면.
25) 平場安治, 少年法, 有斐閣, 1991, 203면.
26) 정유희, "검사 결정전 조사 실무기법 제언", 보호 제19호, 법무부, 2007, 186~187면(이춘화, 각주 11)의 논문, 74면 재인용).

할 수 있다.

소년사건에 관한 조사는 결정전조사, 조사관조사, 분류심사, 상담조사, 판결전조사 등 다양한 명칭으로 불리고 있으나 조사대상자가 소년이라는 공통점을 가지고 있을 뿐만 아니라 조사 내용에 있어서도 당해범죄 및 범죄경력, 가정·학교 등의 생활환경, 교우관계, 보호자의 보호능력, 신체·정신 건강상태 등으로 대동소이하다.[27]

소년보호사건에 관해서는, 일본의 경우 '전건조사주의'를 취하고 있는 것과 달리 우리나라는 법원이나 소년부판사의 재량이므로 소년조사의 활용 여부에서도 법원 단계에서 임의적인 절차로 규정하고 있지만, '사회복지를 받을 권리'로서 소년의 권리를 충족할 의무를 부담하는 소년사법의 이념[28]을 제대로 구현하기 위해서는 개별 소년에 대한 환경이나 성행 등에 대한 심도 있는 조사가 선행되어야 하기 때문에 수리된 모든 사건에 앞서 소년이 지닌 성행과 환경을 전문적으로 조사해야 하는 필수이고 실질적인 심리전 조사제도가 바람직하다는 견해도 있다.[29]

요컨대 비행사실과 요보호성의 관계는 분명하게 구분되는 것은 아니고 비행사실 그 자체, 즉 비행성이 있다는 것은 요보호 상태의 한 가지 표출이기 때문에 양자는 밀접한 불가분의 관계에 있고, 검사 결정전 조사가 피의소년의 기소여부 혹은 구형을 결정하는 자료로 활용되는 점을 고려하면 타당하다고 볼 수 있다.

3. 조사의 내용

가. 현행법의 태도

조사의 내용은 소년에 대한 형사사건에 관하여 필요한 사항이다. 제56조와 관련하여 소년심판규칙은 법원 조사관에게 위촉하여 다음 사항을 조사하도록 규정하고 있다(소년심판규칙 제56조).

---

27) 이춘화, 각주 11)의 논문, 81~82면.
28) 박영규, "소년법상 소년형사사건의 특례에 관한 연구", 교정담론 제8권 제2호, 아시아교정포럼, 2014, 166면.
29) 박찬걸, "소년형사사건의 심판에 있어서 특례조항에 대한 검토—소년법 제56조 내지 제67조를 중심으로—", 소년보호연구 제18호, 한국소년정책학회, 2012, 3~4면; 원혜욱, "한국 소년법의 역사적 발전과정 및 현행법의 문제점과 개선방안", 강원법학 제29권, 강원대학교 비교법학연구소, 2009, 196면.

① 소년의 심신상태, 품행, 경력, 가정상황, 그 밖의 환경

② 소년과 보호자의 관계, 보호자의 소년에 대한 보호감독상황 및 향후 보호능력

③ 피해자에 대한 관계 및 재범의 위험성과 정도

④ 그 밖에 사건의 심리에 필요한 사항

　소년형사사건 관련 조사로서 소년법 제56조 외에 보호관찰 등에 관한 법률 제19조에 의한 판결전조사가 있다. 보호관찰 등에 관한 법률 제19조 제1항은 '법원은 피고인에 대하여 형법 제59조의2 및 제62조의2에 따른 보호관찰, 사회봉사 또는 수강을 명하기 위하여 필요하다고 인정하면 그 법원의 소재지 또는 피고인의 주거지를 관할하는 보호관찰소의 장에게 범행 동기, 직업, 생활환경, 교우관계, 가족상황, 피해회복 여부 등 피고인에 관한 사항의 조사를 요구할 수 있다'라고 규정하고 있다.

나. 검　토

　소년형사사건의 조사를 위촉받은 조사관 역시 소년보호사건 조사의 총칙이라고도 할 수 있는 "조사는 의학·심리학·교육학·사회학이나 그 밖의 전문적인 지식을 활용하여 소년과 보호자 또는 참고인의 품행, 경력, 가정상황, 그 밖의 환경 등을 밝히도록 노력하여야 한다"라고 규정한 제9조의 조사방침을 준수하면서 소년심판규칙 제56조에 규정한 사항에 대한 조사를 진행하여야 한다.

　이러한 조사내용을 크게 나누면, 비행사실(범죄사실)에 관한 사항과 요보호성 판단을 위한 자질 및 환경에 관한 사항(양형조건)으로 구분할 수 있다. 비행사실은 어떻게 그가 비행을 저지르게 되었는가의 분석이고, 요보호성은 어떻게 그가 장래 다시 비행을 저지르지 않도록 할 것인가를 명확화하기 위한 분석이라고도 할 수 있다.[30]

　구체적인 조사내용을 살펴보면, 형사법원은 소년에 대한 형사사건에 관하여 법원 조사관에게 '① 심신상태, 품행, 경력, 가정상황, 그 밖의 환경, ② 소년과 보호자의 관계, 보호자의 소년에 대한 보호감독상황 및 향후 보호능력, ③ 피해자에 대한 관계 및 재범의 위험성과 정도, ④ 그 밖에 사건의 심리에 필요한 사항'(소년심판규칙 제56조)을 조사위촉을 할 수 있고, 보호관찰소장에게 '범행 동기,

---

30) 이춘화, 각주 11)의 논문, 74면.

직업, 생활환경, 교우관계, 가족상황, 피해회복 여부 등'(보호관찰 등에 관한 법률 제19조 제1항)을 조사요구를 할 수 있다. 또한 현행형법은 양형조건의 내용으로 '① 범인의 연령, 성행, 지능과 환경, ② 피해자에 대한 관계, ③ 범행의 동기, 수 단과 결과, ④ 범행 후의 정황'을 참작할 것을 규정하고 있다(형법 제51조).

　　한편 검사는 특별한 사정이 없는 한 결정전 조사를 실시한 사건에 대하여는 통보받은 조사서 등을 수사기록에 편철해야 하고(소년사건 검사의 결정 전 조사 처 리 규정 제8조 제2항), 결정전 조사서가 수사기록에 편철되기 때문에 이후의 재판 절차에서 형사사건의 경우는 양형자료로 활용될 수 있고, 보호사건의 경우는 요 보호성 판단자료로 활용될 수 있다.[31]

　　그러므로 비행사실에 관한 사항과 요보호성 판단을 위한 자질 환경에 관한 사항[32]을 조사내용으로 규정한 소년사건 검사의 결정 전 조사 처리 규정이 열거 하고 있는 사항도 사실상 소년법 제56조의 위촉조사의 조사내용에 포함된다고 볼 수 있다. 구체적인 조사내용은 다음과 같다. ① 인적사항: 성명, 주소, 학력, 직업, 가족관계 등, ② 신체 및 정신상태: 신체특징, 건강상태, 병력진단, 심리검 사, ③ 범죄관련 사항: 범행개요 및 동기, 피해회복 여부, 범죄경력, ④ 생활환경: 가족사항, 생활정도, 성장과정, 학교, 직업, 교우관계, ⑤ 보호자 상담: 보호사 관 심도, 보호능력 유무, ⑥ 소년 상담: 진술태도, 향후 생활계획, ⑦ 기타 결정조사 를 위해 필요한 사항(소년사건 검사의 결정 전 조사 처리 규정 제6조 제1항). 그리고 조사관은 조사대상 소년에 대한 재범위험성 및 성행, 개선 가능성, 사회적 위험 성, 보호자의 보호의지 및 보호능력 등에 근거하여 의견을 제시할 수 있으므로 위 내용도 사실상 조사의 범위에 포함된다고 할 수 있다(소년사건 검사의 결정 전 조사 처리 규정 제6조 제3항).

---

31) 이춘화, 각주 11)의 논문, 71면.
32) 平野龍一, 少年保護 2, 少年法と少年審判, 大成出版社, 1982, 182~183면.

제57조(심리의 분리)

　소년에 대한 형사사건의 심리는 다른 피의사건과 관련된 경우에도 심리에
지장이 없으면 그 절차를 분리하여야 한다.

〈세 목 차〉

Ⅰ. 취　　　지

　　소년법은 소년의 건전한 육성을 목적으로 반사회성 있는 소년에 대하여 보
호처분이나 형사처분을 과할 것을 규정하여 소년보호절차나 소년형사절차에서
소년의 건전한 육성을 추구해야 할 목적으로 규정하고 있다(제1조). 현행 소년법
에서 따르고 있는 소년의 건전한 육성이란 이념은 소년에 대한 형벌의 목적과
성격까지 변용시키는 것이 아니라, 기존 형벌목적의 범주 내에서 수정기능을 담
당하는 것이라고 할 수 있다.[1] 따라서 제57조는 절차적인 측면에서 소년의 건전
한 육성이념을 실현하기 위하여 병합심리로 인해 범죄소년이 외부로부터 영향을
받거나 사회적 낙인이 찍히는 것을 예방함으로써 소년을 보호하기 위한 조치라
고 할 수 있다.[2]

Ⅱ. 해　　　석

1. 개　　　요

　　소년사건에 대한 보호주의 이념을 실현하기 위한 소년사법 특별절차로서
소년에 대한 형사사건의 심리에서 다른 피의사건과 관련된 경우에도 심리에 지
장이 없으면 그 절차를 분리하거나(제57조), 심리절차의 분리와 함께 소년을 구

---

[1] 이춘화, 소년조사제도론, 한국학술정보, 2007, 43면; 이상한, "소년형사사건에서 양형조사의
　합리적 운영방안", 형사정책 제28권 제3호, 한국형사정책학회, 2016, 128면.
[2] 배종대, 형사정책[제10판], 홍문사, 2016, 544면.

속하는 경우에도 특별한 사정이 없으면 다른 피의자나 피고인과 분리하여 수용하게 한다(제55조 제2항). 이것은 성인사건처리와는 달리 소년사건에 대해서는 소년사법의 소년보호주의 이념에 충실하게 소년법원에 송치된 소년이든 형사법원에 기소된 소년이든 소년사건처리에서 비행사실 또는 범죄사실의 경중보다 더 중요한 것은 소년의 인격과 환경에 따른 특별 예방의 필요성, 즉 형사처분 또는 보호처분의 필요성 여부에 더 큰 비중을 두고 있기 때문이라고 할 수 있다.[3]

　　소년범죄자에 대한 처벌 내지 처우를 유효하게 하기 위해서는 개개의 소년에 대한 신체적, 정신적, 환경적 특성에 따라 가장 적합한 처우를 하여야 할 것이다. 소년에 대한 적합한 처우는 처벌단계에서 특별처분만을 의미하지 않는다. 소년은 일반적으로 미성숙하고 장래성이 있으며 교정 가능성이 크기 때문에 범죄사실에 대한 심리절차를 진행하는 개개의 과정에서 이루어질 수 있는 모든 조치를 대상으로 한다. 그러한 의미에서 심리의 분리는 중요한 의미를 갖는다.

2. 심리절차의 분리

가. 사건의 관련성

　　"소년에 대한 형사사건에 관하여는 이 법에 특별한 규정이 없으면 일반 형사사건의 예에 따른다"(제48조)고 규정함으로써 소년 형사사건의 경우 소년법상의 특칙을 제외하고는 수사절차 및 공판절차에서 대부분이 형사소송법의 규정이 그대로 준용된다. 소년형사범에 대하여 공소가 제기되면 성년자에게 공소가 제기된 경우와 같이 형사소송법에 따라서 공판절차가 진행되게 된다. 사건의 경중에 따라 합의부 또는 단독판사가 소년형사사건의 심리를 담당하게 되고, 공개된 법정에서 소년에 대한 피고사건의 심리를 진행하게 된다.

　　사건의 관련성은 수 개의 사건관할이 상호 관련함을 의미하고, 수 개의 사건이 상호 관련하는 경우 관련사건이라고 한다. 즉 관련사건이란 관할이 인정된 하나의 피고사건을 전제로 하여 그 사건과 인적(주관적) 또는 물적(객관적)으로 관련성이 인정되는 사건을 말한다.[4] 관련사건에 대해서는 병합관할이 인정된다.

---

3) 박영규, "소년사건처리의 적법절차에 관한 고찰", 소년보호연구 제29권 제1호, 한국소년정책학회, 2016, 108~109면; 오영근, "소년사법제도의 문제점 및 개선방안 ― 소년보호사건을 중심으로", 소년보호연구 제7호, 한국소년보호학회, 2004, 18면; 오영근·최병각, 소년사건처리절차의 개선방안에 관한 연구, 한국형사정책연구원, 1995, 99면.
4) 이재상·조균석, 형사소송법[제12판], 박영사, 2019, 67면.

형사소송법상 관련사건은 다음과 같다(형사소송법 제11조).

① 1인이 범한 수죄(동조 제1호): 과형상 수죄인 경합범

② 수인이 공동으로 범한 죄(동조 제2호): 형법총칙상의 임의적 공범인 공동정범, 교사범, 종범, 간접정범 이외 형법각칙상의 필요적 공범과 합동범

③ 수인이 동시에 동일한 장소에서 범한 죄(동조 제3호): 독립행위가 동시에 경합하는 동시범

④ 범인은닉죄, 증거인멸죄, 위증죄, 허위감정통역죄 또는 장물에 관한 죄와 그 본범의 죄(동조 제4호)

나. 심리에 지장

소년에 대한 형사사건에서 병합심리를 할 경우에 범죄소년이 외부로부터 영향을 받거나 사회적 낙인이 찍히는 것을 예방하기 위한 조치로서, 소년에 대한 형사사건의 심리는 소년법의 심리분리의 원칙(제57조)에 따라 다른 피의사건과 관련된 경우에도 심리에 지장이 없으면 그 절차를 분리하여야 한다. '심리에 지장이 없다면' 이라는 단서가 있어 예외적인 병합심리를 허용하는 결과가 된다. 따라서 실무상으로는 오히려 병합심리가 보편화되는 문제가 있다.[5]

심리의 장애 유무는 범죄사실의 죄명, 사안의 경중, 죄질 등에 주안점을 두기보다는 범죄소년의 성격, 연령, 환경, 범죄적 위험성, 사회현실에 대한 적응성 등을 종합적으로 판단하여 결정하여야 할 것이다. 그과 관련하여 형사법원은 필요하다면 소년에 대한 형사사건에 관하여는 인격주의의 차원에서 병합심리에 지장이 있는지 여부에 대하여 과학적·합리적인 판단을 위하여 필요한 사항의 조사를 조사관에게 위촉할 수 있을 것이다.

---

5) 이규호, "소년형사범 처리의 개선방안", 보호관찰 제12권 제2호, 한국보호관찰학회, 2012, 367~368면.

제58조(심리의 방침)
 ① 소년에 대한 형사사건의 심리는 친절하고 온화하게 하여야 한다.
 ② 제1항의 심리에는 소년의 심신상태, 품행, 경력, 가정상황, 그 밖의 환경
 등에 대하여 정확한 사실을 밝힐 수 있도록 특별히 유의하여야 한다.

〈세 목 차〉

Ⅰ. 취   지

　　제58조는 소년형사사건의 심리는 온화하게 하여야 한다는 심리의 일반적
규정(제58조 제1항)과, 심리를 할 때 소년의 심신상태, 품행, 경력, 가정상황, 그
밖의 환경 등에 대하여 정확한 사실을 규명함에 특별한 유의를 하여야 한다(제58
조 제2항)는 심리방침을 규정하고 있다. 이러한 규정이 직접 구속력을 갖는 것은
아니지만 성인형사사건의 수사절차에서는 볼 수 없는 소년에 대한 특별한 수사
원칙이라고 할 수 있다.[1]

　　제58조의 심리의 방침은 제9조의 조사의 방침, 제49조의2 제3항의 검사 결
정전 조사의 방침과 더불어 소년에 대한 형사사건이나 보호사건에 공통하는 총
칙적 규정으로서 소년형사사건에 관한 병합 또는 분리심리를 할 경우에 범죄소
년이 외부로부터 영향을 받거나 사회적 낙인이 찍히는 것을 예방하기 위한 조치
라고 할 수 있다.

Ⅱ. 해   석

　　소년형사범에 대하여 공소가 제기되면 성년자에게 공소가 제기된 경우와
같이 형사소송법에 따라서 공판절차가 진행된다. 사건의 경중에 따라 합의부 또
는 단독판사가 소년형사사건의 심리를 담당하고, 공개된 법정에서 소년에 대한

---

1) 한국소년법학회, 소년법, 세창출판사, 2006, 343면.

피고사건의 심리를 진행한다.

1. 제58조 제1항

가. 심리의 비공개

　소년형사사건에 관한 심리의 방침을 규정하고 있는 제58조와 비교해야 할 것이 소년보호사건에 관한 심리의 방침을 규정하고 있는 제24조이다. 제24조 제1항은 제58조 제1항과 동일하게, 심리는 친절하고 온화하게 하여야 한다고 되어 있지만, 제24조 제2항에서는 소년형사사건과 달리 '심리는 공개하지 아니한다'고 규정되어 있다. 소년보호사건에 있어서 심리비공개주의는 소년의 건전한 육성을 위한 보호규정으로서 소년의 신상이 공개되는 것을 차단함과 동시에 심리를 받는 소년의 심리 안정을 도모해 주려는 것이다.[2] 이와 같은 심리비공개의 원칙은 소년이 법원의 재판을 받는 과정에서 받게 되는 정서인 불안감과 혹시라도 발생할 수 있을지 모르는 소년의 신상공개로 인한 일신상의 불안감 등을 미연에 방지하기 위한 것이므로 이를 소년형사사건에 준용하여야 할 것이다. 그러나 앞에서 기술한 것처럼 소년보호사건의 경우에는 소년부의 판사가 적당하다고 인정하여 참석을 허가한 경우를 제외하고는 심리를 공개하지 아니하지만(제24조 제2항), 소년형사사건의 경우에는 그와 같은 규정이 없다. 뿐만 아니라 소년사건의 심리를 공개한다고 하여 모든 국민들이 그 소년사범을 인지할 수 있는 것이 아니며, 심리절차의 당사자인 피해자에게 직접 소송의 당사자로서 참여할 수 있는 권리를 부여함과 동시에 공개된 장소에서 심리를 진행함으로써 심리의 공정을 도모해야 한다는 점에서 심리비공개원칙에 대한 비판적 시각[3]도 존재한다. 그렇지만 오히려 소년보호사건보다 소년형사사건의 경우가 사회적으로 미치는 영향이나 관심의 정도가 훨씬 크다는 점을 감안한다면 소년의 재사회화를 위해서 소년형사사건의 경우에도 심리의 비공개원칙이 관철되어야 할 것이다.[4]

---

[2] 윤용규·최종식, "우리나라 소년사법의 운용실태와 개선방안에 관한 고찰", 형사정책연구 제11권 제4호, 한국형사정책연구원, 2000, 64면.

[3] 홍태석, "일본의 개정 소년법과 우리나라 소년법의 개정방안", 원광법학 제27권 제1호, 원광대학교 법학연구소, 2011, 122면.

[4] 박찬걸, "소년형사사건의 심판에 있어서 특례조항에 대한 검토 — 소년법 제56조 내지 제67조를 중심으로 —", 소년보호연구 제18호, 한국소년정책학회, 2012, 5면.

나. 보도의 금지

소년법은 조사 또는 심리 중에 있는 보호사건이나 형사사건에 대하여는 성명·연령·직업·용모 등으로 비추어 볼 때 그 자가 당해 사건의 당사자라고 미루어 짐작할 수 있는 정도의 사실이나 사진을 신문이나 그 밖의 출판물에 싣거나 방송할 수 없다(제68조 제1항). 소년사건에 대한 보도 금지를 위반한 경우 금지위반행위자를 특정하여(① 신문 : 편집인 및 발행인, ② 그 밖의 출판물 : 저작자 및 발행자, ③ 방송 : 방송편집인 및 방송인) 처벌하고 있다(제68조 제2항).

2. 제58조 제2항

소년에 대한 형사사건 심리방식은 친절하고 온화하게 하게 진행되어야 할 뿐만 아니라, 그 심리에서는 소년의 심신상태, 성행, 경력, 가정상황, 기타 환경 등에 대하여 정확한 사실을 밝힐 수 있도록 특별히 유의를 하여야 함을 명시하고 있다.

제58조 제2항과 관련하여 국민참여재판의 형사사건 심리방침을 비교하여 현실은 소년이 '건전하게 성장하도록 돕는 것'을 목적으로 하는 소년법의 이념을 얼마나 구현하고 있는지를 살펴보는 것도 의미가 있다. 먼저 국민참여재판법은 소년의 형사사건에 대하여 별다른 예외 조치를 규정하지 않음으로써 범죄소년도 국민참여재판법의 대상이 될 수 있다(국민의 형사재판 참여에 관한 법률 제3조 제1항). 다만, 법원은 국민참여재판으로 진행하는 것이 적절하지 아니하다고 인정되는 경우 배제결정을 할 수는 있다(국민의 형사재판 참여에 관한 법률 제9조 제1항 제3호).

소년형사사건의 심리는 '친절하고 온화한' 가운데 '소년의 심신상태, 품행, 경력, 가정상황, 그 밖의 환경 등에 하여 정확한 사실을 밝힐 수 있도록 특별히 유의'하여야 한다(제58조 제2항). 이 규정은 소년법원에서의 조사방침에 관한 제9조와 더불어 소년형사재판에 과학주의를 적용하여 소년의 요보호성을 과학적 조사기법에 의하여 밝혀 처우의 개별화를 실현함을 목적으로 하며, 소년법상 판결전 조사(제9조, 제11조, 제56조)를 규정하고 있는 이유가 여기에 있다. 그런데 문제는 이와 같은 과학조사를 소년의 형사사건에 대한 국민참여재판에서도 적용할 수 있는가이다. 하루 또는 길어야 2~3일 안에 재판을 끝내야 하는 국민참여재판에서 소년 피고인의 '심신상태, 품행, 경력, 가정상황, 그 밖의 환경 등에 하여 정확한 사실을 밝힐 수 있도록' 한다는 것은 거의 불가능할 뿐만 아니라 국민참여재판은 공판중심주의를 채택하고 있기 때문에, 그 조사내용은 공판정에서 검사와 변호인의 공방 속에서 확인절차를 거치는 가운데, 소년의 프라이버시와 깊게 관련된 조사내용을 국민참여재판에서 공개적으로 다룬다는 문제가 있다. 소년이 원하지 않는 인격의 심층부가 공개됨으로써 소년에게 심각한 낙인의 피해를 줄 수 있기 때문이다. 그러므로 현행 국민참여재판은 소년법의 '판결전 조사'나 '심리의 방침'과 맞지 않으므로 이를 보장하기 위한 입법 정비가 필요하다.[5]

---

5) 최종식, "소년형사사건과 국민참여재판", 형사법연구 제20권 제4호, 한국형사법학회, 2008, 394~395면 참조.

제59조(사형 및 무기형의 완화)
  죄를 범할 당시 18세 미만인 소년에 대하여 사형 또는 무기형으로 처할 경우에는 15년의 유기징역으로 한다.

〈세 목 차〉

Ⅰ. 취　　지

　　형벌은 응보 외에도 특별예방의 목적을 가지고 있는데, 특히 소년의 경우 가변성이 풍부하고 교육가능성이 높기 때문에 성인 이상으로 교육적 처우의 필요성이 강조된다.[1] 이를 고려하여 제59조는 행위 당시 18세 미만인 소년에 대한 중형을 금지하고 있다. 또한 제59조는 행위 당시 18세 미만이었던 소년의 사물변별능력과 의사결정능력을 성인의 그것과 동일하지 않다고 의제함으로써, 형법 제9소의 14세라고 하는 절대적 책임연령 기준에 수정을 가하는 기능도 가지고 있다.[2]

　　한편, 구체적인 연령의 기준과 완화의 내용을 어떻게 정할지에 관해서는 국가별로 차이가 있다. 성인연령을 18세로 하는 법제에서는 16세 미만을 완화의 기준으로 설정하는 경우도 있는데, 무기형의 경우 독일에서는 준성인(18~20세)은 10년 이상 15년, 소년(14~17세)은 10년(준성인도 소년형의 상한은 10년이지만, 2012년 개정으로 모살이고 책임이 중대한 사안은 최장 15년으로 상향되었다)으로, 프랑스에서는 20년 이하(16세 이상은 감경 배제도 가능)로 감경하도록 규정하고 있다.[3] 우리나라의 경우 제정 소년법(법률 제489호)은 죄를 범할 당시 16세 미만인 자에 대하여 사형 및 무기형의 완화를 규정하고 있었으나(제53조), 1988년 개정(법률 제4057호)을 통하여 현재와 같이 완화 연령을 18세 미만으로 상향 조정하였다. 이는 범행 당시 18세 미만의 소년에 대한 사형을 금지하고 있는 유엔 아동권리

---

1) 법원행정처, 법원실무제요 소년, 2014, 460면; 田宮裕·廣瀬健二, 注釈少年法(第4版), 有斐閣, 2017, 493頁.
2) 김 혁, "소년법의 연령과 형사책임", 형사정책 제28권 제3호, 한국형사정책학회, 2016, 56면.
3) 田宮裕·廣瀬健二, 각주 1)의 책, 493頁.

협약 제37조 (a)의 내용과도 합치되는 것이다. 다만, 죄를 범할 당시 18세인 소년에 대해서는 여전히 사형 또는 무기형이 가능하므로, 입법론으로는 소년에 대한 사형규정을 삭제하자는 견해도 있다.[4]

Ⅱ. 해   석

사형·무기형이 완화되는 연령의 기준은 행위시이다. 즉 행위 당시에 18세 미만인 경우라면 재판시의 연령은 문제되지 않으므로, 과형 당시 성인이 된 때에도 제59조가 적용된다.[5] 행위시 18세 이상인 자의 정신적 성숙도가 사실상 18세 미만인 소년과 동일시할 수 있다고 하더라도, 제59조는 적용되지 않고 단지 피고인에게 유리한 정상으로 참작할 수 있을 뿐이다. 또한 감경의 기준은 법정형이 아닌 처단형이 되므로, 처단형이 사형 또는 무기형인 때에는 15년의 유기징역형을 선고하여야 한다. 다만, 특정강력범죄를 범한 때에는 20년의 유기징역으로 한다(특정강력범죄의 처벌에 관한 특례법 제4조 제1항).

한편, 피고인이 범한 죄에서 무기형을 선택한 후 이를 감경하는 경우와 같이 처단형의 상한이 15년 또는 20년을 초과하는 경우 어떻게 처리할 것인지가 문제될 수 있다. 예를 들어 행위 당시 18세 미만인 소년이 현주건조물방화치사죄를 범한 경우 무기징역을 선택한 후 법률상 감경(제60조 제2항 소년감경)을 한 때에는 처단형의 범위는 10년 이상 50년 이하의 징역이 된다(형법 제55조 제1항 제2호). 만약 이때에 징역 50년을 선고할 수 있다고 한다면, 오히려 법률상 감경을 하지 않은 때보다도 불이익한 결과를 초래하게 되므로 제59조의 취지상 선고 가능한 상한은 15년이라고 해석하는 것이 타당하다. 경합범의 경우에도 마찬가지이다.[6]

---

4) 박찬걸, "소년형사사건의 심판에 있어서 특례조항에 대한 검토 — 소년법 제56조 내지 제67조를 중심으로 —", 소년보호연구 제18호, 한국소년정책학회, 2012, 133~134면; 이승현, "한국 개정소년법상 소년의 권리보장", 소년보호연구 제11호, 한국소년정책학회, 2008, 15면.
5) 대법원 1997.2.14. 선고 96도1241 판결.
6) 법원행정처, 각주 1)의 책, 461면.

제60조(부정기형)

① 소년이 법정형으로 장기 2년 이상의 유기형에 해당하는 죄를 범한 경우에는 그 형의 범위에서 장기와 단기를 정하여 선고한다. 다만, 장기는 10년, 단기는 5년을 초과하지 못한다.

② 소년의 특성에 비추어 상당하다고 인정되는 때에는 그 형을 감경할 수 있다.

③ 형의 집행유예나 선고유예를 선고할 때에는 제1항을 적용하지 아니한다.

④ 소년에 대한 부정기형을 집행하는 기관의 장은 형의 단기가 지난 소년범의 행형 성적이 양호하고 교정의 목적을 달성하였다고 인정되는 경우에는 관할 검찰청 검사의 지휘에 따라 그 형의 집행을 종료시킬 수 있다.

〈세 목 차〉

Ⅰ. 취   지

제60조 제1항은 성인과 달리 소년에 대해서는 장기 2년 이상의 유기형에 해당하는 죄를 범한 경우 부정기형을 선고하도록 규정하고 있다. 부정기형 제도는 교육적인 목적에서 형집행의 성과에 따라 처우의 탄력성을 유지하기 위한 제도인데[1], 1958년 소년법(법률 제489호) 제정 당시부터 도입되었다. 부정기형에 대해서는 소년을 성인에 비하여 부당히 차별하는 것이 아닌지가 문제된 바 있다. 대법원은 제60조 제1항은 반사회성 있는 소년에 대하여 형사처분에 관한 특별조치를 행함으로써 소년의 건전한 육성을 기하기 위한 소년법의 입법목적을 달성하기 위한 것으로 보이고, 동조 제2항에서 소년의 경우 상당하다고 인정되는 때에

---

1) 오영근·최병각, 부정기형제도에 관한 연구, 한국형사정책연구원, 1993, 36면; 오영근·최병각, 소년사건처리절차의 개선방안에 관한 연구, 한국형사정책연구원, 1995, 49면; 阿部純二, "保護と刑罰――一つの槪念一", 刑法雑誌18巻3·4号, 1972, 228頁; 田宮裕·廣瀬健二, 注釈少年法(第4版), 有斐閣, 2017, 497頁.

는 그 형을 감경할 수 있도록 규정하고 있어서, 헌법 제11조에서 천명하고 있는 평등의 원칙에 위반된다고는 할 수 없다고 판시하였다.[2]

한편, 제60조 제2항은 소년 감경을 규정하고 있다. 소년 감경 규정은 1988년 제3차 개정(법률 제4057호) 당시 국회 심의과정에서 부정기형이 오히려 소년에게 불리하게 작용할 수 있음을 이유로 추가된 조문이다.[3] 즉 제정 소년법은 "소년이 법정형 장기 2년 이상의 유기형에 해당하는 죄를 범한 때에는 그 법정형기의 범위내에서 장기와 단기를 정하여 선고한다. 다만, 장기는 10년, 단기는 5년을 초과하지 못한다"고 규정하고 있었는데(제정 소년법 제54조 제1항), 이에 따르면 유기형의 하한이 명시된 경우, 예를 들어 "○년 이상의 징역형"으로 규정되어 있는 죄종의 경우 오히려 소년에게 불리한 양형이 이루어질 수 있었다. 성인에게는 처단형의 범위 내에서 그 하한을 형기로 정할 수 있음에 반해, 소년은 처단형의 하한을 단기로 선고하는 때에도 별도로 부정기형의 장기를 선고하여야 하였으므로 소년에게 불이익한 결과를 초래하는 문제를 해결할 필요가 있었던 것이다. 특히 행형 실무에서는 부정기형을 선고받는 소년에 대하여 선고형의 장기를 기준으로 형을 집행하고 있어 문제는 더욱 심각하였다.[4] 제3차 개정과정에서 이를 해결하기 위하여 부정기형의 장기만 법정형의 범위를 준수하고 단기는 법정형과 무관하게 선고할 수 있도록 하는 방안도 논의되었으나, 이러한 안은 죄형법정주의 원칙에 배치될 뿐만 아니라, 형법각칙의 조문에도 정면으로 위배된다는 지적이 있어 소년 감경을 법률상 감경사유로 규정하기로 하였다.[5]

Ⅱ. 해 석

1. 연령의 기준

소년법은 사형·무기형의 완화에 있어서는 행위시(18세 미만)를 기준으로 함을 명문으로 규정하고 있는 반면(제59조), 제60조 제1항과 제2항은 연령의 기준

---

2) 대법원 2002.2.8. 선고 2001도6515 판결.
3) 정동기, "개정소년법의 주요내용", 각국의 소년사법제도연구, 법무자료 제113집, 법무부, 1989, 290면.
4) 최병각, "소년감경의 적용요건과 소송법적 효과", 형사법연구 제12호, 한국형사법학회, 1999, 468~470면.
5) 최병각, 각주 4)의 논문, 469면.

시점을 명시하지 않고 있다. 이에 부정기형과 소년감경의 연령기준을 재판시로 해야 할 것인지, 아니면 행위시를 기준으로 해야 할 것인지가 문제된다.

가. 재판시 기준설

부정기형과 소년 감경의 연령기준과 관련하여 재판시 기준설을 취하는 입장에서는 다음을 그 근거로 한다.[6]

첫째, 부정기형이 피고인에게 반드시 유리하다고 할 수 없고, 둘째, 이미 성인이 된 자에 대하여 소년의 교육과 개선을 목적으로 도입된 부정기형을 선고하는 것은 합목적적이지 않다고 한다. 셋째, 현행 소년법은 처분대상자 소년의 연령 산정시점에 관하여 제7조 제2항, 제38조, 제63조에서 행위시를 고려하지 않으며, 행위시주의를 택하는 경우에는 명시적인 규정을 두고 있다는 점을 지적한다(제59조). 넷째, 행위시주의를 취하는 것은 과거의 책임능력의 불완전 상태를 강조하는 것으로, 그 결과 부정기형은 전망적(특별예방적) 성격을 상실하여 역설적으로 회고적 성격을 띠게 된다는 것이다.

나. 행위시 기준설

행위시 기준설의 입장에서는 재판시 기준설의 문제점을 지적하면서 소년감경의 기준시는 사실심 판결선고시가 아니라 행위시라고 주장한다. 구체적으로는 다음과 같은 논거를 제시한다.

첫째, 소년법은 보호사건에 관한 제2장과 형사사건 처리에 관한 제3장으로 구분되어 있으므로 제3장에서 의미하는 연령은 반드시 제2장과의 정합성을 요구하는 것은 아니라고 한다. 즉 제60조 제2항은 범죄소년을 형사사건으로 처리할 때에 적용되는 소년법의 실체법적 특칙의 하나이고, 따라서 동 규정의 적용요건은 비행소년을 보호사건으로 처리할 때와는 다른 견지에서 파악해야 한다는 것이다. 이러한 입장에서는 보호사건의 처리에 관한 제7조 제2항, 제38조 제1항 및 제51조의 적용기준을 형사사건에 대한 실체법적 특칙인 제60조 제2항에 그대로 가져오는 것은 보호사건과 형사사건을 구분하고 있는 소년법의 이원적 구조에 어긋나는 것이라고 한다.[7]

둘째, 재판시 기준설에 따르면 사법처리의 완급에 따라 부정기형과 소년감

6) 장영민, "소년법의 문제점과 개선방안", 21세기 형사사법개혁의 방향과 대국민 법률서비스개선방안(2) ― 형사사법개혁의 기본방향 ―, 한국형사정책연구원, 2004, 181~183면.
7) 최병각, 각주 4)의 논문, 466~468면.

경 여부가 달라질 수 있어 형평에 어긋나는 결과가 발생하게 된다는 점을 지적한다. 항소심은 속심이므로 재판시 기준설에 의하면 항소심 판결선고시를 기준으로 제60조 제2항의 적용여부가 결정되는데, 이 경우 소년인 피고인의 입장에서는 연령 도과에 따른 불이익을 감수하고 상소 여부를 결정할 수밖에 없게 되어 사실상 피고인의 상소권을 제한하는 결과를 초래한다는 것이다.[8]

셋째, 소년에 대한 부정기형은 행위책임의 한계 내에서 형벌적응성이라는 특별예방적 요소를 고려한 제도로 이해하는 것이 타당하고, 소년 감경제도 역시 행위당시 성인과 동일한 유책행위능력을 갖추지 못했다는 점을 고려한 규정으로 파악하는 것이 책임주의의 관점에 비추어 볼 때 합리적인 해석이라고 한다.[9] 또한 제60조 제2항은 행위시 소년의 특성이 존재하는 경우 재판시 연령을 불문하고 소년감경 규정을 적용할 수 있다는 취지로 해석하여야 하므로 이 역시 사형·무기형의 완화를 규정한 제59조와 마찬가지로 책임의 감경에 근거를 둔 것이라고 한다.[10]

다. 판 례

대법원은 연령기준을 재판시, 즉 사실심 판결 선고시로 해석하고 있다. 대법원은 크게 두 가지를 논거로 제시한다. 먼저, 제60조 제2항에서 소년이라 함은 특별한 정함이 없는 한 제2조에서 말하는 소년을 의미한다고 할 것이고, 제2조에서의 소년이라 함은 19세 미만자로서 그것이 심판의 조건이므로 범행시뿐만 아니라 심판시까지 계속되어야 한다는 것이다.[11] 다음으로, 소년의 인격은 형성 도중에 있어 그 개선가능성이 풍부하고 심신의 발육에 따르는 특수한 정신적 동요상태에 놓여 있으므로 이러한 소년의 특성 때문에 현재 소년이라는 상태를 중시하여 소년의 건전한 육성을 기하려는 것이고 제60조 제2항도 이러한 취지에서 나왔다고 볼 것이지, 제60조 제2항을 제59조, 형법 제9조와 같이 형사책임의 문제로서 파악하여야 하는 것은 아니라고 한다.[12]

---

8) 김 혁, "소년법의 연령과 형사책임", 형사정책 제28권 제3호, 한국형사정책학회, 2016, 63~64면; 최병각, "소년법에서의 '소년'은 누구인가?", 형사정책연구소식 제15호, 한국형사정책연구원, 1993, 28면.
9) 김 혁, 각주 8)의 논문, 63면.
10) 최병각, 각주 4)의 논문, 476~477면.
11) 대법원 1966.3.3. 선고 65도1229 전원합의체 판결.
12) 대법원 2009.5.28. 선고 2009도2682, 2009전도7 판결; 대법원 2000.8.18. 선고 2000도2704 판결; 대법원 1997.2.14. 선고 96도1241 판결; 대법원 1991.12.10. 선고 91도2393 판결.

이에 따라 피고인이 사실심 판결 선고 전에 성인이 된 때에는 소년 감경을 할 수 없고[13], 1심 판결 선고 후 성년에 도달한 경우 항소심은 부정기형을 선고한 원심판결을 파기하고 정기형을 선고하여야 한다.[14] 또한 항소심판결 선고 후 상고심 계속 중에 피고인이 성년에 도달한 경우 상고심은 순수한 사후심이므로 원심판결 선고 당시 소년인 이상 원심의 부정기형 선고는 적법하다.[15]

2. 상소와 불이익변경금지의 원칙

연령의 기준을 사실심 판결 선고시로 파악할 경우 상소권 제한이나 불이익변경금지의 원칙과의 관계가 문제된다. 1심 선고 후 소년연령 도과가 임박하고 양형 부당을 다투는 경우 소년 감경이 불가능해져 상소 자체가 무의미해지거나, 부정기형을 선고할 수 없는 경우가 발생할 수 있기 때문이다. 특히 정기형과의 관계에서 불이익변경의 판단기준을 장기와 단기 중 어느 것으로 볼 것인지가 문제된다. 부정기형이 선고된 원심에 대해 소년만이 항소한 후 항소심 판결 선고 전에 그 소년이 성인이 되었다면 항소심에서 이를 파기할 때에는 정기형을 선고하여야 하는데, 부정기형의 장기와 단기 중 어느 것을 기준으로 불이익 변경 여부를 판단하여야 할지 명확하지 않기 때문이다. 더욱이 제60조 제4항, 제65조 및 보호관찰 등에 관한 법률 제50조 제1항은 단기형을 기준으로 가석방 및 형의 종료 여부를 결정하도록 규정하고 있어서, 실질적인 상소권 제한의 문제는 더욱 극명하게 드러난다.

이와 관련하여 학설은 장기표준설[16], 단기표준설[17], 중간위설[18]이 서로 대립하고 있다. 통설은 단기표준설의 입장이지만, 우리 대법원은 부정기형과 실질적으로 동등하다고 평가될 수 있는 정기형은 부정기형의 장기와 단기의 정중앙에 해당하는 형이라고 봄이 적절하므로, 피고인이 항소심 선고 이전에 19세에

---

13) 대법원 2000.8.18. 선고 2000도2704 판결.
14) 대법원 1990.4.24. 선고 90도539 판결; 대법원 1966.3.3. 선고 65도1229 전원합의체 판결.
15) 대법원 1998.2.27. 선고 97도3421 판결; 대법원 1983.4.26. 선고 83도524 판결.
16) 신현주, 형사소송법[신정 2판], 박영사, 2002, 753면.
17) 김재중·이 훈, "부정기형에 있어 불이익변경금지 원칙 위반 여부를 판단하는 기준", 원광법학 제36권 제4호, 원광대학교 법학연구소, 2020, 118~122면; 박찬걸, 형사소송법, 박영사, 2020, 874면; 신동운, 신형사소송법[제5판], 법문사, 2014, 1579면; 이재상·조균석, 형사소송법[제12판], 박영사, 2019, 776면; 이창현, 형사소송법[제6판], 정독, 2020, 1219면.
18) 서일교, 형사소송법[제8개정판], 박영사, 1979, 369면.

도달하여 제1심에서 선고한 부정기형을 파기하고 정기형을 선고함에 있어 불이익변경금지 원칙 위반 여부를 판단하는 기준은 부정기형의 장기와 단기의 중간형이 되어야 한다고 판시하여, 중간위설의 입장을 취하고 있다.[19]

　　한편, 소년의 연령기준을 행위시로 파악한다면 항소심에서도 부정기형을 선고하여야 하므로 정기형과 부정기형의 비교 문제는 발생하지 않는다. 입법론으로는 연령의 기준을 행위시로 명시하거나[20] 소년이었던 피고인이 상소 후 사실심 선고 전에 성인이 된 경우에도 부정기형을 선고할 수 있도록 개정함으로써 상소권 제한이나 불이익변경금지의 문제를 해결하는 방안도 있을 것이다.[21]

3. 부정기형의 내용

가. 부정기형과 양형

　　소년이 법정형으로 장기 2년 이상의 유기형에 해당하는 죄를 범한 때에는 부정기형을 선고하되, 장기는 10년, 단기는 5년을 초과할 수 없으며, 특정강력범죄를 범한 경우에는 장기는 15년, 단기는 7년을 초과하지 못한다(특정강력범죄의 처벌에 관한 특례법 제4조 제2항). 이때의 장기 2년 이상의 유기형은 법정형을 말하는 것이므로 사형 또는 무기형을 선택한 다음 작량감경한 때에는 부정기형이 아닌 정기의 유기형을 선고하여야 한다.[22] 그러나 법정형이 무기형과 유기형으로 되어 있더라도 법원이 2년 이상의 유기형을 선택한 때에는 부정기형을 선고하여야 한다.[23] 또한 판례는 소년범이 형법 제37조 후단의 경합범에 해당하여 2개의 형을 선고하는 경우에는 그 단기형의 합계가 5년을 초과하더라도 무방하고[24], 후단 경합범에 대하여 심판하는 법원은 판결이 확정된 죄와 후단 경합범의 죄를 동시에 판결할 경우와 형평을 고려하여 후단 경합범의 처단형의 범위 내에서 선고형을 결정할 수 있는 것이고, 그 죄와 판결이 확정된 죄에 대한 선고형의 총합이 두 죄에 대하여 형법 제38조를 적용하여 산출한 처단형의 범위 내에 속하

---

19) 대법원 2020.10.22. 선고 2020도4140 전원합의체 판결.
20) 김 혁, 각주 8)의 논문, 64면.
21) 김 혁, "부정기형과 불이익변경금지의 원칙 — 대법원 2020. 10. 22. 선고 2020도4140 전원합의체 판결을 중심으로 —", 형사법연구 제33권 제1호, 한국형사법학회, 2021, 170면.
22) 대법원 1991.4.9. 선고 91도357 판결; 대법원 1990.10.23. 선고 90도2083 판결; 대법원 1983.4.26. 선고 83도210 판결.
23) 대법원 1967.1.31. 선고 66도1731 판결.
24) 대법원 1983.10.25. 선고 83도2323 판결.

도록 후단 경합범에 대한 형을 정하여야 하는 제한을 받는 것은 아니며, 감경 또는 면제 여부도 법원의 재량에 따를 것이라고 판시하고 있다.[25] 다만, 형법 제 39조 제1항의 취지상 사후적 경합범에 대하여 양형을 함에 있어서는 그 죄와 동 시에 판결할 경우와 형평을 고려하는 것이 타당할 것이므로[26], 그 합계가 장·단 기형의 상한을 초과하지 않도록 하는 것이 바람직할 것이다.

한편, 부정기형의 양형에 관한 명확한 기준은 없는데, 실무에서는 통상 장 기 5년에 단기 4년, 장기 4년에 단기 3년, 장기 3년에 단기 2년 6월 또는 2년, 장 기 2년에 단기 1년 6월, 장기 1년 6월에 단기 1년, 장기 1년에 단기 10월 또는 8 월, 장기 10월에 단기 8월 또는 6월, 장기 8월에 단기 6월을 선고하고 있다.[27]

나. 형의 집행유예 및 선고유예

부정기형은 행형상의 효과가 목적이기 때문에[28], 제60조 제3항은 집행유예 나 선고유예의 경우 부정기형을 선고하더라도 아무런 의미가 없으므로 부정기형 을 선고하지 않도록 규정하고 있다. 그러나 집행유예가 취소된 경우에는 정기형 이 집행되기 때문에 부정기형의 이점을 받을 여지가 없다는 점에서 입법론으로 부정기형을 선고하고 그 형의 집행을 유예하여야 한다는 견해도 있다.[29]

다. 형의 집행종료

제60조 제4항에 따라 부정기형을 집행하는 기관의 장은 형의 단기가 지난 소년범의 행형 성적이 양호하고 교정의 목적을 달성하였다고 인정되는 경우 관 할 검찰청 검사의 지휘에 따라 그 형의 집행을 종료시킬 수 있다. 동 조항은 2007년 개정(법률 제8722호)으로 신설된 것이다. 다만, 행형 성적이 양호하고 교 정의 목적을 달성하였다고 하여 가석방조차 되지 않은 사람에 대하여 실제로 형 집행을 종료시킬 수 있는 경우는 드물 것이다. 형의 집행이 종료된 수형자에 대 해서는 교도소의 장이 석방한다(형의 집행 및 수용자의 처우에 관한 법률 제123조).

또한 부정기형을 선고받은 후 가석방된 자에 대해서는 그 형의 단기가 지나 고 보호관찰의 목적을 달성하였다고 인정되면 제66조에서 정한 기간 전이라도

---

25) 대법원 2008.9.11 선고 2006도8376 판결.
26) 박재윤, 주석 형법[제2판], 한국사법행정학회, 2011, 404면.
27) 법원행정처, 법원실무제요 소년, 2014, 464면.
28) 법원행정처, 각주 27)의 책, 465면.
29) 団藤重光·森田宗一, 新版少年法[第2版], 有斐閣, 1984, 413면.

보호관찰 심사위원회는 보호관찰소의 장의 신청을 받거나 직권으로 형의 집행을 종료한 것으로 결정할 수 있다(보호관찰 등에 관한 법률 제50조 제1항).

4. 소년 감경의 내용

법률상 감경을 한 후에도 다시 작량감경을 할 수 있으므로,[30] 제60조 제2항에 따라 소년 감경을 한 후에도 형법 제53조에 따라 거듭 감경할 수 있다. 소년의 경우 형법 제53조에 따라 작량감경이 가능함에도 작량감경에 앞서 법률상 감경을 할 수 있도록 하여 사실상 이중의 감경이 가능하도록 규정하고 있는 것이다. 이는 부정기형에서의 불리함을 시정하기 위한 조치라는 점은 앞서 설명한 바와 같다.

그러나 사실심 판결 선고 전에 성인이 된 때에는 소년 감경을 할 수 없고[31], 이러한 법리는 소년의 범위를 축소한 소년법 개정법률이 시행되기 전에 범행을 저지르고 원심판결이 선고되었다고 해서 달라지지 아니한다.[32]

---

30) 대법원 1994.3.8. 선고 93도3608 판결.
31) 대법원 2000.8.18. 선고 2000도2704 판결.
32) 대법원 2009.5.28. 선고 2009도2682, 2009전도7 판결.

제61조(미결구금일수의 산입)
　　제18조 제1항 제3호의 조치가 있었을 때에는 그 위탁기간은 형법 제57조
　　제1항의 판결선고 전 구금일수로 본다.

〈세 목 차〉

Ⅰ. 취　　　지

　　소년분류심사원에 위탁하는 임시조치는 소년의 요보호성에 관한 조사를 위
한 성격을 가짐과 동시에 신병을 구속하는 미결구금의 성격을 가진다. 1977년
개정된 소년법(법률 제3047호)은 소년감별소(소년분류심사원의 전신)가 신설됨에 따
라 사건을 조사·심리하는 법원소년부로 하여금 소년감별소의 감별결과와 의견
을 참작하도록 하고, 사건의 조사·심리에 필요할 때에는 소년을 소년감별소에
위탁힐 수 있도록 하면시(제17조 제1항 제3호), 딩해 위딕기간을 판결신고 진 구금
일수로 보도록 하는 규정을 마련하였다(제54조의2). 이러한 내용은 현행법에도
그대로 유지되고 있다.

　　적법절차의 원칙은 법치국가 원리의 실현을 위한 헌법 원리이므로 소년보
호사건에서도 적법절차를 준수해야 한다는 점에 대해서는 이론이 없고, 임시조
치에 따른 구금은 소년의 입장에서 보면 자유박탈이라는 측면에서 미결구금 내
지 형의 집행과 다를 것이 없다. 만약 소년분류심사원에 수용하는 임시조치를
형기에 산입하지 않게 되면 무죄추정의 원칙 및 적법절차의 원칙, 평등원칙 등
에 위배되어 위헌의 소지가 크다. 이러한 점에서 제61조는 임시조치 제도의 합
헌성 유지와 소년의 인권 보장을 위하여 반드시 필요한 조문이며, 소년분류심사
원에 위탁하는 임시조치가 있었을 때에는 구금일수의 법정통산에 관한 규정이
적용되는 것은 당연하다(형사소송법 제482조).

Ⅱ. 해　　석

　　부정기형의 경우 소년분류심사원에 위탁된 임시조치의 기간을 어떻게 산입하여야 할지가 문제된다. 일본에서는 부정기형의 교육·사회방위의 목적에 중점을 두어 미결구금의 산입을 허용해서는 안 된다는 견해도 일부 주장되고 있으나[1], 이는 제61조의 문리 해석은 물론, 그 취지에 비추어 보아도 성립할 수 없는 주장이다. 따라서 정기형이든 부정기형이든 상관없이 본형에 산입하여야 하고, 부정기형의 경우에는 장기·단기의 각각에 산입하여야 한다.[2]

---

1) 小野淸一郞, 刑の執行猶予と有罪判決の宣告猶予及び其の他(增補版), 有斐閣, 1970, 159頁.
2) 田宮裕·廣瀨健二, 注釈少年法(第4版), 有斐閣, 2017, 503頁.

> 제62조(환형처분의 금지)
>
>   18세 미만인 소년에게는 형법 제70조에 따른 유치선고를 하지 못한다. 다만, 판결선고 전 구속되었거나 제18조 제1항 제3호의 조치가 있었을 때에는 그 구속 또는 위탁의 기간에 해당하는 기간은 노역장에 유치된 것으로 보아 형법 제57조를 적용할 수 있다.

<세 목 차>

Ⅰ. 취   지

벌금 또는 과료를 선고할 때에는 납입하지 아니하는 경우의 노역장 유치기간을 정하여 동시에 선고하여야 하고(형법 제70조), 노역장유치를 선고받은 자는 징역형을 선고받은 자와 동일하게 취급된다(형의 집행 및 수용자의 처우에 관한 법률 제2조 제1호). 그럼에도 불구하고 18세 미만인 소년에 대해서는 제62조에 따라 노역장 유치를 선고할 수 없다. 제62조가 18세 미만인 소년에 대하여 노역장 유치를 선고할 수 없도록 규정하고 있는 것은 소년을 교도소에 부설된 노역장에 유치하여 노역하도록 하는 것이 교육적 목적에 부합하지 않을 뿐만 아니라, 그것이 소년의 심성에도 악영향을 미칠 우려가 있기 때문이다.[1]

한편, 환형처분의 금지와 관련하여 제정 소년법(법률 제489호)은 소년(20세 미만)에 대하여 노역장 유치를 선고할 수 없도록 규정하고 있었으나(제55조), 1977년 개정된 소년법(법률 제3047호)은 그 기준을 지금과 같이 18세 미만으로 하향 조정하였다. 당시 국회 법제사법위원회의 심사보고서에 따르면, ① 산업사회의 발전에 따라 소년근로자가 격증하고 있어 소년들도 경제력이 있는 경우가 허다하고, ② 또한 도로교통법, 근로기준법에서도 이들을 사실상 성년으로 취급하는 경향이 있으며, ③ 프랑스 등 외국 입법례에 따르더라도 만 18세 이상자에 대하여는 환형조치가 가능하도록 하고 있을 뿐만 아니라, ④ 벌금형을 선고한 경우

---

1) 법원행정처, 법원실무제요 소년, 2014, 477면; 田宮裕・廣瀬健二, 注釈少年法(第4版), 有斐閣, 2017, 504頁.

그 형의 실효성을 확보하기 위해서도 환형처분을 할 수 있도록 함이 타당하다는 것이 개정 이유였다.[2] 이와 같이 노역장 유치에 관한 구체적인 연령 설정의 기준은 사회 상황 및 형의 실효성 확보라는 정책적 목적과 상당부분 관련되는 측면을 가지고 있다.

Ⅱ. 해 석

제62조의 연령 기준은 범죄시가 아닌 재판시이므로, 형의 선고시에 18세 미만인 소년이 그 적용대상이 된다. 따라서 행위시에 18세 미만이라고 하더라도 선고시에 18세 이상인 때에는 노역장유치를 선고할 수 있다. 18세 미만인 소년의 경우 환형처분이 불가능하므로 벌금 또는 과료를 선고하더라도 이들이 벌금이나 과료를 납부하지 않은 때에는 사실상 그 집행을 강제할 수 있는 방법이 없다. 입법론으로는 18세 미만인 소년에 대한 재산형의 실효성 확보를 위하여 벌금 또는 과료의 집행을 사회봉사로 대체하는 방법도 고려해 볼 수 있을 것이다. 일반적으로 일정한 금액 범위 내의 벌금형이 확정된 벌금 미납자의 신청에 따라 노역장 유치를 사회봉사로 대신할 수 있도록 하고 있는데(벌금 미납자의 사회봉사 집행에 관한 특례법 제4조 제1항), 18세 미만인 사람에 대해서는 벌금 미납자의 신청이 없더라도 벌금형의 집행을 사회봉사로 대신할 수 있게 하거나 휴일 구금 등이 가능하도록 설계한다면, 벌금형의 실효성을 확보할 수 있을 것이다.

한편, 제62조 단서는 판결선고 전 구속되었거나 소년분류심사원에 위탁된 때에는 미결구금기간을 노역장에 유치된 것으로 보아 형법 제57조를 적용할 수 있다고 규정하고 있다.

---

2) 법제사법위원회, 소년법중 개정법률안 심사보고, 1977, 10~11면.

324 제 3 장 형사사건

제63조(징역·금고의 집행)
 징역 또는 금고를 선고받은 소년에 대하여는 특별히 설치된 교도소 또는 일
반 교도소 안에 특별히 분리된 장소에서 그 형을 집행한다. 다만, 소년이 형
의 집행 중에 23세가 되면 일반 교도소에서 집행할 수 있다.

〈세 목 차〉

Ⅰ. 취   지

　　소년은 성장발달과정 중에 있어 특별한 처우를 필요로 하고, 성인과 같은
장소에서 형을 집행할 경우 악풍감염이나 소년의 정서보호에 악영향을 줄 수 있
다. 이러한 고려에서 제63조는 소년과 성인의 분리 수용을 규정하고 있다. 소년
과 성인의 분리 수용은 단순한 장소의 격리만을 의미하는 것이 아니라, 소년수
형자를 수용하는 시설의 경우 일반 수용시설과 다른 정시적·교육적 환경을 조
성할 필요성이 있음을 의미하는 것이다.[1]
　　유엔 아동권리협약 제37조(c), 자유를 박탈당한 소년의 보호에 관한 유엔규
칙(United Nations Rules for Protection of Juvenile Deprived of Their Liberty) 제29조 등
국제준칙 역시 마찬가지의 취지에서 소년을 성인과 분리 수용하도록 명시하고
있다. 성인과의 분리수용은 형이 확정된 단계는 물론 체포·구속 등 미결구금의
단계에서도 원칙상 동일하게 적용되어야 한다(제55조 제2항 참고).

Ⅱ. 해   석

　　소년에 대하여는 소년교도소 또는 일반 교도소 안에 성인과 특별히 분리된

---

　1) 남선모, "한국 소년교정의 현상과 과제", 소년보호연구 제13호, 한국소년정책학회, 2009, 183
　　면; 박찬걸, "소년형사사건의 심판에 있어서 특례조항에 대한 검토 ― 소년법 제56조 내지 제
　　67조를 중심으로 ―", 소년보호연구 제18호, 한국소년정책학회, 2012, 141~142면; 원혜욱, "소
　　년사건처리절차에 있어서 시설내처우에 대한 비판적 검토 ― 미결구금시설을 중심으로 ―", 비
　　교형사법연구 제10권 제2호, 한국비교형사법학회, 2008, 334~335면.

장소에서 형을 집행하여야 한다. 다만, 수형 중에 19세에 이른 경우 곧바로 일반 교도소로 이감하는 것은 행형의 목적상 타당하지 않으므로 제63조 단서는 23세에 달하기까지 소년교도소에서 계속 형을 집행할 수 있도록 규정하고 있다.

　이 점과 관련하여 형의 집행 및 수용자의 처우에 관한 법률은 19세 미만인 수형자를 소년교도소에 수용하고 19세 이상인 수형자는 교도소에 수용하도록 하면서(형의 집행 및 수용자의 처우에 관한 법률 제11조 제1항), 수형자가 소년교도소에 수용 중에 19세가 된 경우에도 교육 · 교화 프로그램, 작업, 직업훈련 등을 실시하기 위하여 특히 필요하다고 인정되면 23세가 되기 전까지 계속하여 수용할 수 있다고 규정하고 있다(형의 집행 및 수용자의 처우에 관한 법률 제12조 제3항). 또한 19세 이상인 수형자와 19세 미만인 수형자를 같은 교정시설에 수용하는 경우에도 서로 분리하여 수용하도록 규정하고 있다(형의 집행 및 수용자의 처우에 관한 법률 제13조 제2항).

> 제64조(보호처분과 형의 집행)
> 보호처분이 계속 중일 때에 징역, 금고 또는 구류를 선고받은 소년에 대하여
> 는 먼저 그 형을 집행한다.

<세 목 차>

Ⅰ. 취   지

보호처분과 징역, 금고 또는 구류의 집행은 성질상 양립할 수 없으므로, 제
64조는 형의 집행을 보호처분에 우선하여 집행하도록 규정하고 있다. 보호처분
이 계속 중일 때에 사건 본인에 대하여 유죄판결이 확정된 경우 보호처분을 한
소년부 판사는 그 보호처분의 존속이 필요 없다고 인정되면 그 보호처분을 취소
할 수 있는데(제39조), 제64조는 보호처분을 취소하지 않은 경우 형의 집행과의
순서를 정하기 위하여 특별히 규정된 것이다.

Ⅱ. 해   석

보호처분이 계속 중이란 보호처분의 집행이 현실적으로 개시된 경우뿐만
아니라 보호처분 결정 후 집행이 착수되기 전인 경우도 포함되며, 성인이 되어
서도 보호처분의 집행이 계속되고 있는 경우 역시 제64조가 적용된다.[1] 다만,
형의 집행을 우선할 뿐 보호처분의 결정이 취소되지 않는 한 보호처분의 효력은
그대로 유지된다.

또한 "징역, 금고 또는 구류를 선고받은" 때에는 집행유예도 포함되며, 보호
처분 계속 중에 집행유예나 가석방이 취소된 때에는 본조가 준용된다. 본조의
취지는 보호처분과 징역, 금고 또는 구류의 집행이 양립할 수 없어서 형의 집행
을 우선시키기 위함인데, 집행유예 등이 취소된 경우 역시 보호처분과 형의 집

---

1) 団藤重光·森田宗一, 新版少年法[第2版], 有斐閣, 1984, 424頁.

행이 양립할 수 없는 상태인 점은 마찬가지이기 때문이다.[2] 다만, 소년원 송치처분이 계속 중인 경우에 보호관찰부 집행유예를 선고하였다면, 그러한 보호관찰 자체가 형의 집행은 아니므로 그것이 취소되지 않는 한 계속 중인 보호처분(소년원 송치)을 그대로 집행하고 집행유예에 붙은 보호관찰의 기간 역시 마찬가지로 계속 진행된다. 또한 노역장 유치의 경우 자유형을 선고한 것은 아니므로 본조를 적용할 여지는 없다.

---

2) 田宮裕·廣瀨健二, 注釈少年法(第4版), 有斐閣, 2017, 514頁.

제65조(가석방)

 징역 또는 금고를 선고받은 소년에 대하여는 다음 각 호의 기간이 지나면 가석방을 허가할 수 있다.

   1. 무기형의 경우에는 5년

   2. 15년 유기형의 경우에는 3년

   3. 부정기형의 경우에는 단기의 3분의 1

〈세 목 차〉

I. 취   지

성인의 경우 가석방이 가능한 기간은 무기에 있어서는 20년, 유기에 있어서는 형기의 3분의 1을 경과하여야 한다(형법 제72조 제1항). 가석방제도는 행상이 양호하여 개전의 정이 현저한 수형자를 사회에 조기에 복귀시키도록 함으로써 수형자의 갱생의욕을 환기시킴과 동시에 형 집행에 있어서의 구체적 타당성 및 합목적성을 추구하는 제도라고 할 수 있다. 소년의 경우 가변성이 풍부하여 시설 내에서의 교육효과를 더욱 기대할 수 있다는 취지에서 가석방의 가능 기간을 성인에 비하여 단축하고 있다. 이는 제59조, 제60조 제2항 및 제4항과 함께 실질적으로는 형을 감경하는 효과도 가지고 있다.

한편, 형법의 경우 2010년 개정을 통하여(법률 제10259호) 유기징역 및 금고의 상한을 15년 이하에서 30년 이하로 높이고(가중시 50년, 제42조), 사형 및 무기징역·무기금고에 대한 감경 역시 상향 조정하면서(제55조 제1항), 무기징역의 가석방요건을 10년에서 20년으로 상향 조정하였다(제72조 제1항). 반면, 소년법은 1958년 제정 이래 가석방의 요건을 현재까지 그대로 유지하고 있다.

II. 해   석

제65조의 가석방에 관한 특례가 적용되기 위해서는 "징역 또는 금고를 선고

받은 소년"이어야 한다. 즉 형의 선고시에 소년이면 족할 뿐, 수형기간 중 19세에 달하여 가석방의 심사시 성인이 된 때에도 본조가 적용된다. 또한 본조는 형법 제72조 제2항과 달리 벌금 또는 과료가 병과되어 있는 경우 그 금액을 완납할 것을 가석방의 요건으로 하지 않는다. 따라서 소년의 경우 병과된 벌금 또는 과료를 완납하지 않더라도 가석방을 허가할 수 있다.[1]

가석방을 허가하기 위해서는 무기형의 경우 5년, 15년 유기형의 경우에는 3년, 부정기형의 경우에는 단기의 3분의 1이 경과하여야 한다. 먼저, 죄를 범할 당시 18세 미만인 소년에게는 무기형을 선고할 수 없으므로(제59조), 행위 당시 18세인 소년인 경우에만 무기형을 선고할 수 있는데, 이 경우에도 5년이 경과한 때에는 가석방을 허가할 수 있다. 또한 15년의 유기형은 사형 또는 무기형을 완화한 때에만 선고할 수 있는데, 이때에도 3년이 경과하면 가석방을 허가할 수 있다. 다만, 범죄 당시 18세 미만인 소년이 특정강력범죄를 저지른 때에는 20년의 유기형을 선고할 수 있으므로(특정강력범죄의 처벌에 관한 특례법 제4조 제1항), 이때 가석방의 요건이 문제된다. 만약 형기의 3분의 1이 경과한 때에 가석방을 선고할 수 있다고 한다면, 소년의 경우 오히려 무기형에 비해서도 가석방의 요건이 엄격해지는 문제가 발생한다. 15년 유기형의 5분의 1인 3년이 경과한 때에 가석방을 허가할 수 있도록 한 제65조 제2호를 감안할 때, 20년의 5분의 1인 4년이 경과한 때에 가석방을 허가할 수 있다고 해석하는 것이 합리적일 것이다.[2] 이 부분은 향후 입법을 통하여 해결하는 것이 바람직하다. 마지막으로, 부정기형에 관해서는 장기가 아닌 단기를 기준으로 가석방 허가 기간의 경과 여부를 결정한다.

수용기관의 장은 제65조의 각 호의 기간이 지난 소년수형자에 대하여 관할 보호관찰 심사위원회에 가석방 심사를 신청할 수 있고(보호관찰 등에 관한 법률 제22조 제1항), 보호관찰 심사위원회가 소년수형자에 대한 가석방이 적절하다고 결정하면 법무부장관의 허가를 통하여 가석방이 실시된다(보호관찰 등에 관한 법률 제23조, 제25조).

---

1) 박찬걸, "소년형사사건의 심판에 있어서 특례조항에 대한 검토 — 소년법 제56조 내지 제67조를 중심으로 —", 소년보호연구 제18호, 한국소년정책학회, 2012, 144면.
2) 김 혁, "형사책임연령과 소년법 개정 논의에 대한 비판적 고찰", 비교형사법연구 제21권 제1호, 한국비교형사법학회, 2019, 280면.

> 제66조(가석방 기간의 종료)
>
>   징역 또는 금고를 선고받은 소년이 가석방된 후 그 처분이 취소되지 아니하
> 고 가석방 전에 집행을 받은 기간과 같은 기간이 지난 경우에는 형의 집행
> 을 종료한 것으로 한다. 다만, 제59조의 형기 또는 제60조 제1항에 따른 장
> 기의 기간이 먼저 지난 경우에는 그 때에 형의 집행을 종료한 것으로 한다.

<세 목 차>

Ⅰ. 취   지

   성인의 경우 가석방의 처분을 받은 후 그 처분이 실효 또는 취소되지 아니
하고 가석방기간을 경과한 때에는 형의 집행을 종료한 것으로 본다(형법 제76조
제1항). 그런데 제66조는 가석방의 종료에 관해서도 특례를 두어 성인에 비해 잔
형기간이 단축되는 경우가 발생힐 수 있게 되어있다. 이는 세59조, 세60소 제2항
및 제4항, 제65조와 마찬가지로 소년에 대한 형을 사실상 감경하는 효과를 가져
올 수 있다.

Ⅱ. 해   석

   징역 또는 금고를 선고받은 소년이 가석방된 후 그 처분이 취소됨이 없이
가석방 전에 집행을 받은 기간과 동일한 기간이 지난 경우에는 형의 집행을 종
료한 것으로 한다. 이때 "가석방 전에 집행을 받은 기간"이란 실제로 형의 집행
을 받은 기간만을 의미하고 미결구금일수는 포함되지 않는다는 견해도 있지만,[1]
형기에 산입된 판결선고전 구금의 일수는 가석방에 있어서 집행을 경과한 기간
에 산입하여야 하므로(형법 제73조), 그 기간 역시 "가석방 전에 집행을 받은 기
간"에 포함된다고 해석하여야 한다.

---

[1] 법원행정처, 법원실무제요 소년, 2014, 481면.

한편, 제66조 본문에 의할 경우 자칫 본래의 형기보다 가석방의 기간이 길어지는 사태도 발생할 수 있다. 그러한 사태를 막기 위하여 본조의 단서는 사형·무기형을 완화한 경우에는 15년, 부정기형의 경우에는 장기의 기간을 넘길 수 없도록 규정함으로써 가석방 기간이 잔형기간을 초과할 수 없도록 하고 있다. 또한 소년이 특정강력범죄를 저지른 경우의 적용에 관해서는 아무런 언급이 없지만, 이 경우에도 본조의 단서를 준용하여야 할 것이다.

나아가 부정기형을 선고받은 후 가석방된 사람이 그 형의 단기가 지나고 보호관찰의 목적을 달성하였다고 인정되면 본조에서 정한 기간 전이라도 보호관찰심사위원회는 보호관찰소의 장의 신청을 받거나 직권으로 형의 집행을 종료한 것으로 결정할 수 있다(보호관찰 등에 관한 법률 제50조 제1항).

제67조(자격에 관한 법령의 적용)
 ① 소년이었을 때 범한 죄에 의하여 형의 선고 등을 받은 자에 대하여 다음
각 호의 경우 자격에 관한 법령을 적용할 때 장래에 향하여 형의 선고를 받
지 아니한 것으로 본다.
   1. 형을 선고받은 자가 그 집행을 종료하거나 면제받은 경우
   2. 형의 선고유예나 집행유예를 선고받은 경우
 ② 제1항에도 불구하고 형의 선고유예가 실효되거나 집행유예가 실효·취소
된 때에는 그 때에 형을 선고받은 것으로 본다.

〈세 목 차〉

I. 취   지

전과로 인한 소년의 자격상실이나 자격정지는 갱생의 기회를 막는 결과를
야기할 수 있다.[1] 제67조 제1항과 제2항은 소년이었을 때 범한 죄로 형을 선고
받은 자에게 부과된 부정적 낙인을 제거하고, 그로 하여금 재기의 기회를 잃지
않도록 하기 위한 것으로, 자격에 관한 법령을 적용할 때에는 장래에 향하여 형
의 선고를 받지 아니한 것으로 취급하도록 규정하고 있다. 이 점에서 제32조 제
6항과도 그 취지를 같이 한다.

한편, 구소년법(법률 제13524호) 제67조는 형의 집행을 종료하거나 면제받은
경우에만 특례를 규정하고 있어서 집행유예기간 중에는 그러한 특례가 적용되지
않았다. 이와 관련하여 헌법재판소는 집행유예를 선고받은 경우 이와 같은 특례
를 규정하지 아니하는 것은 헌법상 평등원칙에 위배된다고 하여 구소년법 제67
조에 대해 헌법불합치결정을 하였다.[2] 그 결과 현행법과 같이 제67조를 제1항과
제2항의 내용으로 개정하였다(법률 제15757호, 2018.9.18. 일부개정).

---

1) 한국소년법학회, 소년법, 세창출판사, 2006, 367면.
2) 헌법재판소 2018.1.25. 선고 2017헌가7·12·13(병합) 결정.

Ⅱ. 해   석

　　제67조 제1항과 제2항이 적용되기 위해서는 범죄 당시 소년이면 족하고, 형을 선고할 당시 성인이라도 무방하다. 또한 자격에 관한 법령의 적용에 있어서 자격이란 공무원이 되는 자격, 공법상의 선거권과 피선거권, 법률로 요건을 정한 공법상의 업무에 관한 자격, 법인의 이사, 감사 또는 지배인 기타 법인의 업무에 관한 검사역이나 재산관리인이 되는 자격을 말한다(형법 제43조 제1항).

　　다만, 이는 사람의 자격에 관한 법령의 적용에 있어 장래에 향하여 형의 선고를 받지 아니한 것으로 본다는 취지에 불과할 뿐 전과까지 소멸한다는 것은 아니다.[3] 또한 형법 제35조는 자격에 관한 법령이 아니므로[4], 소년일 때 범한 죄도 누범가중에 있어서는 전과로 취급된다. 입법론으로는 형의 선고가 어떠한 경우에도 소년의 장래의 신상에 대하여 영향을 미치는 일이 없도록 제32조 제6항과 같이 개정하여야 한다는 주장도 제기되고 있다.[5]

---

3) 대법원 2010.4.29. 선고 2010도973 판결.
4) 대법원 1993.2.23. 선고 93도69 판결.
5) 김 혁, "국제인권법의 지평에서 본 우리 소년사법의 과제", 소년보호연구 제32권 제2호, 한국소년정책학회, 2019, 72면; 박찬걸, "소년형사사건의 심판에 있어서 특례조항에 대한 검토 — 소년법 제56조 내지 제67조를 중심으로 —", 소년보호연구 제18호, 한국소년정책학회, 2012, 148면.

제 3 장의2 비행 예방

제67조의2(비행 예방정책)

법무부장관은 제4조 제1항에 해당하는 자(이하 "비행소년"이라 한다)가 건전하게 성장하도록 돕기 위하여 다음 각 호의 사항에 대한 필요한 조치를 취하여야 한다.

1. 비행소년이 건전하게 성장하도록 돕기 위한 조사·연구·교육·홍보 및 관련 정책의 수립·시행
2. 비행소년의 선도·교육과 관련된 중앙행정기관·공공기관 및 사회단체와의 협조체계의 구축 및 운영

〈세 목 차〉

Ⅰ. 취   지

1. 연   혁

제67조의2는 2007년 "① 소년사건의 사후처리 절차만을 규율하고 있는 소년법은 비행소년이 건전하게 성장하도록 돕는다는 법의 이념을 달성하기에는 부족하므로 청소년 비행을 방지하기 위하여는 종합적인 비행 예방대책의 마련이 필요하다. ② 비행소년이 건전하게 성장하도록 돕기 위한 조사·연구 및 관련 정책을 수립·시행하도록 하고, 관련 기관과의 협조체제를 구축 및 운영하도록 한다. ③ 체계적이고 종합적인 비행예방 대책 마련으로 소년 비행예방 기능이 강화될 것으로 기대된다."라는 취지를 달성하기 위해 신설된 규정이다. 소년은 성인과 달리 인격이 형성되는 과정에 있기 때문에 환경의 영향을 받기 쉽다. 이에 비행소년에 대해서는 성인범죄자보다 다양하고 효과적인 처우방안을 마련할 수 있으며 처우의 효과 역시 크다. 따라서 소년비행에 대한 대책은 여러 기관이 협조체계를 구축하여 운영하는 것이 중요하다.[1] 이러한 점에서 2007년 소년법개정은

---

1) 배상균, "비행방지활동으로서의 다기관연계", 소년보호연구 제24호, 한국소년정책학회, 2014,

비행소년의 재비행방지를 위한 사전예방규정의 도입이라는 측면이라는 그 의의가 크다.

2. 외국의 입법례

일본은 1950년대부터 소년비행방지에 관계되는 행정기관 및 단체, 그리고 자원봉사자가 참여하여 소년보도에 관한 다양한 활동을 종합적이고 계획적으로 전개하기 위한 공동활동의 거점이 되는 것을 목표로 소년보도센터를 설치하여 운영하고 있다. 일본에서는 비행방지에 관한 각 기관과 주민단체의 지역합동활동의 거점으로서 소년보도센터에 의한 다양한 활동이 전개되고 있다.

미국의 비행소년에 대한 정책은 소년이 범죄의 단계에 진입하기 전에 정상적인 발달을 이루는데 필요한 교육 및 훈련, 생활기술, 가치관 함양 등을 도모함으로써 사전에 문제를 예방할 수 있는 방향으로 가고 있다. 소년비행은 법률의 제정·시행만으로는 해결될 수 없다는 인식하에 소년범죄의 양적·질적 악화에 대해 대응하기 위해 포괄적이고 종합적인 해결책이 필요하다는 사회적 요구가 반영된 것이다. 이와 같은 사회적 요구에 부응하기 위해, 소년사법 및 비행방지법에 근거하여 '소년사법과 비행예방사무국(OJJDP)'을 설치하여 비행예방프로그램을 수립·시행하고 있다. OJJDP에서는 소년비행을 예방하기 위해 사회, 도시, 주 그리고 국가수준에 맞춘 전략적 대응체제를 제공할 종합전략을 수립하여 운영하고 있다.[2]

Ⅱ. 해 석

1. 통합서비스시스템의 구축

소년법은 반사회성이 있는 소년이 건전하게 성장하도록 돕는 것을 목적으로 한다(제1조). 이와 같이 소년사법의 목적은 비행소년에 대한 처벌만이 아니라 소년이 처한 환경의 개선과 교육을 통해 건전하게 성장하도록 돕는 것이므로 비행소년에 대한 예방적 개입조치는 소년의 건전한 육성을 위해서 필요하다. 다양한 문제를 안고 있는 비행소년에 대한 개입이 성공하기 위해서는 기관간의 협력

270면.
2) 원혜욱, "소년비행예방센터의 현황과 과제", 소년보호연구 제12호, 한국소년정책학회, 2009, 82면 이하.

과 연계가 필수적이며 요보호성의 정도에 따라 적절한 개입조치를 취해야 할 것이다.[3) 즉, 소년비행을 예방하기 위해서는 가정 해체, 학업 중단, 경제적 문제, 정신적 문제 등 소년을 둘러싼 복합적인 문제를 해결하여 환경 속 비행유발 요인을 제거해야 하고, 이를 위해서는 범정부적인 공동 협력 및 공공과 민간을 아우르는 지역사회의 다각적 지원이 필요하다.[4)

현행법에 따르면 법무부장관은 비행소년의 건전한 성장을 돕기 위하여 조사·연구 등 필요한 조치를 하도록 규정하고 있으나, 이를 일선에서 집행할 기관과 구체적인 업무 등에 관한 근거는 규정하고 있지 않아 체계적이고 전문적인 집행에 한계가 있다. 이에 지속적으로 증대되고 있는 현장수요에 적정하게 대처하지 못하는 문제가 발생하고 있다. 이러한 문제를 해결하기 위해 20대 국회에서 비행소년의 품행 교정 및 건전한 성장을 돕기 위하여 필요한 업무를 일선에서 집행할 기관과 구체적인 업무 등에 대한 법적 근거를 마련하여 보다 체계적이고 적정한 지원이 이루어질 수 있도록 하는 개정안 및 비행소년의 선도·주거·교육·자립·치료 등에 관한 문제가 해결될 수 있도록 공공과 민간이 모두 참여하는 지역사회 다기관 협력체계를 구축하는 개정안이 제안되기도 하였다.[5) 개정안에서도 나타나듯이 비행소년에 대한 예방정책이 실효적으로 시행되기 위해서는 법무부장관이 비행소년의 선도·주거·교육·자립·치료 및 소년비행 예방을 위한 교육·홍보 등이 체계적으로 지원될 수 있도록 지방자치단체·공공기관 및 사회단체 등으로 구성된 지역별 소년비행예방 실무협의체를 구성·운영하는 것이 필요하다.

오늘날 세계 각국의 소년사법정책은 크게 두 가지 축을 중심으로 변화하고 있다. 하나는 범죄에 대한 사후대응에서 사전예방으로의 이동이고, 다른 하나는 사법기관 중심에서 사법과 복지의 연계를 강조하는 다기관 협력체계로의 변화이다. 이에 다기관 협력을 통한 예방—처우—사후보호의 연속적인 처우서비스를 제공하는 종합적 시스템을 갖추는 것이 중요하다. 이에 소년법이 규정하고 있는

---

3) 김 혁, "조기 개입을 통한 소년 비행의 예방—우범소년과 불량행위소년에 대한 대응방안을 중심으로—", 경찰학연구 제10권 제1호, 경찰대학, 2010, 104면 이하.

4) 박찬걸, "제20대 국회에 제출된 소년법 개정법률안에 대한 검토—소년범의 인권 강화방안을 중심으로—", 소년보호연구 제33권 제1호, 한국소년정책학회, 2020.6, 205면.

5) 김상희의원 등 13인 2017.7.29. 발의(의안번호 2008275), 이용주의원 등 10인 2017.7.24. 발의(의안번호 2008171).

'비행 예방정책' 규정의 실효성을 확보하기 위해 기존의 체계를 수정한 통합서비스시스템이 구축되어야 할 것이다.

2. 청소년비행예방센터

2007년 소년법의 개정과정에서 소년비행예방을 위한 정책수립의 중요성이 제기됨에 따라 법무부에서는 2007년 4월 청소년비행예방센터 개청을 위해 전문직원을 배치하고 교육환경을 조성하는 등 준비작업을 거쳐 2007년 7월 23일 법무부와 그 소속기관 직제의 개정을 통해 제39조의2에 청소년비행예방센터에 관한 규정을 신설함과 동시에 전국에 6개 청소년비행예방센터를 개관하였다. 2021년 3월 현재 전국에 20개의 청소년비행예방센터가 설치·운영되고 있으며, 그 중에서는 솔로몬로파크, 꿈키움센터 등의 명칭을 사용하기도 한다.[6]

법무부와 그 소속기관 직제 제39조의2는 청소년 비행예방 지원 업무를 분장하기 위하여 소년원 및 소년분류심사원의 원장 소속하에 각각 청소년비행예방센터를 두도록 규정하고 있다. 청소년비행예방센터에서는 ① 법원이 의뢰한 상담조사, ② 검사가 기소처분을 하기 전 의뢰한 처분전조사, ③「소년법」에 따른 보호처분을 받은 자 중 학교부적응 학생 등에 대한 교육, ④ 검사가 기소유예처분을 한 자 및 학교장 등이 의뢰한 소년에 대한 특별교육, ⑤「소년법」에 따른 보호처분을 받은 자의 보호자에 대한 교육, ⑥ 청소년에 대한 법 교육, ⑦ 청소년비행 관련 자원봉사자 전문교육 및 연구·개발 등의 업무를 수행한다.

이와 같이 청소년비행예방센터는 시설과 운영은 독립되어 있으나 법령상으로는 소년원 및 소년분류심사원의 소속으로 되어 있다. 보호소년 등의 처우에 관한 법률 역시 소년보호기관으로서 소년원과 소년분류심사원에 대해서는 구체적으로 임무 및 기능 등에 대해 규정하고 있지만, 청소년비행예방센터에 대해서는 규정하고 있지 않다. 청소년비행예방센터의 업무가 소년에 대한 상담조사, 특별 교육, 보호자에 대한 교육 등 소년원 및 소년분류심사원과 차이를 두고 있고, 2007년 소년법의 개정시 중요하게 논의되었던 범죄를 행한 소년에 대한 사후처분이 아니라 소년비행예방을 위한 정책의 수립이라는 점을 고려할 때 청소년비행예방센터는 소년원 및 소년분류심사원과는 독립된 기구로서 운영될 수 있도록

---

6) 법무부 홈페이지 참조.

법률적 근거를 갖추는 것이 필요하다. 다만, 보호소년 등의 처우에 관한 법률은 제1조에 "이 법은 보호소년 등의 처우 및 교정교육과 소년원과 소년분류심사원의 조직, 기능 및 운영에 관하여 필요한 사항을 규정함을 목적으로 한다."고 규정하고 있으므로, 청소년비행예방센터를 동 법에 규정하려면 목적규정도 함께 개정하여야 하는 문제가 발생한다. 이에 동 법에 청소년비행예방센터를 규정하는 것은 적절하지 않다. 오히려 "반사회성 있는 소년의 환경 조정과 품행 교정을 위한 필요한 조치"를 취한다는 점을 목적으로 하고 있는 소년법에 규정하는 것이 적절할 것이다.

2007년 소년법 개정과정에서 소년법개정특별위원회는 비행예방정책을 효율적으로 수립·수행하기 위해 "법무부장관은 ① 비행예방 정책 수립을 위한 조사·연구 ② 소년의 비행예방 및 비행소년의 건전한 육성을 위한 체계적인 교육 프로그램 운영, ③ 비행예방 관련 종사자들의 전문성 향상과 민간 자원봉사자 양성을 위한 교육 등의 기능을 수행하는 청소년비행예방센터를 설치, 운영할 수 있다"는 개정안을 제안하였으나 국회에서의 입법과정에서 삭제되었다. 소년에 대한 상담, 법교육, 특별 교육, 보호자에 대한 교육 및 자원봉사자에 대한 전문교육 등 소년비행의 예방을 위해 청소년비행예방센터의 임무가 점차 확대되고 그 중요성이 부각되고 있음을 고려할 때 청소년비행예방센터의 설치·운영에 대한 사항을 소년법에 두는 입법이 이루어져야 할 것이다.

제4장 벌 칙

제68조(보도 금지)

① 이 법에 따라 조사 또는 심리 중에 있는 보호사건이나 형사사건에 대하여는 성명·연령·직업·용모 등으로 비추어 볼 때 그 자가 당해 사건의 당사자라고 미루어 짐작할 수 있는 정도의 사실이나 사진을 신문이나 그 밖의 출판물에 싣거나 방송할 수 없다.

② 제1항을 위반한 다음 각 호의 자는 1년 이하의 징역 또는 1천만원 이하의 벌금에 처한다.

1. 신문 : 편집인 및 발행인
2. 그 밖의 출판물 : 저작자 및 발행자
3. 방송 : 방송편집인 및 방송인

<세 목 차>

Ⅰ. 취   지

본조는 소년사건에 관한 비밀유지·비공개 원칙의 일환으로서 심리의 비공개(제24조 제2항)와 함께 절차의 공개제한으로서 보도·출판의 제한을 규정한 것이다. 이것은 소년과 그 가족의 명예, 프라이버시를 보호함과 동시에 사회로부터의 편견, 차별을 방지하고 소년의 갱생을 모도하기 위한 것이다. 또한 이것은 소년의 모방성에 의한 비행의 전파를 방지하고 비행소년을 나쁜 의미에서 영웅화하지 않는다는 취지도 포함한다.[1]

  이와 유사한 규정은 소년업무규칙(경찰청예규 제579호, 2020.12.31. 타법개정, 2021.1.1. 시행) 제22조, 방송심의에 관한 규정(방송통신심의위원회규칙 제141호, 2019.

---

[1] 법원행정처, 법원실무제요 소년, 2014, 483면.

9.27. 일부개정, 2019.9.27. 시행) 제22조, 한국신문협회의 신문윤리실천요강 제7조 제3항 등에도 규정되어 있다.

그 밖에 특정강력범죄의 처벌에 관한 특례법 제8조의2 제1항 제4호 및 성폭력범죄의 처벌 등에 관한 특례법 제25조 제1항 단서는 피의자가 청소년 보호법 제2조 제1호의 청소년에 해당되는 경우 피의자의 신상에 관한 정보를 공개할 수 없도록 규정하고 있다.

Ⅱ. 해   석

1. 규제 내용

가. 적용범위

보도금지 대상은 "이 법에 따라 조사 또는 심리 중에 있는 보호사건이나 형사사건"이다. 이것은 송치나 통고 이후의 법원 소년부의 조사 또는 심리의 대상이 된 우범·촉법·범죄소년의 사건(보호사건)과 범죄소년의 형사사건을 의미한다. 소년법에는 촉법 및 우범사건에 관한 경찰의 조사와 관련된 조문이 없기 때문이다(제9조 내지 제31조).[2] 따라서—법 문언에 따른 해석에 따르면—소년의 촉법사건과 우범사건의 경우 법원 소년부에 송치하기 전(前)단계인 경찰단계에서는 보도금지가 적용되지 않는다. 다만 「소년업무규칙」 제22조는 "경찰관은 소년사건을 조사할 때에는 소년의 주거·성명·연령·직업·용모 등에 의하여 본인을 알 수 있을 정도의 사실이나 사진이 보도되지 않도록 특히 주의하여야 한다"고 규정하고 있다.

또한, 위와 같은 이유에서, 소년시의 범죄행위를 당해 당사자가 성인이 된 후에는 보도금지규정이 적용되지 않는다고 할 수 있다. 이에 대하여, 성인범죄자의 과거 소년기의 범죄행위에 대한 실명보도는 비행소년은 반드시 성인범죄자로 전이된다고 보는 편견(낙인) 등을 불러일으킬 수 있기 때문에(불특정 비행소년에 대한 새로운 유형의 낙인으로 연결), 이 경우에도 보도금지규정이 적용될 필요가 있다는 견해도 있다.[3]

---

2) 김 혁, "소년사건에서의 신상공개와 보도금지", 형사정책 제29권 제2호, 한국형사정책학회, 2017, 82면.

3) 강경래, "소년사건의 보도와 소년법", 소년보호연구 제22호, 한국소년정책학회, 2013.6, 28면.

종래에는 보도금지 범위가 "조사·심리중에 있는 형사사건"으로 제한되어 있었으나, 1988년 12월 법개정(법률 제4057호, 1988.12.31. 개정, 1989.7.1. 시행)으로 조사·심리중에 있는 보호사건"으로 확대되었다.

나. 보도금지 대상 정보

보도금지 대상 정보는 "그 자가 당해 사건의 당사자라고 미루어 짐작할 수 있는 정도의 사실이나 사진"이다.

규제의 핵심은 "당해 사건의 당사자라고 미루어 짐작할 수 있는" 정보를 보도하는 것을 금지하고 있기 때문에 본조에서 열거하고 있는 성명·연령·직업·용모 등은 예시라 할 수 있고, 따라서 '○○ 정치가의 장남'과 같이 친족관계로부터 용이하게 당해 사건의 당사자라고 미루어 짐작할 수 있는 사항의 보도도 금지된다.[4] 이에 대하여, (해석론으로서) 동 조문이 보도금지 위반죄의 구성요건을 규정한 것임을 감안할 때, 게시판, 블로그, SNS 등 인터넷을 이용한 매체를 그 밖의 출판물로 해석하는 것은 피고인에게 불리한 유추해석으로 허용될 수 없다는 견해가 있다.[5]

다. 보도금지 매체

보도매체는 "신문이나 그 밖의 출판물"이라고 규정하고 있지만, 불특정 또는 다수인이 인지할 수 매체에 족하기 때문에 신문, 잡지 등 출판물 외에 텔레비전, 라디오, 컴퓨터를 사용한 각종의 통신(인터넷) 등도 포함된다고 해석된다. 본조의 취지를 고려해 볼 때, 학술적 연구 등의 자료로서 전문적인 출판물에 싣는 경우에도 금지된다.[6]

2. 제재내용과 대상

보도 금지를 위반하는 경우에는 "1년 이하의 징역 또는 1천만원 이하의 벌금"에 처한다(제68조 제2항). 제재 대상자는 보도 매체에 따라 차이가 있다. 즉 신문의 경우에는 편집인 및 발행인, 그 밖의 출판물의 경우에는 저작자 및 발행자, 방송의 경우에는 방송편집인 및 방송인이다(제68조 제2항 제1호~제3호).

일본 소년법의 경우에도 우리 소년법과 유사한 보도 금지 규정(일본소년법

---

4) 名古屋地判 1999年 6月 30日 判例時報 1688·151.
5) 김 혁, 각주 2)의 논문, 81면.
6) 법원행정처, 각주 1)의 책, 483~484면.

제61조(記事等の掲載の禁止))을 두고 있지만 그 위반에 대한 제재규정은 없다. 종래에는 "1년 이하의 금고 또는 1,000円 이하의 벌금을 부과하도록 규정하였으나 (旧少年法(大正11年 法律 第42号) 제74조 제2항), 1948년 법개정(昭和23年 法律 第168号)으로 처벌규정이 폐지되었다. 일본헌법 제21조의 표현의 자유를 존중하여 보도기관의 자율규제에 맡겨놓은 것이다(다만 본조(제61조) 위반의 경우에는 일본형법 제230조의 명예훼손죄에 해당하거나, 일본민법 제709조의 불법행위로서 손해배상 청구는 가능하다).[7)8)] 한편, 2020년 9월의 법제심의회(法制審議会－少年法・刑事法(少年年齢・犯罪者処遇関係)部会)에의 소년법 개정 요강안에서는 소년의 흉악범죄 등에 대한 대응의 일환으로서 공소가 제기된 이후에는 보도금지가 적용되지 않도록 규정하고 있다(안 제61조).[9)]

7) 関 哲夫, 少年法の解説, 一橋出版, 2008, 158~159면; 강경래, 각주 3)의 논문, 7면.

8) 손해배상 청구에 대한 청구를 (일부) 인용한 것으로는 大阪地判 1999年 6月 9日 家裁月報 51・11・153; 名古屋高判 2000年 6月 29日 日判例時報 1736・35 등 참조.

9) http://www.moj.go.jp/keiji1/keiji14_00014.html 참조.

> 제69조(나이의 거짓 진술)
>
> 성인(成人)이 고의로 나이를 거짓으로 진술하여 보호처분이나 소년 형사처분을 받은 경우에는 1년 이하의 징역에 처한다.

Ⅰ. 취　　지

본조는 국가의 사법기능, 즉 국가의 재판권을 보호하기 위한 규정이라 할 수 있다. 소년법상의 소년에 대한 보호처분이나 소년 형사처분은 소년을 위한 특별조치로서 성인이 자신의 나이를 속여 이러한 특별처분을 받는 것은 국가의 사법기능을 해하는 것이다.

동 규정은 1963년 법개정(법률 제1376호, 1963.7.31. 개정, 1963.10.1. 시행)으로 신설되었다.

Ⅱ. 해　　석

1. 규제내용

가. 행위의 주체

본죄의 주체는 '성인'이다. 성인은 행위시에, 즉 고의로 나이를 거짓으로 진술할 당시에 19세 이상인 자를 말한다(제2조 참조).

나. 나이의 거짓 진술

여기에서의 나이의 거짓 진술은 단순히 거짓 진술을 하는 것이 아니라 고의의 적극적인 기망을 의미하는 것으로 보아야 한다. 수사기관이나 법원은 보호처분이나 형사처분의 대상자인지 여부, 즉 소년에 해당하는지 여부에 대하여는 조사 또는 심리과정에서 공문서 등을 통해 사실을 확인할 의무가 있다고 할 수 있기 때문이다(제7조 제2항 등 참조).[1]

다. 기수시기

본죄는 고의로 나이를 거짓으로 진술하여 처분(보호처분이나 소년 형사처분)을 받은 때에 성립한다. 조사나 심리 당시에 나이를 거짓 진술한 사실(성인인 사실)이 발견된 경우에는 미수에 해당한다. 본죄의 미수범 처벌규정은 없다.

2. 제재내용

고의의 나이 거짓 진술을 통해 보호처분이나 소년 형사처분을 받은 경우에는 1년 이하의 징역에 처한다(제69조).

이와 같은 처벌규정은 다음과 같은 이유에서 삭제 검토가 필요하다. 첫째, 본조는 1963년 법 개정시(법률 제1376호, 1963.7.31. 개정, 1963.10.1. 시행)에 신설된 것으로서, 제정 당시인 1960년대에는 사회 전반의 시스템이 나이 확인이 현재에 비해 어려움이 있어서 그 존재 의의가 있었을 것으로 생각되지만, 현대 정보화사회에서는 동 규정은 의미가 없을 것으로 생각된다. 둘째, 동 규정은 연령 확인을 적극적으로 하여야 할 사법기관의 책임을 행위자에게 전적으로 전가하는 것으로서 타당하지 않다. 셋째, 법정형이 단지 징역형만을 규정하고 있어서 제재내용이 과중하다고 할 수 있다.

---

1) 이와 유사한 맥락에서, 대법원은 위계에 의한 공무집행방해죄(형법 제13조)와 관련하여 위계의 성립을 위해서는 행정관청이나 수사기관 등의 충실한 조사 또는 수사를 전제로 하고 있다(대법원 1977.2.8. 선고 76도3685 판결; 대법원 2003.7.25. 선고 2003도1609 판결; 대법원 2002.9.4. 선고 2002도2064 판결 등 참조).

> **제70조(조회 응답)**
> ① 소년 보호사건과 관계있는 기관은 그 사건 내용에 관하여 재판, 수사 또는 군사상 필요한 경우 외의 어떠한 조회에도 응하여서는 아니 된다.
> ② 제1항을 위반한 자는 1년 이하의 징역 또는 1천만원 이하의 벌금에 처한다.

〈세 목 차〉

Ⅰ. 취　지

소년사건의 조회 응답 금지규정은 사건 관련 사실이 외부에 유출됨으로써 소년이 자신의 비행으로 인하여 장래에 실질적인 불이익을 받게 되는 상황을 사전에 방지하기 위한 것이다.[1]

동 규정은 1963년 법개정(법률 제1376호, 1963.7.31. 개정, 1963.10.1. 시행)으로 신설되었다.

Ⅱ. 해　석

1. 규제 내용

가. 행위주체

행위주체(의무주체)는 "소년 보호사건과 관계있는 기관"이다. 여기에는 소년법 제2장의 보호사건과 관계있는 기관뿐만 아니라 법 제3장의 형사사건과 관계있는 기관도 그 범위에 포함된다고 할 수 있다. 법 제3장의 형사사건도 검사의 소년부 송치(제49조)나 형사법원의 송치(제50조)를 통해 보호사건의 대상이 될 수 있기 때문이다.[2] 동조의 입법취지를 고려해 볼 때 이를 제한적으로 해석할 이유

---

[1] 김 혁, "소년사건에서의 정보공유의 필요성과 조회 응답 제한(소년법 제70조)의 재검토", 소년보호연구 제31권 제3호, 한국소년정책학회, 2018, 119~120면.
[2] 김 혁, 각주 1)의 논문, 120면.

도 없다.

나. 대   상

조회응답 금지 대상은 소년 보호사건의 "내용"에 관한 정보이다. 법원 소년부의 심판 대상은 비행사실과 요보호성이므로, 사건 내용에는 비행사실뿐만 아니라 요보호성에 관한 자료도 포함된다. 그것의 비밀이 보장되지 않는다면 적정한 심리진행이 곤란해질 우려가 있기 때문이다.[3) 「소년심판규칙」 제10조도 소년보호사건을 다루는 관계인들에게 요보호성에 관한 자료를 취급함에 있어 비밀유지의무를 부과하고 있다.

다. 예   외

조회 응답 금지는 "재판, 수사 또는 군사상 필요한 경우"에 예외가 인정된다. 따라서 재판이나 수사와 직접적인 관계가 없는 교정행정 개선, 데이터베이스 구축, 학술 연구 등을 목적으로 하는 경우에도 조회에 응할 수 없다. 이러한 제한은 특별법인 소년법이 다른 법률의 일반적 협조 규정에 비하여 우선 적용되어야 하므로, 다른 법률에 근거가 있는 때에도 조회에 응해서는 아니 된다. 또한, 피해자의 소년보호사건 기록의 열람·등사 신청도 허용될 수 없다.[4)

2. 제재내용과 대상

소년사건의 조회 응답 금지규정 위반에 대하여는 "1년 이하의 징역 또는 1천만원 이하의 벌금"에 처한다(제70조 제2항).

동조에 의한 처벌은 조회에 응한 자에 한정되고 정보를 제공받은 자는 처벌 대상이 아니다.

---

3) 김 혁, 각주 1)의 논문, 121면.
4) 김 혁, 각주 1)의 논문, 123면.

제71조(소환의 불응 및 보호자 특별교육명령 불응)

다음 각 호의 어느 하나에 해당하는 자에게는 300만원 이하의 과태료를 부과한다.

　　1. 제13조 제1항에 따른 소환에 정당한 이유 없이 응하지 아니한 자

　　2. 제32조의2 제3항의 특별교육명령에 정당한 이유 없이 응하지 아니한 자

〈세 목 차〉

Ⅰ. 취　　　지

　　소년보호사건에 대한 적정한 조사 또는 심리를 위해서는 소년, 보호자 등 사건관계인의 출석이 불가피하다. 제71조 제1호는 조사 및 심리에 소년, 보호자 또는 참고인의 출석을 확보하기 위한 제재규정이라 할 수 있다. 동 규정은 1963년 법개정(법률 제1376호, 1963.7.31. 개정, 1963.10.1. 시행)으로 신설되었다.

　　한편, 소년부 판사는 보호처분을 하는 경우 부가처분으로서 가정상황 등을 고려하여 필요하다고 판단되면 보호자에게 소년의 보호를 위한 특별교육을 명할 수 있다. 제71조 제2호는 특별교육명령의 이행을 담보하기 위한 제재규정이라 할 수 있다. 동 규정은 2007년 법개정(법률 제8722호, 2007.12.31. 개정, 2008.6.22. 시행)으로 신설되었고, 2014년 법개정(법률 제12890호, 2014.12.30. 개정, 2015.7.1. 시행)으로 과태료 상한이 100만원에서 300만원으로 상향조정되었다.

Ⅱ. 해 석

1. 소환 불응과 과태료

가. 행위 주체

소년부 판사가 사건의 조사 또는 심리를 위하여 소환할 수 있는 대상은 사건 본인인 소년, 보호자 또는 참고인이다. 따라서 제71조 제1호의 주체는 사건 본인인 소년, 보호자 또는 참고인이다.

나. 제 재

소년 등이 소년부 판사의 소환(제13조 제1항)에 정당한 이유없이 불응하는 경우에는 300만원 이하의 과태료를 부과한다.

다. 소환불응과 제재

소환불응에 대한 과태료 부과는 의문이다. 소년과 보호자가 소환에 정당한 이유없이 불응하는 경우 소년부 판사는 출석을 강제하는 동행영장을 발부할 수 있기 때문이다(제13조 제2항). 일본소년법 제11조도 우리 소년법 제13조와 동일한 내용을 규정하고 있으나(일본에서는 참고인은 소환대상이 아님), 소환 불응에 대한 제재규정은 없다.

우리 형사소송법의 경우에도 참고인에 대한 소환제도는 없으며(출석요구만 가능), 피고인이 법원의 소환에 불응하는 경우 제재규정이 없고, 증인이 소환에 불응하는 경우에 한하여 과태료(500만원 이하)를 부과하고 있을 뿐이다(형사소송법 제151조 제1항).

〈표 1〉 소환불응과 제재

구분	소환대상	불응시 제재	관련규정
형사소송법	피고인	구인을 위한 구속영장 발부	제73조, 제74조, 제76조
	증인	(1) 소송비용부담 및 500만원 이하 과태료 (2) 구인(제152조) (3) 감치(7일 이내)	(1) 제151조 제1항 (2) 제152조 (3) 제151조 제2항
소년법	소년, 보호자 또는 참고인	(1) 과태료(300만원 이하) (2) 동행영장	(1) 제71조 제1호 (2) 제13조 제2항

2. 특별교육명령 불응과 과태료

가. 주   체

특별교육명령 불응주체는 그 명령을 받은 보호관찰 처분을 받은 소년의 '보호자'이다.

나. 정당한 이유

보호자가 없거나 생업, 고령, 질병, 사고 기타 신병상의 이유로 보호자 교육을 받을 수 없는 경우를 말한다.[1]

다. 통   지

소년원, 소년분류심사원 또는 보호관찰소 등 특별교육을 실시하는 기관의 장은 특별교육명령에 정당한 이유 없이 응하지 아니한 사유가 있다고 인정할 때에는 지체 없이 과태료에 처할 자의 주소지를 관할하는 가정법원소년부 또는 지방법원소년부에 통지하여야 한다(소년심판규칙 제54조).

3. 과태료부과 결정에 대한 불복

과태료 부과 결정에 대해 당사자 및 검사의 항고가 가능하다(비송사건절차법 제247조~제251조).

---

1) 법원행정처, 법원실무제요 소년, 2014, 374면 참조.

사항색인

필자소개

오 영 근
서울대학교 법학박사
(전) 한국소년정책학회 회장
(현) 한양대학교 법학전문대학원 교수

김 혁
연세대학교 법학박사
(전) 경찰대학 경찰학과 교수
(현) 한국소년정책학회 연구이사
(현) 부경대학교 법학과 교수

김 민 규
독일 Würzburg대학교 법학박사
(현) 한국소년정책학회 총무간사
(현) 한국형사·법무정책연구원 부연구위원

박 찬 걸
한양대학교 법학박사
(전) 육군3사관학교 법학과 교수
(현) 한국소년정책학회 재무이사
(현) 대구가톨릭대학교 경찰행정학과 교수

성 우 제
한양대학교 법학박사
(전) 법무부 서울보호관찰소 소장
(현) 한국소년정책학회 법제이사
(현) 법무부 서울소년원 원장

원 혜 욱
독일 Frankfurt대학교 법학박사
(현) 한국소년정책학회 부회장
(현) 한국피해자학회 및 한국보호관찰학회 회장
(현) 인하대학교 법학전문대학원 교수 및 대외
부총장

이 상 한
한양대학교 법학박사
(전) 충북대학교 법학전문대학원 초빙교수
(현) 한국교통대학교 교양학부 강사

이 승 현
한양대학교 법학박사
(전) 법무부 여성·아동정책심의위원회 위원
(현) 한국소년정책학회 총무이사
(현) 한국형사·법무정책연구원 선임연구위원

이 유 진
한양대학교 법학박사
(전) 법무부 소년보호혁신위원회 위원
(현) 한국소년정책학회 부회장
(현) 한국청소년정책연구원 선임연구위원

이 재 진
한양대학교 법학박사
경기중앙지방변호사회 제1부회장
(현) 법무법인 정상 대표변호사

이 정 주
한양대학교 법학박사
(현) 한국소년정책학회 출판이사
(현) 한양대학교 법학연구소 연구원

이 천 현
한양대학교 법학박사
(현) 한국소년정책학회 부회장
(현) 한국형사·법무정책연구원 선임연구위원

정 정 원
한양대학교 법학박사
(전) 법제처 연구원
(현) 한국소년정책학회 홍보이사
(현) IPG LEGAL 자문위원

주 용 기
한양대학교 법학박사
(전) 서남대학교 경찰행정법학과 교수
(현) (사)한양법학회 회장
(현) 사회적협동조합 한국교수발전연구원 연구
교수

최 병 각
서울대학교 법학박사
(전) 한국형사정책연구원 선임연구원
(현) 한국소년정책학회 부회장
(현) 동아대학교 법학전문대학원 교수

황 만 성
한양대학교 법학박사
(전) 한국형사정책연구원 부연구위원
(현) 한국소년정책학회 홍보이사
(현) 원광대학교 법학전문대학원 교수

소년법

초판발행	2021년 8월 15일
지은이	오영근 외 15인
펴낸이	안종만·안상준
편 집	이승현
기획/마케팅	장규식
표지디자인	박현정
제 작	고철민·조영환
펴낸곳	(주)**박영시**
	서울특별시 금천구 가산디지털2로 53, 210호(가산동, 한라시그마밸리)
	등록 1959. 3. 11. 제300-1959-1호(倫)
전 화	02)733-6771
f a x	02)736-4818
e-mail	pys@pybook.co.kr
homepage	www.pybook.co.kr
ISBN	979-11-303-3944-3 93360

copyright©오영근 외 15인, 2021, Printed in Korea

정 가   23,000원